国際航空貨物輸送

Moving Boxes by Air

ピーター S. モレル著／木谷直俊・塩見英治・本間啓之 監訳

成山堂書店

MOVING BOXES BY AIR : The Economics of International Air Cargo by Peter S. Morrell
ⓒPeter S. Morrell 2011

All Rights Reserved. Authorized translation from the English language edition originally published by Ashgate and now by "Routledge, a member of the Taylor & Francis Group
Japanese translation rights arranged with Taylor & Francis Group, Abingdon through Tuttle-Mori Agency, Inc., Tokyo

本書の内容の一部あるいは全部を無断で電子化を含む複写複製（コピー）及び他書への転載は、法律で認められた場合を除いて著作権者及び出版社の権利の侵害となります。成山堂書店は著作権者から上記に係る権利の管理について委託を受けていますので、その場合はあらかじめ成山堂書店（03-3357-5861）に許諾を求めてください。なお、代行業者等の第三者による電子データ化及び電子書籍化は、いかなる場合も認められません。

日本語版刊行に向けて

　航空貨物輸送の歴史はかなり古く、最初の航空貨物輸送は、雄鶏、羊、アヒル等を乗せた熱気球によるものである。生きた動物の航空輸送から始まって今日では多くのものが輸送されているが、今日の主要な航空貨物は、一般貨物、腐敗しやすいもの、エクスプレス・カーゴである。現在では、一般貨物には、消費者のための電気製品、専門的な部品等が含まれるが、プレミアム食品、生花、携帯電話などの輸送といった新しい市場が発展してきている。

　航空貨物の今日の発達は、物理的な制約の排除や課税の緩和、通信の発達、政府や企業の国際的なつながりの拡大と深く関連している。したがって、「Moving Boxes by Air」の最初の非英語版が、グローバルな貿易の中で重要な位置を占めている日本で日本語版として出版されることは意義のあることのように思える。

　近年、日本経済の状態は必ずしも好ましいとはいえないようであるが、日本には乗客および貨物の輸送を行う主要な2社の国際航空会社、国際航空貨物のみを輸送する貨物専業航空会社、巨大なグローバルフレイトフォワーダー、混載事業者等が存在する。東京の空港は、取扱貨物トン数でみると世界で第8位であり、重要な位置を占めている。日本の多国籍企業は生産コストの低いアジア諸国での製造業を支援する上で重要な役割を果たしている。こうしたことは、国々の間で費用のかかる資源の輸送の必要性を低下させ、準完成品の航空輸送を増大させることになる。これまでのこうした傾向は航空貨物の高い成長率をもたらしたが、景気の停滞もあり、2008／2009年およびその後の動きについては本著で示されている。

　国際貿易、国際支援等において航空貨物部門は重要であるにもかかわらず、航空ビジネスにおける魅力的な乗客部門に比較すると、さほど大きな関心は持たれてこなかった。このことは航空貨物の書籍が少ないことに示されているし、航空輸送の書籍の中でもせいぜい一章が割かれている程度である。また、ロジスティクスやサプライチェーンの書籍でもあまり注目されてこなかった。それゆえ、日本語版の本著は航空貨物輸送産業の今日的で包括的な分析を示し

たものとして重要であり、航空輸送に関心のある多くの日本人学生、アナリスト、実務家等にとって有益なものとなるであろう。

2016年8月

Peter S. Morrell

監訳者のことば

　国際航空貨物輸送は、我々の日常生活を支える物流に密接に関連している。現代では、グローバル企業を支えるロジスティクス、サプライチェーン活動に不可欠の手段となっている。1980年代以降、供給面では旅客機の大型化やフレイターと呼ばれる貨物専用機の発達に伴い、需要面では産業構造の変化を伴う高価で時間価値を重んじる製品、部品、生鮮品等の輸送ニーズの高まりとともに発達してきた。本書は、こうした国際航空貨物について、基本動向と特質、需給面の動向、運営面の特質と課題、事業の担い手の構造と課題、政策面の課題と展望について、包括的、かつ、体系的に論じている。また、詳細な事実経過と理論的説明もなされている。近年、わが国では、こうした著書はみられなかったので、翻訳に思い立った次第である。ごく最近の動向は、コラムで補完している。

　リーマン・ショックとともに、一時、国際航空貨物の需要が落ち込んだ。貨物は、旅客よりも景気変動の影響を受けやすく、景気の先行指数的性格をおびている。しかし、2015年は、回復基調にあり、従来よりは緩やかな伸びであるが、新興国の経済成長、アジア経済の活発化、グローバル化の進展で、今後20年で需要は2倍になると予想されている。現在、世界の航空貨物は、金額ベースで世界貿易の35％を占め、日本では23％を占める。今日の国際航空貨物の動向と構造を知らずして、世界の貿易構造と、物流動向を知ることができない。世の中の動きを反映し、商品サイクルの短い商品が主流になり、コモディティが変化し航空利用が増えている。

　スピードが航空輸送の特性であるが、高速性を備え、運賃競争力があり、冷凍設備等を備えた海運が強力な競争相手であるのには、依然、変わりがない。サービス供給に関わるプレイヤーが多数あり、相互に協調しつつ、競争している点も特徴的である。今日の国際航空貨物の展開と構造を探り、今後の課題と展望を探る上でも、本書の講読をおすすめする。類書がほとんどなかっただけに、日本では、なじみが薄いが、重要性は高いといえる。実務家はもとより、原題の副題に The Economics of International Air Cargo（国際航空貨物の経

済学）とあるように、航空貨物を経済学の観点から学び取るにも、最適な著書であり、学生、研究者にも一読をおすすめしたい。日本では、大学など、高等教育機関では、こうした専門を扱う講座は見あたらない。実務、理論的にも、今後とも、本書の翻訳を契機に、こうした研究が深まることを期待したい。

　最後になったが、本書の刊行に際しては、成山堂書店編集グループの諸氏には編集のアドバイス、校正の手助け等についてお世話になった。また、同社社長の小川典子氏には出版を快くお引受けいただいたことに厚くお礼申し上げる。

平成28年8月

監訳者　木谷　直俊
　　　　塩見　英治
　　　　本間　啓之

序　文

　最初に、貨物または郵便が航空輸送されたのがいつかについては、議論のあるところだ。

　郵便は1910年5月にアルバニーからニューヨークへ輸送されたのが最初だといわれ、貨物は同年11月にデイトンからオハイオ州コロンバスに輸送されたのが最初だといわれている。しかし、熱気球で貨物（雄鶏、羊と鴨）を運んだのはそれよりもかなり早かった。第三の新しいタイプの貨物輸送といわれている航空エクスプレス貨物の急速な発展は、1975年に高速の鉄道貨物輸送の代理店に終焉をもたらすことに繋がった。それはフェデラルエクスプレスが設立された2、3年後のことであった。1978年に起こった航空会社の規制緩和は、少なくとも米国内において、フェデラルエクスプレスやUPS等航空エクスプレス会社の発展の妨げとなっていたいかなる障害も取り除いた。

　航空貨物は国際的な貿易と密接に関連しており、その発展は通信手段の進化によって促進した。そして、より自由な資金の移動、為替レートの安定化、そして信用の状況に関するより容易なアクセスにより、一層の発展を遂げた。とりわけ、製造の外注化により、コストの安い他国に会社や工場を移し製造を行うような取引が進んだことで、手続きや工程が短縮され、一部排除されたことによって航空貨物の成長が助長された。航空貨物は人道的な援助においても鍵となる役割を演じている。物資の空輸は、敵対する地域の空域においてもしばしば行われ、また標準以下の着陸条件下の空港においても、民間機、軍用機を問わず実施された。おそらく、もっとも有名な過去の事例としては、第二次世界大戦後のベルリンにて実施された大空輸であろう。1948年、ベルリンは連合国とロシア人に共同で管理されていたが、ロシア人はベルリンを取り巻く地域とアクセスを占拠した。ベルリンへのアクセスは閉鎖されてしまったために空輸が、緊急的な食料や石炭の配給、そして西ベルリンになったことによる必要物資配給のための唯一の手段となった。1949年5月12日までの330日間、合計2,260,000万トンの貨物がベルリンへ空輸された。1日当たり6800トンで80％がアメリカから、20％がイギリスから運ばれた。総輸送量のほぼ4分の3

が石炭で、特に冬季は都市において暖をとるために欠かせない物資であった。当初、使用された航空機は C-47s で 3.5 トンの貨物を輸送することができた。その後、徐々に航空機は 10 トン相当の貨物を輸送できる C-54s と Avro Yorls に入れ替わった。その他の航空機も取り揃えられ、空輸に投入された。ピークの日は 1,383 便で合計約 13,000 トンの貨物が輸送され、1 便当たり平均 9.4 トンとなった。滑走路は 3 本のみしか使用できなかったが一方、搭降載の技術や航空管制業務は日に日に向上していった。古い年数を重ねた航空機を高稼働で使用したため、航空機の整備も定期的に行われた。最近の国際的な援助の事例としては、地震や洪水による甚大な被害に対する空輸も増えている。この場合、地上輸送は時間がかかり、また地点によっては不可能なこともあるので、空輸が家を失う等被害にあった人々への食料や衣服供給の唯一の手段となる。

　航空貨物輸送は国際貿易、救援物資輸送において重要な役割を担っているにも関わらず、貨物はいつも旅客ビジネスの脇役に追いやられる存在であることには変わらない。航空輸送に関する本の中で、航空貨物については 1 つの章でしか扱われないような現状において、航空貨物を専門に扱う本はあまり出版されていないが、今回は本書で航空貨物について様々な観点における内容を反映させた。

　航空貨物は物流やサプライチェーンに関する本においてもほとんど注目されていないことが多いが、本書では初めて航空産業に対する航空貨物の最新の現状を表し、包括的な分析を実施する。個人も会社も、収入は毎年制限なく伸び、経済は今後も拡大すると仮定している。それ故、消費者の信用にせよ、会社の負債にせよ、経済サイクルの上昇基調は、銀行からの貸出しで支えられる出費や投資によって煽られる。バブルは、特に IT や住宅のような人気のある分野で生じてくる。しかし、いくつかの局面が訪れて、拡大は長続きはせず、バブルは弾け、経済の下降が引き起こされる。世界的な事象が起こり危機の引き金となり、それが強まっていくことで高額な資金への鍵となるような注入が欠乏していく。このような状況が重なり、投資計画は棚上げされ、消費者の財布の紐は固くなり出費が控えられ、負債の一部は清算される。そして会社は減少する現金の流出を抑制するための準備をし始める。

　航空貨物は GDP だけではなく、国際貿易や国際的な製品や部品の在庫のレベルが深く相関している。製造の第三国への外注化が増加することにより、輸出と輸入はより一層不安定なものになっていく。輸出者と中間部材の輸入者に

よって決定される貿易において、最終的な需要の変化は在庫数が乗数的に影響を及ぼす。消費者は空輸されるハイテク商品を先ず削減の対象とするため、航空貨物輸送による取引は他の輸送手段と比べて、貿易や在庫数の推移により影響を受けやすいと見られている。

航空貨物が上昇基調にあるときにおいては、航空会社は新しい航空機に投資し、特に旅客機を貨物機に改造する航空機への投資に関心を寄せるが、その投資は他社の航空機数の増加には目を向けず、供給の増加を無視した予測に基づき実施される。これらは市場シェアの上昇の予測は考慮したものとしているが、航空機の売値の仮定はしばしば非現実的なものとなる。多くの航空会社は、上昇基調の終わり頃に航空機を発注し、追加の供給が必要ない時期に航空機の引き渡しと最終支払いを迎え、結果財政的な圧迫を招き、破産を引き起こすことにもなる。

航空会社は、例えば、中国のような新興成長市場に地位を確保しておきたいという要望にかられ、それに基づき別の航空会社に投資することがある。フォワーダーやインテグレーターは、彼らの事業において欠如している駒を買収で埋めることによってさらなるグローバル化を追求しようとする。これらの決断は、航空機に対する投資とは異なり、より長期的なトレンドを捉えて判断され、短期間の下降基調時はより長期的な拡大と収益性を確保することが求められる。これは世界の航空貨物業界の背景となっている事象であり、本書においては様々な事象について幾分、詳細に調査を進めたいと考えている。ごく最近、2008年の中頃にペースが増した銀行危機は、国際的な貿易に劇的な影響を及ぼし、その影響が航空貨物にも広がった。干上がる銀行間市場において、銀行は貸出を絞り、信用供与の引き上げを強要した。消費者負債の削減に煽られた需要の急激な減少に加えて、信用取引も影響を受けた。本書では、より長期にわたる航空貨物産業の進化に注視する一方、最近の下降基調が、不相応なスペース供給を市場にもたらすことになった状況をとらえている。本書は、読者の記憶に新しい事象のみならず、様々な市場の当事者がその事象に対しどのように反応し、乗り越えたかを検証するにふさわしいときをもたらすものになるだろうことを指摘している。

航空貨物の挑戦は、スピードと信用に基づき陸上輸送と競争し得る特別な商品を顧客に提案することである。しかし、積送品が最終目的地に到着するまでの平均時間は約5日間である。その内の20～25％を占めるのが航空便の飛行

時間である。残りの時間は、グランドハンドリング、税関の点検と貨物の遅延によるものである。「旅客は自ら歩いて飛行機に搭乗するが、貨物は自ら歩くことはない」。貨物は、重さも形もサイズも全く異なり、書類が備えられ、搭載するために割り与えられた貨物用のスペースは重さやサイズによってうまくあてはまらないことも生じる。いくつかの郵便を一枚のパレットにまとめられるように、貨物は積み付けによって形状が変わる、引き渡しの速さ、保安の要件、引き渡し地点を変える要望にも応えられる。国内貨物から国境を超える貨物、大陸を跨る貨物といった多様な距離の特徴を出すこともできる。この様々な挑戦は、本書の中の多くの章で掘り下げ、触れられる。そしてときには旅客の付帯事業と貨物が対比され、ときには陸上輸送の事業とも比較されることにもなる。

目　　次

日本語版刊行に向けて ……………………………………………………… *iii*
監訳者のことば ……………………………………………………………… *v*
序　　文 ……………………………………………………………………… *vii*
略　　語 ……………………………………………………………………… *xv*

第1章　航空貨物輸送と供給 ……………………………………………… *1*
1.1　航空貨物輸送動向 …………………………………………………… *1*
1.2　航空貨物と経済景気循環 …………………………………………… *13*
1.3　空港の貨物取扱量 …………………………………………………… *15*
1.4　ハブ空港での積み替え貨物取扱量 ………………………………… *17*
1.5　年間を通じた航空貨物輸送量の変動 ……………………………… *19*
1.6　航空貨物のキャパシティ …………………………………………… *21*
Column 1　リーマン・ショック後の全世界の国際航空貨物市場 …… *26*

第2章　航空貨物市場の特性 ……………………………………………… *29*
2.1　運ばれる商品 ………………………………………………………… *31*
2.2　特別な取り扱いを要する品目 ……………………………………… *37*
2.3　人道主義的支援 ……………………………………………………… *41*
2.4　国防のサポート ……………………………………………………… *43*
2.5　交通機関の選択 ……………………………………………………… *44*
2.6　複合交通機関を利用する積み荷 …………………………………… *52*
Column 2　日本市場をめぐる国際航空貨物の動向 …………………… *57*
Column 3　コモディティの変化 ………………………………………… *59*

第3章　経済と技術の規制 ………………………………………………… *61*
3.1　航空会社のライセンス ……………………………………………… *62*
3.2　国際航空輸送サービスに関する規則 ……………………………… *69*
3.3　郵便に関する規則 …………………………………………………… *85*
3.4　将来の航空貨物の自由化 …………………………………………… *86*

第4章　供給：旅客および貨物航空会社 ················· 91
4.1　序　　論 ················· 91
4.2　ネットワークキャリア ················· 91
4.3　ローコストキャリア ················· 93
4.4　地域航空会社 ················· 94
4.5　主要国内航空会社 ················· 95
4.6　コンビネーションキャリアの旅客輸送 ················· 95
4.7　コンビネーションキャリアの貨物機の運航 ················· 95
4.8　貨物専業航空会社による貨物輸送 ················· 99
4.9　チャーターおよびACMI事業者 ················· 102
4.10　地域別貨物航空会社 ················· 104
4.11　結　　論 ················· 117

第5章　供給：インテグレーター、郵便事業者、フォワーダー ················· 119
5.1　クーリエ会社 ················· 120
5.2　インテグレーター ················· 121
5.3　郵便事業者 ················· 132
5.4　フレイトフォワーダーと混載事業者 ················· 133
5.5　海運事業者 ················· 140
Column 4　インテグレーターの躍進とグローバルフォワーダーの合従連衡 ················· 141

第6章　航空貨物会社のアライアンスと合併 ················· 143
6.1　航空貨物会社のアライアンス ················· 143
6.2　航空貨物会社の合併と買収 ················· 155

第7章　航空機と運航のオペレーション ················· 161
7.1　旅客機：ロワーデッキ ················· 162
7.2　貨物専用機：旅客機からの改造 ················· 164
7.3　新造貨物専用機 ················· 169
7.4　「コンビ」とクイックチェンジ機 ················· 174
7.5　航空機用ULD（Unit Load Device） ················· 175

7.6	航空機の運航	177
7.7	将来の貨物専用機	180

第8章　空港と地上のオペレーション 184
- 8.1　情報フロー 185
- 8.2　物理的施設 194

第9章　流通・マーケティング 208
- 9.1　マーケティング環境 210
- 9.2　航空貨物のマーケティング戦略 219
- 9.3　航空貨物製品 221
- 9.4　航空貨物の販売促進 224
- 9.5　航空貨物の流通 224

第10章　価格設定と収入 228
- 10.1　貨物輸送による収入と実収単価の傾向 228
- 10.2　主要地域別、サービス類型別の実収単価構造 231
- 10.3　エア・フレイトの価格設定 232
- 10.4　レベニュー・マネジメント 241

第11章　航空会社の費用 250
- 11.1　貨物専業航空会社の費用 250
- 11.2　形式別の貨物航空機の費用 262
- 11.3　ACMIウエットリースによる航空機の運航費 270
- 11.4　旅客サービスとの結合生産の問題 273

第12章　航空貨物輸送事業の財務成果 281
- 12.1　貨物専業航空会社の収益性 281
- 12.2　日本貨物航空のケーススタディ 285
- 12.3　フェデラルエクスプレスのケーススタディ 295
- 12.4　ネットワーク事業者の貨物子会社 302

第13章　航空貨物と環境 ……… 307
13.1　背　　景 ……… 307
13.2　航空機体の騒音 ……… 308
13.3　世界全体の CO_2 排出に対する昨今の航空輸送の対応 ……… 315
13.4　環境税と課金 ……… 322
13.5　排出権取引制度と航空貨物 ……… 324
13.6　航空貨物とフードマイル ……… 331
13.7　結　　論 ……… 332

第14章　航空貨物予測 ……… 334
14.1　航空貨物予測の手法 ……… 336
14.2　航空会社予測 ……… 341
14.3　空港予測 ……… 342
14.4　航空管制による予測 ……… 344
14.5　航空機メーカーによる予測 ……… 346
14.6　ICAO予測 ……… 349
14.7　OAG予測 ……… 351
14.8　その他の産業予測 ……… 352
14.9　結　　論 ……… 354

第15章　航空貨物の課題と展望 ……… 357
15.1　航空貨物の課題 ……… 357
15.2　航空貨物の展望 ……… 360
Column 5　最近の国際貨物動向と課題について ……… 364

用語定義 ……… 367
索　引 ……… 377
翻訳者一覧 ……… 387

略 語
Abbreviations

ACMI（Aircraft, Crew, Maintenance and Insurance）：航空機、乗員、整備、保険
AEA（Association of European Airlines）：欧州エアライン協会
AOC（Air Operator's Certificate）：航空運航認可証
APEC（Asia-Pacific Economic Cooperation）：アジア太平洋経済協力
ASA（Air Services Agreement）：航空協定
ATA（Air Transport Association of American）：アメリカ航空輸送協会
ATK（Available Tonne-Kilometres）：有効トンキロ
AWB（Air Waybill）：航空貨物運送状
Cargo-IMP（Cargo Interchange Message Procedures）貨物メッセージ交換手順
CASS（Cargo Accounts Settlement System（IATA））：貨物運賃共同精算方式
CCS（Cargo Community System）：カーゴ コミュニティ システム
CEO（Chief Executive Officer）：最高経営責任者
CLI（Composite Leading Indicators）：複合先行指標
CMV（Current Market Value）：現在市場価値
CPA（Capacity Purchasing Agreement）：キャパシティ買取りに関する合意
CSC（Cargo Services Conference）：IATA貨物サービス会議
CTK（Cargo Tonne-Kilometres）：貨物トンキロ
e-AWB（Electronic Air Waybill）：電子航空（貨物）運送状
EASA（European Aviation Safety Agency）：欧州航空安全庁
ECAC（European Civil Aviation Conference）：欧州民間航空委員会（会議）
EDI（Electronic Data Interchange）：電子データ交換
EEA（European Economic Area）：欧州経済連合
EZFW（Estimated Zero Fuel Weight）：推定無燃料重量
FAA Federal Aviation Administration）：連邦航空局
FF（Freight Forwarder）：貨物運送事業者／フレイトフォワーダー
FFA（Freight Forwarders' Association）：フレイトフォワーダーズ協会
FWB（Forwarder Air Waybill）：フォワーダー航空貨物運送状
GATS（General Agreement on Trade in Services（WTO））：
　　　サービスの貿易に関する一般協定

GCA（Guaranteed Capacity Agreement）：キャパシティ保証に関する合意
GDP（Gross Domestic Product）：国内総生産
GHA（Ground Handling Agent）：グランド ハンドリング エージェント
GSA（General Sales Agent）：貨物総販売代理店
HAWB（House Air Waybill）：ハウスエアウエイビル（運送状）
IATA（International Air Transport Association）：国際航空運送協会
ICAO（International Civil Aviation Organisation）：国際民間航空機関
IPCC（Inter-Governmental Panel on Climate Change）：
　　　気候変動に関する政府間パネル
IRR（Internal Rate of Return）：内部収益率法
JAR（Joint Airworthiness Requirements（EASA））：
　　　共通耐空性要件（欧州航空安全機構）
KPI（Key Performance Indicators）：主要業務指標
LTL（Less than Truck Load）：LTL貨物
MALIAT（Multilateral Agreement on International Air Transport）：
　　　国際輸送に関する包括協定
MAWB（Master Air Waybill）：マスター航空貨物運送状
MTAW（Maximum Taxi Weight）：最大地上移動重量
MTOW（Maximum Take-off Weight）：最大離陸重量
MZFW（Maximum Zero Fuel Weight）：最大無燃料重量
NPV（Net Present Value）：正味現在価値
OAG（Official Airline Guide）：オフィシャルエアラインガイド
OECD（Organisation for Economic Co-operation and Development）：
　　　経済協力開発機構
RCS（Ready for Carriage Shipment）：レディーフォーキャリッジ
RFID（Radio Frequency Identification）：無線自動認証
RFS（Road Feeder Service）：（トラック）地上輸送サービス
RM（Revenue Management）：収入管理／レベニュー・マネジメント
RTK（Revenue Tonne-Kilometres（also RTKM））：収入トンキロ／有償トンキロ
SLA（Service Level Agreement）：サービス品質保証制度
SSC（Security surcharge on air freight rates）：セキュリティサーチャージ
T or t（Metric tonne）：トン（メートル法）

略　語

TACT（The Air Cargo Tariff（IATA））：エアカーゴタリフ
TDC（Total Distribution Cost）：流通の総費用
TEU（Twenty-foot equivalent unit）：20フィート海上コンテナサイズ
TIACA（The International Air Cargo Association）：国際航空貨物協会
TSA（Transportation Security Administration）：運輸保安庁
ULD（Unit Load Device, usually either a pallet or container）：
　　　ユニットロードデバイス
UNCTAD（United Nations Conference on Trade and Development）：
　　　国際貿易開発会議
VAN（Value added network）：付加価値通信網
WACC（Weighted Average Cost of Capital）：付加価値通信網
WATS（World Air Transport Statistics（IATA））：国際航空輸送統計
WCO（World Customs Organisation）：世界税関機構
WFP（World Food Programme）：国連世界食糧計画
WTO（World Trade Organisation（formerly GATT））：世界貿易機関
ZFW（Zero Fuel Weight）：無燃料重量

出所：www.aea.be/glossary; Groenewege（2003）；IATA, www.iata.org/whatwedo/cargo.

本書では、航空会社名、組織名、専門用語等はなるべく実務で使用している用語を使うようにした。なお、本邦で馴染みのない用語、また、実務でも英文そのまま使用している場合などについては、原文のままとした箇所もある。

第1章　航空貨物輸送と供給

1.1　航空貨物輸送動向

　この章において、国際航空貨物と国内航空貨物のそれぞれの輸送動向を分析する。分析にあたっては輸送量の単位として、貨物の重さと距離をかけ合わせたトンキロを使用する。また、重さだけの単位である輸送トンを使用する方が適当な場合もある。それぞれのケースに合わせて焦点をあてていく。一般的な航空貨物とエクスプレス貨物は、郵便とは区分けする。また、旅客機で運ばれる貨物と貨物専用機で運ばれる貨物の動向も識別して取り扱う。主な貿易取引路線を検討しそれぞれを分析し正当な理由を推定すると共に、何らかの背景によって明らかにされる国レベルの変化も検討していく。さらに詳細な航空会社レベルの変化や動向については、第4章で論じることとしよう。トラック輸送についても触れていきたい。空港間の輸送でも安い輸送手段を顧客が選択する場合は、航空機輸送に替りトラック輸送が選択されることがある。

　次節では、航空貨物輸送と経済指標の動向を比較し、グローバルレベルでの相互関係を探求したい。空港で取り扱われる貨物の分析も実施する。主要なハブとなる空港が変化していることの重要性にも目をむけながら、季節、月、週日別に輸送量ごとにとりまとめていく。一方、年間の輸送量は最も日常的に測定される基準によって表されているが、年間における変動や偏差が計画中のスケジュールや航空輸送の供給容量の検討において有効的に使われることもある。

1.1.1　グローバルな輸送量

　郵便を除く国際貨物輸送は1995年から2009年の間で年平均3.7％で増加している（図1.1参照）。この期間中1度だけ、大きく下降する局面があり、それは第2期の当初に起こった。それは旅客と比して、貨物は変動性がより大きいことを示唆している。一般的に貨物輸送は旅客輸送よりも先に下降し、先に回復しそれも一層早く回復することが多い。しかし、通常誰もが信じている過去からの検証結果に反し、この期間の貨物は旅客よりも遅い平均年率で増加していた。即ち、旅客は5.9％で伸びたのに対し、貨物は4.9％で増加した。一般的な認識は、恐らく、この期間よりも長い期間に基づいて検証されており、特

第1章　航空貨物輸送と供給

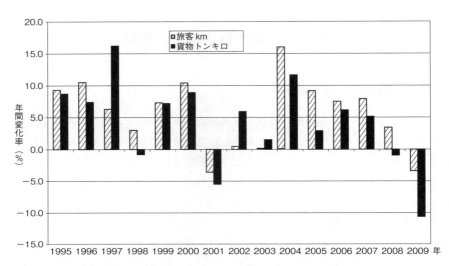

図1.1　旅客量対貨物量のトレンド、定期国際サービス（1995年－2009年）
出所：ICAO.

に、大容量のロワーデッキのスペースが市場に導入されたときが変換の時期だったと思われる（1970年代と1980年代）。

　貨物をトンキロで測る単位は、通常、総計的な分析の輸送単位として貨物を重さのみで測るトン単位よりも好まれて使われている。なぜならば、トンキロは重量と距離を捉えることができるからだ。貨物のそれぞれの動向は、実際とても似通っている。それは貨物のトン当たりの平均輸送距離は、5,200kmと5,600kmの間であり、比較的一定の度合いを保っている。これは、一端がアジア、他端が欧州や北米という長距離の貿易路線で運ばれた貨物量が勝っていることを反映している。

　国内の貨物輸送は2008年では全世界輸送量の16％を占めているが、その多くは米国国内で輸送されている。国内貨物輸送動向は、米国内で報告される輸送量の大きな変化によって歪められていた。即ち、米国の運輸省は、以前に報告された2003年以降、非定期便で輸送された貨物を定期輸送貨物として報告する新しいルールをつくり実行した。その結果、米国運輸省で報告される輸送量で不連続性が生じることになった。国際民間航空機関（ICAO）は、メンバー政府から輸送量データを入手しているため、この変化の要素が含まれていることになる。この結果、2002年と2003年の間で極めて高い年間成長率

(20%)を示すことになった。

　上記は、ICAOによる世界の貨物と旅客の輸送の年平均伸び率の比較も歪めたものにしたことになるだろう。報告によると、旅客よりも貨物が1.5％だけ早い伸びを示している。国内貨物の平均輸送距離は、予想通り、2008年には国際貨物の輸送距離が5,200kmに対して1,600kmであり、国際貨物よりもかなり短い。

　世界の国際郵便総収入トンキロ（RTK）は、1938年の総貨物輸送量の68％から、1970年の21％と低下し、2008年には2.5％まで低下した。これは貨物の急速な成長とエクスプレス貨物を「貨物」として記録をとるインテグレーターの成功、それらの双方を反映した結果である。2008年に、国内郵便は、総貨物トンキロの約5.3％を計上している。これは、郵便が短い国内距離を陸路で輸送されているとの予想を前提にすると驚くべきことである。しかしながら、国内郵便のデータには、米国（上記に示した通り）の大きな重量が含まれている。米国のインテグレーターのデータは、国内輸送として報告されている。特にフェデックスは米国内の郵便輸送の契約をしており、これらの数字のほとんどは、フェデックスのハブであるメンフィスを経由して、輸送されたものだと思われる。

　図1.2は国際路線における、郵便と貨物の増加率を比較している。1995年か

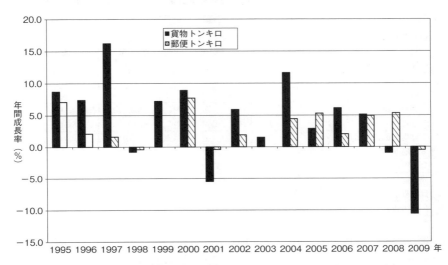

図1.2　国際航空貨物量対国際郵便輸送量の成長率（1995年－2009年）
出所：ICAO.

ら2009年の間、貨物量は平均成長率3.7％で増加し、これに対し郵便は2.4％の成長率であった。郵便の成長率が相対的に低かった理由の1つは、国際的にインテグレーターが拡大するにつれて、小さな小包がインテグレーターが取り扱う貨物に転移していったことだ。これらの貨物の輸送はエクスプレス貨物として報告されたと思われる。郵便は歴史的に、貨物が受けているような大きな不況の影響は受けていない。しかしそれは否定的な成長を避けてきたことでもある（2001年にわずかに下降したことは除いて）。

　貨物専用機で輸送される国際航空貨物輸送量のシェアは過去10年で増加し、2009年に著しく後退する以前は、42.9％から2008年は52％となった（表1.1)[1]。2008年の末の突然の輸送量の下降は、旅客機で提供されるキャパシティが影響したものではなく、貨物専用機は多数地上にて待機を強いられる結果となった。2010年に貨物専用機の一部が操業に戻ったとき、旅客機は一部の損失で済んだため、旅客サービスのシェアは増加した。

　予想されるように、貨物専用機で運ばれる国際郵便の量は無視できるほど小さい。郵便は、ほとんどすべてが、世界中に多くの仕向地を持つ、ワイドボディの旅客機で国際線を飛ばす貨物と旅客を運ぶコンビネーションキャリアとの契約に基づき輸送されている。一方、インテグレーターは国内郵便を輸送す

表1.1　サービスのタイプ別国際線の世界貨物輸送量（1999・2008・2009年）

	1999	2008	2009
運搬された貨物トンキロ（百万）			
全貨物運航	39,010	74,345	62,516
全運航	90,882	142,858	128,763
全貨物の割合（％）	42.9	52.0	48.6
運航回数（千）			
全貨物運航	282	456	410
全運航	5,062	6,491	6,175
全貨物の割合（％）	5.6	7.0	6.6
1回運航当たり運搬された平均トン			
全貨物運航	54.0	55.9	47.0
旅客運航	5.3	4.8	4.6
貨物重量ロードファクター（％）			
全貨物運航	70.7	67.6	68.2
旅客運航	45.4	42.1	42.0

出所：IATA World Air Transport Statistics.

[1] それは、1949年に83％であり、1970年代に広翼旅客機は導入されるまで高いシェアをとり続けた。

るが、輸送の主要形態である国際エクスプレス貨物と区別される国際郵便はほとんど運んでいない。

　旅客便と貨物便で輸送される積載貨物の大きな差異は、貨物専用機は旅客便よりも大きなキャパシティを提供できるが、貨物専用便の運航は旅客便よりも運航回数では低い。貨物専用機の平均積載貨物量は1999年から2008年の間、大きく増加しなかったが2009年には低下した。平均積載トン数は、2008年の83トンから2009年には69トンに減少した。これはより大きいB747が、より小さい積載量の貨物機よりも多く、地上待機したこと（そして退役したこと）を意味している（各種の貨物専用機の典型的なキャパシティについては第7章を参照）。旅客便で輸送することができる平均積載貨物量は、過去10年間で、丁度5トン以下まで減少した。2009年にはさらに低下している。この理由の1つは、旅客機のロワーデッキにほとんど貨物を積載できないか、全く積載できないローコストキャリアの急速な拡張と増加と考えられる。他の理由は、長距離旅客便が高い旅客のロードファクターで長距離を運航するため、ロワーデッキへの旅客の預かり手荷物が増え、その結果積載できる貨物が減り、また積載する燃料が増加することで積載できる貨物量が減ることが考えられる。

　旅客便のロワーデッキに積載できる貨物量のレベルは、実際の数値よりも理論値によるものであるが、旅客便に積載される貨物量の低下や低いロードファクターはそれらとは別の結果だと考える。

　表1.2は、国内輸送の動向に類似した傾向ではあるが、貨物専用機での輸送が大きなシェアを占めている。これは、インテグレーター（貨物専用機のみを運航している）がかなり大きな市場のシェアを占めている米国の国内運航に大きな影響を受けている。また、インテグレーターはより小さい航空機で、国内の自らのハブまでフィード運航するために、一運航においては相対的に低い積載率になっている。さらに、国内サービスではワイドボディの航空機がないため、利用可能なキャパシティがナローボディの航空機に限定され、積載量は1トン以下ということが多いためである。国内貨物専用機のロードファクターは、国際貨物専用よりも低い傾向にある。しかし、これらはより高いイールドで補償されている。旅客機のロワーデッキの平均ロードファクターは、依然極端に低いままである。これは、ローコストキャリアがロワーデッキでは貨物を運ばないという方針を反映している。

1.1.2 地域別路線輸送動向
主要な国際貿易輸送路線

図1.3は、世界におけるトレードごと、貿易ルート別の国際航空貨物輸送量の状況を示している。ただし、輸送量がゼロに近い貨物トレードは省いている。これは国際航空貨物の輸送量なので米国内の巨大な市場の輸送量は含んでいない。そして、北米内の国境を越えて輸送される貨物トレードについては、ほとんどの貨物がトラックで輸送されるため多くは計上されていない。過去

表1.2 世界の貨物輸送量、国内サービス（1999・2008・2009年）

	1999	2008	2009
運搬された貨物トンキロ（百万）			
全貨物運航	11,492	15,295	13,568
全運航	20,677	23,788	22,146
全貨物の割合（％）	55.6	64.3	61.3
運航回数（千）			
全貨物運航	440	417	371
全運航	10,790	9,592	9,620
全貨物の割合（％）	4.1	4.3	3.9
1回運航当たり運搬された平均トン			
全貨物運航	26.8	32.7	29.0
旅客運航	1.0	0.9	0.9
貨物重量ロードファクター（％）			
全貨物運航	57.5	57.5	58.7
旅客運航	19.8	20.0	20.2

出所：IATA World Air Transport Statistics.

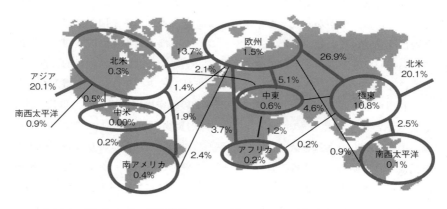

図1.3 世界における国際貨物トンキロ輸送量の貿易地域別分布（2009年）
出所：IATA World Air Transport Statistics, 2009.

10年間、短距離に分類される市場で輸送された貨物トンキロ（年間4.7％増）は長距離に分類される市場で輸送された貨物トンキロ（年間4.4％増）よりもわずかに早く増加している。短距離輸送市場の方が2009年のリーマン・ショックによる不調の影響が相対的に少なかったといえる。次に、2009年に世界の総国際航空貨物トンキロの60％を占める3つの主要国際航空貨物トレードレーンについて述べていきたい。これらのルートは世界で最も大きな地域間市場を結んでいる。世界で次に大きなルートは欧州とアフリカを結ぶルートだが、1999年から2008年の間で年間平均3.4％しか伸びていず、現在世界全体の3％以下のシェアである。

太平洋路線

2007年、アジアから北米向けの輸出は、北米からの輸入よりもトンキロ単位で57％高かったと推定される。これは復路のルートで高いロードファクターを達成しているというように、一方の路線が供給過多、他方の路線が供給不足になることが多いという問題を提起している。これは、さらに需要が低い路線はイールドが低くなり、逆に需要が高い路線はイールドが高くなることになる。マージ・グローバル社のレポート[2]によると、2005年において、世界で不均衡路線が大きくなっていると示しており、太平洋路線では東向き路線（アジア→北米）は西向き路線（北米→アジア）と比べて約2倍の輸送量と推定されている。国によって、より一層の不均衡が広がっていることを示している。2都市間レベルでは一層不均衡が深まっている。2007年、ロサンゼルスと台北間の航空貨物輸送では、東向き（台北→ロサンゼルス）が7,568トンに対し、西向き（ロサンゼルス→台北）が1,941トンでその比率は3.9：1であった。太平洋路線の航空貨物は1999年から2008年の間で年平均6.6％伸びている、一方世界全体の伸びは4.5％であった。しかしながら、2009年には大きな後退にさらされ、前年比25％の落ち込みとなった。（世界全体の落ち込みは16％であった。）世界全体の国際航空貨物におけるこの路線のシェアは1999年は18.2％から2008年には22.3％に伸びたが、2009年には20.1％に落ち込んだ。

---

[2] Merge Global in *Aviation Strategy*, October 2005.

北大西洋

　2007 年、北米から欧州への航空貨物による輸出量は欧州からの輸入とほぼ同量であった。ボーイングの報告によると、ドルとユーロの通貨の交換率が欧州から北米の西向きトレードの物量に影響する主たる要素であるが、しかし、その影響は EU が統合されたことによって縮小したと述べられている。2 都市間のレベルでは輸送の流れはニューヨークとロンドン間では均衡していて、2007 年にはそれぞれのトレードで約 80,000 トンの物量が動いていた。同年、ニューヨークとフランクフルトの間では、フランクフルトからニューヨークの西向きの路線の貨物量の方が 26％高い不均衡が示された。2009 年の大西洋の航空貨物輸送量は 1999 年と比較して 17％下回っており、その低下はすべて 2009 年に生じた。しかしながら、この市場は 2008 年までの 10 年間以上、貨物量が停滞していることにより、成熟された市場であることが事実によって示された。これは、1999 年の世界国際航空貨物輸送量におけるシェアが 21.4％から 2008 年に 14.4％、2009 年には 13.7％に落ち込んだことが明らかにしている。

欧州／アジア

　2007 年、アジアから欧州への航空貨物輸出量は、欧州発の輸入よりも 74％高かったと推定されている。国別ではさらに不均衡が広がっている。そして都市間では一層、事態は悪化している。例えば、2007 年、東京からアムステルダムの航空貨物輸送量は、アムステルダムから東京への輸送量よりも 42％高く、その不均衡の度合いは非常にひどいものとなっている。ときとして、特定の路線における一部の航空会社において不均衡の度合いはさらに深刻なものになっている。例えば、2006 年のブリティッシュ・エアウエイズのロンドンから東京への輸出量は 6,160 トンで、東京からロンドンへの輸入量は 6,776 トンで不均衡の度合いはそれ程ではなかった。しかし、同じ区間で、日本航空は日本への輸出より日本からの輸入の方が 64％多い貨物量を輸送している。同区間において全日本空輸（全日空）は 63％多い貨物量を、ヴァージンアトランティック航空は 27％多い貨物量を運んでいる。

　欧州とアジアの航空貨物量は 1999 年から 2008 年までの間、年平均 6.2％伸びている。一方、世界全体の伸び率は 4.5％であった。驚くべきことに、2008 年から 2009 年に世界全体で航空貨物量は 16％落ち込んだのに対し、同区間の

物量は 13％しか下降していない。世界の国際航空貨物量におけるシェアは 1999 年の 22.0％から 2008 年には 25.9％に増加し、2009 年には約 27％に増加した。

欧州域内

　欧州域内のほとんどの空港間の航空貨物はトラックで輸送されている。これらのトラックは航空会社によって運行されている（通常、Rutges や DVS のような会社に外注委託契約されている）。これらの貨物は欧州内のハブ空港において長距離路線から接続されてトラックにて輸送されている。ボーイングによると、特徴のある週間の運航便数が 2002 年の 3,870 便から 2007 年の 11,497 便に増加したと推定されている（ボーイング 2008 年）。これは 2007 年にトラック輸送 600,000 回に換算される。トラックは 1 回当たり、3 から 4ULD（ユニットロードデバイス）を輸送でき、トン数にすると約 10 トンに当たる。これは年間に換算すると約 600 万トン輸送できることになる。しかし、数少ない航空会社しかトラックによる輸送量を発表していないため、統計数値を正確には把握できない。いくつかの航空貨物のハブ機能を有さないドイツの空港の中にはトラックで大きな貨物量を取り扱っているところがある。スタットガルト空港では、総貨物取扱量の 70％をトラックで扱っている。別のドイツの空港では、ほとんどの航空貨物を空港で集積してトラックに搭載して主要な航空貨物のハブ空港へ輸送している。

　表 1.3 は、主要な欧州域内の国間で、重複しない航空貨物の総量は 2,127,000 トンであると示している。表は左から右へ輸出貨物量を示して各国のランキングを示している。（ドイツが最大であることがわかる）このほとんどの貨物がワイドボディの旅客便のロワーデッキや長距離貨物専用便で最初の区間を輸送され、欧州で通常、小型機で運航されているインテグレーターのフィーダー便に積み替えられて輸送されたものである。

　IATA 統計によると、欧州域内の国際航空貨物量は 1999 年から 2008 年の間で毎年 1.5％落ち込み、2009 年には 20％落ち込んだ。しかし、それは世界全体の国際航空貨物量の 1.5％に過ぎない。

アジア域内

　アジア域内で輸送されている航空貨物の物量は 2008 年までの過去 10 年間で

表 1.3　上位 10 か国間で運航された EU 域内の航空貨物トン（千）（2008 年）

	ドイツ	英国	フランス	イタリア	ベルギー	スペイン	スウェーデン	オランダ	オーストリア	ルクセンブルク
ドイツ	-	186	139	102	63	97	68	27	43	1
英国	146	-	43	40	60	23	13	26	4	4
フランス	126	45	-	30	15	28	6			
イタリア	93	44	34	-	44	13	0	16	1	36
ベルギー	62	80	35	45	-	35	29	1	11	1
スペイン	77	19	15	6	23	-	1	5	1	2
スウェーデン	39	11	3	0	13	1	-	5	3	2
オランダ	19	39	6	9	0	7	5	-	4	0
オーストリア	29	4	5	1	8	1	0	2	-	1
ルクセンブルク	1	29	0	28	0	6	3	2	3	-

出所：Eurostat.

年平均7.8％伸びた。2009年は年率13.6％減少し全体の平均よりも下回った。それは2008年の全世界の10.9％に当たり、1999年の7.7％から上昇した。国別では輸送のほとんどが最大の商業取引地である日本と香港、台湾、韓国の各国、最近では中国との間の貨物の流れである。これらの国際路線のほとんどが、比較的長い区間でトラックで輸送することに制限のある、海を跨がるルートである。しかしながら、香港国際空港で貨物ターミナルを運営する2つの会社は17地点の中国本土の都市を結ぶ保税トラックサービスを提供している。

航空会社が登録されている地域／国別

表1.4は、航空会社の登録地域別に、国際と国内輸送を区分けして、輸送されたトンキロ単位での貨物量の分布を示している。国際航空貨物量のシェアの大部分はアジアの航空会社が占めており、大韓航空、中華航空、シンガポール航空等の大きな貨物輸送航空会社によって主導されている。このシェアは中国の航空会社が市場においてさらに大きなシェアを占め、一層増加する傾向にある。エールフランス－KLM、ルフトハンザ航空、カーゴルックスのような大型貨物専用機を運航する航空会社等、欧州の航空会社は2番目の地位を占めている。米国のコンビネーション航空会社は貨物専用機を所有しない傾向にある。そして、一般貨物とエクスプレス貨物におけるインテグレーターの比率は比較的低い。これは北米市場による国際貨物シェアが低いことを示している。しかしながら、米国は国際航空貨物トンキロのランキングで、依然、香港[3]、ドイツ、シンガポール、日本、韓国を凌ぐ、最大の登録国である。

表1.4 航空会社の登録地域別貨物トンキロ（2008年）

	国　際	国　内	総　計
欧州	30.6	4.0	26.3
アフリカ	1.6	0.4	1.4
中東	8.4	0.4	7.1
アジア・太平洋	38.3	23.1	35.8
北米	18.0	67.6	26.0
ラテンアメリカ・カリブ海	3.2	4.5	3.4
総　計	100.0	100.0	100.0

出所：ICAO.

---

[3] データは、中国本国と香港について、別々に報じられている。一緒にしても、今なお、北米に大きく遅れており、国際ランキングで次位にある。

エミレイツ航空等の中近東の航空会社は国際航空貨物市場におけるシェアを2000年の4.4%から2008年の8.4%に増加させた。

IATAのCASSレポートシステムによると、2008年の米国発のトップ5の国の市場はロンドン、香港、東京、フランクフルト、アムステルダムであり、ロンドンは160,000トン以上を輸送する最大の貨物の流れがあった。英国からは、ドバイ、ニューヨーク、香港、東京、シンガポールが最大の市場で、ドバイは30,000トンの貨物の取り扱いであった。香港（100,000トンをわずかに下回る輸送量）、台北、上海、シカゴは日本からの最大の市場である。米国・ロンドン間および日本・香港間の輸送量レベルに近い区間はドイツから上海の区間のみで物量は80,000トンをわずかに下回る（他の路線は下降傾向にあるが、これに反して2009年に約100,000トンに差し迫る量となっている）。

国内市場は米国とアジア諸国のいくつかの航空会社によって占められている。日本と中国はかなり大きな国内市場を有しており、その国に登録されベースとしている航空会社が貨物シェアをもっている。欧州内の国内市場はフランス、ドイツ、英国のような大規模な国に限定されていて、ほとんどの貨物はトラックで輸送されている。

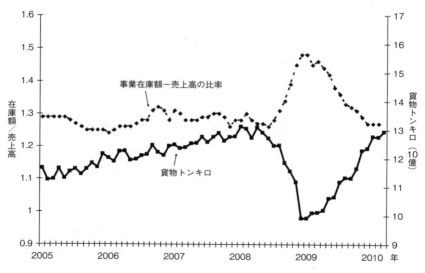

図 1.4　北米の売上高対在庫額定期航空輸送量
出所：IATA.

1.2 航空貨物と経済景気循環

　GDP 対貿易の成長率を対比した率は、1950 年代から 1980 年代末の間、1.5 に近いレベルにとどまっているが、1990 年から 2000 年代の後半は 2.0 にまで拡大した。さらに、コンテナによる海上貿易輸送は海上貿易輸送全体の成長と比して速く伸びているが、1987 年から 2006 年の間、前半は年率 9.5％で増加したのに対し、後半はわずか 4.1％の増加であった。他方、航空による貿易輸送は、世界全体の貿易輸送よりかなり緩やかなペースで拡張しており、コンテナによる海上輸送の伸びよりも確実に緩やかである。1990 年代の半ばから 2000 年の後半までの間、航空貨物輸送量は世界貿易の伸びよりも低く、平均年当たり 2％の伸びだった。これは景気変動サイクルは相対的により長期のパターンで低下するとことが伺える。航空貨物による貿易は、経済が停滞する初期には、世界全体の貿易よりも早いペースで低下するが、景気が浮上する局面には、早く回復し始める。

　定期便で輸送される貨物の世界全体の総トンキロは、1972 年から 2008 年の期間、世界の貿易と GDP に緊密に相関している。航空貨物量と経済活動の価値対数を勘案するとそれは統計的に辻褄が合う。調整された R^2 は 0.99 で、説明すべき変数は高い t 比率となる。GDP と貿易との係数は 2 で、これは経済活動が 1％増加するのに対して、航空貨物が 2％増加することを意味している。海上コンテナ輸送に対して、緩やかな航空貨物の成長は長期的な陸上輸送の市場シェアの損失に繋がるように思われる。IATA はこれが、一部に、港湾での迅速なハンドリングと海上輸送船のスピードの向上による結果として説明しているが、相対的な傾向についてはトンキロベースで測ることができると指摘している。航空で運ばれる貨物の特徴がより軽い資本で、特に電子機器に変化していくにつれて、トンあるいはトンキロで表記される航空による貿易の成長は鈍化している。

　航空による貿易の統計データは、通常グローバルな GDP あるいは貿易データが発表される前に公表される。そのため、航空貿易は世界的な経済や貿易循環の転換の代理変数として使われることが多い。これは、国際貿易と一緒に動く傾向があるため、代表的な指標として使えるとはいえない。しかし、実際 2008 年の循環の下降の際は、航空貨物の下降の方が 4～5 か月間国際貿易の下降よりも先行した。経済循環の転換点を立証する別の試みは、OECD が公表

した複合先行指標（Composite Leading Indicator）である。これは基本的に他の国の統計より1か月前に利用できる産業生産の指標である。OECDによると欧州地域は2008年5月の指標を100として、その翌月から下降が始まり、2008年12月には96.7になっている。この3%の低下は航空貨物物量の低下と同時に発生している。しかし国際貿易における下降の規模と重大さについては予測していなかった。

　購買管理者の感覚や確信が航空貨物の上昇、下降の2～3か月先の先行指標として使用されることがある。製造業者の販売高に対する在庫の削減率が航空貨物の増加や削減に結び付くことは多い。これは在庫が低くなると、補充が必要になり、先ずは航空貨物を利用して輸送することが最善という選択がかなうと考えられる。しかしながら、2006年から2008年の間は、この2つの指標が双方ポジティブに相関関係を見せたことがあった。米国での販売に対する在庫率が1980年に1.6から1990年末に1.3に低下している。この時期は貨物の強い成長、特にエクスプレス貨物の伸びが顕著だった時期と重なっているのでこの点は考慮に加えるべきである。低い在庫水準は、より信頼性の高い航空貨物サービスを提供することに委ねられる。最近の変動はこの傾向を覆しているが、この率が1.3に戻るレベルは長期的に最低水準にあたるように思われる。

　2008年／2009年の不況の当初、最終消費材の消費者が支出を大きく削減したため、製造業者と小売り業者は大きな在庫に直面した。在庫水準が急速に上昇し、在庫が継続可能なレベルまで低下したため、航空貨物での最終財、中間財の輸送の必要性はなくなり、航空による貿易量は低迷した。この点からすると、航空貨物が急速にその後回復したことは驚くべきことである。

　WTOは2008年／2009年の貿易収縮を説明するのに、4つの可能要因を提示した[4]。

・世界地域全体の同時的な需要低下
・グローバル・サプライチェーンによって拡大した直近の下降
・貿易ファイナンスの不足
・保護貿易

---

[4] WTOのプレスリリース、2009年5月24日、プレス／554号。

最初の世界地域全体の同時的な需要低下は、銀行危機によって影響を受けた消費者と投資家の情操反応によって左右された。第 2 のグローバル・サプライチェーン拡大の影響は、多くの個々の輸出に跨る製造品に対する消費者の購買記録によるもので、その製造工程がいくつもの国に跨ることによるものだ。輸出には、最終販売から現金が生み出される前に、製造、搬送、蔵置といった工程で費用が生じるので、商品価値を高めるための資金調達が必要となる。この輸出のための資金調達も銀行危機の影響を受けた。最後の保護貿易は、貿易障壁が立ち上がる（または取り除く）のには時間がかかるので、この可能性は少ないと考えられる。

1.3　空港の貨物取扱量

国際、国内航空貨物の総量の内、最大量を取り扱う空港は、アジアのハブ空港か米国のインテグレーターの主要ハブ空港となる傾向が高い。フェデラルエクスプレス（フェデックス）のハブであるメンフィスやルイビル（UPS のハブ）はトップ 10 に名を連ねている。しかし国内輸送量が除かれてしまうと、その傾向の姿は特徴づけられない。アラスカのアンカレッジは世界最大の貨物空港であるが、その輸送量の 4 分の 3 は経由貨物（アンカレッジで積み込みも取り下ろしもしない）であり、それは極めて長距離の太平洋路線での燃料補給のために便利な一時寄港基地だからだ。

最大の国際空港は、すべてコンビネーションキャリアのハブであり、ほとん

表 1.5　上位 10 位の世界の空港についての航空貨物（2009 年）

	国際と国内（トン数）		国際（トン数）
メンフィス	3,697	香港	3,350
香港	3,385	ソウル（仁川）	2,268
上海	2,539	ドバイ	1,846
ソウル（仁川）	2,313	東京・成田	1,810
アンカレッジ	1,990	パリ・CDG	1,785
ルイビル	1,949	上海	1,775
ドバイ	1,928	フランクフルト・マイン	1,758
フランクフルト・マイン	1,888	シンガポール	1,634
東京・成田	1,852	台北	1,345
パリ・CDG	1,819	マイアミ	1,332
上位 10 位空港	23,359	上位 10 位空港	18,904

出所：IATA World Air Transport Statistics

どの空港が貨物を運ぶ旅客便に加え、貨物専用便が就航している。ドバイ国際空港のような一部のいくつかの空港は過去数年間の間に目覚ましい発展をみせた。1990年代に年率12.6％、2000年には年率13.1％伸び、2009年には取り扱い貨物量が約200万トンに達した。ドバイはアジアの貿易路線の好位置にあり、航空貨物の高いシェアは経由貨物が占め、アラブ首長国連邦の発・向け貨物ではない。この空港では大きな量ではないが海上－航空輸送の貨物も取り扱っている。それらの貨物はジェベル・アリ港からドバイ空港に転送されて航空便で輸送される。

パリのシャルルドゴール空港とフランクフルトのマイン空港は欧州でトップ10にランクインしている2大空港である。そしてマイアミ空港は北米で唯一トップ10にランクインしている。香港空港は、貨物専用機で輸送される貨物量が総貨物量のうち、2000年は10％だったが2009年には14％まで上昇した。東京・成田空港は、2009年の取り扱いにおいて、香港と同じような貨物専用機で輸送される貨物量シェアとなっている。空港の貨物取扱量で旅客機で運ばれた量と貨物専用機で運ばれた量が区分けされてシェアが公表されることは滅多になく、多くの空港ではアジアの空港では提供されているような旅客機と貨物専用機を区分けして示されている事はあまりない。

新空港である広州白雲国際空港は2004年に開港し、2009年2月にはフェデックスのハブとなった。2009年の総輸送量は対前年48％増加した。それはインテグレーターで輸送された量が加わったからだ。もう1つ別の中国南部の空港は深圳・玉安空港で、2008年にフィリピンのクラーク基地から深圳空港にアジアの域内ハブを移転することを決め、2010年に操業開始が予定されている。世界で3番目に大きいインテグレーターであるDHLは2007年に北東アジアのハブを上海の浦東空港に建設することを決定した。浦東空港の貨物輸送量は、2009年に横這いになるまで、2005年から2008年までの間で38％と飛躍的に増量した。上海の別の空港である虹橋空港でも約40万トンの航空貨物を扱っており、貨物専用機を飛ばす揚子江エクスプレスのメイン基地となっている。この会社は長距離路線で貨物専用機を就航させていて（例えば、欧州のルクセンブルク）中国国内ではUPSとDHLのための運航をしている。

ハブ空港の集中は、特に欧州域内で増加してきた。2008年には、深夜から明け方5時の間に欧州管理地域に就航している貨物便の82％は25の空港に集中している。その貨物量のほとんどが4つのみの空港に占められている。4つ

の空港はフランクフルト・マイン空港、アムステルダム・スキポール空港、パリ・シャルルドゴール空港、そしてロンドンのヒースロー空港である。パリのシャルルドゴール空港は欧州におけるフェデックスの主要ハブである。パリから離れていない地域にあるヴァトリー空港は軍用空港で以前メインハブであった。その空港は貨物空港としての発展が期待されていたが、成功に至っていない。航空貨物量は2005年に38,000トンだったが2009年にはわずか23,000トンに低下した。ブリュッセル空港の貨物量はDHLがそのメインハブをライプチヒ空港に（2009年の景気後退時期に）移行した結果、2005年と2009年の間に32％下落した。他方、ライプチヒ空港は2005年の取り扱いはわずか1,000トンだったが2009年には507,000トンに貨物量が増加し、2008年にも18％の増量を記録した。インテグレーターの機材の運航数は2008年に27,000便に達しており（1日当たり平均37出発便）これはその空港の旅客便の運航便数に匹敵する。（滑走路に制約のあるフランクフルト・マイン空港を少し超えるレベル）。TNTのハブであるリエージュ空港では出発便は2008年で1日当たり平均約33便だった。

1.4 ハブ空港での積み替え貨物取扱量

表1.6は、ハブ空港において、国際区域における航空貨物のハブの勢力図を示している。トップ12の貨物空港のほとんどが主要なハブ機能を有した空港

表1.6 国際空港貨物トン数で上位12の世界の空港（2009年）

空　　港	トン数（千）	ハブ航空企業
香港	3,350	キャセイパシフィック航空
ソウル	2,268	大韓航空
ドバイ	1,846	エミレイツ航空
東京・成田	1,810	日本航空
パリ・CDG	1,785	エールフランス、フェデックス、ラ・ポステ
上海	1,775	中国東方航空、UPS、グレートウォール航空
フランクフルト・マイン	1,758	ルフトハンザ航空
シンガポール	1,634	シンガポール航空
台北	1,345	中華航空、EVA航空
アンカレッジ	1,307	トランスパシフィック・トランジットポイント
アムステルダム・スキポール	1,284	KLM
マイアミ	1,332	サウスアメリカンゲートウェイ
上位12空港	21,494	

出所：IATA WATS 2010

であり、それらの空港で扱われた貨物量は 2005 年の総国際航空貨物輸送トン数の約 44％を占めている。仮に国内航空貨物輸送量を加えると米国のメンフィスとルイビルの 2 大ハブ空港がトップ 12 に入ってくる。これらはフェデックスと UPS のそれぞれ主要なハブ空港である。

　主基地でハブ機能を運営しているコンビネーションキャリアは、グランドハンドリングのために必要な施設規模を計画するためハブで積み替える物量を押さえておく必要がある。

　これらの計画にはトラックの搭降載のために、ランドサイドからのアクセス、旅客便間との積み替え貨物、ときに密閉されたコンテナを扱うこともあるが貨物の積み替えや積み付け、組み立て、取り下ろしを行うための貨物ターミナル施設規模も含まれる。

　表 1.7 はアムステルダム・スキポール空港での KLM 貨物ターミナルにおいて取り扱われている航空貨物輸送量の分布を示している。このデータは最新のものではなく欧州のカーゴハブ空港における典型的なものではない。トラックによる輸送がかなり重要であり、他のハブ空港に比べて高い比率となっているがそれはアムステルダムの主要な製造地や人口集積地から空港までの距離によるものである。ブリティッシュ・エアウエイズは積み替え貨物の比率が丁度 60％を占めている。

　しかし、トラック転送の比率はかなり低い。航空便から航空便への積み替え輸送は輸送量の大部分を占めているが、ハブ空港でのハンドリングコストを最小化するために、フル積載ではなくてもコンテナへの積み替えを実施することもある。航空会社間のインターライン積み替えはかなり低下しており、総輸送量に占めるシェアは小さい。

表 1.7　アムステルダム・スキポールのハブ空港での輸送量の分類

	トン数	％
空港発着	123,895	16.9
空港間の積み替え	261,977	35.7
空港より／からのトラック	343,227	46.8
トラックの発着	3,745	0.5
計	732,844	100.0

出所：KLM Cargo

1.5 年間を通じた航空貨物輸送量の変動

1.5.1 月間輸送量

航空貨物輸送の月間の変動は、空港と航空会社それぞれの観点から考察することができる。(表は) 香港が国際サービスのみを持つアジアを代表する貨物市場として選択されたことを示している。2007 年が 2008 年よりも選択されたのは年最後の 3 か月で、大きな需要の下降がなかったことによる。すべての貨物量と貨物専用機で運ばれた貨物量双方の月間波動は、表 1.5 に示されている。

まず、総輸送量と貨物専用機での輸送量にはほとんどが違いがない。貨物専用機で運ばれた輸送量シェアは年間を通じて恒常的で安定している。(約 60%) 需要が低い 1 月と 2 月の後、11 月のクリスマス前のピークまで、需要は徐々に積み上がっている。

2007 年はまた、月間の航空会社輸送量レベルを検討するのに用いられている。欧州航空会社協会 (AEA) のメンバー企業によって運ばれた輸送量は、旅客便、貨物便双方で輸送された物量が含まれている。そして、表 1.6 では 2 つの主要な長距離路線を別々に示している。北大西洋と欧州、一方欧州と極東双方の路線では、クリスマス前の 9 月、10 月、11 月に明確なピークシーズンを示している。特に、この時期に購入される量が多いプレゼントの製造業社が多数ある極東はその傾向が顕著だ。 イースターの時期も双方の路線において

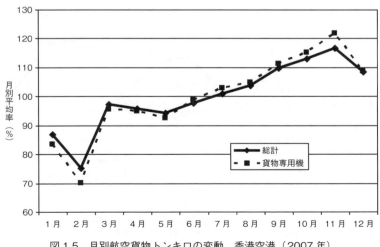

図 1.5　月別航空貨物トンキロの変動、香港空港 (2007 年)

小さなピークを示している。年の初めは、伝統的にあまり多忙な時期ではない。欧州の夏のホリデー月である7月8月は過去にいくつかの工場が操業を停止するため同様に多忙な時期ではない。

貨物の月間のパターンと旅客の月間のパターンは対照的であり、旅客のピークは欧州においてはイースター、夏のホリデーそしてクリスマスの期間である。旅客の多忙でない時期は11月の後半と12月の前半であり、貨物が多忙な時期に当たる。

上記で述べた月間の波動パターンは、全輸送量に対していえる。計画や予測の目的のために、貨物のタイプと仕向け地によって分類することが必要になる

	ピークの月	率・年
総輸入・輸出	10月	9.3
総輸入	10月	9.3
輸入終点	12月	9.6
輸入トランシップ	10月	9.1
トラックトランシップ	10月	10.6
トラック終点	10月	11.1
総輸出	10月	9.2
空港発	10月	9.0
オンライン・トランシップ	10月	9.3
インターライン受取	2月	11.2

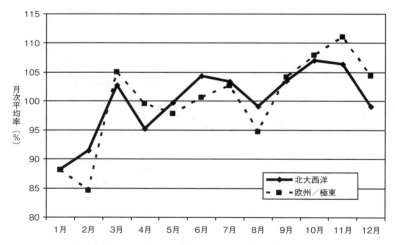

図1.6　航空貨物トンキロ月別輸送量の変化、AEA航空会社（2007年）
　　　出所：AEA monthly traffic data.（月次輸送量データ）

ことが多い。典型的な貨物ハブ空港での実績に基づくピーク月の年率をまとめた例は以下の通りだ。波動はそれ程大きくないが、10月がほとんどの項目の中で際立った結果となっている。年間の最後の月に貨物輸送量のピークが来ているが、貨物専用機の運航数が年間を通じて比較的恒常的であることは留意すべき点である。

1.5.2 週間および日ごとの輸送量

週間および日ごとの航空貨物輸送量のデータは通常、公表されていない。しかし、年率に対する典型的なピークの週は2.2%でおそらく11月に生じている。週間で日ごとの波動はほとんどない。ピーク月の平均的な日割（月を31日で割る）のピーク比率は1.0を少し上回っている。

欧州管理地域での貨物便の調査によると、週の内、水曜日と木曜日は最も多忙な日とされている。それは週中のビジネス活動に起因するものだ。他の図では金曜日が多忙であると示している。輸送量の分布は週を通して2007年までの4年間で大きく変わっていない。即ち、週末は少なくとも平日の2倍の多忙さである。

週末の貨物専用機の活動は通常、平穏であるが、欧州において、2004年と2007年の間は、金曜日から月曜日にかけて毎日の貨物輸送量は平均よりも高い増加となった。これは、貨物専用機の運航社が自らの主要地点まで週末に追加の貨物を搭載して運び、翌日配送を行うため、欧州からアジアでその動きが顕著となった。

1.6 航空貨物のキャパシティ

1.6.1 短距離／中距離区間

短距離／中距離路線は一般的に旅客便で高い頻度でのサービスを行っているが、そのタイミングのほとんどは航空貨物需要には適していない。中規模都市と大都市間の運航の通常のパターンは、朝の7～9時のピークがあり、その次に日中帯にピークが訪れ、3回目が夜の時間帯にピークが来る。そのピーク時間帯に合わせて航空会社は1日に4便のローテーションを行う（ローコストキャリアに関しては5便のローテーションを目指す）。それらの便のうち、早い時間帯の夕方の便は長距離便のフィーダー便（接続便）に適したフライトといえるが地域内のエクスプレス貨物を翌日配送するために夜中の出発が必要と

なるのでその運航スケジュールでは合わない。

　貨物専用機は特に運航が夜中に制限されてしまうと、短距離での運航はコストが高くなる傾向にある。これらはインテグレーターが高い運賃で貨物を運ぶことの裏付けとなり、そして多くの短距離での貨物専用機での運航は欧州域内乃至は、米国域内で行われている傾向があることに結びつく。

　トラックによるロードフィーダーサービスは、特に欧州のコンビネーションキャリアによって、空港間を貨物専用機に代わるサービスとして運行されている。このロードフィーダーサービスは1便当たり20トンのキャパシティを提供しているが、主要な貨物ハブ空港間を毎日乃至はそれ以上の頻度でサービスを繰り広げている。航空会社によっては、ハブ空港まで航空機と互換性のあるULDに積載して運ぶ前に、ある中央配送地点まで貨物をトラックに混載で積載して輸送している。ブリティッシュ・エアウエイズはマーストリヒト空港でトラックのハブを運営していた。

1.6.2　長距離区間

　長距離の旅客便は通常ワイドボディの航空機で運航され、ロワーデッキの貨物室には約20トンあるいはそれ以上の貨物が積載できるキャパシティを有している。それらの便の多くは夜遅い出発であるため、貨物の配送パターンに適している。それらの便では、ある特定のカテゴリーの貨物（例：危険品）と特大な貨物の積載を除いてはすべてのカテゴリーの貨物を取り扱うことができる。サービスの頻度は1日1便が多く、最低でも週に3～4便は運航している。このため、エクスプレス貨物を扱う事業者は2～3日での配送を保証している。

　貨物専用便は、十分な旅客のキャパシティがない路線で運航しており、特に、主要な生産の拠点から北米や欧州の消費地に運航がされている。もっとも頻度が高い多忙な路線は欧州／アジア間とアジア／北米間である。前者の欧州／アジア間の公表された運航便は表1.8にまとめられている。1つだけインテグレーター（TNT）が含まれているが、DHLによるライプチヒから（ルフトハンザ航空との）共同サービスは省かれている。最初の目的地は、ロシアや近隣諸国の都市となっている。それは区間距離を短くして最大の積載貨物量を確保し、高いロードファクターを達成するように貨物量を取り込むこと目論んでいる。例えば、カーゴルックスが運航しているカザフスタンの路線は上海まで伸

表1.8 欧州からアジアまでの公表された貨物専用機の運航（2010年1月）

航空会社	主要な欧州起点の運航	アジアの最初の目的地（1か月の運航数）
エアブリッジカーゴ	モスクワ	上海（40）、香港（27）、北京（22）、東京（4）、カザフスタン（4）、カブール（4）
カーゴイタリア	ミラノ	カザフスタン（4）、ムンバイ（9）、チェンナイ（5）、大阪（9）
TNT	リエージュ	香港（13）、シンガポール（14）、上海（4）
ACG航空貨物	フランクフルト・ハーン	カザフスタン（13）、香港（5）
エールフランス	パリ・CDG	上海（18）
ブリティッシュ・エアウエイズ	ロンドン	台北（10）、大阪（9）、香港（5）
EVA航空	ブリュッセル	デリー（9）
中国国際航空	フランクフルト・マイン	北京（36）、上海（21）
中華航空	ルクセンブルグ	台北（33）、バンコク（5）、コロンボ（4）
中華貨物	ルクセンブルグ	北京（44）、上海（49）
キャセイパシフィック航空	パリ・CDG	ムンバイ（13）、デリー（9）、香港（13）
中国南方航空	アムステルダム	上海（40）
エチオピア航空	ブリュッセル	香港（5）
グランドスターカーゴ	フランクフルト・マイン	上海（18）
グレートウォール	アムステルダム	天津（14）、上海（34）
翡翠カーゴインターナショナル	フランクフルト・マイン	デリー（5）、深圳（4）、上海（4）、ラホール（4）、ソウル（18）
日本航空	モスクワ	クラスノヤルスク（9）、東京（41）
大韓航空	フランクフルト・マイン	ソウル（119）、ウズベキスタン（8）
KLM	アムステルダム	カザフスタン（8）、香港（8）
日本貨物航空	ミラノ	東京（32）
ルフトハンザ航空	フランクフルト・マイン	バンガロール（13）、ムンバイ（16）、デリー（11）、クラスノヤルスク（36）
マレーシア航空	フランクフルト・マイン	タスケント（9）、コロンボ（5）
マーチンエア	モスクワ	カザフスタン（9）、香港（10）
アシアナ	ブリュッセル	ソウル（79）
ポーラーエアカーゴ	ライプチヒ	ソウル（5）、香港（14）
カーゴルックス	ルクセンブルグ	カザフスタン（8）、台北（5）、小松（日本）（5）、シンガポール（10）、上海（9）
シンガポール航空	ブリュッセル	シンガポール（19）、コルカタ（9）、バンガロール（13）、ムンバイ（9）、チェンナイ（9）
アエロフロート	モスクワ	ノボシビルスク（36）、カザフスタン（9）、香港（22）、ハバロフスク（9）、北京（22）、上海（31）

出所：OAG Aviation Solutions.

びて、1週間の決まった日に数便運航されている。最も人気のある目的地は上海で月間268便（1日当たり9便）が運航している。これにソウルが211便（1日当たり7便以下）、北京と香港が1日当たり4便と続く。

全体的に見て、1日につき42便が多様な航空機で運航されている。B747-400Fがこれらの便のうち、16便運航している。B747-400FあるいはB747-200Fが別に13便[5]でMD-11Fが11便運航している。古いB747-200Fだけで就航している路線は1日当たり1便を少し上回るだけで、13便のうちいくつかの便はB747Fとだけ記載されている。これはほとんど運航航空会社がこの古く非効率な機材を退役させようと考えていることをほのめかしている。これらの貨物専用機のキャパシティは第7章で論じたい。運航頻度は2010年2月よりも10％減少した。それは前年からの貨物量の落ち込みから徐々に広がっていった。DHLの米国内市場からの撤退により、オハイオ州のウイルミントンから北ケンタッキーのシンシナティへ米国内ハブを移転したことは貨物の動きの変化に繋がっている。

インテグレーターはどれもアジア／北米間の公表された路線時刻表に含まれていない。2010年1月に公表された貨物専用機の運航は1日当たり総計27便であるが、このうち21便が中間地点であるアンカレッジに一時寄港し、4便だけがロサンゼルスに直行する。アジアの主要な起点地は上海で1日当たり8便運航している。ソウルが1日当たり6便、台北、香港がそれぞれ1日当たり4便運航している。ほとんどの便がB747-400Fで運航されておりB747-200Fで運航している便はわずかながら残っている。

複合区間を飛ぶ路線は貨物専用機では通常である。それは各地で搭降載を重ねていくことで積み高とロードファクターを改善させるためだ。欧州便は、2地点途中寄港することがある。例えば、ルフトハンザ航空は西方向の北米向けの運航で、英国のイーストミッドランド空港に寄港して英国発の貨物を積み込んでいく。他の航空会社では、北米からルクセンブルグやパリのルート上でスコットランドのプレストウィック空港に寄港している。アジアの航空会社では、英国の途上で中央ヨーロッパの地点に寄港している。

---

[5] 公表されているスケジュールは運航されているモデルを明記していない。

1.6.3 インテグレーターのハブ空港

　米国で最大のインテグレーターハブ空港はメンフィス空港である。2008年には1日当たり177便の運航便が就航し、そのほとんどをフェデックスが運航している。フェデックスの出発便は、午前7時から10時の間にかなり集中している。その時間帯に毎日の出発便の丁度80％を下回る程度が運航され、午前8時から9時の間に約100便が運航される。これは夜間帯に到着する便に割り振られる。パリのシャルルドゴール空港とロンドンのスタンステッド空港に運航するMD-11Fの大西洋線は双方とも朝のピーク時間に到着する。太平洋線の出発時間も同様である。ハブ空港で夕方の早い時間帯に到着するためには、午前8時から10時の間の比較的短い時間帯の出発時間枠に就航する必要がある。UPSの主要な米国のハブ空港であるルイビル空港はこれに比べてかなり少ない運航便数である。2008年には平均丁度100便下回っていた。

　DHLの共同事業社であるアエロロジックは、まず、ライプチヒからバーレーン、シンガポール、デリーへ向かい、ライプチヒに戻る便をウィークデーに飛ばしており、基本的にエクスプレス貨物を輸送している。週末は、ライプチヒ－タシケント－香港－タシケント－ライプチヒに就航しており一般貨物を運んでいる。これらのフライトはルフトハンザ航空のMD-11Fで就航しており、100トンのキャパシティを有している。UPSは欧州のハブ空港であるケルン－ボン空港から定期便がルイビルの米国基地、台北、香港、深圳、マニラそ

表1.9　イースト・ミッドランド空港から西欧州までのインテグレーターの運航（2010年夏）

目的地	インテグレーター	便数／週	週の曜日	航空機のタイプ
バルセロナ	DHL	4	火－金	B757
ベルガモ	DHL	5	月－金	All types
ブリュッセル	DHL	6	月－金、日	A300/B757
ケルン	DHL	4	火－金	ATP-F
ケルン	UPS	6	月－土	B767
フランクフルト	DHL	4	火－木、土	B757
ライプチヒ	DHL	7	毎日	A300/B757
リエージュ	TNT	6	月－金、土	A300/B757
マドリッド	DHL	2	土、日	B757
ミュンヘン	DHL	4	火－木、土	B757, Metroliner
パリ・CDG	DHL	4	火－金	B757
パリ・ヴァトリー	DHL	4	火－金	B757
シャノン	DHL	5	月－金	B757
ビクトリア	DHL	4	火－金	B737-400

出所：East Midlands Airport website

してその後上海へ就航している。太平洋路線では、中国の上海と青島、マニラ、名古屋、東京、大阪そしてソウルに就航している。

　包括的なインテグレーターの運航スケジュールは公表されていないし、入手も難しい。表1.9は欧州基地から運航される運航便をいくつか例示している。イーストミッドランド空港は、目的地と運航の頻度はデータで示しているが出発時間は示していない。これらの便の出発は午後遅くか、夕方、深夜になる傾向がある。この空港はDHLのハブ空港の1つで、もう1つのハブはライプチヒ空港である。ライプチヒ空港は最も高い頻度で最大級の航空機が就航しており、欧州内のルートはこの空港を目的地として就航する。ほとんどの便が毎日平日に就航しており、週末に就航する便はほとんどない。

Column 1

リーマン・ショック後の全世界の国際航空貨物市場

　過去30年を振り返るとリーマン・ショック後、全世界の国際航空貨物の荷動きは、鈍化傾向にある。ボーイングの統計によれば、2003年から2013年までの10年間の平均伸長率は年間2.5%で推移している。一方、1983年から1992年までの10年間の平均伸長率は6.8%、1993年から2002年まで10年間の平均伸長率は6.1%であり、2003年以降の鈍化傾向は顕著である。2008年リーマン・ショックの影響で市場の伸長率が大きく落ち込んだが、2009年以降、2010年からは回復基調にある。ボーイングの航空貨物市場の成長予測では、2013年から2033年まで、高位推定では5.5%、低位推定でも4.0%の伸びの推移を辿ると予測している。同ボーイングの地域別市場成長予測では、依然、アジア市場が成長の牽引役となり、2033年までに、貨物量のRTKレベルで現在の約2.4倍にあたる1,200億RTKまで伸びると予測されている。

コラム　リーマン・ショック後の全世界の国際航空貨物市場

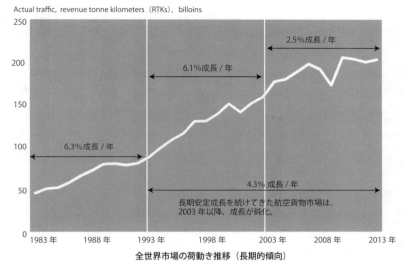

全世界市場の荷動き推移（長期的傾向）

出所：IATA, ICAO, individual airline reports, Boeing analysis

　最近、注目されているのが、中近東を拠点とする航空会社の躍進である。世界の航空貨物の成長を中東系航空会社がひとり占めしている感がある。中近東を拠点とする航空会社の 2013 年時点でのシェアは全世界の輸出入取扱総量（FTK）の約 15％を占めている。航空輸送と海上輸送との規模を比較した場合、2013 年実績で航空輸送と海上輸送を合計した総量に占める航空輸送の割合は重量ベースで 0.4％。金額ベースで 24％であった。航空輸送と海上輸送との成長率で比較した場合、2001 年から 2011 年までの 10 年間で海上コンテナ輸送は 8.3％伸びているのに対して、航空輸送は 3.7％にすぎない。これは、海上コンテナの高速化、航空輸送のプロダクト・イノベーションの欠乏、景気の影響、価格競争力の相対的低下などが作用していると思われる。

　　　　　　（NCA/本間啓之の「航空保安協会」での報告資料による。）

第1章　航空貨物輸送と供給

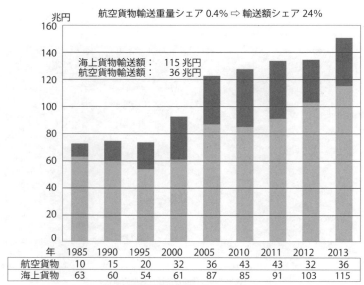

日本発着貨物輸送額（2013年）

出所：国土交通省「海事レポート」各年版、財務省貿易統計

第2章　航空貨物市場の特性

　前章は、輸送量という点で、航空貨物市場の規模を論じた。これは、通常、トンやトンキロで、積み荷の数を報告するインテグレーターとともに論じられている。このデータは、貨物、郵便、エクスプレスの輸送量別に集計されるが、これらの区分は、一段と重なってきて、有益な情報が提供されない。この章では、積み荷のタイプとそれらの性格・特徴により分析を行って、この点で詳細な観察をしていく。

　航空は、重量別では、全貿易量の比較的小さなシェアを占めているが、金額別では、それよりかなり多い（40％＋）。シーベリー社は、2000年の2.8％から2008年の1.8％に最近になって低下したと推定している（図2.1参照）。この低下の大部分（0.5％のポイント）は、航空の浸透が低かった路線で、迅速な成長が記録している事実から生じている。より少ない部分（0.2％のポイント）は、航空に大きなシェアを占めるハイテクのような商品が緩やかに成長を示すようになった結果である。第3に、航空から海運への選択シフトが部分的に生じていることによる（0.3％のポイント）（de Jong、2010）。モーダル・シフトが生じる理由の1つは、燃料効率が低い交通機関に対し、航空が高い燃料

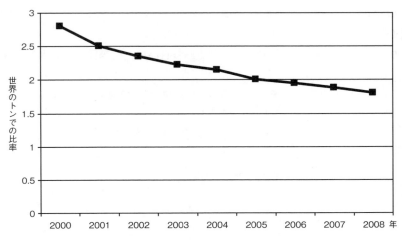

図2.1　世界のコンテナ貿易に占める航空シェアの最近のトレンド
出所：Seaburyのグローバルトレードのデータベース。

価格になった相対コストの影響である。

2009年の9か月に基づいて、シーベリー社は、部分的にハイテク製品が再ストックされた結果、航空輸送のシェアが一部回復していると推定している。

航空料金が海上交通の料金の約10～15倍である（Shaw、2007年）事実を前提にすると、重量に対し金額が一層高い品目のみが、製品の最終価格で航空で移動するコストを支えることができる傾向がある。ボーイング社は、1kgにつき16米ドル以上に相当する高価値の品目のみが、航空によって運ばれる高い選好性を持つと推察している（Boing 2008）。しかしながら、1kg当たり9.14米ドルの価値を持つ自動車のボディが、ほとんどすべて陸上輸送手段によって積み荷にされ、重量当たり小さな金額の特殊な化学品が航空輸送によって運ばれる（Kasarda et al., 2006）。

航空によって運ばれる米国の貨物積載の平均価値は、DOTによれば、1kg当たり59米ドルで、小荷物、郵便、クーリエが44米ドル、トラックの0.92米ドルに対比される。航空と小荷物は、主に電子製品とその他の電気に関連する製品、精密機械、医薬品から構成されている。航空によって運ばれるものは、トータルで、209,611百万米ドルになり、小荷物、郵便、クーリエの1,597兆ドルと対比される。総計では、重量で3％を、金額で15％を計上している[1]。

表2.1は、英国から航空で運ばれる貨物の重量対価値の比率が、海運によって運ばれる財の約75倍になることを示している。2008年の価値比率では、航空の輸出は、1kg当たり約米49米ドルで、輸入の17米ドルになり、米国（DOT）の上記の推定より、特に輸入について低い。

加えて、腐りやすい積み荷、いわば生鮮食料品は、航空貨物の迅速な移動時

表2.1　交通手段別の英国・EU別勘定国際貿易についての価値・重量比率

交通手段	kg当たり価値（英国ポンド）		
	輸出	輸入	総計
航空	90.93	30.77	42.78
イギリス海峡トンネル	14.76	20.29	16.11
その他	1.23	1.43	1.26
海上	1.20	0.47	0.58

出所：UK DfT, 2009.

---

[1] 2007年の商品流動調査に基づく運輸統計局の特別レポート、2009年9月の商品流動調査。

間によって便益を受けている。新鮮な生花、果実は一般的に収穫時から在庫されるまでの日数を減少させる必要がある。バナナのような一部の生産物は、成熟する前につみ取られ、輸送している間に緩やかに成熟させる理由で、海上輸送か陸上輸送が利用されことが多い。船舶の輸送では、また、新鮮な生産物やその他の新鮮物を長期の輸送時間に持ちこたえるように冷凍することもできる。

他にも、物理的より経済的性格から、陳腐化しやすいものがある。例えば、新聞と雑誌は、どんな良好な状態で海上輸送しても、到着したときに新情報は市場から消えている。しかしながら、航空輸送で迅速な配送をしても、これらの品目は、高い航空料金は支払ってもらえず、せいぜい、限界費用はカバーする程度か、旅客便を満載にするための安い料金で輸送が実現されている傾向がある[2]。このカテゴリーには他に繊維類、特にハイファッションの品目がある。これらは、世界市場におけるトレンド・セッティングの中心地でのファッションショーとそれに続く販売促進の需要を満たすために一時的に現れる。

世界航空貨物は、2003年に総計15.8百万トンと推定され、このうち11.3%がエクスプレスで、25.3%が特別のハンドリングとを要する品目で、残りが一般航空貨物であった。商品別のより詳細な区分は、エクスプレスと特別のハンドリングの市場区分に注視した次の節に論じている。

2.1 運ばれる商品

商品別に航空の取引区分は、選択された項目によって変わり、トンやトンキロが輸送量の尺度として使用されるかによって変わる。マージ・グローバル社は、貨物トンキロを用い、2007年の区分を次のように示している。

・ハイテク製品（27%）
・資本設備（19%）
・アパレル、織物、はきもの（17%）
・消費生産物（16%）
・中間製品（12%）
・冷凍食料品（5%）

---

[2] 技術が今や、地域センターで同時的な新聞印刷を可能にしており、全国の印刷施設からの航空貨物の必要性を減らしている。

冷凍食料品は航空貿易の大部分を計上しているわけでないが、ラテンアメリカから北米までは全体の41％を計上しており、非冷凍食品についてはこの比率は一層、高くなる。アジアは、ハイテク製品を生み出す巨大な生産地となっており、アジアとその他の地域については、以下に論じる。これは、資料とスモールパッケージを入れると、異なった区分となろう。ドキュメントの資料とスモールパッケージについては、マージ・グローバル社の分析のなかでは、これらの品目は見いだせない。

2.1.1 アジアと欧州間の路線

ボーイングの分析（2008年）によると、アジアから欧州までへの航空貨物は、反対方向の航空貨物より74％多く運ばれている。アジアから欧州まで、2003年の1.72百万トンから2007年の2.51百万トンに、つまり46％増加している。欧州航空輸出は25％ずつかなり緩慢に増加し、1.44百万トンになっている。方面別の不均衡は、この期間、かなり悪化しており、2007年まで西方向のキャパシティが不足しており、他方向よりイールドが高いことを反映している。

図2.2から欧州からの輸出では、工業電化商品が多く、2番目位に大きなものは書類等スモールパッケージである。これらは、アジアから欧州への輸出に特徴的な消費財やオフィス製品を生産している中国や東南アジアに、それらの品目の製造能力を与えている。アパレルと織物もまた、アジアからの輸出の多くの部分を占めており、特にインドと、インドよりも少ない程度で中国からの輸出が多くの部分を占めていることが特徴的である。

ボーイングの分析によれば、アジアからのハイテク輸出は、種々雑多の製品と電化製品のカテゴリーの部品である。中国と台湾はこれらの製品の大きな輸出当事国であり、主に、ラップトップ、統合回路、LCDディスプレイなどがある。これらは、主に航空で輸送される。

2.1.2 北米とアジアの間の路線

ボーイングの分析（2008年）によると、アジアから北米に輸送されている航空貨物は、逆方向の北米からアジアへの輸送量より57％以上多く運ばれている。そのトン数は、2003年の1.62百万トンから2007年の2.11百万へと36％増加している。北米からこれらの地域への航空輸出も堅調で、33％増加

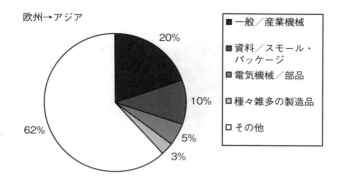

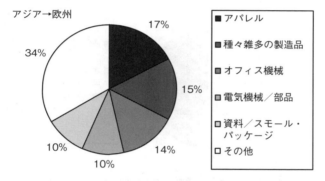

図 2.2　商品別航空貿易（2007 年）：欧州・アジア間
出所：Boeing, 2008.

し、1.40 百万トンになっている。その結果、方向別の不均衡は、大きく変化しなかった。この貿易不均衡は航空貨物の問題だけではなく、米国政府の関心の種となっている。中国通貨の再評価によるものでもあり、それによって中国輸出の競争力が低下している。

　図 2.3 でわかるように、北米の輸出はほとんどが工業製品や、電機製品から構成されており、欧州の輸出の傾向と同じである。また、化学製品や理化学機器も同じく大きな比重を占めている。アパレル・繊維製品もまた、アジアの輸出の大部分を占めている。携帯電話等テレコミュニケーションもアジア輸出市場の大きなシェアを占めている。アジアから北米に輸出されたこれらの多くの商品の航空輸送のシェアは、1999 年から 2007 年の間低下している。一方、ア

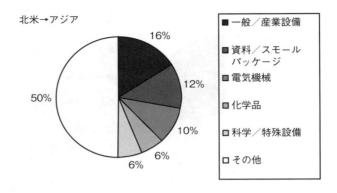

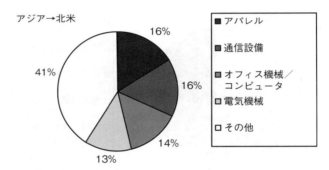

図2.3 商品別航空貿易（2007年）：北米・アジア間
出所：Boeing, 2008.

ジアから北米に輸出される、特にアパレル・繊維製品は、海上輸送が増加し、16.7％から8.7％に減少した（Merger Global、2009年）。機械の輸出は、さらに高いトン数（3,800トンに対し、8,600トンに増加）を計上し、総計の中で、航空のシェアはこの期間において、2％を下回っただけである。玩具類は、さらに大きな輸出量（2007年に3800トン）を占めている品目であるが航空輸送は減って市場シェアを2％低下させた。

2.1.3 ラテンアメリカと北米間の路線

ボーイングの分析（2008年）によれば、ラテンアメリカから北米までの路線は、その反対方向の路線より51％以上多い航空貨物が輸送されている。ラテンアメリカから北米までのトン数は、2003年の0.72百万トンから2007年の

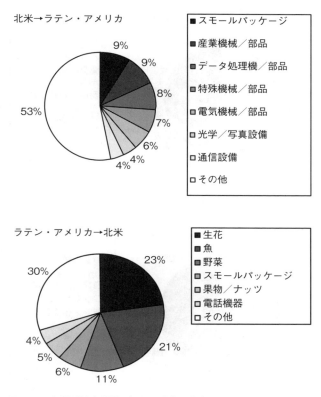

図 2.4　商品別航空貿易（2007 年）：北米・ラテン・アメリカ間
出所：Boeing, 2008.

0.82 百万トンに 13％増加した。北米の航空輸出は、低いベースで 0.40 百万トンから 36％増加している。その結果、方向別不均衡は著しく改善された。

図 2.4 のように、北米輸入の半分以上が生花、魚、野菜によって構成されている。魚類の輸入は、ペルーのような国から冷凍船によって多く運ばれるのでわずかに低下し、一方、航空によって運ばれる新鮮な生花の輸入が 30％増加している。

2.1.4　欧州と北米の間の路線

北大西洋の各方向の貿易は、2003 年に顕著な不均衡があったが、2007 年もその状況は変わっておらず、その年には北米から欧州向けに、その反対方向の路線よりも 34％以上多く輸出されている。機械が双方向の貿易で高いシェア

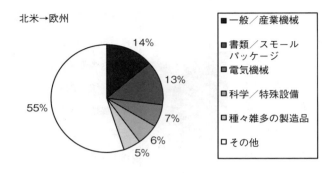

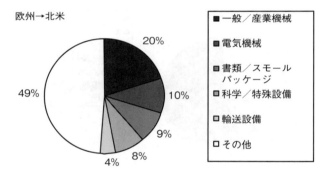

図 2.5　商品別航空貿易（2007 年）：北米・欧州間
出所：Boeing, 2008.

を示している。また、交通設備が米国への輸出で大きな項目となっている（鉄道と航空機について）。書類とスモールパッケージは、ほとんどの地域で航空輸送の約 10％を占める傾向にあるが、北米からの比率は高く、欧州からは、いささか低い傾向にある（図 2.5）。

2.1.5　アフリカと欧州間の路線

　欧州は、アフリカの主要な航空貿易のパートナーで、アジアと中東とは 17％の比率を占めている。南方向の路線での航空貨物は、主に、印刷物、薬、設備と機械から構成される。北方向の路線での貨物の動きは、一部で伸びが極めて迅速であり、特にケニアからの生花と生鮮食料品が顕著である。野菜は、アフリカから英国へと航空で輸入される食品で単一で最大の品目であった。例

えば、ケニア、ガンビア、エジプトのような国からはインゲン豆、トウモロコシ、サヤエンドウが輸出されている。また、新鮮な果物が欧州に輸入されているが、総トン数はアジアからよりも少ない。

2.2　特別な取り扱いを要する品目

2004年のルフトハンザ航空について、マージ・グローバル社が準備した予測は、セグメントによって世界航空貨物市場を分割している。特別な取り扱いを求められる品目は、2003年の世界市場の25.3％〈訳者：27.6％と思われる〉を計上しており、一方、新鮮な生産物、生鮮食料品市場は、世界市場の約半分を占めている（表2.2参照）。

これらの貨物は、一般航空貨物より急速に成長しており、ルフトハンザ航空や他の貨物航空会社が注目する品目である（マーケティング戦略を取り扱っている第9章を参照のこと）。取り扱いに慎重を要する衝撃に弱い商品は、一部の化学品のように取り扱いに注意を要する商品であるが、危険物として取り扱いが必要な商品のリストには載っていないものもある（8.2.5節を参照）。ルフトハンザ航空は、今や、それらを同じ危険物と同じカテゴリーの特別配慮（ケア）が必要な商品としてひとつにまとめている。

盗難にあいやすい価値ある品目は、比較的高い航空運賃に支えられているが、特別な取り扱いの必要はない。芸術作品、金、宝石、銀行券のような高価な品目は、盗難の機会を最小化するためにコンテナ・センターでの包装に注意が入る。ルフトハンザの貨物グループは、コンピューターと組立部品のような迅速に伸びる品目と、盗難にあいやすい携帯電話を挙げている。これらは、下記のようなものである（節2.5.4）。温度の管理を要する積み荷は、新鮮な生産

表2.2　カテゴリー別特殊取扱航空貨物のトン数（2003年）

	2003年	シェア（％）
温度調整品	328,927	8.3
新鮮な製品／腐敗しやすいもの	1,799,884	45.2
振動に弱いもの	244,094	6.1
盗難にあうもの	887,647	22.3
高級品	88,032	2.2
動物輸送	109,658	2.8
危険物	527,245	13.2
計	3,985,487	100.0

出所：Global Air Freight Outlook, Lufthansa Cargo Planet, 2004.

物、その他の腐りやすい生鮮食料品、薬、医療供給品のような一定の温度に保つ必要があるものである。これらは、次節で検討している。

2.2.1 生鮮食料品

　前節のボーイングの分析から、2007年は生鮮食料品で最大の輸入市場は、ラテンアメリカから北米向けの市場である。しかしながら、これらの数字にはアフリカが欠けており、一部の生鮮食料品はその他に含まれているであろう。Jansen（2008）は、2007年にアフリカは欧州向けで最大の輸出国であったことを示している。

　　ラテンアメリカから北米へ　　：474トン
　　アフリカから欧州へ　　　　　：376トン
　　中東から欧州へ　　　　　　　：317トン
　　ラテンアメリカから欧州へ　　：222トン
　　北米から欧州へ　　　　　　　：121トン

　上記の貨物の流れは、その年のすべての2百万トンの腐敗しやすい航空輸出から1.5百万トンを除外している。これは、90百万トンの海上利用の分と比較される。比較的最近の2005年の航空輸送による腐敗しやすいものの輸入の推計は、次のような3つの最大の市場を示している。

　　欧州　：858,000トン
　　北米　：523,000トン
　　アジア：501,000トン

　欧州は、2000年から2005年の間、年8%という急速な増加を記録しており、これに、年当たり2%のアジアと、1%の米国が続いている[3]。生花と植物が、最も急速に増加している項目であった。欧州諸国の中で最大級の輸入国は、オランダと英国であった。冷凍コンテナの良好に管理された冷凍施設を利用できるので、陸上輸送、特に海上に部分的に転移する証拠がそこにある。例えば、ペルーから米国へのアスパラガスの市場が、過去10年間で、80%が航空で輸送されていたものが、80%海上輸送に変わった。バナナと冷凍魚が、2007年に海上によって運ばれる2大生鮮食料品である（Jansen、2008）。これらのど

---

[3] *International freighting Weekly*, 11 December 2006, p.10.

ちらも潜在的には航空輸送商品でないが、2000年と2007年の間、海上によって運ばれる生鮮食料品が迅速に伸びている。このセグメントは、1kg当たり2〜5米ドルの価値がある商品で、総計の約20％を占めている。

生　花

航空による主要な生花の輸出地域は、南米、アフリカ、アジアである。エクアドルは、最近まで北米市場に依存していた南米最大の生産国であり、2006年から2009年までの間、欧州とロシアに活動を広げていた。航空によって欧州まで生花を輸出しているアフリカの2つの最大の国は、エチオピアとケニアで、1年に5万トン、1つの航空企業のみでナイロビから輸送している。ジンバブエはその経済が破綻するまでは、最大の輸出国であった。イスラエルは、コロンビアとエクアドルがそうであったように、欧州への最大の輸出国であった。タイは、アジアにおける最大の輸出国であり、しかし、蘭に片寄る傾向があり、一方、他の地域は、カーネーションやバラのような広範な花を輸出している。

欧州とアジアの市場は、いまなお、フラワーショップから配布するのがまさっており、それはオランダのアルクメールの花オークションで取引されることが多い卸売り業者によって供給される。一方、スーパーマーケットは、海外の企業から直接手に入れることが多く、北米と英国の生花の流通を支配している。

航空貨物の荷主の一部は、オランダのオークションの倉庫に運びこむため、アムステルダムや近郊のゲートウエイまで、航空で輸送している。しかしながら、生花は欧州の他の倉庫でオークションの参加者によって、電子取引が検討される。バラは航空で輸出され、特にケニアからオランダが活発で、1998年から2007年の間、年率で平均12％増加しており、航空輸出の大きな部分を占めていることが特徴的である（Seabury、2009）。

片荷に加えて、一部の生花の航空輸出は、米国では、バレンタインデーと母の日の直前に需要の波が高いピークを迎える（図2.6参照）。同じパターンが、小売業が同じ機会を利用するために、欧州でも期待されている。

その他の生鮮食料品

2000年初頭における熱帯の果物の欧州への主要な輸出地域は、ギアナ、ブ

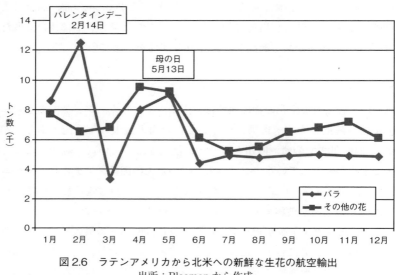

図2.6 ラテンアメリカから北米への新鮮な生花の航空輸出
出所：Bloemen から作成.

ラジル、象牙海岸、パキスタン、南米である（Jansen 2004）。スペインは、チリから魚（メルルーサ類）を得ているし、一方、ペルーは、新鮮なアスパラガスの主要な輸出国である。アルゼンチンは、生鮮食料品のコーン・ビーフの形態での肉を輸出する唯一の国である。当時、それは多くが欧州向けに海上で運搬されたであろう。今日、アルゼンチンは新鮮な牛肉に加えて、欧州向けの馬肉を航空によって輸出している。

　上記の生鮮食料品の輸出の多くは、消費者への最終価格に反映することができる航空運賃が低いときだけ、可能であった。輸出国の多くは、人件費が低い。その人件費は、最終価格に反映する航空運賃コストの大部分に反映することを意味している。低価格の航空貨物は、旅客運航のロワーデッキに充当されることが多い。これらは、通常、最大20トンのキャパシティを持ったワイドボディの旅客機によって運航される。しかしながらそれらは、時々、貨物専用機によって補完されており、例えば、ペルーと米国（マイアミ）の間の路線がそうである。このケースでは、米国からラテンアメリカまたは欧州への方面では、大量の貨物の流れがあり、低い運賃がキャパシティの使用を促し、そうでなかったら空荷になったであろうと思われる。

2.2.2 動物の輸送

生きた動物について、航空貨物の最大の市場は馬で、それも大部分は、国際大会の開催地のレースで出すために売買される競走馬がほとんどである。中東は、最大の顧客の1つであるが、香港は生育しレースに出場させることに関心を寄せる富裕者がいる本拠地でもある。ポロは富裕者と、この競技に長い歴史を有するアルゼンチンのような国にとって、欧州と北米で国際試合を持つ国際スポーツである。動物を適正な条件で輸送させるのを確実にするために、特定の規制が導入された。輸出できない動物もあるし、あるいは輸入するのに免許が必要な動物がある。

航空貨物専用機が必要なその他の動物は、虎、ライオンのような動物園向けの動物であり、生育目的で輸入される養殖場向けの動物である。後者は、産まれる前（妊娠した母体）の状態で船で移動することが多い。輸入免許と獣医のチェックを要し、これに加えて、輸入手続きに要する通常のセキュリテイスクリーン手続きが加わるので通常の貨物より複雑である。鳥インフルエンザの広がりは、個々の国でさえ、農園の動物の移動に規制を強化する結果となっている。特別のコンテナが馬や他の動物の輸送に用いられている。

2.3 人道主義的支援

航空貨物産業は、緊急食料援助や医療補給を迅速に空輸する体制を提供している。政府とUSAID、ユーロエイドやオックスファムのような補助機関は、緊急に対応して短い事前準備期間で航空産業から貨物専用機をチャーターするが、自ら、航空機を所有しているものもある。航空貨物産業に振り回されることなく、これらの運航は、定期運航と国際通商に多大な混乱をもたらさないであろう。

最大級の機関の1つである世界食料機関は、世界食料プログラム（WFP）を通して、食料を獲得しそれを世界のほとんどの非友好的でアクセスができない場所か、多くのインフラが損害を受けるか破壊されている、例えば、2004年12月のインド洋の津波が起きたときのような、遠隔地への輸送にWFCは空輸に大きく依存している。

2006年の当初に、WFP/UNHAs（UNの人道主義航空サービス）は、約103機の航空機を食料の空中投下をするために遠隔地と危険な場所に救援隊を運送する任務で自ら運航した。WFPの航空部門は、旅客と貨物の輸送のため

表 2.3 WFP の航空オペレーション (2001 年－2008 年)

年	時間	旅客数	貨物（トン数）
2001	54,000	91,000	110,000
2002	56,000	116,000	95,300
2003	59,000	150,000	100,600
2004	64,000	176,000	140,000
2005	89,000	368,000	154,000
2006	64,000	383,000	32,700
2007	50,000	321,000	11,000
2008	47,000	361,000	15,200

出所：WFP Aviation Annual Report, 2009.

の航空機をチャーターし、United Nation（国連）、寄贈国、非政府組織（NGO）のために運航した。

表 2.3 は、その輸送量が緊急のニーズによって、旅客が貨物より一般的に大きな重量をもって、緊急のニーズによって変わることを示している。WFP は、2008 年の特別航空運航の航空予算が 93 百万米ドルであり、その年に 170 百万米ドル不足したことを示している。特に、これらの運航にとって、それぞれの最大の寄贈国は、15 百万米ドルの米国で、次いでこれに接近している英国の 14 百万米ドルで、欧州委員会（ECHO）は 25 百万米ドルを与えている。それがチャーターしている多くの航空機は、セスナキャラバンやツイン・オッターのような小型のターボプロットで、スーダンやチャドのような国の、大きなジェット機で乗り込めない滑走路に着陸する。また、滑走路が存在せず、道路が貧弱で存在しないところでは、ヘリコプターを使う。

2010 年 1 月のハイチでの地震は、国連の事務総長によって、「数十年で最悪の人道主義的危機の一つである」といわれている。このときは、長期的再建の作業において地上で移動する設備とトラックのような品目とともに遠隔の運航によってフォローされる直接の供給品を直接に空中で持ち上げる施設を必要とした。経済低下の結果、多くの航空会社には、利用できる余分なキャパシティが存在しており、それらの運航には原価でそのキャパシティを提供した。ハイチの主要な港は、地震の後で依然として閉鎖され、その結果、航空だけが唯一利用可能な交通手段であった。ただし、空港は、損傷があり最初の数日間、チャーターした運航数をさばくことができなかった。

2.4 国防のサポート

商業航空会社は、世界のいろいろな地域で運航をサポートするために、政府の軍によって使用されることが多い。例えば、米国からアイルランドのShannon経由で中東までの運航で軍隊の一団の移動で旅客機をチャーターすることがあり得る。それらは、外国でのロジスティクス（兵站）をサポートするために、貨物機を伴う傾向が高い。これらのうち最大のものは、イラクやアフガニスタンまで、設備や供給品を運ぶ米国の国防省の契約であった。

これは、航空会社、あるいは貨物フォワーダーにとって利益のあるビジネスであるが、長期間、航空機を提供するサポートを行うことは難しい。アトラス航空は、2008年の利益の半分以上を生み出す軍のチャーターから、2008年の収入の約4分の1を生み出している（11.3節を参照）。それは政府に航空貨物のニーズの多くをアウトソースさせ、その多くが短期間の契約であった。米国は、1951年以降、民間予備（シビル・リザーブ）航空機編成（CRAF）プログラムによって、米国の旅客と貨物の航空会社の航空機を利用するよう締結してきた。その意図は、ベルリン空輸の際よりも航空機の配置に、より秩序あるシステムを提供することであった。

CRAFは、国防省が空輸のニーズが軍の航空機編成のキャパシティを超える緊急の際に、空輸の要件をサポートする。参加者は米国の航空会社で、関連する連邦航空局の規制に適合しなければならない（Bolkcom, 2006）。CRFAに参加するために、企業は少なくともCRAFの利用可能な旅客機編成の30%、貨物機編成の15%の提供を約束しなければならない。

旅客と貨物の空輸ともに、国際的に長距離と短距離のセクションがある。2010年現在、9機が短距離のセクションに割り当てられており、そのうち5機がABX Air（B767-200F）で3機がノーザン・エアカーゴ（B737-200F）であり、1機がLyndon Air Cargo（L100-30）である。長距離貨物の割り当ては、表2.4に示している。

航空企業は、イリノイ州にあるスコット米軍基地にある米国空軍の一部である航空機動軍団（Air Mobility Command：AMC）との契約協定を通し、CRAFプログラムへの航空機の提供を志願する。24〜48時間の予告で、航空機と乗員を利用可能にする代わりに、AMCは、参加者に一定の契約レベルを保証する。もっとも、こられの企業は、小型の短距離用より、B747のような

表2.4 米国のシビル・リザーブ航空機編成 (CRAF) の配分 (2010 4月)

航空機の型	配分	航空会社
DC8-62CB	6	エアトランスポートインターナショナル (ATI)
DC8-63F	2	マレー航空
DC8-70F series	13	DHL、ATN、マレー航空
DC10-30F	12	フェデックス　アローエア
B747-100F	5	カリッタ航空、エバーグリーン
B747-200F	38	カリッタ航空、エバーグリーン
B747-300F	3	アトラス航空、サザンエア
B747-400F	34	カリッタ航空、アトラス航空、ポーラーエアカーゴ
B767-200SF	10	ABX エア
B767-300	12	UPS
B767-400ER	2	ワールドエアウェイズ
MD10/11-CF	95	フェデックス、UPS、ワールドエアウェイズ
計	232	

出所：US DOT, Office of the Secretary of Transportation.

長距離用の貨物タイプを好む傾向がある。

2.5　交通機関の選択

　Hummels（2009）は、航空貿易が2000年までは急速に増加したが、それ以降、海上輸送に比べ、低下していると述べている。彼は、この変化に2つの主要要因を挙げている。即ち、国際貿易の変化と、商品価値または商品の最終価格に対する航空による出荷コストの変化である。航空輸送は、1960年から2004年の間に製造業での貿易の実質価値が、非バルク貨物の重量より、年当たり約1.5％早く増加した状況によって支えられている。シーベリー社は、航空のシェアが2004年の18％から2008年の24％に増加したと推定している。2008年の前半にわたって、21％まで著しく低下している。これは、2008年末の上昇傾向から2010年の最初の3か月に約27％に達したことを考えると、短命であった。

　北米のシェアが2000年以降の輸出・入ともに減少したことが、図2.7から見取れるが、航空会社とフォワーダー間の逸話とされる証拠から、この傾向がグローバルであったことが示唆される。

　1980年と2000年の間に生じた最大のモーダル・シフトは、貨物と旅客便の運航でキャパシティの大きな増加をもたらすワイドボディ機材の使用の増加傾向と同時に生じている。

2.5 交通機関の選択

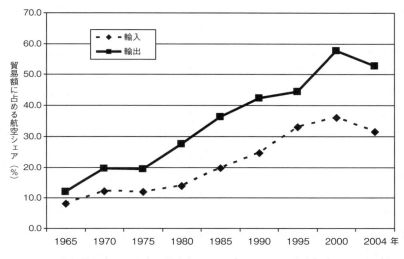

図 2.7 貿易額に占める北米の航空シェアー (1965－2004 年) (北米を除く)
出所：Hummels, 2009.

2000 年代の価値シェアの低下は、欧州のデータ (Hammels, 2009) から確認できる。2000 年から 2007 年の間、航空輸送の価値シェアは、海上輸送が 1.2％ポイント増加したのに対し、ドイツの輸出は 4％だけ低下している。道路（トラック）輸送は、この増加の残りを計上した。英国についての数字は、それぞれ、航空で 4.2％ポイントの低下、海上について 1.1％ポイントの増加であった。

海上の貨物運賃は、航空貨物の運賃の 10 分の 1、それ以下であること、重量比率に対し価値の方がモーダルの選択において重要であることが、上記に示されている。1990 年代と 21 世紀に入ってからの航空貨物の急速な増加は、消費者、産業ともに、ハイテク製品のマーケティングに支えられている。それらは、比較的、短いライフサイクルであり、継続的な高価格を正当化するために、大きく改善された後続の製品を伴っている。

しかしながら、2000 年代の終わりに向かって、一層高い価格を維持することは不可能である。これは、強力なサプライヤーの競争と携帯電話やラップトップのような一部製品が市場の成熟期を迎えるためである。北米や欧州のような産業の歴史のある国からの製品は、改善されたソフトウェアあるいは大きなスクリーンのような新しい形態を加えることによって、価格を維持する傾向

がある。他方、新興の産業国は、安価なハイテク製品を低い消費購買力を持った巨大な市場（単に自国自身の市場だけでない）を対象にする傾向がある。航空から海上に部分的にシフトを引き起こすその他の要因は、海上運賃より高い航空運賃への原油価格の影響である。上記に示されているように、南米からの新鮮な魚の輸出のような一部の腐敗しやすいものは、もはや航空貨物を選好し、海上への移動はない。データの報告者は、2010年と2013年の間、効率性とサステナビリティを達成するコストから、航空貨物が地盤を失い維持できなくなって、鉄道、道路、海上の利用になるというモーダル・シフトを予測している[4]。

　これをみる別の方法は、航空貨物の中で計画的に輸送されるものと、緊急の積み荷に分割することである。マージ・グローバル社は、その分割を約50対50と推定している。さらに、計画された積み荷が地上の交通手段に引き寄せられ、緊急の積み荷はインテグレーターによって、次第に吸収されてきていると言及している（Tischwell, 2007）。彼らの分析は、北米のトレンドにより基づいているようであるが、航空貨物企業にとっての類似の脅威は、世界の北米以外の地域でもまた、影響を与える可能性があるとしている。モーダルチョイスに影響を与える要素を、次に検討することにしよう。

　　それらは、

・コスト
・配達時間
・運航頻度
・セキュリティ
・サービスの質、である。

2.5.1　コスト

　運送委託品を積み荷するコストは、各種の料金や最近一般的となってきたサーチャージと一緒に荷主に課される料金によって決まる。料金は、第10章で、充分論じられる。ここでは、特に、燃油とセキュリティのサーチャージを考慮に入れ、航空と陸・海上の運賃の相対的トレンドをみることが必要である。

---

[4] *Air Cargo World*, 26 April 2010.

第5章でみるように、海上運賃は、2009年の大西洋横断の東方面の航海で17%低下し、極東から欧州行きで32%低下した。これらのトレンドは、少なくとも、太平洋横断の路線で航空貨物オペレーターが経験したことと類似している。海上運賃は、航空の場合と同様、燃油サーチャージを別々に計上しないので、航空と海上の貨物運賃を比較するのは困難である（10.3節を参照）。しかし、海上運賃は、2002年から2008年の間、特に、低下が最大になったアジアと欧州間で値崩れする前の2002年から2008年の間に極めて急速に上昇していた。これは、また、上記の航空シェアの分析をサポートする。

航空会社は、フォワーダーから得る極めて低い運賃について不満を述べることが多いが、このすべてが荷主に転嫁されるわけではない。フォワーダーは月次の目標の貨物量を確保する必要があるかもしれないが、特定の航空会社と交渉した運賃のアドバンテージを多く転嫁する。

2.5.2 配達時間

荷主の立場からすると、配達時間は工場から集荷して荷請け人または目的の国の流通業者間までに要する時間である。これは、航空が目立った利点を有している点であるが、その一部が路線に沿って生じる遅滞によって失われることが多い。これらの遅滞は、目的地の空港で遅滞する集配、顧客の通関手続き、あるいは次のフライトのための積み下しのために生じる。

路線が長ければ長いほど、航空にとって、時間の利点は大きい。逆に、短距離路線では、飛行は長距離のトリップより、トータル時間に占める比率が多く、そして、Door to Doorの配送時間に影響を与える余地も少なくなるので航空の利点は減少する。これは、欧州内の多くの貨物がトラックによって輸送される一因である。

2.5.3 輸送頻度

サービスの頻度と直行便の目的地の選択は、緊急の積み荷にとって利点であることは、明確である。旅客サービスは、この点で貨物より一般にスコアが高いが、より大量の運送の委託の場合、客室のロワーデッキでは収容できない。航空輸送は、毎日の航空サービスにより、次発を待機させる時間を減少できるので、海運やトラックでさえ、通常この点で勝っている。

計画された積み荷は、高い運航頻度から、特に、ジャスト・イン・タイム

(JIT) が在庫管理の方法で使用される場合、利点を得る。ここでは、小さな積み荷のコスト上の不利益は、大きな在庫を抱えるに低いコストですむことで相殺される。

2.5.4 セキュリテイ

航空貨物の運営は、海上・陸上の輸送より、より安全・確実なので、長い間、促進されてきた。一つの理由は、限られた数の人々だけしか海上航海の間、貨物にアクセスしないので、積み荷がリスクにあう時間が短いことにある。しかしながら、海賊による襲撃は、一定の海上航海、ソマリア湾岸やマラッカ海峡のような海上航海には一般的である。他方、航空貨物は全くリスクを免れているわけでなく、ほとんどが旅客の小荷物を対象にしているが、空港での盗難という際だったケースがある。

価値ある品目は、航空で送るコンテナのセンターで包装される。これは、それ自体、リスクが大きくないことを示唆している。パレットは、リスクが大きいと思われている。オーストラリア政府の2007年のイニシアティブは、パース空港の航空貨物の盗難を減少させる目的を立てている。しかしながら、多くの場合、航空貨物の積み荷は、空港への出入の途中で盗難にあう。例えば、2005年に、Eli Lilly は、ブラジルのサンパウロにあるある企業の工場から日本のある顧客への路線上で薬の積み荷が盗難にあったとき、フェデックスを訴えた。盗難は、工場からサンパウロ空港への積み荷を積載した1台のトラックが乗っ取られたとき、生じた。貨物フォワーダーと混載事業者によって航空貨物の大きなシェアが統制されるとともに、盗難はこられの企業の空港から離れた施設で生じる可能性がある。

ここでの質問は、航空貨物が、地上や海上の交通より本来的に、リスクが大きいかどうかである。それに答えるのは難しいが、海上やトラックで運ばれる貨物から、多くの窃盗の例がでているのも事実である。2009年に、DHL は、欧州内で 2,500 kg 以下の高価値の中小企業の（SME）積み荷を対象とする安全な LTL 道路サービスに着手した。同社は、すべての交通手段による積載から1年につき、800億ユーロ相当が失われることを引き合いに出している。

米国では年間、すべての交通手段、貨物の盗難による直接損失が総計 100 億～250 億米ドルの間、あると推定されている（US 会計監査院、2002）。この推定における分類の大部分は、貨物の盗難が特定の犯罪の分類に入っていないため

に、貨物盗難で信頼できる統計が用いられていない事実を反映している。さらに多くの専門家は、貨物窃盗の多くの部分が報告されていないと信じている。多くが、貨物の窃盗とその他の貨物の犯罪の水準が航空貨物のセキュリティを含む、貨物セキュリティの潜在的弱点を示している。特に、航空貨物のセキュリティの弱点は、貨物窃盗について、いくつかの高度な手口を調査すると、浮き上がる。主要な貨物と小荷物の窃盗団は、米国のニューヨーク・ケネディ空港、マイアミ国際空港、英国のロンドン・ヒースロー空港で、主要な貨物と小荷物の窃盗団が暴露されている。貨物犯罪の多くの部分は、貨物労働者の手助けか、共犯によるものと考えられる。これは、ハンドリングのスタッフに限定されない。例えば、ダラス・フォートワース空港の警察は、UPSのパイロットを2009年にiPadとラップトップパソコンを窃盗したことで逮捕した。他の例は、これは、欧州で生じたことであるが、空港内の安全地域と思われる場所で生じている。一連の窃盗が2001年にブリュッセル空港で生じており、窃盗団は、ルフトハンザ航空のジェット機の貨物室から16億ドル相当のダイヤモンドを窃盗している。

解決方法は、貨物労働者により厳格でより頻繁な経歴チェックを行い、貨物の操業地域で物理的セキュリテイを高めることである。貨物犯罪を撲滅するに必要な交通セキュリティを検討して、貨物セキュリティに関連する次の4つの主要な問題を確認している。

・貨物窃盗を報告する効果的なシステムの欠落。
・現在の交通の犯罪法や起訴するルールの弱点。
・政府と産業界による貨物犯罪の性質に関する認識不足。
・貨物特別本部の不十分な支持。

9・11の後テロ行為の監視、コンテナやパレットに例えば爆発物などを混入する行為の監視に重点がおかれ、窃盗行為を排除することは二の次となっている。しかしながら、より厳しいセキュリティは、これらの窃盗も減少させると予想される。それらの空港でのハンドリングとの関係は、第8章でさらに論じる。

2.5.5 サービスの質

航空会社のサービスは、最初の引き合いから始まって、荷主からより多くはフォワーダーからの、郵便局の配達の支援までに至る多くの要素からなる。20

年前かそれ以上前に、インテグレーターは、コンビネーションキャリアの対応がいささか遅いが、航空貨物産業のための基準を設定した。遅れた理由の一部は、それ自身、時代に合わないシステムであり、自らのパートナーを伴わないと、前に進まないことにあった。また、一部に、荷主までのサービスの質を改善するのが困難であり、サプライチェーンにおける自らの役割が限られていたことによる。インテグレーターは、また、プレミア料金を課し、高度な質のサービスへ対応するよう期待されていた。例えば、自らのコール・センターは、長年、それぞれの問い合わせが決められた電話の数での対応を確保する毎日のベースで電話をモニターしていた。

フォワーダーは、過去において、特に遅滞しがちな点で、航空会社の基準に好感を寄せなかった。これらの1つは旅客サイドでは予約した便に委託する貨品を搭載することは通常である。しかし航空会社は、これに対して、フォワーダーが、予約された便にスペースがなく、予約されたシステムとかなり異なる規模の積み荷を配送することが多いと論じている。10年前に、航空はIATAの支援のもとで、サービスを改善し、航空による積み荷サービスに伴う物的および、情報の流れを改善するために、品質管理システムであるCargo2000を設定することを決定した。フォワーダーと航空会社を参加させることによって、Cargo2000は、自らのインテグレーターの競争者によって設定された高度なサービス水準に対応することを意図している。下記のように、メンバーの数は、大企業の多くが参加しているとはいえ、大きくはない。しかしながら、小規模のフォワーダーの多くは、管理的負担を上回るベネフィットを認識できないし、充分なベネフィットのために必要なITを有しないことが多い。

Cargo2000の品質管理システムのマスター管理計画は、詳細な顧客調査をもとに展開されている。それは、航空貨物の広範なプロセス・コントロールと報告システムの欠点と改善を伝えることを意図している。

航空貨物サプライ・チェーンにおける個々のプロセスの数を40から丁度19に減少することによって、Cargo2000は、労務集約を減じ、荷主がペーパーレスの環境のもとでの積み荷を管理する。それは、大きく、サービスの失敗のような不規則性を管理する時間を減少し、人手がかかる通過経路と現在のマニュアルによる追跡、位置の確認手続きに要する時間を削減し、1作業の削減がサービス回復コストになるようにする。

Cargo2000の品質管理システムは、3つの明確な段階で遂行される。マス

ター管理システムの主要点は、個々の積み荷の配達サイクルを通じて、監視され計測される、個々の積み荷のためのユニークな路線マップを作り上げている点にある。

- フェイズ1は空港から空港の移動を管理するマスター運送状のレベルでの積み荷計画と追跡である。予約がいったんなされると、1つの計画は、自動的に、あらゆる航空貨物の積み荷が管理され計測されることに対して、一連のチェック・ポイントをもって作り上げられている。これによって、Cargo2000のメンバーに、自らの顧客の期待に沿って遂行するよう先取りで対応することによって、この計画にいかなる例外をもなさないよう警告している。
- フェイズ2は、ハウスエアウェイビルでの積み荷計画と追跡に関する責任であり、Door to Door移動を相互に監視する態勢を与える。
- フェイズの最終である第3段階は、個々のレベルとドキュメントの追跡の段階で積み荷の計画と追跡を管理する。これは、個々のレベルで、輸送チャネルのリアル・タイム管理を提供する。また、現在、および将来のセキュリティ要件にとって重要となる情報の流れを管理する。フェイズ3において、情報の管理は、最も重要で、法律が要求するような最低限に限られること以外は紙は不要となる。ペーパーレス環境を管理するために、IATAのe-貨物イニシアティブとCargo2000は、お互いに補完しあっている。

2010年代の半ば時点で、Cargo2000は、次のような活動している正メンバーを有している。

航空会社

アメリカン航空、ユナイテッド航空、デルタ航空、キャセイパシフィック航空、大韓航空、シンガポール航空、スイス航空、エールフランス-KLM、アリタリア航空、カーゴルックス、SAS、ルフトハンザ航空、ブリティッシュ・エアウエイズ、トルコ航空、エティハド航空、エアカナダである。

貨物フォワーダー

アジリティ・ロジスティクス、CEVA、DHL、グローバル・フォワーダーリングズ、ジョーデス・ウィルソン、キューネ・アンド・ナーゲル、シェンカーAG、SDV国際ロジスティクス、郵船航空・海運サービスである。

次は、活動している準メンバーである。

グローバル・ハンドリング

アビアパートナー、スイス郵便、TAT、国際貨物センター・深圳である。

ITプロバイダー

英国テレコム、CCN、デスカーツ・グローバル・ロジステック・ネットワーク、GLS、リエージュ・ソフトウエア、トラクソン・アンド・ユニシスである。

ハウスエアウェイビル（運送状）レベルでの個々の積み荷を追跡する動きは、いまなお、数年、遅れているように思われる。この間、サービス水準は、かなり改善した。即ち、航空会社によって運航される積み荷の比率は、計画していたように（予約していたように）、2004年9月の53%から2009年6月の90%に上昇しているが、それは96%の目標にそれでもなお、達していない。航空会社に適切に受け取られているフォワーダー・マスター・航空貨物運送状（FWA）の比率は、2004年12月の79%から、2009年6月の92%に増加した。これら2つの計測は、フォワーダーが航空会社に正確な情報を提供するのがずっと良好な状態であり、航空会社が予約した便により多くの積み荷を搭載していることを確かめているが、旅客輸送ビジネスなら当然のことと考えられている。

2.6　複合交通機関を利用する積み荷

貨物フォワーダーは、常に、自らの顧客に、配達時間、運賃の選択を与えるのに熱心である。このことは、ときとして、2つの交通手段を利用できることを意味する（トラックまたはバンによる短距離配送と集配の部分を加えて）。ここで参照するのは、最初に海上、二番手に鉄道輸送による複合輸送を担う航

2.6 複合交通機関を利用する積み荷

空輸送についてである。

2.6.1 海上-航空輸送

貨物フォワーダーは、荷主に、迅速で、コストが多くかかる航空輸送か、相対的に遅く、安価な海上輸送の利用の機会を与える。かなり短距離では、トラックが用いられる。しかしながら、アジアから欧州と北米への長距離路線では、航空輸送と海上輸送を複合した中間的選択が提供されてきた。これは、2つの交通手段の間のどこかでコストの決定を委ねるもので、航空と海上によって航行する相対距離、海上よりかなり早い配達時間に依存している。輸送は、コンテナが利用不可能で、2番目の行程の部分で、積み荷を航空コンテナか航空パレットに移す必要があることから、インター・モーダルより、複合輸送となる。これは、船舶から航空機に移す効率的なハンドリングの運営を要する。

この起源は、1950年代までさかのぼり、フォワーダーが欧州から北米への海上船を利用し、その後、航空で南米までの運送委託したことによる。キューネ・アンド・ナーゲルは、ハンブルグからニューヨークまで海上輸送することによって、13～16日の配達時間を要し、航空が南米までの最終行程を担った(Al-Hajri, 1998)。これは、3～4日かかるダイレクトな航空輸送より遅いが、その航空を利用できなかったのは、荷重に限度があり、用いてこなかったし、ペイロードに限度はなく、もちろん、高価であったからである。海上輸送は、また、アントワープからベルギー領のコンゴまで使用され、そこから、航空によって、アフリカの様々な最終目的地に運ばれている。マルセイユからアフリカのフランス領までの航海もまた、同じ航空との組み合わせを使用した。

海上-航空輸送のこの初期の利用は、コスト・時間の組み合わせの誘因より、他に代わるものがない事実により基礎をおいている。非常に限定されたロワーデッキしかない旅客機を用いてアフリカあるいは南米という各種の最終目的地まで運航したのは、貨物専用機に見合う貨物量が提供できなかったためである。1970年代になって、やっとワイドボディの旅客機が手頃な価格で多くの最終目的地まで貨物のキャパシティを手に入れるようになった。1980年代以降、海上-航空の複合輸送は、例えば、日本、韓国、より最近では、台湾や中国のようなアジアの迅速に発達する輸出市場にとって魅力的となった。これらの輸出国にとって、海上-航空は、また、魅力的な価格となり、米国と欧州での倉庫にストックするに充分なスピードを提供している。海上-航空の複合

輸送は、航空による高価な運搬でない海上輸送を組み合わせる価格で、追加的なキャパシティを提供した。航空の利用は、方向的不均衡を利用し、航空機の帰り部分を埋める必要性に依存している。

　アジアと欧州間には、海上と航空の多くの可能な組み合わせがあるが、主要な、使用されてきた東方面の組み合わせは、以下のようなものである。

1. 海上による北東アジアからバンクーバーまでの輸送、航空によるバンクーバーから欧州までの輸送。
2. 海上による北東アジアからシアトルまでの輸送、航空によるシアトルから欧州までの輸送。
3. 海上による北東アジアからロサンゼルスまでの輸送、航空によるロサンゼルスから欧州までの輸送。
4. 海上による北東アジアからサフランシスコ／オークランドまでの輸送、航空によるサンフランシスコから欧州までの輸送。

　上記の変形は、積み荷を北米の西部から東部までトラックを使用し、後に東部沿岸にあるニューヨークかボストンの空港から欧州まで運航することである。より最近になっての追加的事例は、中国から韓国まで海上輸送を用い、後、北米や欧州に航空を用いられる例である。別の組み合わせは、香港からロサンゼルスまで海上を利用し、ロサンゼルスからサンパウロまで航空を用いる組み合わせで、これは海上より10日の節約をもたらす。

　西方向向けの輸送では、以下のものが用いられる。

1. 海上による北東アジアからシンガポールまでの輸送、航空によるシンガポールから欧州までの輸送。
2. 海上による北東アジアからドバイまでの輸送、航空によるドバイから欧州までの輸送。
3. 海上による北東アジアからシャルジャーまでの輸送、航空によるシャルジャーから欧州までの輸送。

　2000年までに、東方向けの海上－航空は、ほとんど皆無の状態にまで低下したが、西方向けの路線は、ドバイとシャルジャーによって占められている。

シャルジャーは、アジアから出る際に航空のキャパシティに大きく依存することなく、欧州への次の積み荷について、魅力的な料金設定に好都合な継続的な不均衡を伴っている。これらの点は、海上と航空の組み合わせにとって利点であり、迅速な接続時間となっている（最大でも、4時間と報じられている）。

1990年代の初期には、海上－航空によるトン数は、信頼できるデータを入手するのは困難であるが、今日より、恐らく高かったと思われる。当時、海上と航空によりバンクーバーから欧州に輸送される貨物は、15,000トンであった。さらに、1,000トンがシアトルで積み替えられ、それより少ない量がロサンゼルスを経由した。西方向では、約100,000トンが日本からウラジオストックに海上で、それから、航空で欧州への運航に10,000トンであった。さらに、シンガポールへの運航が10,000トンであった。中東の路線は、約25,000トンであったと推定される。

2008年後期から2009年の初期にかけての国際貿易の急激な低下に続いて、アジアから出る貨物運賃の値崩れで、多くのキャパシティが低い運賃で利用可能となって、海上－航空の市場は崩壊した。これは、海上－航空に、長いトランジット時間を持つ航空貨物より、低い運賃をもたらさなかった。しかしながら、2009年までに、アジアからのキャパシティは、いくつかの航空会社が撤退か大部分の航空機を地上待機させたために、再び、厳しくなった。これは、海上－航空を再び、競争状態に置いた。

トランシップ地点は、比較的低い運賃と充分な航空キャパシティを必要とするが、近郊のコンテナ港もそうである。シアトルは、港と空港が同じ組織、シアトル港の部局であるのが利点である。積み荷が海上コンテナの状態で到着し、小さな航空機に適合するコンテナに積み替える必要がある。税関の検査を避けるために、港と空港とのつなぎ目でコンテナを輸送する施設が必要となろう。ドバイ国際空港は、アリ港から30キロ離れており、エミレイツ航空は、2つの地点間で積み替えで最大6時間を可能にし、貨物を安全に移動させるのにかなりの努力をしてきた[5]。1つの問題は、海上コンテナを分類し、航空の適合するコンテナ、あるいはパレットを組立て直すことである。

2010年における海上－航空輸送は、ダイレクトの航空サービスより30～35％価格が低下するが、航路上積み替えを伴う少し長い運航が2～3日なのに

---

[5] Jebel Aliの国際空港は、港湾にかなり接近している。

比べて（直行の航空便では）、約13日かかる[6]。海上なら18〜22日を要するであろう。海上の船での運航が緩慢である証拠は、アジア／欧州では2日を要し、中東経由での海上－航空輸送で1日だけ要するので、この点で後者は少し利点がある。しかしながら、2008年半ばに、海上輸送のアジアから欧州までの運賃は、海上－航空輸送が1kg当たり2.95米ドル、航空が1kg当たり4.25米ドルに対し、海上輸送は1kg当たり0.07ドルであった[7]。

シャルジャー空港は、主要な中東の海上－航空輸送の積み替え地点である。典型的な例として、東京発シャルジャー経由フランクフルト行きの海上－航空輸送による路線の貨物は、純粋の航空貨物より40％のコスト削減ができるが、船舶だけだと運航に要する時間に比べ3分の1を削減できる。シャルジャー空港によって取り扱われる海上－航空輸送の量は、1995年に20,000トンを超えていた。それはまた、アラブ首長国連邦（UAE）の海上－航空ビジネスの60％以上を取り扱っており、世界ランキングで、シアトルに次いで2位と考えられている。しかしながら、その量は、ドバイの別のUAE空港によって取り扱われる180万トンに比べて、なお、小さい。エミレイツ航空は、欧州を目的地として、このビジネスの大部分を行っており、エミレイツ航空の貨物担当の上席副社長のラム・メンン氏は、リモコンの携帯電話が、新しいモデルが出て、それが市場で廃れるまでに6か月にすぎないと述べている。以前なら、その航空貨物が全体の市場でまる6か月間、使用されことを意味する。今や、市場に出て行く第1群が航空で、2番手が海上－航空輸送で、3番手が海上輸送であると、彼は述べている[8]。

2.6.2 鉄道－航空輸送

鉄道は、もし、ハブ空港が貨物鉄道とのアクセスを有していれば、航空貨物の地域の配送として利用できる。アムステルダム・スキポール空港は、アルクメールの生花市場へ鉄道で結節するフィジビリティ調査を企画した（2.2.1節）が、しかし、実行されていない。他方、フラポートは、フランクフルト空港までの鉄道との接続に投資をしてきており、これは、そこをハブとするキャリアである航空企業のルフトハンザ航空によって、イタリアのような国に航空貨物

---

[6] Llyod's List, 16 April 2010, p7.
[7] *International Transport Journal*, 6 June, p.15
[8] Airline Business、9月号のAndrew Doyleから、パラフェーズしている。

を集配する際に使用されているが、しかし、陸運で通過する際の環境制限やスイスを通過する際のトラックへの課金の問題に対応してのことである。ミラノの西の北イタリアのノヴァーラの鉄道ターミナルは、トラックによる貨物の終末配送を許容している。

フィリピン、ドバイ経由で鉄道－航空輸送を使用するフォワーダーの1つパナルピナは、中国のモンゴル地域のウルムチを、鉄道－航空の相互交換乗り入れ地点として展開しており、これにはルクセンブルグまでの輸送週便のフィードとして、鉄道が使用されている。5つの鉄道組織が南部の広州を含めて使用されている。考えられる別のオプションは、航空で東部のシベリアまで運航し、欧州まで鉄道との接続を用いることである。

Column 2

日本市場をめぐる国際航空貨物の動向

世界の国際航空貨物市場はリーマン・ショック後、2009年後半から回復基調に転じた。日本発の国際航空貨物市場も一時回復軌道に入ったが、リーマン・ショック以前の年間130万トンのレベルまでには回復せず、その後ギリシャ等欧州金融危機も影響し、再び、減少傾向に陥った。しかし、2014年の後半から2015年のはじめにかけて、米国の西海岸で労使交渉に端を発した港湾荷役大幅遅延が発生、それが長期化した影響で海上貨物が自動車関連貨物を中心に航空輸送に切り替わり、一時月間10万トン超レベル（年間120～130万トンレベル相当）に回復した。JAFA（航空貨物運送協会）統計によると、方面別では、2015年第一四半期は北米（TC1）向けの輸出貨物は前年比約235％となった。一方、欧州（TC2）およびアジア（TC3）方面はほぼ横ばいであり、北米向けの顕著な伸長は明確に西岸港湾荷役混乱に起因する特需によるものと判断される。航空貨物の品目の構成は最近、大きく変わっている。従来の日本発はコンピューターやゲーム機、電気製品等の完成品が中心であったが、日系企業の生産拠点の海外移転に伴い、電子・電機機器の完成品輸送は激減。現在、世界の航空貨物の代表的品目であるスマートフォンの完成品は日本からは全く輸出されず、その基幹部品のみの輸出となっている。代わって、堅調な品目となっているのが、自動車関連部品であるが、これも自動車関連部品という名目での電子基幹部品輸

送であることに変わりない。近年、日本の空港と本邦航空会社の相対的な地位の低下も目立っている。2007年に成田空港は年間の貨物取扱量は世界第7位であったのが2013年には10位に落ちている。2013年の貨物取扱量トップ5の中にドバイが入っている。ドバイは2007年には13位であった取扱量を増やしており、香港、上海、仁川（インチョン）といったアジアのトップ3空港やフェデラルエクスプレスの拠点であるメンフィスと肩を並べる規模まで成長している。

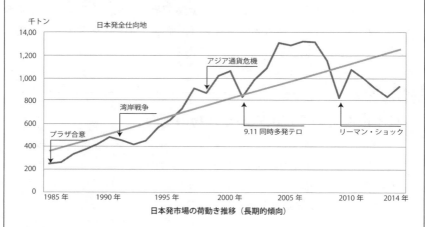

日本発市場の荷動き推移（長期的傾向）

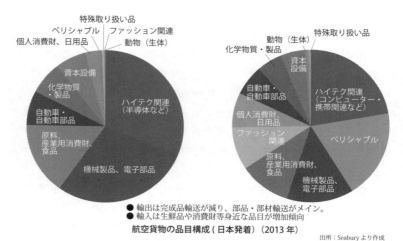

● 輸出は完成品輸送が減り、部品・部材輸送がメイン。
● 輸入は生鮮品や消費財等身近な品目が増加傾向

航空貨物の品目構成（日本発着）（2013年）

出所：Seaburyより作成

本邦の航空会社は、2007年にトンキロベースで日本航空が14位、日本貨物航空が25位、全日空が28位であったが、JALはフレイター事業から撤退し2013年には30位圏外となり、日本貨物航空と全日空も25位前後に踏みとどまっている。他地域の相対的成長と国家と企業戦略の差違、産業構造変革による日本市場の伸び悩みなどによると思われる。
　　　　　（NCA／本間啓之の「航空保安協会」での報告資料による。）

Column 3

コモデティの変化

　近年、世界的にもコモデティの変化が大きい。スマートフォン関連貨物の取扱量の増加とE-コマース市場の急激な拡大が代表的な事例である。従来航空貨物で輸送されていたデジタルカメラ、パーソナルコンピューター、音響機器、ゲーム等の機能がスマートフォンに吸収されてしまい、航空貨物で輸送される貨物に大きな変革をもたらした。情報化も、ソーシャル・ネットワークの時代であり、デジタル化とモジュール化の進展から生産体制が大きく変化している。中国におけるスマートフォンの生産拠点の変化が航空貨物動向に影響をもたらしている。2011年頃から中国の生産拠点が沿海部から内陸部へ移行したことにより、輸出拠点は現在中国河南省の鄭州空港等に移っており、当空港に就航する貨物便は急激に増加している。その他新しいコモディとして、E-コマース関連商品がある。

鄭州 Foxcom 工場が中国製モバイル輸出をけん引している。
モバイルフォンの輸出は鄭州に移転し、iPhone の 50％は現在鄭州の Foxcom で製造されている。
以前は上海（Pegtron）から出荷されていた。

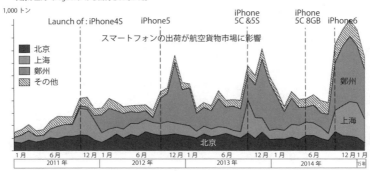

出所：Seabury Trade Database China Minthly（2015年3月9日）より作成

経産省の平成25年電子商取引市場調査報告書によるとE-コマース市場は欧州では毎年7～10％、中国では毎年約8％であり、日本でも毎年約4％の伸びている。金額では2013年時点で、中国国内で18.5兆円、米国で15兆円、日本で11.2兆円と規模の市場となっている。国境を跨ぐクロスボーダーのE-コマースビジネスも拡大している。中国の輸入・輸出クロスボーダーE-コマースビジネスの取扱金額は8,072億円、米国は7,197億円、日本は1,915億円となっており、更なる拡大が期待され航空貨物の主流品目となりつつある。航空会社に取ってもE-コマースを取り込むための戦略が重要になってきている。空港拠点でも、典型的なサプライ・チェーンのクロス・ドッキングのみならず、即時的な受・発注に対処する施設の展開が求められている。

（NCA／本間啓之の「航空保安協会」での報告資料による。）

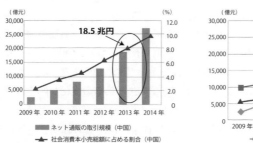

ネット通販の取引規模推移

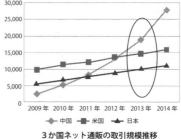

3か国ネット通販の取引規模推移

※中国 e-Connerce 需要は日本・米国以上の規模に成長

出所：大和総研資料

第3章　経済と技術の規制

　航空輸送は、海上輸送とは異なり、二国間で取り決められた権益が特定の航空会社に対して付与され、その権益を使って網目の如く張り巡らされる路線網を活用して取り行われている。一方、海上輸送は、オランダの法学者であるフーゴ・グロティウスが1609年に「自由海論（Mare Liberum）」という論文を発表し、彼は「海上は国際的に共有すべき領土であり、すべての国は国際的な取引に海上を利用する事について制限はなく自由である」と主張した。当時オランダは、「自由海論」の中で主張された意見に反対の意を唱える英国と、世界の貿易と商業において覇権を競い合う関係にあった。英国は、領土の所有権は海上の領域まで及ぶという意見を持ち、国が管理するまたは所有権が認められる領海は、原則として海岸線から大砲が届く3マイルの範囲まで及ぶと主張した。

　航空輸送は海上や陸上輸送と比べて歴史が短く、20世紀前半の産業の急速な発展に伴い成長した。当初の航空輸送における国際路線はわずかであり、ほとんどが国内路線に限定されていた。しかし、第2次世界大戦の前後、国際路線を拡大するにあたり、航空輸送に関する法的な枠組みが必要だと考えられるようになった。航空輸送は海上輸送と比べて、輸送途上で安全や保安といった問題に直接さらされる事例が多いため、航空輸送に対する安全や保安を規制する国際的な規則が必要だという認識が世間に広がっていった。1944年に開催されたシカゴ会議において、国際的な規則について話し合いが持たれた。この章では航空輸送に対する安全や保安に関する影響についても触れていく。

　貨物輸送を専業とする航空会社、あるいは旅客と貨物を共に輸送する航空会社を立ち上げるためには、国の運航認可証と必要な航空権益を獲得する必要がある。これらの航空会社は国籍を有する国において運航認可証を申請する。この場合の国とは申請する航空会社が主たる事業を展開しようとする国を指す。また、その国が国際的な航空権益を保持し、その国の国籍を有する者が航空会社の株式の過半数以上の株数を所有し、その航空会社の経営を支配していることが重要な条件となる。国の民間航空局または民間航空省は、認可を与えたすべての航空会社が保有しその国に登録する航空機を管理する責任を有し、また航空会社の継続的な技術面および財政面の健全性に対する管理監督責任も有する。

この章では、まず技術面および安全面での規制について触れ、その後経済面および財政面での規制についても触れていく。さらに二国間協定で協議される航空権益についても述べていく。

3.1 航空会社のライセンス

3.1.1 技術規程

1944年12月に開催されたシカゴ会議にてシカゴ条約が決議され、52か国がその条約を締結した。

この条約は民間航空輸送を実施するための技術面、商業面および経済面に関する基準と、15の付属書に及ぶ推奨手順（SARPs）を取り決めた。その後、付属書はさらに3つ追加された。

付属書
1 航空従事者技能証明
2 航空規則
3 国際航空路に関する気象情報
4 航空図
5 空域通信に使用される計測単位
6 航空機の運航
7 航空機の国籍と登録記号
8 航空機の耐空性
9 出入国の簡易化
10 航空通信
11 航空交通業務
12 捜索救援業務
13 航空機事故調査
14 飛行場
15 航空関連情報業務
16 環境保護
17 保安　法規制されていない妨害に対する防衛策
18 航空機での危険物の安全輸送

3.1 航空会社のライセンス

　航空会社および航空機の免許について最も関連が深い付属書は1、6、8である。すべての条項には貨物輸送に関わる内容が含まれており、特に付属書18は危険物の安全輸送に関する内容で貨物輸送と関わりが深い。時の経過に伴い、業界において新たな関心事となる課題が生じ、それを反映して内容が修正、追加されてきた。例えば、最近改定された付属書9は貨物輸送促進のための電子情報の交換システムの開発を推進していくための推奨手順が含まれている。

　条約は法的拘束力がない。そのため、条約に定められた規則の効力をより確実にするには各国の航空法にその規則を取り込んでいく必要がある。各国での手続きはそれぞれ異なるが、シカゴ条約と付嘱書の内容は調印を締結した国（あるいは相手国）の法規に効力が及ぶことが重要である。これは、旅客および貨物の航空輸送に対して要求される技術的な規制の根本的な考え方になる。手続きについて、欧州連合や英国においては、以下のような具体的な例が示されている。

　前述の通り、英国に国籍を置いている航空会社は、運航のために必要な免許である運航認可証を取得しなくてはいけない。そして英国に籍を登録した航空機を保有する。航空機の籍は英国の民間航空局（CAA）から付与される。

　英国の民間航空局は、米国の連邦航空局や日本の国土交通省の航空局と同様に、航空行政全体に対する責任を有し、政府機関とは一線を画している。英国の民間航空局は英国での様々な法的な文書を発行する権限を有する。さらに欧州連合の立法機関として航空に関わる許可を付与する機能も有しており、特に欧州委員会規則1008/2008に関わる手続きも実施している。航空会社が運航認可証を取得し、それを保持し続けるために航空運航者に対して要求される基準は各国で決められている。この認可は、航空輸送が一般旅客や貨物を対象とする輸送か、あるいは特定の旅客や貨物を対象とする貸切輸送か等は問わず、世界のいかなる国で報酬を得るために実施される旅客、貨物を対象とするすべての航空輸送業者に対して付与することを前提としている。欧州経済連合（EEA）の上空空域内を飛行している航空機は、欧州委員会市場アクセス規則に則り飛行が認められる。許可を受けている航空機は、欧州経済連合（EEA）上空の、ほぼすべての路線を飛行する許可が与えられ、一度許可を取得すると欧州経済連合内のいかなる他国の許可をさらに取得する必要はない。

　定期的な航空輸送か貸切契約に基づく航空輸送かの制約なく飛行が可能であ

る。(すなわち一般客に直接席を販売することもできるし、ツアー運航会社に席を売ることも可能である。)

航空会社が運航認可証を付与された場合、航空会社は下記の資格を満たすことが求められる。

・主たる事業を展開する国を決めて、その国に会社登録をしていること。
・その国の国籍を有する者によって過半数以上の株式が所有され、実際に経営支配をしていること。
 (あるいは欧州経済連合が合意している国の国籍を有する者)
・経営を実行するに十分な財源を有すること。
・旅客、貨物および第三者を対象とする事故を補償するに十分な保険を有すること。
・運航認可証を有すること。

運航認可証の発行と同時に航路証明も発行される。国によっては証明書が定期便を対象とするものと貸切便その他の路線を対象とするものに分類されることがある。それらの免許は特定の国際路線の運航に限定される場合や、複数の路線の運航を認める場合もある。しかしいずれの場合も航空会社は、当事国と路線を結ぶ他国との間で、航空権益を獲得できる権利を有する航空会社として、単独にまたは数社の航空会社の中から指定を受ける必要がある。

英国や米国においては、1つの権益に対して1社以上の会社が獲得を要望した場合は、航空当局は他国との間の協定で合意した限定した路線および便数を配分するため、各社から要望を聴取して決定する権限を有している。例えば英国の民間航空局（CAA）は、2004年11月にインドと英国との航空交渉で合意した、英国側の航空会社に認められたインドの数地点に就航できる21便の新たな路線権益の配分を決定するため、航空会社に対して要望の聴取を実施した。ブリティッシュ・エアウエイズはインドと英国の間に、既に路線を就航していた。そして、BMI航空とヴァージンアトランティック航空がインドへの路線就航を希望した。新たに獲得された権益を配分することで、各社が要望する路線を展開することが可能となった。航空交渉の合意内容の結果、各社に配分制限は生じなかったので、この場合聴取は必要ないものとなった。

米国の太平洋路線の場合はもう1つ別の事例として取り上げられる。中国政府は米国と中国間の権益の規制緩和を段階的に要望した。一方、米国側は数社

の航空会社が中国市場への新たな就航、あるいは路線の拡大を要望していた。

米国籍の貨物運航会社は以下の当局から管理されている。

・米国運輸省
・連邦航空局
・運輸保安庁

米国運輸省は以下の章で述べられる経済面での輸送を主に取り締まっている。連邦航空局の主たる責任は航空輸送の安全面の取り締まりであり、航空機の運航手順、危険品の取り扱い、運航の基準や航空機の整備記録、技術資格を有する職員や施設・設備のライセンス管理に関する記録保持等が含まれる。連邦航空局は規程や基準に準拠した運航許可を発行する役割も担っている。運輸保安庁は航空輸送の保安に関する様々な点に関する規程を取り締まる。その規程は、職員、施設、手順も含まれている。

具体的には、米国法第49条に基づき米国で航空輸送サービスを実施する米国および米国以外の航空会社は、米国運輸省から2つの別々の許可、連邦航空局から安全に関する許可、運輸長官からの経済面に関する許可を得なくてはいけないことになっている。米国航空会社への経済面での許可は、外国との旅客、貨物、郵便に輸送を実施する会社に対するもの、貨物専門航空会社に対するもの、特定の地域での輸送を対象とするコミューター航空会社に対するものに分かれている。外国航空会社に対しては、外国との航空輸送を許可するか、例外とするかを取り決める。

ある特定の国の航空会社に対し、他国で登録された航空機をリースする形で認めることがある。航空機の乗員、整備が他国の航空会社や会社によって手配されて運航される場合、そのような形態をウエットリースと呼ぶ。航空会社がウエットリースを実施する場合、その会社に免許を付与した国の航空当局は、他国で要求される運航の基準については余り監督せず大概の場合においては問題とならないが、ウエットリースを受ける航空会社に対しては、安全に関する監視も含めて特に厳正な条件が要求される。そのため、ウエットリースの機材は一定の期間に限定してしか認められない場合が多い。EUにおいては最長7か月までしかウエットリースは認められない[1]。欧州委員会1008/2008の第13

---

[1] 米国は米国籍以外の航空会社からのウエットリースについて認めないという明確な例外の姿勢をとっている。それは米国と欧州との航空協定の主たる大きな争点となっている。

条についてウエットリースに関する条項が取り決められている。

地域での輸送を対象とするコミュニティ航空会社が他国籍のリース航空機で運航を実施する場合、航空会社は事前に運航実施のために適正な要件を満たしていることが認められる免許を獲得することが必須となる。当局は以下の条件を満たすことで免許を付与する。

a) 対象とする地域あるいは国家法で決められているすべての安全に関する基準に合致していることを証明すること。
b) 以下の条件の1つを満たすこと。
　1　航空会社は、そのリースが例外的な事例であることを前提に、期間は7か月を限度に、また更新の場合は7か月を上限に1回だけという条件であることを証明する。
　2　航空会社は、そのリースの必要性が季節的特別な需要を満たすためのもので、航空会社が登録している航空機だけではその需要を満たすことができないことを証明する。その場合、更新することも認められる。
　3　航空会社は、そのリースが運航上の支障を克服するためもので、航空会社が登録している航空機だけではその支障を克服することは不可能であることを証明する。その場合、許可は運航上の支障を克服するまでの間に厳しく限定される。

ウエットリースは高需要期に対処するための短期間の方策であることが通常であり、または整備等地上での修理を必要としている航空機の代替機材としての対処策である。しかしながら、貨物専用機については、航空機を保有したり、乗員や整備の体制を保有するには規模が小さすぎる場合、長期間のウエットリースが行われている。アトラス航空、カリッタエア、サザンエア、エバーグリーン、エアアトランタアイスランディック等はこのような隙間の市場でウエットリース事業を登録していて、航空機あるいはACMI（機材、乗員、整備および保険）を基準としたサービスをブリティッシュ・エアウエイズ、カンタス航空、エミレィツ航空の貨物部門に対して提供している。しかしながら、規則上の問題も存在しており、長期ウエットリース契約をサインする場合は技術的な要求を満たすことが求められる。

ブリティッシュ・エアウエイズは3機のB747-400Fを運航しているが、そ

の航空機はアトラス航空が実質所有し、リースしている。すべての3機の機材はアトラス航空から Global Supply System（GSS）という会社にリースされている。GSS は英国籍の会社で、GSS Employee Benefit Trust が 51％の株式を保有し、アトラスワールドワイドホールディング（Atlas Worldwide Holding）が 49％の株式を保有している。GSS は英国籍の航空会社で 100 名程度の乗員を保有し、整備や管理スタッフも有し、B747-400F3 機を英国籍で登録している。GSS はその3機をブリティッシュ・エアウエイズにウエットリースし、2007年11月時点で5年間の契約を更新した。ブリティッシュ・エアウエイズのウエットリースは英国籍の航空会社からのリースという形態であり、EU Regulation 2407/92 の 13.3（b）条には抵触しないことになる。英国の民間航空局（CAA）は、GSS は 2001 年に英国の貨物専門航空会社として設立され、当社の主たる事業は航空会社に対して ACMI ベースで機材を長期リースすることとされている。しかし英国の民間航空局に対して、ウエットリースは 2407/92 の下、継続することは認めるべきではないと不服を申し入れられた。運航が開始されたが新しい体制となり、2002年6月に B747-400F をアトラス航空から機材をリースし、2機目は 2002 年 10 月に投入、3機目は 2003 年 8 月に投入された。GSS の最大で唯一の顧客であるブリティッシュ・エアウエイズは、自らが航空機を運航する代わりにその体制で定期便を極東、インド、中近東、欧州、米国に就航させた。2009 年の輸送トンキロ（FTK）は 822 百万トンキロで、ブリティッシュ・エアウエイズのすべての貨物取扱高は GSS の輸送トンキロの 91％の 752 百万トンキロで、GSS の実績がブリティッシュ・エアウエイズの総輸送トンキロを凌いだ。同年のブリティッシュ・エアウエイズの旅客便の輸送実績は 3.5 百万人であった。

　新会社のウエットリースの体制は、民間航空局（CAA）にとって EU Regulation に違反するものではなく十分に規程を満たしており、さらに EU よりも米国の会社によって効果的に運航されている英国の会社であるが如くとなった。

3.1.2　財務面での適性

　旅客航空会社あるいは貨物航空会社が運航認可証を申請し認可を受けるにあたり、その申請には技術面と財務面での審査が含まれている。技術面の適性は、航空会社が国際基準に則って安全に運航できるかどうかの審査が実施され

る。この審査の中には航空会社が運航する航空機の耐空性や従業員の資格の有効性、整備状況等も含まれる。

　国際民間航空機関（ICAO）の付属書にはこれらに関する推奨条項が決められているが財務面、経済面での審査に関する条項は含まれていない。

　財務面の適性は判断が可能な範囲で確認を要求されるもので、少なくとも1年間ないしはある状況においては2年間の事業運営が継続できる十分な資本を保有していることが確認されている。

　当局はその後一定期間の財務諸表を提出することで財政面での適正状況を監視し続ける。この審査の過程は一般的に国の財務省や運輸省によって実施される。国によってその厳しさはかなり異なる。英国や米国のように、新規参入や航空会社の失敗の基準が国際標準よりかなり厳しいとみなされている国は、その条件に合致するためのハードルは高い。航空会社が経営の失敗に繋がる事例としては、大きな季節変動や需要循環に晒される貸切航空会社や貨物航空会社が経営危機に陥る傾向が比較すると高い。

　財務面のハードルを高く設定しすぎると、新規参入に障壁が生じる。新規参入航空会社は航空産業の中で競争を促し、改革や変革の最高の源泉となることがある。

　ハードルを低く設定しすぎると、経営危機、事業の崩壊を引き起こしやすい。よくある事例として旅客の需要が高い時期に座席が確保できずに目的地で立ち往生することがある。よって、より厳格な財政面での適正審査は、既に運航をしている航空会社にとって低稼働で、コスト高な運航に繋がることになるが、これは航空会社の事業の失敗を防御することと相殺される。しかし発生することが想定される航空会社の事業の失敗は、ある程度保険でカバーされる。航空会社の事業の失敗は、定期路線のネットワークを主として運航している航空会社より貸切便航空会社や貨物専業航空会社、そしてローコストキャリアで頻繁に起こっている。一方、新しく参入する航空会社は、貸切便運航、貨物専業、ローコストといったビジネスモデルのいずれかに類する会社が多い。

　定期路線のネットワークを主とする航空会社の事業の失敗は経済情勢が極端に悪化した場合に生じることがよくある。米国の9.11事件の後、ベルギーのサベナ航空やスイスエアが倒産したのはこの例に該当する。米国では、倒産はChapter 11の適用による再建や他社との統合によってよく回避される。いずれの事例においても旅客契約は担保され、会社の倒産や清算の危機はほとんど

回避できる。航空会社が倒産または会社清算に陥ると、取引は停止され、旅客契約の履行不能に迫られる。資産は売却され、担保を保証された債権者に払い戻される。ほとんどの資産はローンまたはリース債権の抵当として差し押さえられる。通常資金は残らず、無担保の債権者への支払いはほとんどされない。無担保債権には旅客や貨物の荷主への航空輸送に対する賠償も含まれる。クレジット会社や数社のデビットカードの会社は破産管財人（または調整人）と接触し、旅客や貨物の荷主あるいは貨物フォワーダーに対して払い戻しをする責任があるかを確認する。

国によっては、倒産の可能性がある航空会社は裁判所か債権者から指名された会社の管理下となることがある。航空会社は運航の継続と航空輸送責任が保証される。

管財人は航空会社の再建計画への同意を取り付けようとする。一方航空会社は特定の支払いが広がらないように一程度保護され、資産を縮減させないように手を打つ。一番よく知られている方法は米国の Chapter 11 法である。保護期間中に、航空会社は事業存続のチャンスを模索して、無駄な贅肉を落としてできるだけスリムな体制にして効率的な航空会社を目指す。しかしときに、再建計画が認められなければ清算を強いられることになる。

米国の Chapter 11 に類似した制度は 1994 年 10 月 5 日に制定された、ドイツの insolvenzordning とその修正版である。借金の支払い遅延はオランダの制度においても可能であり、また英国の制度においても、Moratorium of Payments（Booz & Company 2009 年）として、その手続きは定められている。米国、英国、ドイツ、オランダ、フランスのように、支払いの猶予が定められている国々においては航空会社の倒産の可能性は低くなり、その結果、保険や借入債権でカバーする必要性は低くなる。しかし、実際は管財人が航空機を地上に停留させたり、運航の停止を回避することは遅くなりがちである。

3.2 国際航空輸送サービスに関する規則

過去 20 年間にわたり、国際航空輸送の自由化の勢いは増している。1977 年から 1985 年の間、米国が多くの主要国との航空交渉を通じて大胆に自由化を迫ったことに始まった。

自由化は元々欧州の国々の間で進められていたが、米国のオープンスカイ体制はアジア、ラテンアメリカと米国との交渉で結果的に適用されることとなった。

1978年に米国で制定された国内の規制緩和法に端を発し、オープンスカイに関する航空交渉は開始された。欧州連合内の規制緩和は2407/97制度が導入された1993年まで待たされることになり、その手続きは1998年に完成した。以前からそれぞれの欧州の国々の航空制度に適用されていたASAs制度と新しい制度が入れ替わり、欧州国内はすべて国内路線という扱いとなった。

3.2.1　航空サービス協定

航空交渉は通常、二国間同士で双務主義をベースに進められる。そのため、よく二国間協定（Bilateral）と呼ばれる。航空サービス協定は通常、航空機での旅客と貨物の輸送が含まれており、旅客便、貨物便共に対象となる。相当量の貨物が旅客便で輸送されているにもかかわらず、ある国では貨物専用便だけで航空サービス協定を締結することもある。1996年の日米間の合意については、フライング・タイガーが獲得していた第5権益をフェデラルエクスプレスが引き継ぐ技術面の課題がいくつか合意される内容であった。

欧州連合（EU）域内を運航するすべての便は、1980年代後半から徐々に自由化が進み、最後の第3回目の包括的な協定が1992年の終わりに締結されて導入された後、1998年に完全自由化が成立した。

その他の国においては、メルスコール（南米5か国共同体）やASEAN（東南アジア諸国連合）のような地域は多国間での集合体で自由化交渉が進められている。しかし今のところ、多国間同士での交渉はあまり成功していない。さらに最近では世界の2大航空市場であるインドと中国で自由化を促進する兆候が窺える。インドは最近かなり多くの国々と大胆な自由化協定を締結している。中国もゆっくりではあるが、同じ方向に進んでいるといえる。

幅広く同じような条件や条項を含んでいるほとんどの航空協定は、元々米国と英国との間で締結されたバミューダーⅠ型からきている。それぞれの国で指定された航空会社は競争に対して正当で平等であるべきと、協定の中で決められている。

過去においてはこの条件は、例えばある国の政府高官はその国のフラッグキャリアに乗らなくてはいけないという取り決めが普通であった時代は、必ずしも後押しされるような話ではなかった。その次に含まれているのが区間ごとに定められる航空権益で、それぞれの国において路線を運航できる頻度は制限される。航空会社の指定企業化や保安と安全に関する条項もある。または、税関

申告と料金についても含まれている。国際線の路線に搭載する燃料については免税であることも触れられている。運賃、空港税、公租公課についても述べられている。争議時の扱いや契約解約通知のような点についても触れられている。

3.2.2 航空権益

全世界の貨物・郵便を輸送するための航空権益は旅客便にも貨物便でも適用される。旅客便に関しては、貨物も輸送しているが、旅客輸送の要件に影響を受けることが多く、航空交渉では主に旅客の市場にどのように影響を及ぼすかについてが話し合われることが多い。従って、航空会社の指定企業化や就航路線は旅客の潜在的な需要に照らし合わせて、権益要望がされる。

自由化は過去20年から30年にわたって進められてきている。特に運航を許可される航空会社の国の指定企業化は単数社指定から複数社指定に変わった。第3および第4の自由と第6の自由を組み合わせて、事業を展開する認可を受けた国でハブ機能を備えた空港を基盤として路線展開する航空会社も出てきている。シンガポール航空や最近ではエミレィツ航空がその例に当てはまる。大型の旅客機を飛ばして、主にオーストラリアから欧州ルートにおいて、相当量の貨物を輸送している。

貨物の航空権益は通常、旅客の航空協定と同じように扱われ航空会社に授与される。そのため、旅客の航空会社の方により有利に権益が開放されていると見なされることが多い。しかしいくつかの事例においては（例：日米間の協定）貨物専用便だけに適用される権益が別に合意されている。そのような事例においては旅客よりもさらに進んだ自由化条件が合意されていることが多い。なぜなら、旅客を主事業とする国営またはその国を代表する航空会社に対して脅威になることが少ないからだ。

表3.1は1976年から2005年の間に締結された貨物に限定した航空協定に注目したものである。世界規模での自由化は、貨物専用便条項や貨物に限定した路線に関する取り決めが増えた1990年代に加速したことが窺える。特別な取り決めなしに第6の自由での運航が可能となり、その結果第7の自由も指向するようになり、オープンスカイへの要望が高まっていくきっかけに繋がった。しかしこのような事例は未だ限定されている。

自由化の進捗に関する検証について様々な取り組みが成されている。自由化が合意された航空協定や自由化に関する条項を一覧表にまとめても（表3.1の

自由と貨物輸送の例

自由	貨物輸送の例
第1の自由 他国の上空を通過して他国へと行く自由	ルフトハンザ航空の貨物機；ドイツからロシアの上空を通過して中国へ行く
第2の自由 他国に技術的な事由で着陸する自由	ルフトハンザ航空の貨物機；ドイツからロシアに技術着陸して中国へ行く
第3の自由 自国から他国へ貨物を航空輸送する自由	ルフトハンザ航空の貨物機；ドイツから中国へ貨物を航空輸送する
第4の自由 他国から自国へ貨物を航空輸送する自由	ルフトハンザ航空の貨物機；中国からドイツへ貨物を航空輸送する
第5の自由 自国への航路途上において、第3国である2国間の貨物を航空会社が輸送する自由	ルフトハンザ航空の貨物機；ドイツへ向かう途上でオーストラリアから中国向けの第3国間の貨物を航空輸送する
第6の自由 自国を経由して、2区間に跨り、第3国である2国間の貨物を航空会社が輸送する自由	カーゴルックスの貨物機；米国からルクセンブルグの基地（ハブ）を経由してアフリカのある地点に貨物を航空輸送する
第7の自由 自国を経由せずに、第3国である2国間の貨物を航空会社が輸送する自由	DHLの地域ハブであるバーレーンにて、B727やA300等の小型の貨物機を利用して地域の地点間で貨物を航空輸送する。
第8の自由と便の連続性の区間でのカボタージュ 他国の航空会社が、他国からのルート上で自国内の地点間で貨物を輸送する自由	キャセイパシフィック航空の貨物機；香港から就航している航空機で、米国内のアトランタからダラスへ貨物を輸送する
第9の自由と単独区間でのカボタージュ 他国の航空会社が、独立した区間で自国内の地点間で貨物を輸送する自由	タイガー航空（他国籍の貨物航空会社）；オーストラリアで国内貨物を輸送する

図3.1 航空の自由（航空権益）

第6の自由は第3と第4の自由の組み合わせで示されることが多く、現実に行われているハブアンドスポークのネットワークはその組み合わせを反映したものである。（通常、一般的な航空権益として取り扱われることは少ない。）

出所：国際航空輸送規程上のマニュアルより引用（Doc 9626 Part 4）

表 3.1 航空権益と貨物の供給

年	合意数	第7権益／貨物	第6権益／貨物	特定貨物専用	貨物専用条項を含む
2001-2005	234	10	16	46	29
1996-2000	294	10	17	33	45
1991-1995	678	0	2	5	14
1986-1990	477	0	0.2	2	8
1981-1985	294	0	0	3	4
1976-1980	538	0	0	2	6

Source：Aero-Accords in *Airline Business*, January 2006.

ように）2国間の関係の重要性が認められる全体像が明らかになるようなものにはならない。実際に2国間で輸送された旅客および貨物の量を図る程度にしかできない。QUASARの作業を通じて世界貿易機関（WTO）事務局より、改善に役立つ提案がなされた（WTO 2006年）。国際民間航空機関（ICAO）の世界の航空協定に関するデータベースはCD-ROMにある。航空輸送協定ついては以下のような検証が行われた。

・航空会社の指定企業化や航空権益等といった面の市場影響の検証
・協定の種別による種類分け
・協定によって網羅される路線によって輸送が促進される市場影響の検証
・商用情報による協定の結果の検証

協定の条項ごとに、それぞれの市場に対する影響度合いに基づき付与されるポイントが決められ、そのポイントを積み上げることで指標（ALI）が決まる。例えば、両国政府の承認が必要な運賃はポイントにはならない。一方、承認の必要ない制限のない運賃や価格の設定は8ポイントとみなされる。複数社の指定企業化は4ポイント、単独社の企業の指定はゼロポイントとなる。すべてのポイントを足しあげた結果指標が決まり、その指標はゼロから50の間に定められる。しかし、貨物と旅客は識別されていない。世界銀行は航空協定の中の貨物に関する条項を検証し、オープンスカイに取り替わるこれらの対応による自由化は、航空輸送費用を8％引き下げ、需要を10％引き出すことになると結論づけている[2]。計量経済的な検証は権益の質や見せかけのオープンスカイ等を含む、様々な解釈のための変数を使用して行われる。計量経済的な検証

---

2 相互の国間において第3第4第5の自由まで認められる完全自由な権益であることが必須

は公正であり納得度合いは高いが、検証の基準をどこに置くべきかという難しさは解決されない。

　この過程をよりわかりやすくするために、以下のように、地域ごとの発展を検証するやり方が進んでいる。その皮切りとして、欧州、米国別々に主なアジア市場との関係を注視しながら、複数の欧州の国々と米国との間での航空交渉が始まった。

2007年の欧州米国航空協定[3]

　多くの人々が2007年の欧州米国間の航空協定でオープンな航空地域が取り決められると期待していた。しかし、まずは第1段としてオープンスカイの合意という点に絞られた。提案された第2段は自由な航空輸送地域の合意が含まれていた。オープンな航空空域の協定には、米国政府は自由に航空会社の所有や管理ができる条項の変更まで含めてきた。オープンスカイは第3第4の自由のすべての制限は外され、いかなる数の航空会社がいずれの国においても指定されることが可能となった。米国の航空会社は制限の無い第5権益を欧州の国々との間で保証された。そして両国の航空会社は以遠権を獲得しやすくなった。これらの条件は旅客、貨物いずれにも適用された。しかしながら、貨物に関しては以下のような2つの特記が付記されている。

　第3：1条
　(c)　以下の路線の2地点間を就航する国際航空輸送の権益

　ⅰ　米国籍航空会社（以下、米国航空会社）
　　米国を経由して次の就航地となる後背の地点および中間地点から、欧州連合国のいかなる1地点ないしは複数地点と以遠地点。貨物専用便に関してはいかなる欧州連合国のいかなる1地点ないしは複数地点の間（他の欧州連合国も含む）。

　ⅱ　以下該当する欧州連合（EU）および連合国の航空会社（以下、EU航空会社）

---

[3]　委員会決議 2007/339/EC Official Journal 134 2007年5月25日

EU国を経由して次の就航地となる後背の地点および中間地点から、米国のいかなる1地点ないしは複数地点と以遠地点。貨物専用便に関しては米国のいかなる1地点ないしは複数地点。貨客混乗（コンビ）便については米国のいかなる地点ないしは複数地点と欧州連合内の欧州共通航路地域（以下、ECAA）のいかなる1地点ないしは複数地点の間。

適用は協定合意日から。

第10：10条

　協定の条項内容に関わらず、航空会社および貨物輸送を直接提供しない輸送サービス提供会社は、制限なくその会社が籍を置く国のいかなる一地点からないしは複数地点への貨物の国際貨物輸送に関係する地上輸送の利用が認められる。あるいは、第3国における輸送、空港内の税関施設からないしは税関施設への輸送、保税地域からないしは保税地域への輸送する権利も含まれる。地上輸送ないしは航空輸送される貨物は空港の税関および施設で取り扱われる。

　航空会社は独自での陸上輸送を実施することも選択できる。また、地上輸送を提供する他の輸送会社のサービスを利用することも許される。地上輸送サービスには他の航空会社や航空輸送サービスを非直接的に提供する会社が提供することも認められる。

　これらの2種類以上の輸送機関が関わるインターモーダル貨物輸送については、航空輸送と陸上輸送を組み合わせた一貫した単独の運賃提示をすることができる。ただし、荷主がサービスについて誤解をしないということが条件となる。

米　　国

　1977年まで、米国内で輸送される航空貨物は、旅客の輸送と同様に連邦空局（CAB）の認可の下で管轄されていた。路線申請や運賃設定は、それに関わる費用と妥当な利益を算定して、連邦空局が承認する航空運賃や料金に基づき管理された。しかし自由化の圧力が強まり、第1段として航空貨物が開放されることが認められた。フライング・タイガーとフェデラルエクスプレスという2つの貨物専門航空会社を除いて、すでに就航している旅客と貨物、旅

客貨物両方輸送している多くの航空会社は、自由化促進を賛同し後押しするような発言はしなかった。

その結果、1977年に貨物便法が制定され、いくつかの安全規制はあるが、貨物便は米国国内においては完全な規制緩和が施された。その翌年には航空会社規制緩和法が制定され、貨物、旅客共に輸送する航空会社に対しても適用された。そして今では免許をもった航空会社は米国市場に参入できるようになった。貨物代理店が航空会社が運航するチャーター便を傭機して直接的でない運航サービスを提供することも認められるようになった。例えば、エメリーエアフレイトやエアボーンエクスプレスがそれに該当する。

運賃価格については、不公平な差別、あるいは不当な先取特権、あるいは不当な偏見、または略奪がなければ、法的に認められる。運賃は政府に登録する必要はなく、費用の妥当性を証明する必要もなくなった。

1977年に70の貨物専業航空会社に対して既得権が提示され、1年間の猶予期間の後、さらに20の会社に対して免許が与えられた。(OECD 1999年) フライング・タイガーは急速に国内の路線網を拡大して、米国内で最大の貨物専門航空会社となった[4]。

DHL航空はDHL World Express (DHLWE) が世界で網羅する路線ネットワークの下で、米国内での貨物引き取りサービスを提供していた。DHLがドイツ郵便に買収された後、フェデラルエクスプレスとUPSはDHL航空の国籍について疑義を唱えた。DHLWEに対して、米国国民としての指定なしに、DHLWEが過去行ってきたような米国内でのサービスを提供することはできないと訴えた。この行為によってDHLエアウエイズは米国内での顧客へのサービスを守るために他の手段による契約を探し求めた。

米国の法的な審判官は2003年4月DHL航空の国籍取得の問題について調査することを決めた。しかしながら、国籍問題に関する疑義の問題は、その過程の最中に変更となった。理由は2003年7月に、DHL航空の所有者が変わったからであった。その当時、投資家集団は、社長職も含めてDHL航空を買収してアスターエアカーゴ社という名称に変更し、経営者と会社所有の構造が変更された。このような変更と法的な審判官による決定により、米国法務省はその訴状を却下してアスターエアカーゴ社は米国国民により管理されていることが

---

[4] その後、フェデラルエクスプレスに買収された。

認められた。この決定により、米国法務省は声明を発表し、アスターエアカーゴ社は DHL 航空が運航する路線と事業のほとんどを引き継いだが、アスターエアカーゴ社の決定に対し、DHL 航空が会社経営に影響を与えるようないかなる重要な決定も実際に実行することは不可能で、可能性は潜在的にないと判断した[5]。

その結果、DHL 航空は米国国内の市場から撤退し、ポーラー・エアーカーゴと、オハイオ州シンシナティをハブとしアスターエアカーゴ社の路線網を利用した米国発着の国際貨物サービス契約を締結した（完全なる米国の独立した航空会社として）。

欧州連合（EU）

欧州連合も（米国同様）、自由化の圧力に晒された。しかし国際線路線については本質的にその目的を達成するためには複雑な状況があった。米国においては、既存の航空会社からの自由化に対する圧力はほとんどなかったが、欧州では、欧州連合憲章によって保障される欧州連合域内での公平な競争の土壌を確保することがその流れを牽引した。とりわけ英国やオランダは欧州連合航空当局に対して強く開放を求めた。

1992 年に発効された、全欧州連合域内での自由化に関するいわゆる第 3 段の包括的な協定の 1 年前から自由化に関する規則を実効に移した。そしてその後それを正式な取り決めに置き換えた。1 年の事前猶予期間は米国が 1978 年から 15 年間かかった過程と似たものであった。1991 年の航空貨物に関する規則（294/91）は 5 つの重要な原則が盛り込まれている。

1. 国ごとの所有権は欧州連合の所有権に置き換える
2. 欧州全域内における第 3、第 4、第 5 の制限なしの自由化
3. 週間の便数、供給量、航空機型式に対する無制限化
4. 運賃設定の自由、ただし、略奪の背景が認められる場合は介入する規制が設定される
5. 定期便、チャーター便の区分けの撤廃

---

[5] Docket OST 2002-13089, 13 May 2004.

トラック網による完全に自由に路線を設定できる第6の自由も合意されたが、その他の法との関わり合いが複雑なために対象から外された。最初の点においては変更はほとんどなかった。欧州連合と第三国との間での航空協定において会社の所有権は重要とみなされていたからだ。この変化が起こるまでには、欧州連合が水平的な合意に至るまで、さらに15年間を要した。第2の点として、第7の自由については、欧州域内の自由は制限的であり、整合性を考慮して認められなかった。米国の自由化と比較して、欧州連合の自由化の市場に対する影響は限定的であった。欧州域内の航空の路線距離は短く、欧州域内はトラックサービスで十分に賄えるため、自由化による影響はほとんどなかった。より重要だった点は欧州連合とアジア、北米の航空路は依然それぞれの国と欧州連合との航空交渉に委ねられた点である。

インド

オープンスカイの方針は1990年に取り入れられた。最初は3年間試験的に導入されその後1992年に正式導入された[6]。「このオープンスカイ方針の下では、インド、外国を問わずすべての航空会社は、特定の運航および安全基準を満たせば、税関および入国管理の施設を利用できる国際線や国内線を運航できて、インドのいかなる空港から発着が認められた。加えて、主な品目に対する運賃に関する管理規則は廃止され、その結果、航空会社は各社独自の運賃を設定できるようになった。政府は外国の航空会社に対して、旅客便に加えて、貨物と旅客の混合便（コンビ便）の運航についても自由化を前向きに検討した。

これらの新しい方針は、インドの航空会社に、相互で認め合う権利に対する恩恵ではなく、片務的な取り決めとして設定された。インド政府の統計によると、オープンスカイ方針を取り入れて以来、国際貨物は飛躍的な成長をみせた。1991年には約300,000トンだったが、1998年には約420,00トンとなった。その物量の増加は、外国航空会社の定期便の容量に匹敵するものであった（同時期の伸びの80％を占めた）。それらの外国航空会社の定期便のほとんどがオープンスカイにより新たに就航した航空会社であった。例えば、ルフトハンザ航空、KLMオランダ航空、エールフランスはインドへの就航容量を2倍に増やした。一方、ほとんどの外国航空会社は、長期間の約束はせずに、高需要

---

[6] Indian Aeronautical Information Circular AIQ No.18/1992.

な時期を選択して就航することを選んだ。定期便就航航空会社ではない航空会社による輸送量も最初の3年間で倍の量になった。しかし1998年には1991年のレベル以下に急激に減少した。それは、定期便と船便への輸送に顕著に移行したからだ。倉庫施設の不足等インフラの障害が徐々に潜在的な貨物のビジネスチャンスの妨げになっていたにもかかわらず、航空貨物の盛り上がりは各国の経済的な規制緩和の進展度合いによって影響を受けた。

外国航空会社との厳しい競争に直面したエアインディアは国営航空会社であるが、国際貨物市場の占有率を1991年23％から1992年には16％に落とし、その後の状態は今も変わっていない。

市場占有率の回復と供給の拡大のため、エアインディアは機材拡大計画を提出、政府は支援を約束し、ウエットリースの貨物航空機による運航を実施した。国内と短距離に就航していたもう1つの国営航空会社であるインド航空は、1991年から1998年の間で貨物取扱量を3倍にした。インド航空の貨物からの収入は全体の10％を達成した。しかし、国際航空貨物の市場占有率は、旅客の占有率が10％に達するのに対して、未だ約3％に留まっている。

この自由化政策にもかかわらず、航空権益は依然制限的な要素を含んでいる。それは、航空権益を獲得するために、各航空会社は母国の当局から承認を得なければならないこと、また、第5や第7の権益を獲得するためには2カ国の承認を得なければならないからだ。

ブリティッシュ・エアウエイズ、ルフトハンザ航空、中華航空のようないくつかの会社は、その制約を克服して、インドから、またはインドへの第5権益を行使している。

APEC

アジアの他の国々は、さらなる規制緩和とオープンスカイを推し進めていた。特にシンガポールとブルネイは積極的であった。両国は国内線サービスのない小さい自国の市場を持った国際線国営航空会社をもっていた。これらの航空会社は、生き残りのために、特に第5権益といった、開放された権益をあてにしていた。例えば、シンガポール航空は、英国（ヒースロー）と米国との間の第5権益獲得に向けて交渉していたがそれは成功しなかった。その結果シンガポールとロンドン間を就航し、その後ニューヨークあるいは米国内地点への運航を継続するような形で飛ばさざるを得なかった。両国は、MALIATとい

う国際航空輸送に関する複合的な規制緩和の契約を締結しており、チリ、ニュージーランドと米国との間でも締結している。2001年に締結したこの契約は、これらの国々との間のオープンスカイと制限のない第三国への第5第7権益を取り決めている。その他の国々に対しては貨物便ベースでその条件に参加することを認めている（Geloso Grosso and Shepherd 2009）。

　APEC諸国の航空協定に関する2007年の研究によると、貨物の方が旅客よりも規制緩和が進んでいるとの結果が示されている。それは貨物の方が旅客と比べて2国間の制約は少なく、第7の自由も認められている。一方、全体の航空協定を検証してみると、旅客の権益と比較して、第3第4の自由はやや解放的でなく第5の自由は広く認められている。

　2005年以来ASEANの小さなグループの国々を通じて状況のわずかながらも進展が認められた。そして、また米国とそれらの国々との間でも進展があった。ASEANは一般的に、旅客に関しては少なくとも閉鎖的であった。2002年のMOUに署名した国々は、第3第4の自由については便数、航空機の型式

表3.2　APEC参加国における航空権益分析（2005年）

	旅 客	貨 物
スケジュール便／オープンルート		
ASAs included	293	274
Number of ASAs	52	56
% of total assessed	16.8	20.4
スケジュール便／特定ルート		
ASAs included	310	275
Number of ASAs	239	115
% of total assessed	77.1	41.8
第3／第4権益		
ASAs included	310	274
Number of ASAs	170	74
% of total assessed	54.8	27.0
第5権益		
ASAs included	310	254
Number of ASAs	85	66
% of total assessed	27.4	26.0
第6権益		
ASAs included	286	221
Number of ASAs	7	25
% of total assessed	2.4	11.3

Source：Thomas and Tan, 2007.

の制限なく認めた。ただし、週間 100 トンを上限とするような条件がついた。2007 年にはその条件が 250 トンまでに増量となった（Geloso Grosso and Shephered 2009）。

3.2.3 航空会社の所有権と管理

　米国の会計局によると、2003 年 7 月、いかなる航空会社も外国資本による株式の過大な保有は禁止された。2 大米国航空会社はフランス資本の保険会社の米国子会社によって株式が保有されていた。しかし、ノースウエスト航空は 18%、デルタ航空は 13%に過ぎなかった。しかしながら、1980 年後半頃、いくつかの外国航空会社は、米国の航空会社に対して、相当額の資本を投下した。ただし、その後、航空会社への経営支配に関する米国の方針が示され、一部投資は引き下げられた。例えば、KLM オランダ航空はノースウエスト航空に対し、ブリティッシュ・エアウエイズは US エアウエイズに対して（44%エクイティと 22%の議決権）、ルフトハンザ航空はユナイテッド航空に投資をした。最近の例では、ヴァージンアメリカ航空に対し、米国運輸省は 2006 年 12 月、米国の市民権を持った人によって設立されていず、その後も所有形態が変わらず実質は米国市民権保有者に支配され続いている事が発覚した時に、ヴァージンアメリカ航空の免許が剥奪される危険にさらされていると判断した。

　ヴァージンアメリカ航空は、その結果、投資契約、経営者、会社統治を見直した。その変更により、明確に議決に対する信託が保証され、米国市民権保有者による支配の実施が証明され米国運輸省は免許の継続を認めた。関連して、DHL 航空の件については前項で述べた通りだ。

　1990 年の前半、米国運輸省は、外国資本上限を 25%から 49%に引き上げることを提示した。その主な背景は、多くの大手米国航空会社が極度な財務状況の悪化に晒されていたことによるものであった。しかし、その案は採用されなかった。最近、欧州連合と米国との航空交渉協議の際に、欧州の国が資本上限を 49%まで引き上げるように欧州連合の要望に応じ提案をした。しかし、米国はその提案を受け入れることには譲歩せず、多くの航空会社が要望していたオープンスカイという形で合意した。

3.2.4 競争法

　市場の自由化が進むにつれて、競争当局による介入が増えていった。提案された会社合併や提携について、しばしば当局の承認を求められた。しかし、それらは主に旅客の市場に関わるものであったがその他の分野でも厳しい調査が実施された。特に運賃や料金に関する談合は米国法において違法とされ、欧州やその他の国々でも違法とされた。それらの行為に対し、最も積極的に調査をしたのは米国当局（司法省）と欧州当局（競争当局）であった。調査はオーストラリア、ニュージーランド、カナダ、韓国でも同じように実施された。調査が本当に公正で自由な競争を促すことを真に追及して実施されているのか、それともそもそも米国民の関心を引くため、流行りの宣伝行為なのかははっきり区分けすることは難しかった。単に国庫への巨額な財源を引き出すための源泉探しとしか見えなかった。例えば、韓国の公正取扱委員会は19の航空会社に対して、共同会議で貨物の燃油加算料金を談合したとして、合計1,200億ウォン（9,800万ドル）の罰金を課した。

　航空貨物の運賃の設定は歴史的に国際航空運送協会（以下IATA）の会議を通じて行われてきた。そこで多くの航空会社が出席して、運賃や航空会社間の契約が決められた。それらの運賃は各国の政府に提出されて承認を受けた。（10章を参照）その後、自由化が進む中、運賃会議は規制の対象と見做された。まず、適用妨害が与えられ（欧州では1997年6月まで）、その後違法とされた。欧州当局が適用除外を引き下げた結果、IATAは委員会規定3975/87によって、貨物運賃調整機能を通知し、それぞれ適用を除外とした。IATAが通知した機能は、適用妨害の引き下げたと似たものであった。IATAによれば、貨物の運賃会議は、航空会社間の貨物の融通を促進するものであった。航空会社間の貨物の融通は、貨物の仕向地までの輸送の一部、またはすべての区間を、他社の販売した航空券に託すようなものであった。

　運賃会議で決められた貨物運賃は貨物輸送に参画した航空会社間の支払いの計算の根拠とされている。

　自由化が進んだ市場においては、貨物運賃は個社でそれぞれ設定され、政府に対しても承認申請の手続きは必要なくなった。しかし、燃油加算料金の導入については、荷主やフォワーダーに対する料金の大半を占めるもので、談合が生じる可能性があった。この証拠として、特定の燃油サーチャージが同日にいくつもの航空会社から導入されることがあった。

談合は独禁当局から、航空会社の事務所から押収された、いわゆる「Dawn Raids」の中の航空会社間の取り決めから証拠として見つかり確定された。以下に述べる捜査が実施されている。

2006 年 2 月
米国の司法省と欧州委員会は航空貨物航空会社の運賃談合に関する行為が行われたという嫌疑に対する調査を開始した。

2006 年 9 月
ルフトハンザ航空は、8,500 万ドルを提示して、貨物運賃談合に対する米国での Class Action Claim（刑事訴訟）を受け入れることを申告して、司法省のリーニエンシー制度（罪の緩和プログラム）を受け入れることとした。

2007 年 8 月
ブリティッシュ・エアウエイズは米国の司法省から貨物取引に対し 2 億ドル、大韓航空は 1 億ドルの罰金を課した。ブリティッシュ・エアウエイズはさらに英国当局から同様の独禁法に反する行為に対し、1.215 億ポンドの罰金を課せられた。

2007 年 11 月
カンタス航空は 2000 年から 2006 年にかけて、航空貨物サービスに対して徴収した燃油加算料金が独禁法に違反したとして、米国の司法省から 6,100 万ドルの罰金を課せられた。

2007 年 12 月
欧州委員会は複数の航空会社に対して運賃談合が行われたという嫌疑をかけて書面にて通知をした。

ブリティッシュ・エアウエイズの CEO の Willie Walsh 氏は、「燃油加算料金は費用を賄うための正当な手段であり、個々に設定する限り、なんら独禁法に対する違法性はない。私はお客様に対して、決して余計な負担額を頂いている様なことはないと改めて確信する。」と証言した。複数の当局による決定に

よって、顧客はそれを証明する分析や記録がないにも関わらず、余計な支払いをさせられたとして訴えを起こした。米国の司法省は、運賃基礎額の値引きが談合をしているという認識なく行われているとして、燃油加算料金から嫌疑が拡大したようだった。しかしこれを証明することは難しかった。

　欧州委員会の調査および訴えは、（2010年の半ばでもまだ決着していないが）燃油加算料金を含む料金談合の共謀の嫌疑が主張された。彼らは、旅客の加算料金については、ブリティッシュ・エアウエイズの契約に一部旅客料金が含まれていたにも関わらず、何らお咎めはなかった。一方、前の提示とは逆に、貨物の訴えは、ルフトハンザ航空のウェブサイトに提示された燃油サーチャージに関わる航空会社間の主張した合意に留まらなかった。イラク戦争勃発後、加算料金はテロ対策や戦争危険のための追加費用を賄うためにも広がっていることが明らかであった。

　この事件は貨物フォワーダーとのサービス条件にも関係した。多くの事務所を海外にもつ国際的な貨物フォワーダーは2007年10月の欧州委員会による「Dawn Raids」によって調査を受けた。調査は荷主から訴えによって実施され、数社のフォワーダーによる運賃談合の関わり度合い、程度、時期、様々な加算料金の適用についてが、条約の101条に違反すると嫌疑を受けた。2003年から2004年にかけて4つの異なる国際市場でのフォワーダーによるサービスに関係するものであった[7]。ドイツ郵便DHLは捜査協力の見返りとして、欧州委員会の競争当局から適用除外を与えられた。そのような対処は、初めに当局に対して囁きを行った者に対して与えられる優先権であった。一方このような対処は状況の中の不均整な情報を修正するために一般的に用いられた。提供された囁きによる情報は選択されるが、規制当局者はときに誤った状況を描かせることにもなった。

　フォワーダーは自身でも米国、オーストラリアの航空会社に対して、航空会社やフォワーダーを訴えた荷主と一緒に、公共から被る損害についての訴訟を起こした[8]。ニュージーランド航空、ブリティッシュ・エアウエイズ、キャセイパシフィック航空、日本航空、ルフトハンザ航空、カンタス航空そしてシンガポール航空はオーストラリアでフォワーダーから民事集団訴訟の被告とされ

---

[7] 2010年半ばまではこのような事例はなかった。これらは典型的なケースとして、フォワーダー（および航空会社）が財務諸表において将来の負債（罰金）を提示する例が多くみられた。

[8] アメリカン航空は非を受け入れずに5百万ドルを支払うことでclass action claim（複数訴訟請求）を決着させた。

た。そして、マレーシア航空は米国の裁判所に訴えられた。ほとんどが航空貨物に関する運賃談合に関する事例であったが、米国当局は英国航空を、ヴァージンアトランティック航空との北大西洋路線における運賃にかかる燃料加算料金に関する談合で1億ドルの罰金を課した[9]。

これらの事実は貨物の責任者達を、誰が当局に話したのか、いつ市場価格を変えたのか、いくら変えたのかということで心配に陥れた。運賃を最初に上げることは違法ではないが、もし航空会社が他社に従って、例えば1週間でも後に、同額の燃料加算料金を値上げしたとすると、当局は続けて上げた航空会社は当局からもっと低い額をヘッジしていなかったのか問われるかもしれなかった。

3.3 郵便に関する規則

航空郵便は航空輸送の中で主となる輸送であるので、郵便輸送に関する規則は貨物同様に重要な課題である。今までそれぞれの国の郵便規則が適用され、少なとも封書に関しては、政府当局によって広く規則が定められた。郵便には小包も含まれた。しかし、インテグレーターと呼ばれる航空会社が郵便市場の増加分のほとんどを取り込んでいる。

欧州の郵便に関して2008年2月に出された指示は、2011年までに郵便の主な市場は自由化されるべきとし、遅くとも2013年までには欧州において、完全自由化を求めるものであった。2009年までに、英国、ドイツ、フィンランドにおいては完全に郵便市場は自由化されたが、実際、正式にその市場に参入することは非常に難しかった。以前から政府が所有し現在も存在している郵便事業社のほとんどが、欧州の国において競争から守られている。その傾向は小包よりも郵便の方が強い。郵便に関する運航会社はドイツ、オランダでは民営化された。今では両国の大インテグレーターがその会社を保有している。

オランダでの郵便市場の自由化の過程は、1980年代に始まった。それらは今でも続いている。欧州の郵便に関する指示は、2006年の1月1日の時点で、100gまでの封書についてはすべてTNTで輸送するという規則を50gにまで引き下げた（予備郵便輸送として）。2006年4月13日、オランダ当局は、2008年に完全自由化することを決めて、英国やドイツの郵便市場と同等の競

---

9 ヴァージンアトランティック航空は当局に対して価格談合を漏らしたために罰金を回避された。

争の場が確保されることを前提とした（2010年の段階ではまだそれが実行されていない）。また、オランダ当局は新たなオランダの郵便法を制定して、2009年に完全自由化された。

3.4 将来の航空貨物の自由化

2008年の国際民間航空機関（以下ICAO）の理事会への年次報告書によると、21か国により17のオープンスカイ協定が合意され、合計96か国153の協定が合意されることとなった。これらの協定合意で制限なくすべての市場に参入することができるようになり、航空会社の指定企業化、路線権益、供給、週間便数、コードシェア、運賃すべてにおいて自由となった。地域のレベルでは、少なくとも13の自由化協定が合意され履行され、MALIATに参加しカリブ諸国の9か国が自由化に合意した。ASEANでは、航空サービス協定に関するASEAN諸国の相互合意と航空貨物サービスに関する合意が同じ時期に結ばれた。

経済協力開発機構（以下OECD）は世界レベルでの航空貨物に関するさらなる自由化に対する圧力にもなる提案について注目していた。このことは、複合的な国際間の合意が必要であり、最も経済性の高い路線での運航や会社所有、管理に関するさらなる緩和要件も含まれる。市場参入については、相互主義で、制限ない第5第7の権益の獲得を促進させた。

貨物専用便が最も経済的な路線で運航できるため、要望がある第5権益を認めるにはもっと沢山の国々が入った協定合意が必要である。第7権益は一般航空輸送にはそれほど役にたたないが、インテグレーターにとってはとても美味しい話である。第3国の空港をベースに航空機をして配備する路線展開を図ることでさらに便数を増やせることになり、その国の航空会社に頼ることなく地域のハブを立ち上げられることになる。

昔からの伝統的な航空協定は、指定を受けた航空会社は実質、その国の国籍を有する者に保有され、的確に管理される。これは、政府から見た場合の、安全に対する必要最低限の内容に対する安全保障であり、十分に規定化ができていない航空会社に対し市場参入を回避させるための緊急策でもある。そのような要求は協定合意国の内部調査を回避することとなるが航空貨物市場の発展に対する妨げにもなる。特に提案された原則が、結果反対に自由化を促進することにもなる。国際的な貨物輸送をもっと効果的に進めるためには、内部への調

査に関する制限を撤廃すべきである。そして、自由に航空会社が保有され会社運営が実行され、資本や戦略的な事業展開が自由に決められるようになることである。OECD は航空会社の保有に関する世界標準的な取り決めを見直すことによって自由化が実現できると提言している[10]。
その内容とは：
- 指定航空会社は、事業展開の基盤となる指定合意国で会社を興し、登記しなくてはならない。
- 指定航空会社は、指定合意国から、適正に免許を交付されなくてはならない。

同じくワークショップでは、
- 事業分野は航空輸送者には限らず、その航空事業に関係するトラックサービスや貨物フォワーダーのような事業にも拡大することができる。また、グランドハンドリング業にも拡大できる。（欧州においては、既に実施され、かなり拡大している）

ICAO は 2003 年 3 月にモントリオールで開催された世界航空輸送に関する会議において、一方的な取りまとめをした。航空協定における会社の所有や運営に関する自由化についても、OECD が ICAO の事務局に既に委ねた「事業の主たる実施国とそれに強く係わる地域で実施すること」と同様の方法で自由化を可能にすることを提言した。航空サービス協定においては、新しい指定化に関する条項が盛り込まれるようになった。

第五章　航空会社の指定と認可

1. いずれの国も、書面にて、相手国の航空会社〔1 社〕〔1 社または複数社〕〔希望するすべての航空会社〕に指定化を与えることができる権利を有し、また権利を引き上げる、指定を変更する権利も有す。
2. 航空会社が指定を受け、指定航空会社から運航に関する認可について所定の申請に則り申し入れを受けた場合は、以下条件を満たしていれば、できるだけ最短で運航に関する許可がおりるように最大限考慮する。

---

[10] 航空貨物の自由化に関する方針についての OECD Workshop, パリ 2000 年 10 月 4-5 日。

a) 指定航空会社が、その国の領域内を事業の主たる地として定め（恒久的に住み着く）事業を展開していること。
　b) 航空会社を指定している国が航空会社に対する権益を保有し、管理していること。
　c) 指定航空会社が、条項に取り決められている安全や保安に関する条件を遵守していること。
　d) 指定航空会社が、国から要求される国際航空輸送に適合する一般的な法律や規則に定められた条件を満たす資格を有していること。

　これによって、貨物航空会社がその地域で貨物輸送航空会社を設立することが認められる。ただし、上記の条件を満たしていることが前提となる。これらがICAOの提言の脚注にまで書かれ、特に、航空会社は実質的に運航に十分な資金と資本を有して、実際の施設を指定国の領域内に保持し、税金を納め、航空機を登録し、基地として駐機し、十分な数の経営、整備、運航に携わる地位にその国の国籍を持った人から雇い入れることが必要となる。
　WTOは国際政府間会議にて複合的な貿易自由化を約束した。それは、過去航空輸送を含めての検討を進め、3つの付随するサービスについてのみを包含することに留めることを決め、努力することとした。

・航空機の修理と整備
・航空輸送サービスの販売とマーケティング
・コンピューター予約システムサービス

　WTOの貿易に関する一般的な合意（GATS）には航空輸送に関する章が含まれている。しかし権益については触れられていない。権益は、路線、供給、運賃価格、航空会社を指定する際の条件（例として所有や運営の要件等）を決めるものである。GATSは一時、運航するために必要な基本的な認可や他国のそれぞれの地点といったはっきりと決められた権利から、上記に挙げたような付随的権利についても触れられていた。グランドハンドリングについてもGATSに盛り込まれようとしていたが、その後取り除かれた。権益のような明確な権利が取り除かれた主な理由は、WTOの関与にICAOの水面下での努力があることは事実であった。しかしその状況は、定期的に見直しがなされた。

3.4 将来の航空貨物の自由化

　世界航空会社協会であるIATAは政府に対して圧力を与え、国境を跨ぐ再構築から航空会社を逃れられるように古い規則を廃止することに努めた。これが一つの主たる要因となって2008年6月2日3日に開催された第64回の総会および世界航空輸送サミットにおいてイスタンブール宣言が採決された。これは10月26日にこれもイスタンブールで開催された、自由化サミットの議題でも続けて議論され、この件について航空会社と政府の役人がどのように合意すべきかを話し合った。方針に関する基本的考え方が正式に発表され、各国から相互主義に基づき、同じような考え方を持っている国同士で、規制を排除する意思を発信する考えを表すが、しかし法的な拘束力を持たせるものではないとした。政府は書簡の交換、MOUや航空交渉の締結のような従来の方法で市場への参入や所有の規則については引き続き変革を求めていく必要があった。

　さらなる航空貨物の自由化の件については、国際空港協会（ACI）、国際航空貨物協会、国際フォワーダー協会連合によって2007年のICAOの会議にて発表された。まず長期的な戦略の第1段として、好意を持っている国同士で、旅客の権利より、貨物の考え方を切り離していくこと。そして同意する提案を進めることを支持し、現在の規則を移し変えていくという内容であった。このような提案を進めることによって、新しい種類の貨物専門の同意が取り決められ、調印国の間で、同様の権利と特権が相互主義の下、認められた。

　取りまとめると、航空業界における技術面での規制はICAOの強いリードと多くの国の良好な協力関係によって、今後も進展が期待できる。安全に関する評価は世界中で設定されており、欧州連合やその他の地域で、航空会社のブラックリストも導入されている。これはときに途上国の貨物航空会社の事業に影響している。保安は最近、貨物航空会社に対してより厳しくなってきている。経済に関わる規則は先進国において、権益や運航に関する規制から独禁法違反や消費者の利益保護の方向に変わりつつある。合併やアライアンスが調査の対象になっている。特に、米国や欧州連合で顕著である。しかしこれは貨物航空会社には関心が寄せられていない。自由化はいつでもゆっくりとした過程で進んでおり、2007年の米国欧州間の航空交渉合意が最初の引き金となったが、その後、航空会社の所有権や経営規則に至るまでのさらなる自由化への第2段階の進展までには進んでいない。ICAOは2008年の年間報告書の中で2国間のオープンスカイ航空交渉の合意と地域間の自由化合意はノンストップの国際線の旅客便で、国同士の組み合わせの内31％を占めており、提供されて

いる週間便数の57％を占めている。米国の方針が変わらない限り、海外資本の航空会社の所有に関するいかなる変更についても、短期から中期の間では難しい。なぜなら米国政府の現在の見解は、米国航空会社の海外資本による支配は法制が必要であるが、現在米国市場は航空会社によるサービスで十分に満たされているので、その必要はないと考えられている。組合や航空会社から変更や根本的な反対に対する圧力はない上、安全の基準が守られるかどうかという心配も表明されている。海外資本の航空会社の所有に関しては、欧州連合と同じように、49％までの許可への動きという緩和までは可能かもしれない。

第4章　供給：旅客および貨物航空会社

4.1　序　　　論

　この章で検討する航空貨物の航空会社は航空機を利用して、ある空港から他の空港に運航する企業に限定されている。しかし、航空運送状を所有し、通常は長距離「航空貨物」輸送のフィーダーサービスとして空港と空港の間で貨物輸送を行うトラック事業者も含まれる。これらは欧州および北米では、一般的である。

　表4.1は、2008年における国際航空貨物を輸送する航空会社の種類を示したものである。航空貨物の多くは旅客と貨物の両方を輸送するコンビネーションキャリアの貨物機で輸送されている。次に多いのは、同タイプの航空会社の旅客機による輸送である。貨物の多くはロワーデッキに積載される。一部のものは旅客と貨物の両方を輸送できるように設計された航空機の上部貨物室に積載される（「コンビ」機）。

　国際貨物輸送の中でも一部はインテグレーターと貨物機のみを運航する貨物専業航空会社によって輸送されている。これらは次の2つの章で検討される。旅客と貨物の中で貨物の輸送比率を詳細に検討する前に、航空会社の各ビジネスモデルと航空貨物の関わりについて述べる。現在、それはネットワーク、ローコスト、チャーター、地域航空に分類できる。

4.2　ネットワークキャリア

　ネットワークキャリアは、彼らのメイン、またはセカンダリーハブ空港間で定期航空サービスのネットワークを形成している。通常これらのハブは、彼ら

表4.1　航空会社のタイプごとの国際航空貨物（2008年）

	貨物（トン・キロ）（100万）	％、計
コンビネーションキャリアの貨物機による輸送	74,071	44.8
コンビネーションキャリアの旅客機による輸送	65,364	39.5
インテグレーター	13,133	7.9
貨物専業航空会社による輸送	12,745	7.7
合計（国際）	165,313	100.0

出所：IATA WATS, 2009および各航空会社。

が登録している国の主要空港の一つである。というのは、彼らがもっている航空運輸権を最大限に活用できるからである。旅客や貨物はそのネットワーク内の2地点間を1回または複数回の運航によって輸送される。提携（アライアンス）パートナーは複数区間の中のいくつかの区間で運航し、また、彼らのパートナーの航空会社のコードを利用して自分では運航できない区間の運航も可能にしている。

　旅客はサービス内容、マイレージの特典、長い旅行時間と低運賃のトレードオフの程度といった多様な要因に基づいてネットワークキャリアを選択する。こうして彼らは魅力的な運賃のためなら遠回りでもネットワークキャリアの、ハブ空港を経由した複数区間の路線を使った旅行をする。航空貨物は受け入れ可能な末端から末端までの配送時間と運賃を考慮すると、そうした遠回りの路線での輸送に最も適している。荷主またはフォワーダーは、航空会社が契約に基づいて配送するかぎり配送される路線（または運航の正確さ）について知る必要がないからである。

　ほとんどのネットワークキャリアは、空港であまり長い接続時間を必要としない限り、主要なハブ空港をできるだけ利用し、短距離または長距離の運航を計画する。長距離旅客運航については一般的には容量のかなり大きいロワーデッキを持っているワイドボディが使用される。この運航は輸送量の多い航空貨物輸送市場に就航する貨物航空機によって補完されることがある。長距離運航の積載量は、ロワーデッキの容量の小さいナローボディを使用した短距離または中距離の旅客フィーダー輸送と接続が可能であれば増大する。そのため、少なくとも可能性のある欧州や米国では接続貨物はトラックによってハブに輸送される。こうした方法は、長距離部門では時間上の便益が失われることもあるが、貨物航空機の使用よりも安くつく。また、こうしたトラックは長距離貨物機のフィーダーとなりうる。例えば、グラスゴーとロンドン・ヒースロー空港の間の道路輸送費用はグラスゴーと香港間（航空機による第二区間）の貨物輸送の総費用の約7％にすぎないのである（MDS Transmodal et al., 2000）。

　かなりの規模の貨物機の運航を行っているこうしたコンビネーション・キャリアは（2008年末に起こったように）需要の落ち込みが大きいときに貨物機の規模縮小を行なう。実際、旅客およびコンビ機による貨物輸送が旅客輸送の副産物である場合、経費削減のために貨物機による輸送を縮小させる傾向がある。例えば、2009年、エールフランス－KLMは、貨物機を25機から14機

（2 機はエアブリッジカーゴにリース）に縮小させた。駐機しているほとんどの機材は経済回復がなされサービスが開始されるまで待機することになる。姉妹航空会社である KLM はすべての貨物機をそのチャーター子会社であるマーチンエアに譲渡した。

4.3 ローコストキャリア

ほとんどのローコストキャリア（LCC）は、B737-700 または A319/A320 といったナローボディで短距離または中距離路線で運航するまでになった。こうした機材のロワーデッキの貨物容量には乗客や彼らの荷物を考慮すると制約がある。貨物のための容量は、多くの場合、0.5 トンから 1 トン程度しか残されていない。

表 4.2 は、どの LCC が旅客輸送で貨物輸送を受け入れているかを示している。主として離発着時間が短いという LCC モデルに固執する LCC は貨物輸送をほとんど行わないのであるが、いくつかの LCC はこのモデルの見直しをしている。米国のサウスウエスト航空は最初にして、現在まで長く存続している LCC である。このサウスウエスト航空は、もともといかなる貨物も輸送しなかったのであるが、わずかながら長い機材が出現したことよって、一個当たり 150 ポンドを限度として、この方針を変更した。2006 年 8 月には 200 ポンドに増大した。そして、現在では多くの LCC が貨物を受け入れている（表 4.2）。

エアベルリンは航空貨物を受け入れているローコストキャリアの 1 つである。2009 年、その貨物部門を売却しようとした。しかし入札者のうちの 2 者は撤退し、3 番目の企業は資金調達に失敗した。そのため市場からの撤退を決めた。

イージージェットは 2010 年にロンドン・ガトウイック空港からの多数のフ

表 4.2 世界のローコストキャリアの貨物輸送

欧州		北米		アジア・中東	
ライアンエア	No	サウスウエスト航空	Yes	エアアジア	もともと考えていない
イージージェット	No	エアトラン	No（2006 年まで）	ジェットスターアジア	No
エアベルリン	Yes	ジェットブルー	No	ライオン	No
スカイヨーロッパ	No			オリエントタイ	No
プエリング	No			タイガー	No
ノルヴェジアン	No			ジャジーラ	Yes

ライトについてのパイロット計画を導入した。そして、イージージェットはこのプロジェクトのためにマーケティングおよびハンドリングを行うサードパーティの貨物会社を利用した。もしこうした試みが、付随的な収入をもたらし、短時間の離発着時間に影響を与えないならば、そのネットワークキャリアを活用して導入されるであろう。エアアジアはもともと貨物を受け入れていなかったのであるが、A320のロワーデッキのスペースをバルク貨物用スペースとして売却している。報告によると、エアアジアの姉妹会社で長距離の運航を行うエアアジアXは、クアラルンプールからの既存の大手航空会社よりも30％安い割合でA330/A340のロワーデッキを貨物用に売却しようとしている。しかし、2009年現在、成功していない。例として週3回運航しているクアラルンプール－メルボルン間を取り上げると、メルボルンまでの往路の輸送量は、運航当たり平均で1.9トンであるが、復路は0.4トンにすぎないのである。

　旅客と貨物を別々に輸送するのではなく、同時にしかもかなりの規模でチャーターの運航を行う航空会社は一般的なタイプではないことを述べておく必要がある。マーチンエアは貨物輸送では4機のB747-400F、1機のB747-200F、7機のMD-11F、旅客輸送では6機のB767-300ERを運航している。2008年には、貨物で305,563トン、旅客については850,000人を輸送している。2008年の終わりには、エールフランス－KLMは、それまで株式の保有は50％まで認められていたが、残りの50％の保有をEU競争当局によって認められた。そして、2009年には、完全保有の子会社にKLMの貨物輸送部門の一部が委譲された。

4.4　地域航空会社

　地域航空会社とは地域内または地域の空港から旅客を輸送する航空会社のことである。この航空会社は一般的にターボプロップまたは小型ジェット航空機を使用している。これらの貨物積載容量は小さく、特にリージョナルジェットではそうである。米国ではこれらはしばしば大きなネットワークキャリアとフランチャイズまたは提携を行っている。欧州ではエールフランスとかルフトハンザといった大きなネットワークキャリアの子会社である場合が多い。ブリティッシュ・エアウエイズは地域航空会社を2007年にフライビーに売却している。そして大きくなったフライビーの株式の15％を所有している。

　地域運航の貨物量は小さいために、地域には小型貨物機を提供している多く

の航空会社が存在している。これらは郵便事業者と契約（特に夜間輸送）したり、インテグレーターのフィーダー路線の運航を契約している。

4.5　主要国内航空会社

一国内に起点と終点をもつ国内航空貨物のほとんどは陸路で輸送される。例外は、陸上交通が十分発達していないか、信頼できない場合、あるいは、北米、ロシア、中国、インドといった主要都市間の距離が長い場合である。国内航空貨物輸送を行うほとんどの航空会社は、国際航空貨物輸送も行っている。例外は、インテグレーターがその国際ハブからの運航のために国内フィーダー航空会社を持っている場合である。例えば、米国のアスターエアカーゴは、DHLインターナショナルのための運航を行い、国内路線の航空貨物の合計186,000トンの93％を輸送した。

日本の国内エクスプレス市場において運航している航空会社はギャラクシーエアラインであったが、2008年の末に倒産した。それは2機のA300-600Fで運航していた4つの国内路線で損失を発生させたわずか2年後のことであった。

4.6　コンビネーションキャリアの旅客輸送

ローコストキャリアを別にして、旅客を輸送する航空会社のほとんどは旅客機のロワーデッキで貨物を輸送している。これは特に貨物積載能力が30トンまであり長距離運航をしているワイドボディに当てはまる。英国では、2006年に、長距離貨物の80％以上が旅客機で輸送されている。これに対して短距離／中距離では旅客機による輸送はわずか20％程度である。英国の最大の貨物空港、ロンドン・ヒースローにおいてロワーデッキで輸送された長距離貨物は乗客100人当たり3.5トンであるが、短距離の場合には乗客100人当たりわずか0.4トンである。これは、長距離貨物でおよそ14トンであるのに対し、短距離貨物では0.5トンにすぎないということになる[1]。

4.7　コンビネーションキャリアの貨物機の運航

すべてではないが、いくつかの旅客航空会社は、航空貨物のみを輸送する貨

---

[1] 'Connecting the Continents-Long Haul Passenger Operation from the UK', CAP771, UK Civil Aviation Authority, 31July2007.

物機も運航している[2]。それは、旅客機を運航している路線において輸送能力を補完する場合、旅客の運航ができない路線で運航する場合、あるいは旅客輸送では機材の空間が制約されているために輸送できない貨物に対応する場合（あるいは貨物を積載するにはドアの大きさが制約されている場合）のためである。

　貨物機のみで輸送されるIATAの航空貨物のシェアは特に1990年代に増大している（図4.1参照）。UPSやフェデックスといったインテグレーターが図中に含まれている。そして国際的にみてこれらが特にこの時期に増大している。ボーイングの2008-2009年の貨物予測では、2008年と2027年の間の貨物シェアの増大はわずかにすぎないとしている。その理由は、年間成長率が6％であるのに対して旅客機で輸送される貨物の成長はわずか5％にすぎないから、であるとしている[3]。

　マージ・グローバルは、トンでの貨物容量の最大のシェアは太平洋路線で、2000年の73％から2005年には78.5％に増大し、2010年には81％に増大すると推計した（Merge Global, 2006）。アジア－ヨーロッパ路線のシェアは2000年の51.5％から2010年には70％に増大してはいるものの、太平洋路線のシェアより若干低い。大西洋路線のシェアでは旅客輸送の場合に最も高いが、貨物機のシェアは2000年の37％から2010年にかけて増えたものの、43％を提供しているのみである。

　米国では、貨物市場で競争しているインテグレーターの成功によって大形貨物機のシェアが大きい。そのため旅客機で輸送される貨物は貨物の22％にすぎない。しかし、米国大陸内の航空郵便の70％は旅客機で輸送されている。

　1994年、ルフトハンザ航空はルフトハンザグループによって100％所有される別の航空貨物子会社を設立することにした。メリットはそのことによってそれまでの航空貨物部門にビジネスの権限と責任を持たせることにあるとされた。また、それは財務や計画にも責任を持たせることができる。この子会社であるルフトハンザカーゴAG（株式会社）に3つの部門が設立された。

---

[2] B747あるいはアントノフ124といった貨物航空機はコクピット付近に多くの乗客用の座席があるが、一般的には販売していない。

[3] Boeing, 2008.

4.7 コンビネーションキャリアの貨物機の運航

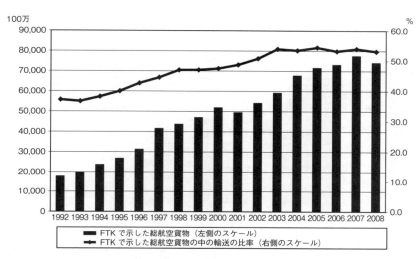

図 4.1　貨物機によって輸送された航空貨物と IATA 国際サービス全体に占める比率
　　　　出所：IATA WATS.

・グローバルカーゴネット
・グローバルカーゴハンドリングサービス
・グローバルフレイターオペレーション

「グローバルカーゴネット」はネットワークのマーケティングに責任を持つ。そして、重要なこととして、旅客機のロワーデッキのキャパシティの購入に関してグループの乗客担当部門と交渉する責任を持つ。これは厳しい交渉によって決定されるコストとともにそうした空間についての内部「市場」をもたらすものと思われた。実際にはルフトハンザカーゴは業務を実施せず、乗客担当部門側も空間を第三者に売却するといったことは存在しなかった。事実、国内部門についてはトラックがフィーダー輸送のほとんどを提供していたので、ルフトハンザカーゴはキャパシティの購入をうまく回避することができたのである。コストについては第 11 章で示される配分方法によって決定される。

「グローバルカーゴハンドリングサービス」は、貨物輸送に専念する地上ハンドリングサービスの運営を行い、「グローバルフレイターオペレーション」は、すべての貨物機の運航、クルーの配置、メンテナンスに責任を持つ。

新しい会社には、しっかりと顧客に焦点を合わせることできること、財務上の透明性、計画の改善といった利点がある。これは、かつてはルフトハンザグ

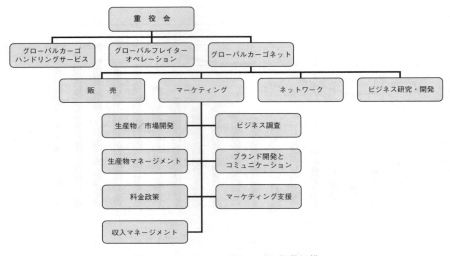

図 4.2　ルフトハンザカーゴの経営組織
出所：Hellemann, 2002.

ループの人的資源、財務、IT等を利用しうるという規模の経済性を享受していたものを失うという欠点を持つ。しかし、利点はそうした欠点以上のものをもっているといえる。その結果、他のスターアライアンスグループのメンバーもルフトハンザの方針に従った（例えばシンガポール航空、SAS）。

　ルフトハンザ航空の貨物子会社は多くの関連会社の持ち株会社となり、多くの株式を保有する会社から少ない株式保有の会社までいろいろであった。前者に関していえば、ルフトハンザカーゴ・チャーターエージェンシー社の株式を100％保有、ハンドリングカウント社の67％を保有した。提携会社としてはアエロロジック社（DHLとともに50％保有、これはライプチヒ空港を拠点とする貨物運送会社）、深圳、天津、上海空港の航空貨物ターミナル運営会社、深圳の翡翠カーゴインターナショナル（25％）がある。

　シンガポール航空も、他のスターアライアンスのメンバーであるSASと同じように2001年に別の貨物子会社を立ち上げた（詳細は第12章12.4節で述べられる）。ランチリ航空の貨物輸送部門は別の子会社が行っている。というのは、航空会社は貨物航空会社であるファーストエアによって買収されたためである。

　日本航空も貨物部門を分離させ、日本郵船（NYK）の子会社である日本貨

物航空と合併を試みた（次の節を参照）。これは 2009 年 3 月の 2 つの会社の間でなされたコードシェアリング協定の後に行われたものである。いずれの会社も国際貿易の大きな停滞以前から収益がなく、合併による運航が収益性を改善するものと思われたのである。日本郵船は、航空、地上、海運サービスに関連していたが、航空貨物子会社を手放し、海運に専念するものと思われた。これは後に違うことが明らかになった。というのは、NYK は航空会社の株式をさらに増やし、航空会社に関与している。

エアインディアは 2007 年に一定の結論に達した。しかしそれは、航空会社を 6 つの戦略的ビジネス部門に分割するというものであった。すなわち、中核としての航空ビジネス、ローコストキャリアの運航、貨物、エンジニアリング・メンテナンス、地上ハンドリング、IT やセキュリティといった関連ビジネスである。そしてこれらは独立した運営がされ、それぞれが費用負担を行い、自己の収益に責任を持つことが想定されていた。この計画は 2010 年の当初まで実行されなかった。しかし、それは再建計画の一部を「早め」に実行するためのものであると報告された。

アエロフロートは、航空貨物子会社を立ち上げたが、長年の損失から、2009 年にそうした決定を撤回した。ロシアの航空会社の貨物機によるサービスは終了し、貨物の運航はその親会社に復帰するものと報告された。それまで多くの貨物子会社に存在していた貨物機は 2010 年 3 月にアエロフロートのサービスに再び帰属した。

4.8　貨物専業航空会社による貨物輸送

ネットワークを持たない上記の貨物子会社に加えて、多くの会社は旅客輸送に関係ない貨物機でサービスを提供している。これらは、第 5 章で述べるインテグレーターと財務的な繋がりは持っていない。最初の大規模な貨物専業航空会社の 1 つはフライング・タイガーであるが、厳しい財政状態に陥り、フェデラルエクスプレスに統合された。

表 4.3 は、2008 年の航空貨物を輸送した多くの貨物専業航空会社を示している。いうまでもなく、最も大きいものはカーゴルックスで、株式の 52.1％ は、ルクセンブルグ政府の航空会社であるルックスエアによって所有されている。ルクセンブルグ政府は直接的に 8％ を所有し、残りは金融機関によって所有されている。2009 年、倒産した S エアライン（スイスエア持ち株会社）の管財

人によって所有されていた33.7％の株式は最終的には既存の株式所有者に売却されることになり、ルックスエアが支配権を確保した。その主要拠点であり登録国はルクセンブルグである。ルクセンブルグは、非EU諸国と相対的に自由な航空輸送を行っている。ルックスエアは13機のB747-400Fと同じく13機のB747-8Fで運航している。また、2008年12月、アリタリアの経営困難を理由に子会社であるカーゴルックスイタリアをイタリアに設立した。カーゴルックスは、多くの競争相手の経営状態に比較して、長年の間、常に収益を上げている。

次に大きな定期航空会社は、ポーラー・エアカーゴである。拠点はニューヨークにあり、ACMIを専門とするアトラス航空によって所有されている。この航空会社は2009年に6機のB747-400Fで運航し、さらに2機のB747-200Fを保有している。2007年、DHLがこの航空会社の49％の株式を所有（米国の規制に従って投票権の20％）し、米国からアジアの8地域に運航するためにブロック・スペース協定を結んでいる。2007年および2008年（財務年度）に損失をもたらしたが、グループ全体としては収益を上げている。

3番目に大きい貨物航空会社は日本貨物航空である。これは日本の船会社、日本郵船（NYK）とその他の企業によって所有されている。株式の所有構成は、日本郵船（83.8％）、日本通運（2.7％）、ヤマト運輸（2.6％）、鈴与（2.5％）となっている。2006年と2007年（財務年度）には大きな損失を被っ

表 4.3　貨物専業航空会社による国際定期航空貨物

	貨物（トン・キロ）（100万）	％
カーゴルックス	5,334	41.8
サザンエア	2,290	18.0
ポーラー・カーゴ	2,090	16.4
日本貨物航空	1,796	14.1
ボルガドニーパ航空	1,046	8.2
エバーグリーン*	999	7.8
翡翠航空（中国）	934	7.3
グレートウォール航空（中国）	706	5.5
CALカーゴ・エアラインズ	373	2.9
エア香港	358	2.8
アスターエアカーゴ社*	300	0.3
シエロス航空	71	0.6
合計（国際）	12,745	100.0

注　＊チャーターフライトのみ　　　（数値に誤りがあると思われるが、そのまま掲載する）

た（それぞれ総収入の22％および21％）。しかし、ニューヨークへの運航中止を含む合理化の後の2008年には収支均等を超える状態となった。B747-400F8機のうちの2機は2009年に使用しないことになり、14機のB747-8Fを発注した。米国での運航の一部はインテグレーターであるUPSとのコードシェアで行った。日本貨物航空は大株主によって売却されるか、日本航空の貨物部門と合併されうるものと思われたことがある（4.7節を参照）。

ボルガドニーパ航空は、いずれも全体的な支配権を持っていない個人および企業の連合体によって所有されるロシアの貨物専業航空会社である。3％未満が航空機メーカーであるウクライナパート・オヴ・アントノフによって所有されている。2004年から2008年にかけて急成長し、収入は3億900万USドルから11億7,700万USドルになった。大型航空機で、150トンまで輸送できる10機のアントノフ124、6機のイリューシン76、いくつかの小型航空機を保有している。大型貨物輸送市場における以前の競争相手で英国に拠点のあるエアフォイルヘビーリフトは、2006年に業務を停止した。1970年代および1980年代の長い間、エアブリッジカーゴの名称で運航していたフレイターオペレーターは、ハンティングアヴィエーショングループの一部となり、アイルランドに拠点を移動したエアコントラクターに売却された。エアブリッジカーゴは、1970年代に創業し、アゴシーそして後にはマーチャントマンを利用してチャネル諸島からイギリスに新鮮な農産物等を輸送した。1980年代には、当時欧州で急速に拡大していた主要なインテグレーターのために夜間運航を行った。その後、こうした市場は、共に、世界の多くの地域で急速に発達していった。

第5または第6番目に大きいものは最近になって参入してきた中国の航空会社である。すなわち、深圳にある翡翠カーゴと上海にあるグレートウォール航空である。翡翠カーゴはルフトハンザ航空と2004年に設立された深圳航空会社のジョイントベンチャーである。しかし、運航は2008年になってからであった。グレートウォール航空は一部シンガポール航空によって所有されている。共に以下の4.10.3節で詳細に述べる。

その他の小さな貨物専業航空会社の中でCALカーゴ・エアラインズ（かつてイスラエルの国営航空会社であるエル・アル航空によって49％を保有されていた）は、現在、イスラエルの農業共同機構によって管理されている。1機のB747-200Cで特にイスラエルの新鮮な農産物等の輸出を行っている。シエロス航空（ペルー）も新鮮な農産物等を輸送しているが、アスターはDHLと

の繋がりを解消し、規模を縮小した。

　米国の2つの貨物専業会社は2008年にチャーター輸送のみを行っている。すなわち、サザンエアは22億9,000万FTK、エバーグリーンは9億9,900万FTKの輸送を行っている。他の独立した航空貨物専業会社は、マレーシアのトランスマイルエアサービスで、インテグレーターのため6機のB727-200Fを運航している。しかし、2010年に東マレーシアでクチンおよびラブアン経由でクアランプールとシンガポールの間で定期運航を始めている。その系列会社であるタイのK-マイルエアもバンコクとジャカルタからシンガポールへ運航している。2010年に4機の長距離用MD11Fを保有していたが、2009年まで5年間に毎年大きな損失を発生させてきた。その結果、MD11Fの購入のための財務上トラブルが発生し、負債を解消するためにその機材の売却を試みている。

　これまで、中米または南米と米国市場との間にはアローエアカーゴのような多くの貨物専業航空会社が存在していた。これらは、長年の間、運航してきたが、業務を中止し、多様な所有者および名前のもとに再編されてきた。アフリカまたは欧州市場もアフレットエアおよびMKエアといった名前のもとで同様のことが繰り返された。いずれの市場も輸送量が少なく、低イールドで、大きな航空機を所有する主要な事業者が参入する余地はない。しかしケニアやペルーといった国からの生鮮食料品等の輸送市場の発達によって、いくつかの事業者は、彼らの航空貨物のバランスを達成し、経営を改善してきた。

4.9　チャーターおよびACMI事業者

　チャーター運航事業者は、アドホックな需要に対応する貨物輸送を行うもので、定期サービスとは異なっている。これは、例えばジェネラルモーターズがイタリアで新しい大きな製造工場を建設するといった場合に有益となる。同様に、一定期間に行われる災害時の救済や軍事的な支援といったことにチャーター輸送はきわめて有益である。前節で述べたようにほとんどの航空会社が定期輸送とチャーター輸送の混合輸送を行っており、ボルガドニーパといった会社はほとんどチャーター輸送を行なっており、カーゴルックスといった会社はほとんどが定期輸送を行っている。

　需要が何であろうと、貨物機の運航を専業とする会社に委託することはしばしば経済的な理由がある。それは、小さな貨物機を運航すると費用が高くつく

のと同様に、航空機や人材について複雑でコストのかかる認可手続きのためである。大きな工場はますます外注をする傾向にあるが、それは、生産ラインに部品を輸送するために定期的で迅速な貨物輸送を必要とする。そのためにボーイングやエアバスは特別な貨物機を所有している。エアバスのそれは、2機のA300のボディを組み合わせたものだった。ボーイングは4機のドリームリフター貨物機を所有している。当初の運航はエバーグリーンに委託されたが、後に、アトラスエアワールドワイドによって行われた[4]。

　4.7および4.8節で紹介した貨物事業者のいくつかは、彼らの航空機をACMIベースでリースしている。その中でアトラス航空といったいくつかの事業者は、ACMIベースで航空機を他の航空会社に提供するだけでなく、自ら定期あるいはチャーター輸送を行っている。アトラス航空の場合、自社の運航は100％所有している子会社、ポーラー・エアカーゴ（現在は一部DHLによって所有されている）が運航している。アトラス航空のACMIの長年の顧客としては、エールフランス、アリタリア航空、ブリティッシュ・エアウエイズ、カーゴルックス、中華航空、エル・アル航空、エミレイツ航空、大韓航空、タイ航空、キャセイパシフィック航空等がある。2008年エミレイツ航空は最大の顧客で総収入の7.8％、ACMIビジネスの34.9％となっている。カーゴジェットといった別の企業（以前はカナダ3000）は、B727-200F貨物機を利用したACMIと夜間チャーターという2つのビジネスを1つの会社で組み合わせて行っている。サザンエア、カリッタ航空、エバーグリーン、エアアトランタアイスランディックなどの多くのACMI事業者は、旧式のあまり効率的ではないB747-200Fを提供している。しかし、エアアトランタアイスランディックはB747-400Fに替え、サザンエアは、B777F貨物機を購入している。他のACMIの専門企業であるワールド・エアウエイズは、MD-11にB747-400Fを追加している。ワールドやエアアトランタといったいくつかの企業は、ACMIベースで旅客機および貨物機を市場に提供している。しかし、その他は貨物機のみである。

　ACMIの名称は貸し手が負担する運営費用の頭文字を取っている。すなわち航空機（aircraft）、乗務員（crew）、整備（maintenance）、保険（insurance）である。ACMIは契約により費用負担の責任範囲が変動するウエットリース

---

[4] アトラスの6機のB747-8Fの調達が遅れたことによる包括的な補償の一部として契約がアトラスエアに変更されたものと思われている。

(wet lease) の特殊なタイプである。例えば、旅客に関連したウエットリースとしては、貸し手と借り手の両方から乗務員が提供される場合がある（ダンプリース［damp lease］と呼ばれることがある）。CMI も成長しつつある市場であり、税金問題等の理由で借り手が航空機を所有し、運航については貸し手に委託するといったものである。

一般的に、景気後退はアトラス航空のような短期的にかなりの程度 ACMI に依存している航空会社に影響を与えるものと考えられている。しかし、アトラスワールドワイドホールディングは、2009 年の第 3 四半期に収益が増大したことを報告している。そして、産業の景気後退と ACMI への過度の依存にも関わらず経営状態の良い年になっている。

4.10 地域別貨物航空会社

航空会社のビジネスの本拠地となる場所は、EU のように自由化された国は別として、現在でも国籍に影響される。そして、そのことが、主要なハブ拠点となる空港および利用可能な運輸権に影響を与える。航空輸送業務の主要な流れが、北米と欧州、欧州とアジア、アジアと北米の間であるとすると、主要な貨物航空会社はこうした 3 つの地域の中のどれかに存在している。

しかしこうした主要地域の間に存在する国もハブでの輸送に関して国の大きさ以上に第 6 の自由の利点を享受しているかもしれない。シンガポールやドバイはその 2 つの例である。以下の節は、各地域および地域間で最も大きな貨物航空会社について検討する。また、他の航空会社によって合併されたり、倒産した航空会社、さらに新規参入者および彼らの市場における位置等について検討する。

4. 10. 1　北　米

米国およびカナダの地理的エリアは大きく、潜在的な貨物事業者に対して大きな国内市場を提供している。過去においてはアメリカン航空やユナイテッド航空等のコンビネーションキャリアがチャーターやトラックを補完的に活用しながら米国の貨物市場を支配していた。しかし、インテグレーターモデルの導入によって、こうしたキャリアが増大し、彼らのサービスは当初は小口貨物市場から後にはあらゆるサイズの混載市場にまで拡大していった。1978 年から、コンビネーションキャリアは、お互いに激しい競争を開始し、小型のナローボ

ディを利用して高頻度の運航を行うようになった。旅客輸送において貨物容量が小さくなっていくにつれて、こうした航空会社は、ビジネスの中心を旅客輸送にシフトし、貨物機の運航をあまり必要としなくなってきた。

2008年のフェデラルエクスプレスの貨物輸送量は最大であるが、そのうちの57％は国内の定期の運航である（表4.4を参照）。他の米国のインテグレーターであるユナイテッドパーセルサービス（UPS）は2番目であり、2008年の国際路線の総輸送量の52％を輸送している。両方で、航空貨物市場の約60％を占めている。

米国の3つのメジャー（コンビネーションキャリア）が次に位置しているが、輸送量はすべて少量である。メジャーであるデルタ航空とノースウエスト航空の合計は他の2つを超えるが、インテグレーターよりはかなり少ない。表4.5によると、旅客中心の米国の航空会社の総収入に占める航空貨物のシェアは低いことがわかる。

3つの貨物専業航空会社もトップ10に入っている（一部は上記で既に述べた）。ポーラー・エアカーゴは貨物機のリースを主たる事業としているアトラス航空の運航部門である。カリッタエアは定期的なチャーター運航を専門としているが、2008年、国際路線の78％を占めている。現在、カリッタエアは、デトロイトのウイローラン空港を拠点としているのであるが、東回りではニューヨーク・ケネディ－リエージュ－バーレーン－香港路線、西回りではニューヨーク－シカゴ－アンカレッジ－名古屋路線を運航している。2008年のサザンエアの運航はほとんど国際路線（74％）であり、貨物機のウエット

表4.4　FTKによるトップ10の航空会社（2008年）

	総FTK（100万）	％
フェデラルエクスプレス	15,463	36.3
UPS	10,024	23.5
アメリカン航空	2,940	6.9
ユナイテッド航空	2,805	6.6
ノースウェスト航空	2,391	5.6
ポーラー・エアカーゴ	2,096	4.9
サザンエア	2,044	4.8
デルタ航空	1,778	4.0
カリッタエア	1,715	3.3
コンチネンタル航空	1,388	3.3
トップ10の航空会社	42,644	100.0

出所：IATA World Air Transport Statistics, 2009

表 4.5 アメリカのコンビネーションキャリアの
総収入に占める貨物の割合（2008 年）

航空会社	総収入に対する貨物の割合
ノースウエスト航空	6.3%
ユナイテッド航空	3.6%
アメリカン航空	3.3%
コンチネンタル航空	2.9%
アラスカ	2.7%
デルタ航空	2.3%
サウスウエスト航空	1.2%
US エアウエイズ	1.1%
エアトラン	0.2%

出所：Air Transport Association of America.

リースによって運航している。

　ポーラー・エアカーゴは、米国の軍部の航空機動軍団（Air Mobility Command：AMC）と繋がりを持つ航空会社の一つであり、多様な B747 貨物機を使用してチャーターを供用している。また、ポーラー・エアカーゴはペルシャ湾やアフガニスタンといった海外での軍部の業務が増大したときに軍部が必要とする追加の運航業務について優先権を持っている。

　他の貨物専業航空会社、エバーグリーンは 2006 年ではアメリカの貨物航空会社のトップ 10 であったが、2008 年にわずか 8 億 9,200 万 FTK を輸送したにすぎない。2008 年の燃料価格の高騰により 9 機の B747-200F が非経済的となり、香港および台北への定期運航を含む一部の運航を中止した。

　2 つの米国の貨物専業航空会社が、今世紀の初頭に運航を中止した。すなわち、エアボーンエクスプレスとジェミニエアカーゴである。エアボーンエクスプレスはかなり前の 1980 年のエアボーンフレートフォワーディング会社として発足し、その後、Door to Door のエクスプレス小口貨物およびロジスティクスビジネスに転換しようとしていた。航空機の基地はオハイオ州のウイルミントンであった。空港は自己所有であった。2003 年にベルギーの DHL の子会社は米国の市場でより効率的に競争するための手段としてこのエアボーンエクスプレスを買収した。DHL はエアボーンエクスプレスの地上業務と航空会社を分離し、後者は ABX エアとなった。DHL によって縮小される以前の 2007 年の ABX エアの輸送量は 9 億 4,300 万 FTK であった。買収については、DHL が外国（あるいは政府）の関係者であるドイツポストによって最終的に

支配されるのではないかという懸念ためにかなり反対されていた（この変化の規制的な側面についての議論は第3章を参照）。

ジェミニエアカーゴは、もともとウエットリースの貨物機を利用し、フレイトフォワーダーとして1996年に発足したが、1999年、カーライルグループ（リーマンブラザーズが部分的に所有）によって買収された。そして、2004年には、ピークの12億600万FTKを輸送している。

2006年にはチャプター11破産法の適用を受けた。そして再び2008年には清算することになり運航を停止した。経営が順調な時期には、マイアミおよびニューヨーク・ケネディ空港にハブがあり、4機のMD11Fおよび9機のDC10-30Fを使用していた。活動停止の主要な理由は、2008年の燃料高騰によるものであり、機材の多くは燃費効率のきわめて良くないものばかりであったとされる。2008年の終わりに航空会社の名称が買収され、新しい所有者は2009年に経営を開始しようと計画していた。2008/2009年の金融危機による最近の被害者はすべて貨物輸送を行っている航空会社、アローエアであった。それはかつてチャプター11の適用を受けた会社であり、2008年と2009年にも特に米国と中米および南米の間での路線で損失を発生させたと報告されている。

かつて米国には自己の貨物輸送ネットワークで活躍する2つの大きな航空貨物のフォワーダーが存在していた。すなわち、エメリーとBAXグローバルである。2002年、BAXグローバルは姉妹会社であるエアトランスポートインターナショナル（ATI）からマクダネルダグラスのDC-8、およびキャピタルカーゴインターナショナルからはボーイング727のウエットリースを行った。

エメリーは、DC8-70Fを所有し、アメリカ国内で運航していた。しかし、故障と十分でないメンテナンスのために2001年に運航不能となった。そして、運航の再開は無理と断定された[5]。

カナダの航空貨物事業者であるカーゴジェットについて述べておかなければならない。カーゴジェットはウニペグに拠点を持ち、ウニペグはカナダからニューヨーク経由バミューダへの夜間貨物輸送を行うためのハブである。この航空会社は、2001年に倒産したチャーター航空会社であるカナダ3000の貨物部門であるカナダ3000カーゴから独立した。機材であるB727-200Fおよび

---

[5] フォワーダー部門であるメンローワールドワイドは、2006年にUPSに売却された。

B737-200F（共にターボプロップ）は 2008 年に改良され、B767、B757 が追加投入された。この航空会社の収入は ACMI の契約と自己の運航でブロック・スペースの売却から得ることができた。

4.10.2 欧　州

欧州地域は、現在は東欧まで拡大している EU 諸国、アイスランド、ノルウエイ、スイス、ロシアと旧ソ連の一部の国々、旧ユーゴスラビアおよびトルコから成り立っている。航空輸送は EU および欧州の広い航空エリア内に存在する諸国において自由化されてきており、貨物よりも旅客輸送においてベネフィットを受けている。欧州に基地をおく最大の航空貨物会社は、エールフランス－KLM およびルフトハンザカーゴで、シェアの 50％以上を輸送している。その次に、カーゴルックス、ブリティッシュ・エアウエイズ等が位置している（表 4.6 を参照）。

グローバルサプライシステムはもともと米国のアトラス航空によってブリティッシュ・エアウエイズにウエットリースされていた 3 機の貨物機で運航するために設立された会社である。リースについての英国民間航空当局の要請を満たすために、会社の 51％は信託によって英国の関係者が所有し、49％はアトラス航空が所有した。この会社は他の事業者にリースすることも可能であるが、これまで運航は 2007 年から 5 年間ブリティッシュ・エアウエイズによっ

表 4.6　総 FTK によるヨーロッパのトップ 10 の航空会社（2008 年）

	総 FTK（100 万）	％
エールフランス-KLM	10,217	28.3
ルフトハンザカーゴ	8,283	23.0
カーゴルックス	5,324	14.8
ブリティッシュ・エアウエイズ	4,638	12.9
ヴァージンアトランティック	1,581	4.4
アリタリア航空	1,574	4.4
スイス航空	1,231	3.4
イベリア航空	1,156	3.2
エアブリッジカーゴ	1,102	3.1
グローバルサプライシステム	942	2.6
トップ 10 の航空会社	**36,048**	**100.0**

出所：IATA World Air Transport Statistics, 2009.

---

[6] これらは 2011 年に B747-8F に取り替えられることになっている。

てリースされていた3機の航空機B747-400Fに限定された[6]。表4.6において、グローバルサプライの輸送量をブリティッシュ・エアウエイズの輸送量に加えると、第3位となるが、ルフトハンザよりは少ない。英国の他の唯一の貨物専業航空会社はDHLエアで、DHLのためのサブチャーターを運航し、2009年、B757-200Fを使用し、2億3,200万トンキロを輸送している。

英国の他の貨物輸送業者は数年間で運航をやめ、事実上倒産に陥っている。例えば、1999年末に始めた英国のチャーター会社は、747-200F1機でニューヨークへの定期輸送を始めたが、比較的早い時期の2機目の交渉が失敗に終わった後に定期運航の中止に追いやられた。その後、香港までの運航を行い、航空機をカーゴルックスや他の航空会社にウエットリースした。ロンドン・ヒースロー空港から運航するのは一般的ではなかった。英国の他の貨物専業航空会社であるエアブリッジキャリアは、大型貨物の輸送を行っていたが、事実上、ロシアのボルガドニーパに売却され、名称をエアブリッジカーゴに変更した（表4.6を参照）。エアブリッジは、B747-400Fを含む6機のB747を運航し、5機のB747-8Fを発注している。その主な拠点はモスクワ・シェルメチボ空港であり、アジアや西欧の地点に運航している。その親会社であるボルガドニーパ航空は2008年にロシア製の機材（総重量120トンのアントノフ124を含む）で6億2,100万トンキロ輸送した。このロシアの航空会社の成長は、2006年の英国の他の航空会社、エアフォイルヘビーリフト（2つの貨物専業航空会社であるヘビーリフトとエアフォイルが合併してできた会社）の業務中止の要因となった。

英国を拠点とする他の少し変わった貨物専業航空会社は、チャネルエクスプレスで、主にチャネル諸島から英国市場に生花やその他の貨物を輸送してきた。この貨物輸送業務は2006年7月にフェリースピードが引き継ぎ、輸送手段は航空から海運へ転換された。現在、英国で登録されているもう1つの貨物専業航空会社はMKエアである。この会社は、もともと、南アフリカの企業によってガーナに設立され、1995年にナイジェリアに移設された。設立者は2006年に英国の企業とパートナーシップを組むことになったが、英国で登録し、英国のAOC（運航者証明証）を獲得するまでに18か月を必要とした。急速な燃料価格の上昇と非効率的な機材のために2008年に政府の管理下に入ったが、2009年に追加資金を獲得し、再出発した。

2つの欧州の貨物専業航空会社、カーゴイタリアとACG（エアカーゴ

ジャーマニー）は2009年に運航開始を計画していた（不幸にもこの時期は景気後退の時期でもあった）。カーゴイタリアは、2009年当初にAOCを取得したが、その年の9月まで最初の運航を延期した。2010年までに3機のMD-11貨物機を入手し、2012年に8機のA330貨物機を発注した。新しいカーゴイタリアは、2008年に運航中止したカーゴイタリアと近年買収したアリタリアカーゴビジネスとの共同体である。カーゴイタリアの新しい所有者はALIS（66.7%）とインテサ・サンパオロ（33.3%）である。そして、ALISは最高経営責任者の家族（62%）とベネトンを含むいくつかの民間投資家（それぞれ8～10%）によって支配されている。

　アリタリア航空およびアリタリアの貨物運航の将来に不安があることから、カーゴルックスのイタリア人のベンチャーが事業に介入した。そして、完全小会社となったカーゴルックスイタリアが2009年6月に運航を開始した。2010年には往路はミラノのマルペンサ空港からドバイ、香港まで、復路はバクー経由でミラノまで週3回の定期便を開始した。この会社はルクセンブルグまで毎週運航している。すべての運航にB747-400Fを使用している。

　ルフトハンザカーゴは、イタリアでの運航が収益をもたらさず、2009年末までにミラノから2機のMD-11Fを撤退させることを計画している。機材はフランクフルトに再配備される。ルフトハンザカーゴはアリタリアカーゴがなくなった後に、市場ギャップを確認し、イタリアから直接サービスを開始した。イタリアは航空輸出市場としては2番目に位置する強力な市場であるが、2008年からの景気後退によって需要は著しく減少し、運賃は急落した。

　エアカーゴジャーマニー社もAOCを保有し、フランクフルト・ハーン空港を拠点とする2機のB747-400F貨物機のリースを取り扱っている。この空港は、ルフトハンザの主要基地フランクフルト・マイン空港から約75マイル離れたところにあり、大きな空港に課せられている夜間使用制限やスロットの制約がない空港である。株式発行による資金調達の大部分は創設者であり、一部はアイルランドのリース会社が行っている。この航空会社はもともと2つの定期路線を開設しようと計画していた。すなわち、フランクフルト・ハーン－モスクワ－上海およびハーン－イスタンブール－ボンベイ－香港である。これは近くにルフトハンザ航空の拠点があることを考えるとかなり大胆な動きである。しかし、新規参入者はドイツの荷主および輸入業者には選択権があると主張した。2機の航空機については、その輸送能力の約70%が定期運航に利用さ

れ、残りはチャーターとして利用されている。1 年後、この航空会社は、驚くことに、存続し、上海までの便数を週 3 回まで増大するとともにソウルまで週 3 回の夜間運航を行うために、3 機目の機材をマーチンエアからリースで受けることになった。

　2007 年後半に運航を開始した CargoB（ベルギー貨物専業航空会社）は大きな変動に直面した。最初のものは 2008 年における燃料価格の急速な上昇であり、そして、2009 年における需要の大幅な減少である。2 機の B747-200F は燃費効率が良くなく、景気後退が始まる 2009 年により効率的な B747-400F に取り替えることができた。2 機の新しい航空機は、日本貨物航空からドライリースされたものである。日本貨物航空の所有者である日本郵船も倒産を回避するためにこの航空会社に新しい資本を投入している。そして、南米へのサービスが開始された。これは、インターライン協定を通じて日本貨物航空の欧州／アジア路線にリンクされ、実現されたものである。この北回り貨物の多く（生花が中心）は、それまで東欧あるいはロシアへインターライン協定に基づいて輸送されてきた。この航空会社は欧州の拠点をブリュッセルからリエージュに移設し、新しい空港からの財政支援を期待していた。しかし、これは実現せず、運航を中止することになり、さらに 2009 年 6 月には倒産手続きに入った。2 機の B747-400F は使用されない状態にある。

　コンビネーションキャリアおよびフレイトオペレーターを含む多くの欧州の貨物専業航空会社は、空港から空港までのフィーダーサービスについてはトラックを利用している。これらは、貨物を旅客機または貨物機に載せるための各航空会社の長距離用ハブと多様な欧州の市場を結びつけるものである。貨物は航空運送状とともに航空貨物運賃を支払って輸送される。各区間の輸送時間は海峡経由の場合でもそれほど長くなく、輸送費用は短距離貨物機よりはるかに安くつく。欧州内でのコンビネーションはほとんどワイドボディを使うことがなく、そのため利用可能なロワーデッキの容量は小さい。ブリティッシュ・エアウエイズ、KLM 等のためにいくつかのトラック会社が設立され、2008 年にアムステルダム・スキポール、パリ・シャルルドゴール、フランクフルト・マイン、ロンドン・ヒースローの各空港で定期サービスを開始した。これらは、通常、毎日運行し、午後遅く、または夕方に出発する。基本車両は、4 つの Q7 パレット（約 17 トン）、トリップ当たり 15〜20 トンの輸送能力を持っている車両である。

4.10.3　アジアとオーストララシア

　アジアおよび南・中太平洋諸国は、かなりかけ離れた地域に存在するという点でこれまで述べた2つの地域と異なる。これはトラックによるハブへのフィーダー輸送を不可能にする。この例外はシンガポールと香港で、ともに巨大な貨物ハブを設立し、マレーシアおよび中国の国境を超えてトラック輸送を行っている。香港は、南中国の製造業地帯と接続する良質な地表交通があり、トラック輸送の大きな便益を得ている。

　表4.7のトップ5のうち、大韓航空と中華航空は、航空貨物輸送に適したハイテク生産物を多く輸出する国を拠点としている。すなわち、韓国と台湾である。キャセイパッシフィック航空とシンガポール航空はこれらの国や他の国からハブを通じて貨物を集荷している。日本航空も、しばらくの間、高い成長を示していないのであるが、大きな輸出産業を持つ国を拠点にしている。日本のもう一つの主要なコンビネーション・キャリアは全日本空輸（ANA）であるが、2006年にANA＆JPエクスプレス（AJV）というジョイントベンチャーを設立した。ANAが大部分の株式を保有しているが、一部は郵便事業、日本通運および商船三井が保有している。この航空会社は自分の航空機を所有しない、または運航せず、ACMIベースでANAからのウエットリースで機材（3機のB767-300F）を調達している。後に、同様の協定で米国のABXエアから調達を受けた。2010年、ANAはこの航空会社の株式を購入し、ローコストキャリアの旅客航空会社（子会社）と合併させた。

　表4.7に掲載されていない有名な航空会社は、2つの中国の主要なコンビネーションキャリアである中国東方航空と中国南方航空である。それぞれ、23億7,900万および17億900万貨物トンキロを輸送している。最初の貨物専業航空会社は、1998年に、チャイナオーシャンシッピング（COSCO）との協同で中国東方航空によって設立された。中国東方航空の株はもともと70％であったが、55％に減少した。その理由は設立した2つの航空会社が、台湾の中華航空に25％を売却したことによる（2001年、8,200万米ドル）。この航空会社は上海・虹橋空港を拠点としている。国内のみならずアジア諸国、米国、欧州に就航し、2008年、14億5,500万貨物トンキロを輸送している。2007年、かなりの運営損失を発生させている。

　今世紀はじめ、多くの外国航空会社が、中国に貨物専用機を運航するジョイントベンチャーを立ち上げる機会をうかがっていた。中国の航空会社はビジネ

4.10 地域別貨物航空会社

表 4.7 総 FTK によるトップ 10 のアジア／オーストララシアンの航空会社（2008 年）

	総FTK（100万）	%
大韓航空	9,005	17.9
キャセイパシフィック航空	8,842	17.5
シンガポール航空カーゴ	7,299	14.5
中華航空	5,384	10.7
EVA航空	4,077	8.1
日本航空	3,946	7.8
中国国際航空	3,487	6.9
アシアナ航空	3,340	6.6
カンタス航空	2,569	5.1
タイエアウェイズ	2,490	4.9
トップ 10 の航空会社	**50,439**	**100.0**

スとしては旅客輸送が中心で、貨物機の保有は時間を要する政府との協定を必要としていたのである。同時に、貨物輸送は中国の製造業および相対的に付加価値の高い製品を背景に著しく増大してきた。航空運輸権を保護するために中国の株の持ち分がほとんどであることを前提に、中国と外国航空会社との間のジョイントベンチャーが前進することになった。

はじめは中華航空を含む台湾の関係者が、上海・虹橋空港に拠点のある新航空会社の揚子江エクスプレスに投資を行った。株式は中華航空が 25％、台湾に拠点のある船会社が 24％所有し、大部分は海南航空が所有した。運航は 2003 年に始まり、上海－アンカレッジ－ロサンゼルスの路線が 2006 年の終わりに開始された。2007 年にはルクセンブルグが追加された。この航空会社は機材として 3 機の長距離用 B747-400F 貨物機、短期／中距離・国内フィーダーサービス用として 6 機の B737-300QC を保有した。輸送量は 2007 年に 3 億 9,300 万トンキロに達したが、2008 年には 3 億 5,200 万トンキロに減少した。その次にルフトハンザと深圳航空会社が位置している。この 2 つの航空会社は 2004 年に翡翠カーゴを設立した（株式は深圳航空会社が 51％，ルフトハンザが 25％、ドイツ復興金融金庫（KfW）が 24％所有している）。翡翠カーゴは広州の拠点から A300 貨物機によるサービスを運航している。

2005 年 5 月、シンガポール航空カーゴ（SIA カーゴ）は、上海に拠点をおくグレートウォール航空の 25％の株を取得した。なお、この航空会社の株についてはシンガポール政府の子会社（テマスクホールディングの子会社）が 24％、チャイナグレートウォールインダストリーが 51％所有している。新し

い航空会社は合併されたもので、上海に拠点があり、SIA カーゴが、2億5,000万RMB（人民元）で、その後3年間にわたりこのジョインベンチャーに投資することが計画された。ジョイントベンチャーであるグレートウォール航空は、2006年の前半に、中国国内の各地のみならず、米国、欧州、北東アジア、南西アジアの主要貨物市場での運航開始計画を立てていた。しかし、この航空会社は、伝えられるところによると親会社であるチャイナグレートウォールインダストリーがイランにミサイルの技術を提供したとのことでアメリカ政府によって制裁を加えられることになり、2006年8月に運航を中止した。その結果、すべての機材がシンガポール航空カーゴに返却された。グレートウォールインダストリーの株が北京アエロスペースに売却されることにより、2006年12月、グレートウォール航空への制裁は解除されることが報告された。2007年2月に運航が再開され、輸送量は2007年の5億4,300万貨物トンキロから2008年には7億600万貨物トンキロに増大した。

　他のジョイントベンチャーが2008年6月に運航を開始した。すなわち、グランドスターカーゴインターナショナルが中国のロジスティク会社であるシノトランスエアライン（5.4.5節を参照）によって設立された（51％を保有し、残りは韓国の企業等［大韓航空が25％保有］）が保有）。この貨物専業航空会社は北京の近くの天津空港を拠点とし、フランクフルトへのサービスを開始した。機材は1機のB747-400Fであった。2009年12月、この航空会社は収益性がないこと、および路線に関して天津からフランクフルト以遠に展開することができないことから株式のすべてを売却しようとした。他の中国の航空会社への株式の売却は、市場を統合するために国内の貨物専業航空会社の合併・再編を促そうとしていた中国民間航空当局（Civil Aviation Administration of China：CAAC）の考えに沿うものであった。

　最後に、キャセイパシフィック航空は中国国際航空の株式を17.6％保有しており、その完全子会社である中国国際貨運航空は5機のB747Fを運航している。逆に、中国国際航空はキャセイパシフィック航空の株式を30％弱保有している。2009年8月、この2つの航空会社は、貨物専業航空会社（ジョイントベンチャー）の設立を計画し、運航開始時期を2009年末としていた。また、キャセイパシフィック航空は香港のDHLとジョイントベンチャーを所有している。キャセイパシフィック航空は60％、DHLは40％の株式を保有している（2003年には30％であったが、増加している）。エア香港はA300-600Fで香

港から中国、インドネシア、日本、シンガポールの諸都市へ運航している。2009年に4億1,000万FTKの輸送を行っているが、協定によって、DHLは公正妥当な価格取引とエア香港がDHLから得ることのできる年間収入の上限に基づいてエア香港に支払いを行っている。この協定は少なくとも2018年まで継続されている。

4.10.4 アフリカと中東

　中東地域は、潜在的に豊かなアジアと欧州の航空貨物市場の間に位置し、アフリカに比べて地理的利点を持っている。この地域の諸国は競争的なハブ空港や近代的な航空機を保有する航空会社を設立するために財源として原油からの巨額な収入を活用している。これに対してアフリカの航空会社は、航空による工業生産物の輸出市場はきわめて制約されているし、航空による輸入市場も小さい。ケニアなどのいくつかの国は、生花、果物、野菜などに関して旅客機の狭い空間を利用した航空輸送が発展しつつある。この地域の4大航空会社は中東からのもので、エミレイツ航空は旅客と貨物のためにハブであるドバイの国際空港に投資している。

　2つの貨物航空会社がトップ10に含まれている。すなわち、イスラエルからの新鮮な生産物の輸出促進を目的としているCALカーゴ・エアラインズおよびマキシマスエアカーゴ（表4.8を参照）である。後者はアブダビに拠点を持ち、エアバスA300-600Fとロシア製の貨物機を運航している。2008年、アブダビアヴィエーションによって買収された。アブダビアヴィエーションは部

表4.8　総FTKによるトップ10のアフリカ／中東の航空会社（2008年）

	総FTK（100万）	%
エミレイツ航空	6,156	49.2
カーターエアウェイズ	1,657	13.2
サウジアラビアン	1,413	11.3
エル・アル航空	771	6.2
サウスアフリカン	748	6.0
ガルフエア	447	3.6
エチオピアンエアライン	365	2.9
マキシマスエアカーゴ	348	2.8
CALカーゴ・エアラインズ	336	2.7
ケニアエアウェイズ	279	2.2
トップ10の航空会社	12,520	100.0

出所：IATA World Air Transport Statistics, 2009.

分的に政府投資機関によって所有され、小型コミューターおよび建設や沖合での原油掘削のためのヘリコプターを保有している。1970年代にグローバルプレーヤーであったもう1つの貨物専業航空会社、TMA航空は、2005年以来、運航中止をしていたが、2010年に再出発した。新所有者のもとでの最初の路線はベイルート空港からロンドン・ヒースロー空港で、使用機材はA300貨物機であった。

他のアフリカの貨物専業航空会社はジンバブエに登録しているアヴィエントアヴィエーションである。この会社は1993年に欧州のハブとアジア、中東を結ぶチャーターの会社として設立された。ハブはフランスのパリ・ヴァトリー空港であったが、後にベルギーのリエージュへ変更された。機材は1機のイリューシン76および2機のDC10-30F貨物機で、後にMD-11Fが追加された。しかし、このMD-11Fはおよそ1週間後の2009年11月、上海の浦東空港で離陸に失敗し、破損した。これまでジンバブエを基地とする貨物専業航空会社であるフレットエアは、エアジンバブエの100％の完全子会社であったが、この会社は2000年に5億1,100万ドルの負債を抱え倒産したが、閉鎖にむけて自己の航空機のみを2年間運航中止していた。

4.10.5　南米および中央米

南米および中米は表4.9に示されているようにチリの国営航空会社であるLAN航空を中心としてわずか7つの航空会社が支配している。表をみると、主要航空会社でサンチャゴに拠点のあるランチリとペルー、ブラジル、アルゼンチンにあるその子会社等から成立していることがわかる。こうした子会社はLANグループによって支配されているが、国際運輸権を守るために株式の大部分が保有されている訳ではない。ブラジルは大規模な貨物専業航空会社の拠点であると思われるかもしれない。事実、南米のトップの貨物専業航空会社であるヴァリル・ログはブラジルのフラッグキャリアであるヴァリグ航空の貨物部門であった。しかし2000年に業務を中止した。貨物部門は他に類をみないビジネスであるとして管財人によって売却されることになり、2006年に米国の投資会社が買収した。しかし、この投資会社も航空貨物市場の急速な縮小によって2009年前半に倒産した。2009年後半にはコロンビアの航空会社アヴィアンカ航空の親会社に売却され、親会社はこの航空会社のCEOとなるだけでなく株式も取得した。アヴィアンカ航空はまたコロンビアの他の航空会社であ

表 4.9 総 FTK によるトップ 7 の南および中央アメリカの航空会社（2008 年）

	総FTK（100万）	%
ランチリ航空	2,907	67.2
タンパカーゴ	365	8.4
ABSA	357	8.3
TAM ブラジル	202	4.7
ヴァリグ・ログ	192	4.4
アエロメヒコ	153	3.5
アビアンカ航空	151	3.5
トップ7の航空会社	4,327	100.0

出所：IATA World Air Transport Statistics, 2009.

るタンパカーゴを間接支配している。それぞれ株式の50％を保有し、前者は90％まで増大させることができる。1機のB757と2機のB727を使用してほとんど国内地点に就航している。倒産以前に運航していた20機からするとかなりの縮小である。

4.11 結　　論

　国際航空貨物の大部分は旅客機で運ばれていることが示された。しかし、国内航空貨物を含めると米国の大規模な国内市場におけるインテグレーターフレイターのシェアが大きいために、そのシェアは低下する。インテグレーターフレイターが国際路線でまだ大きな存在となっていないのは、コンビネーションキャリアや地域の専門的フレイターとの契約を選択しているためである。

　多様な地域を見てみると、アジアには多くの航空会社が存在するが、これらはほとんどコンビネーションキャリアである。しかし、総輸送量に占める貨物のシェアを欧州の航空会社と比較すると遥かに大きい。中国の航空会社の国際貨物市場への参入は遅れているが、最近、変わってきている。それは主として、欧州あるいはアジアのジョイントベンチャーによるものである。

　北米および欧州は早くスタートした地域であるが、倒産も多い地域である。ドイツの貨物専業航空会社で最近の経済危機の最中に設立した航空会社があるが、それは、機材を安く購入したり、リース料も安い時期であった良い事例である。アジアでは新規参入は航空サービス協定における航空会社の指定等のためにむしろ容易でない。そして新しい航空会社は、ローコスト旅客ビジネスモデルに限定される傾向がある。しかし、アフリカ、南米では収益率は高い。多

くは資本不足の状態で出発しているために、小さくて価値の高い航空貨物を輸送対象としているからである。

第 5 章　供給：インテグレーター、郵便事業者、フォワーダー

　本章は、インテグレーターおよびインテグレーターと航空貨物との関係、インテグレーターの 1970 年代から現在までの展開等について述べる。また、航空貨物市場における他の事業者、特に、手紙等の郵便物や小口貨物（スモールパーセル）を扱う事業者についても紹介する。後者は「エアメール」と呼ばれることもあるが、現在では「エクスプレス」輸送と重複している。2 つの最大インテグレーターが国営郵便事業のエアメールビジネスを買収し、民営化や国営事業の外部委託による便益を受けるであろうことが推測される。航空貨物の流通および混載において重要な位置を占めているフレイトフォワーダーについても検討する。

　図 5.1 は航空貨物市場における多様な事業者の役割についての概略を示している。すべての事業者が長距離の出荷のために航空輸送を利用しているが、インテグレーターまたは郵便事業者は、航空機を所有するか、リース契約あるいはチャーターで利用している。

　y 軸は貨物を最終目的地に配送するのに必要かつ保証しうる日数（時間）を一定程度の幅で荷主に示している。通常、インテグレーターの主要な利点は配送時間の保証である。しかし、特に国際的な貨物輸送については、これらはそ

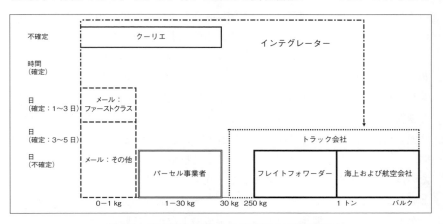

図 5.1　航空貨物／パーセル市場における事業者
出所：Baird, 2007, in TNT Annual Report 2008, Chapter 2.

れほど厳密ではなくなってきている。x軸は各事業者の種類に対応した貨物の重量の幅を示している。郵便事業者によって提供される従来の郵便物（メール）は主として手紙とスモールパッケージであり、比較的大きい小口貨物は、自身の小口貨物関連会社あるいは独立した小口貨物事業者によって輸送される。トラック会社は大きなユニットのものを輸送し、一般的にはフレイトフォワーダーや混載事業者が扱いやすいようにコンテナに混載される。

本章は、それが完全な Door to Door の輸送（インテグレーター）であろうと、輸送の一部分（小口貨物事業者またはフレイトフォワーダー）あろうと、輸送に関連したこうした事業者を取り扱う。航空会社については前章で取り扱った。結論の節では重量に比して価値の低いもの、緊急性を必要としないもの、バルク貨物等を取り扱う海運事業者についても若干述べる。これは、「海上と航空」を接続するために航空輸送と連携しているが、航空より遅いが安くサービスを提供している。

5.1　クーリエ会社

クーリエ会社は書類やスモールパッケージを素早く配達する必要性から1960年代から1970年代に出現したものである。彼らの顧客は、企画書、コンサルタントの報告書、権利書といったものをできるだけ迅速に配送してほしい投資銀行、経営コンサルタント、法律家等であった。これらの企業にとって遅延は大きな損失をもたらすので、こうしたサービスにプレミアム価格を支払う用意があった。彼らの顧客は多くの国に存在しているため、相対的に頻度の高い旅客輸送の定期的なネットワークが最適輸送手段となった。

初期のクーリエ会社はこのネットワークを利用し、航空会社が提供する20kgまでの無料貨物輸送制度（そして若干の機内持ち込み手荷物）を利用できた。クーリエ会社がすべきことは、最も安い運賃を予約し、従業員は書類等を選別し、空港に持っていき、そしてチェックインすることである。目的地では顧客に配送されるか、最終配達のための業者に受け渡される。しばらくの間、クーリエ会社は学生や特定のフライトに搭乗することを希望している人あるいは手荷物のない人を活用することで従業員の時間コストの問題を解消するといったことさえ行なった。すなわち、クーリエ会社の費用は旅客のバッグとチケットの取り扱い費用と目的地での集荷の手数料等に限定された。

この種の輸送が発達するにつれて、航空会社がクーリエ市場への参入を開始

した。クーリエバッグは、プレミアム貨物運賃で貨物の中に入れて運ばれ、座席は他の旅客に販売された。配送と集荷は路線の両端で行われた。さらに、クーリエバッグの集荷は旅客のチェックインを遅らせることになる旅客ターミナルから貨物ターミナルに変更された。

5.2 インテグレーター

5.2.1 市場の概観

インテグレーターの起源は前節で述べたクーリエモデル（およびDHLの初期の重要部分）とフェデラルエクスプレスによって米国で導入されたハブ／フィーダーモデルの両方に関係している。インテグレータービジネスモデルは以下の主要な要素から成り立っている。

・Door to Door の輸送
・迅速で信頼できる輸送
・配達時間の保障
・追跡システム

さらに、小口貨物が小型航空機やトラックによってハブ空港に配送されると、自動ハンドリングシステムによって分類され、目的地の空港または他の最終目的地である地域のハブ空港に配送される。

時間とともに4つの会社がインテグレーター市場で支配的となってきた。いわゆるインテグレーターは国内および地域的レベルに存在するが、真にグローバルな市場への参入は、多くの国で航空機、車両、ITシステム、ハンドリング用インフラストラクチャー等への多額の投資を必要とする。これらは、すでに必要な投資を行っているような会社にとっても大変な参入障壁である。例えば、航空会社は地上輸送インフラストラクチャーが不足し、フレイトフォワーダーは空港施設と航空機が不足するといった具合である。

国際路線で航空貨物を扱う2つの巨大なインテグレーターはアメリカ国内でも業務を行なっている。DHLは米国の会社ではないが、長年にわたって米国の国内市場への参入を試みている。国際路線において、DHL（およびその他の小さなインテグレーター）は、多様な国で地域のチャーター航空会社を利用するだけでなく、コンビネーションキャリアの活用を重視している。

表5.2は地域ごとのマーケットシェアの推計を示したものである。この資料

表 5.1　インテグレーターによる国際航空貨物（2008 年）

	貨物トン・キロ（100 万）	（％）
フェデックス	6,582	50.1
UPS	5,289	40.3
DHL（EAT を含む）	775	5.9
TNT ベルギー	487	3.7
合計	13,133	100.0

出所：IATA World Air Transport Statistics, 2009.

表 5.2　クーリエ、エクスプレス、パーセル市場の合計（2007 年）

	欧州	米国	アジア／太平洋
合計（10 億ユーロ）	15.3	7.5	5.9
マーケットシェア（％）			
DHL エクスプレス	25	9	34
UPS	18	17	12
フェデラルエクスプレス	0	24	24
TNT	15		
ラ・ポステ（フランス）	4		
ロイヤルメール（英国）	2		
USPS（米国）	0	2	

出所：Deutsche Post World Net Annual Report, 2008.

は、DHL の親会社から提供されたものであり、他の資料との突き合わせをしたものではない。例えば、TNT の資料によれば、TNT は 2007 年に欧州の CEP 市場で 18％、DHL16％、UPS9％、フェデックス 2％となっている。しかし、ここでの重要な点は、

・伝統的な郵便事業者のマーケットシェアは非常に小さいこと
・フェデックスは欧州では強くないこと
・DHL，TNT はともに米国では強くないこと

である。

フェデラルエクスプレス（フェデックス）は欧州で主要なプレイヤーになろうとしたが、長年の間に財政危機に陥った。

以下では 4 つの主要インテグレーターの航空貨物について検討する。

5.2.2　D H L

DHL はドイツポスト DHL の 2 つの主要ブランドの 1 つである。2009 年ま

ではドイツポストワールドネットとして知られていた。この会社には4つの事業部門がある。

- メール
- エクスプレス
- グローバルフォワーディング/フレイト
- サプライチェーン/CIS

　グループは、DHL、エクスプレス部門、3つのフレイトフォワーダー（ダンザス、エクセル、エアエクスプレスインターナショナルあるいはAEI）をドイツポスト（現在は基本的にはメール部門）が買収することによって構成されている。スイスのフォワーダーであるダンザス、米国の最大の国際フレイトフォワーダーであるAEIは1999年に買収され、英国を拠点としているエクセルも2005年に買収された。ドイツポストはDHLやこれら大きなフォワーダーの買収のみならず、1990年代後半にいろいろ買収を行ない、およそ50のパーセル会社（例えば英国のセキュリコ、カナダのパーセロジック、米国のグローバルメール、フランスのデュクロ）を買収した。フレイトフォワーダーは、フォワーディングおよびサプライチェーンの部門となった。表5.3に見られるように各部門は2008年の総売上のうちほぼ同じシェアを占めている。

　DHLは、1969年にサンフランシスコでエイドリアン・ダルゼイ、ラリー・ヒルブルム、ロバート・リンという3人の企業家によって設立された。文書類の最初の配送はサンフランシスコからホノルルまで航空輸送で行なわれた。これは、書類を設立者の1人が個人の機内持ち込み手荷物として輸送したもので、「クーリエ」（5.1節参照）と呼ばれるビジネスである。DHLはアメリカからアジアへの最初のエアエクスプレスの事業者であり、1971年にフィリピン、

表5.3　ドイツポストの部門別の世界の収入（億ユーロ）

部門	2008	%
メール	14,393	25.7
エクスプレス	13,637	24.4
グローバルフォワーディング/フレイト	14,179	25.4
サプライチェーン/CIS*	13,718	24.5
合計	55,927	100.0

注：＊はCorporate Information Solutionsの略
出所：Deutsche Post World Net Annual Report, 2008.

1973 年に日本、香港、シンガポール、オーストラリア、1976 年に欧州へと広がっていった。DHL は 1979 年に文書類のみならずパーセルの配送業務を追加した。2000 年には、ルフトハンザカーゴおよび日本航空との提携を行ない、両航空会社は DHL の株式の 25％（日本の貿易会社はさらに 7.5％）を取得した。

ドイツポストは 1988 年に DHL が所有する株式の 22.5％を取得したが、2002 年 7 月にはルフトハンザ航空が所有する株式の 25％を購入し、株式所有は 75.67％に増大した。その間、ドイツポストは 2000 年に日本航空から DHL の株式の 6％を購入（日本航空は前年にドイツ人が関与している投資トラストに 20％を売却していた）した。

DHL の完全な支配を行うことのできた当時、ドイツポストの大部分の株式はドイツ連邦政府によって直接的間接的に保有されていた。それまで主要な決定はルフトハンザ航空とともに行われていた。従って、米国の会社として出発した DHL は現在ではドイツ人所有のものであり、その結果、その米国の航空会社である DHL エアウエイズ（3.2.2 節を参照）にとっては扱いづらいものになった。地域的にみると、2008 年、ドイツでは主としてドイツ国内のメールの独占的配送によって総売上高の 30％となっている。しかし、欧州では収入のほぼ 3 分の 2、米国とアジア／太平洋では 30％となっている。

「エクスプレス」部門はこの節で扱うが、「グローバルフォワーディング」は 5.4.1 節で扱う。この 2 つの部門の 2009 年の総売上は、100 億ユーロを少し超えるもので、およそ同じ額となっている。しかし、「エクスプレス」は 2 億 3,800 万ユーロの利潤を発生させている。「フォワーディング」部門は 2 億 7,200 万ユーロである。

表 5.5 は、DHL の長距離航空サービス関係について示したもので、それは

表 5.4　ドイツポストの地域別の世界の収入（100 万ユーロ）

地　域	2008	％
ドイツ	16,765	30.0
その他の欧州	19,129	34.2
米国	10,171	18.2
アジア／太平洋	6,292	11.3
その他	3,570	6.4
合計	55,927	100.0

出所：Deutsche Post World Net Annual Report 2008.

表 5.5　DHL エクスプレスの長距離航空サービス（2008 年）

地　域	
太平洋	米国とアジア・太平洋との接続 ポーラー・エアカーゴとの戦略的パートナーシップ 2008 年 10 月 27 日から 6 機の B747-400 の投入
大西洋	米国と欧州全域、中東、アフリカとの接続 DHL エアによる運航 2009 年から 2012 年まで 6 機の新型 B767-300 ERF の投入 最初の商業フライトは 2009 年 9 月、2009 年 10 月 23 日から 3 機の機材の投入
欧州－アジア	欧州とアジア・太平洋、中東、アフリカとの接続 ルフトハンザカーゴ（アエロロジック）とのジョイントベンチャー 2009 年から 2011 年まで 8 機の新型 B777-200F の投入

出所：www.investors.dp-dhl.de Investors Factbook, Express.

　主要ハブ間で運航され、地域での地点間輸送はトラックや航空機で行われている。業務は DHL 所有の機材または契約によって独立事業者のチャーター機を使用して行っている。他の長距離航空サービスは定期航空会社によって提供されている。

　太平洋横断、欧州とアジア間における主な取引路線は中期契約のもとにパートナーの航空会社によって行われている。前者は主要なコンビネーションキャリアとのジョイントベンチャー、後者は ACMI および貨物航空機の事業者によって行われている。ともに、近代的で経済的な貨物機を利用している。大西洋での運航は DHL が所有する B767-300 貨物機（DHL の英国航空会社として登録）を利用している。

　表 5.6 の 4 つの航空会社は DHL が所有している。すなわち、ブリュッセルに拠点があるヨーロピアンエアトランスポートは、DHL のためにボーイング 757SF/PF およびエアバス A3004B4 を用いて中東およびアフリカへの長距離サービスのみならず欧州のネットワークにおいて運航している。英国のイーストミッドランド空港に拠点がある DHL エア UK は、ボーイング 757SF を用いて DHL の欧州のネットワークで、また、B767 貨物機を用いて大西洋で運航している。DHL のミドルイースト航空はバーレーン国際空港を拠点としてリージョナル航空機を用いながらアフガニスタン、イラクを含む中東でサービスを提供している。パナマシティに拠点がある DHL ラテンアメリカンエアラインは、ボーイング 727 を用いて中央および南アメリカの多様な地域でサービスを提供している。

表 5.6　DHL の運航地域別航空会社（2009 年）

航空会社名	国	地域
アスターエアカーゴ社	米国	北米
DHL アエロエクスプレソ	パナマ	南米
DHL エア	英国	欧州
DHL デ・ガテマラ	グァテマラ	南米
DHL エクアドル	エクアドル	南米
DHL インターナショナル	米国	北米
DHL インターナショナルアヴィエーション ME	バーレーン	中東
ヨーロピアンエアトランスポート	ベルギー	欧州

出所：DHL ウェブサイト、2009 年 8 月 28 日。

　上記に加えて DHL が株式の 25％を所有するアスターエアカーゴ社は米国の国内および国際的にも運航している。しかし、2008 年 11 月、2009 年の始めから米国の国内エクスプレス市場から撤退することを発表した。ただし、米国との間の国際エクスプレス業務は持続されている。米国でのエクスプレス業務を再建するための総費用はおよそ 30 億ユーロであるとされている。

　DHL の中国への配送は DHL の香港のハブを利用して行なわれている。そこでは、2004 年、2,200 万個の配送がなされ、そのうち 60％以上はアジア内の配送である。2005 年、ハブでの配送は合計で 3,000 万個以上となっている。DHL はアジア内でのサービスを行うために香港に拠点をおくエア香港（DHL は 40％の株式を保有している）とのサービス協定を行なっている。

5.2.3　フェデラルエクスプレス（フェデックス）

　この会社は 1973 年 4 月に 14 機のダッソー・ファルコンを利用して米国の 25 の都市を結んで夜間運航を開始した。1977 年における米国の国内航空の規制緩和によって、フェデラルエクスプレスは大型機材を使った貨物機の運航が認められ、7 機の B727-100F を購入した。カリバーを買収し、トラック輸送、フォワーディング、その他のサービスを開始した 1998 年まではエクスプレス業務に集中した。

　この会社の設立者は、「ビジネスウイーク」（2004 年 11 月 20 日）のインタヴューで彼の成功物語にまつわる神話についての疑いを明らかにしている。第一に、ビジネスのアイデアは彼がイエール大学での卒業論文で書いた論文によるものであるが、海兵隊に所属した後にさらにアイデアを発展させた。第二に、彼が航空サービスのハブ＆スポークシステムを考えたのではない。それは

規制緩和によって可能になったもので、デルタ航空が始めたものである。

　フェデックス（後にそのように呼ばれるようになる）は、夜間の積み荷をハブ空港に運び、仕分けをし、ネットワークを利用して配送するシステムを開発したのである。ハブ空港への配送は小型（後に大型）航空機やトラックを利用した。ネットワークは徐々に広がり、1980年代にはアメリカの90の都市にまで拡大した。

　国際配送は1981年にメンフィスのハブとカナダの間で開始した。8年後、主要な貨物航空会社であるフライング・タイガーを買収し、さらに海外に展開するようになった。エバーグリーンのすべての貨物路線権を獲得し、中国へのサービスを開始するために、1995年、エバーグリーンの航空路線を買収した。同じ年に、フィリピンのスービック湾にある米国の空軍基地でアジアおよび太平洋におけるハブ化を開始した。フェデックスのインドでの運航計画は既に始めていたDHLの同じサービスに直接的に対応したものである（ブルーダート、デカン360を使用し、クイックジェットエアサービスを計画した）。これは14の主要都市で計画していたものである。北米を別にして、フェデックスのみがメキシコ、中国、英国の国内サービスを提供している。

　もともと、この会社は米国の郵便の独占規制から免除され、部品や文書類の輸送業務を始めた会社である。しかし、1978年の規制緩和によって状況が変化し、フェデックスは、手紙や文書の夜間配送を開始した。ザップメールファックス〈訳者：Zap Mail Fax コマーシャルベースで共同利用できるもの〉サービスが1983年に導入されたが、個人や会社のファックス機器の価格の急速な下落によって後に廃止された。当初は海運業で小荷物追跡用に導入された手で取り扱うバーコードスキャナー（スーパートラッカー）が1986年に導入された。

　2000年、フェデックス・エクスプレスは米国郵便公社と速達および優先扱いの郵便輸送について7年間の契約を行った。この契約は米国郵便公社の郵便局に集荷ポストをおくことを認めるもので、この契約は2013年11月まで延長された。

　フェデックス・エクプレスは2006年に英国のクーリエの会社であるANCホールディングを買収し、フェデックスのネットワークに35の分類施設を追加導入し、パリのハブを利用するよりも英国からニューアーク、メンフィス、インディアナポリスへの直行輸送を行った。1997年にはカリバーを買収し、

地上輸送にも大きな関心を持つようになった。最近では、2007年にハンガリーのフライングカーゴ、インドのパラカス航空貨物を買収した。

2009年5月末の機材数は654機であったが、DC10やA310といった燃費効率の良くない機材は処分された。2008年の景気後退のときには、新しいボーイング777貨物機の導入の延長を余儀なくされた。2010年以前に合意していたとして4機が導入されたが、当初2011年導入が計画されていた10機のうちの、たった4機である。残りの機材は2012年と2013年に導入された。フェデックスについては第12章のケーススタディでより詳細に検討する。

5.2.4　ユナイテッドパーセルサービス（UPS）

UPSは自ら世界最大の小口（パッケージ）配送企業であると述べている。従業員数は世界で426,000人（米国以外で約70,000人）であるが、これらの多くは全米トラック運転手組合に所属しており、この点がフェデックスとの大きな違いである。1907年にシアトルで民間メッセンジャーサービスとして設立されたが、「時間限定」の小口配送業務に拡大し、最近では主として米国国内でサプライチェーンや貨物ビジネスまで拡張している。国際的な拡大はカナダとドイツにハブをつくることで1970年代中期に始まったが、2008年までに200か国以上の国で小包を610万人の人々に配送した。地上では107,000台のトラック、航空機は570機（そのうち約300機は短期的なリースあるいは他の事業者のものを借用している）を使用している。自社の航空機を運航するための免許は1988年にFAAから取得している。その報告書によると以下の3つのセグメントに注目している。

・米国国内のパッケージ
・国際パッケージ
・サプライチェーンおよび貨物輸送

最初のものは、米国国内での手紙、文書類、小包等の配送である。この市場には強力な競争があるにもかかわらず、「ドル箱」とされていた。2番目のものは、同じタイプであるが米国以外に居住する荷受人に配送された。このセグメントには米国以外に居住する荷送人と荷受人が含まれる。第3番目のものは、ロジスティクスとフレイトフォワーダーとしての活動が含まれる。共に米国国内と国際を含む。後者のセグメントは、1990年代後半に追加されたもの

で、これまで以上に大きな貨物の輸送が含まれる。

　このビジネスの特徴はサプライチェーンの特徴が変化するとともに変化してきた。当初は、米国の事業者は米国国内でロジスティクスの支援を行い、ほとんどの移動はトラックサービスによって行われていた。グローバリゼーションと外注が徐々に進展することによって、米国の企業は、大企業であれ小企業であれ、世界経済に組み込まれ、船舶と飛行機の両方を使った国際的サービスが必要とされるようになってきた。国際的サービスのためにUPSエアラインが1985年に設立され、2001年にはフリッツ、2004年にはメンローを買収した。その結果、トラック輸送や海上輸送のフォワーディング能力が増大することになった。国際面での強化のために、英国のリンクスエクスプレスの買収（2005年）、既存のラテンアメリカのネットワークを持つ米国のチャレンジ・エアの買収（1999年）、さかのぼって1988年には、中国のシノトランスとのジョイントベンチャーを買収した。

　UPSは、他の主要なインテグレーターと同じように、ハブ＆スポークシステムを利用した。UPSの主要ハブは、ケンタッキーのルイビルのワールドポートにある。また、米国の地域ハブを利用してフィーダー輸送を行っている。具体的には、コロンビア（サウスカロライナ）、ダラスフォートワース（テキサス）、ハートフォード（コネチカット）、オンタリオ（カリフォルニア）、フィラデルフィア（ペンシルヴァニア）、ロックフォード（イリノイ）といった地域ハブである。

　国際ハブは、欧州向けとしてケルン（ドイツ）、カナダ向けとしてハミルトン（オンタリオ）、ラテンアメリカ、カリブ向けとしてマイアミ（フロリダ）に立地している。アジア地域のニーズに対応するためは単一のハブでは無理があり、上海（中国）、パンパンガ（フィリピン）、台北（台湾）、香港、シンガポールで運航が調整される。2010年に南中国の深圳国際空港に新しいハブの建設が計画された。これはフィリピンのハブに代わるものである。中国国内の配送は地域の航空会社を利用して行われる。例えば、最近設立された成都エアウエイズがある。この会社はエクスプレスおよびクーリエの会社が所有し、2機のB757Fが深圳を基地としている。2009年、UPSのアメリカ以外の最大の陸上の車両用ハブが英国のタムワースに設立された。

　UPSは、航空輸送の能力を強化するため、1999年、ラテンアメリカの運輸権を多く持つ米国の航空会社であるチャレンジ・エアを買収した。チャレン

ジ・エアの運航免許はセンチュリオンエアカーゴによって引き継がれ、DC10、後にはMD-11F貨物機で貨物輸送を行った。マイアミおよびラテンアメリカにあるチャレンジ・エアの貨物および地上ハンドリング施設は、地上および倉庫等の施設、情報システム等のリースなども含めて、取引に含まれた。結局、UPSは13か国17都市への航空会社の路線運航権を引き継いだ。ただし、チャレンジ・エアの機材であるDC10-40とボーイング757-200は取引に含まれなかった。UPSは2004年にメンローワールドフォワーディングを買収し、重量貨物も取り扱うようになった（それまでは従来のビジネスとの統合は困難であると思われていた）。そして、2005年、北米の「翌日配達」を行う陸上貨物サービスも取扱うようになった。

表5.7はUPSが設立した主要ハブ空港のリストであり、最近のものとしては2009年に設立された上海の浦東空港がある。UPSの主要なハブは米国のケンタッキーのルイビル空港にある。網掛けの部分は他の北米のハブであり、その他は欧州アジアのハブである。

1999年、UPSは初めて10％の株式を一般に売却した。それまでは従業員が完全に保有していた。従業員はUPSのクラスAという株式を保有し続けることができ、所有者は株式当たり10票の投票権が与えられる。そして新しく発行されたクラスBは株式当たり1票の投票権が与えられる。クラスBの株式はニューヨーク株式取引所に上場され、クラスAはクラスBの株式に完全に

表5.7　UPS米国と国際ハブ空港（2009年）

	規　　模 （平方フィート、100万）	パッケージ/時間 （千）	イン/アウトバウンド 貨物/日	駐機場
ルイビル、KY	5,200	350	253	117
フィラデルフィア、PA	681	80	58	26
オンタリオ、CA	502	36	45	22
ダラス、TX	323	46	45	17
ロックフォード、IL	586	121	40	40
コロンビア、SC	281	41	40	14
ハートフォード、CT	227	20	6	4
マイアミ、FL	36	7	29	9
ハミルトン、カナダ	31	6	24	n/a
ケルン、ドイツ	323	110	76	64
パンパンガ、フィリピン	64	8	17	n/a
香港	44	5	8	n/a
上海、中国	1,000	17	14	n/a

5.2.5 T N T

　TNT は 1946 年にオーストラリアでケン・トーマスによって設立された。1 台のトラックを使った彼の会社は、トーマスネーションワイドトランスポートと名付けられた。そのため今日では TNT と呼ばれる。その後、主として他の会社の買収によって拡大し、グローバルなロジスティクスおよび輸送会社に成長した。航空機は自己所有である。機材の自己所有への関心は、現在国際的なメディアの会社であるニュースコーポレーションとともに、オーストラリアの航空機のリース会社でありジョイントベンチャーでもあるアンセットワールドアヴィエーションサービス（AWAS）にさかのぼることができる。AWAS はオーストラリアの国内航空会社でブリティシュ・アエロスペースに 146 機の注文をし、第三者にリースすることを望んでいた。このことが、1987 年に TNT の欧州の航空ネットワークを形成する上で役に立ち、少なくとも欧州で完全なインテグレーターとなることの要因となった。

　TNT は後の AWAS の投資の 50％を保有しておらず、2000 年にモルガンスタンレーに売却した[1]。

　国際的な拡大はインドのスピードエイジ（2006）、中国の華宇（2007）、ブラジルのマーキュリオ（2007）を買収することで促進された。

　TNT は 1996 年にオランダの PTT（郵便事業者）によって円満に買収された。オランダ政府は国営郵便事業者の株式を二段階で売却し、1995 年までに多くの場合欧州内ではあるが、小さなエクスプレスや郵便会社を買収し続けたのである。そして、その企業名（TPG）を 2005 年に強力な国際的ブランドを持つ TNT に変更した。現在、TNT は民間の会社であり、無記名株式の 43％は米国人、25％は英国人によって所有されている。そして 5％のみがオランダ人によって所有されている。

　TNT は 2 つの主要部分に分割されている。すなわち、エクスプレスと郵便である。TNT のエクスプレス部門はグループのフルタイム従業員の 62％を雇用し、60％の売り上げを示している。この部門の半分以上の従業員が欧州で働いているが、オランダはわずか 4％である（郵便部門では従業員の 69％）。エ

---

[1] モルガンスタンレーは、その後、2006 年に AWAS を民間株式会社であるテラファーマに売却した。そのときまでに 300 機以上の機材を所有し管理していた。

クスプレスは2008年に23億個の貨物あるいは745万トン（貨物1個当たり平均32キロ）の貨物を輸送した。

　航空輸送部門は100％子会社によって運航されており、それはリエージュ（ベルギー）に拠点をおくTNTエアウエイズとスペインのパンエアである。2008年、TNTエクスプレスは46機の航空機（そのうち7機はチャーター）を利用し、26,610台の陸上車両を利用している。これらは2004年に設立されたリエージュ空港の国際ハブ、ヴィースバーデン（ドイツ）およびブリュッセル（ベルギー）の配送センターおよび道路（陸上）ハブ、オランダのアルンヘム国際道路（陸上）ハブを経由して運航されている。所有機材は、12機のBAe-146、10機のB737-300F、2機のB757-200SF、1機のB747-ERP、4機のA300B4-600Fである。追加の機材は他の事業者からのウエットリースまたはチャーターである。例えば、2009年末のエアアトランタアイスランディックとのA300-600F2機の契約である。パンエアは6機のBAe-146を運航している。

　2009年9月、リエージュのハブから香港までB747-400貨物機を使用し、週3便の新しいサービスを開始した。これはすでにあるシンガポール経由の上海の浦東までの運航を補完するものである。欧州ではアムステルダム、フランクフルト、スウエーデンのイエーデボリ、スペインのサラゴサ、中東ではドバイまで運航した。

　2006年、TNTは主要民間株式会社であるアポロマネジメントの系列会社にロジスティクス部門を売却した。これは、他の主要なインテグレーターがこうしたサービスに関心を持ち始めていただけに驚くべきことであった。しかし、TNTはビジネスのコアである配送ネットワークの業務に専念することを決定したのである。また、2006年、他の国の多くの企業との提携を補完するために中国やインドの国内エクスプレス会社の買収を行った。

5.3　郵便事業者

　英国では多様な配送条件やサービス上の理由でロイヤルメール（英国郵政）が英国国内における手紙や小包の配送の免許を保有している。ロイヤルメールグループには郵便事業者とパーセルフォースがあるが、共にメールサービスとは全く無関係である。

　EU全体でみると、郵便（ポスタル）サービスは年間1,350億個を扱い、約

900億ユーロの売上となっている。そのうちの3分の2はメールサービスによるものである。残りは、既に競争状態にある小口配送とエクスプレスサービスからのものである。

エクスプレスメールサービス（EMS）は、国際郵便組合（UPS）の郵便部門が行う国際エクスプレス郵便サービスである。現在、EMSは、191のUPSメンバー国の郵便当局とそれらに組み込まれている通常の郵便サービス部門の合計153部門によって行われている。ある独立調査機関は、国際的なEMS事業者の年間業績を調査し、金、銀、銅の表彰状を与えている。

米国郵便サービス（USPS）は、米国の国内に関してはエクスプレスメール、国際エクスプレスメールについては2つのカテゴリーのEMSがある。1つは単にエクスプレスメールインターナショナルと呼ばれ、もう1つはグローバルエクスプレスギャランテード（GXG）と呼ばれる。この2つのUSPSインターナショナルメールは、米国国内の速達郵便（特別メール）であるエクスプレスメールと混同されやすい。この国内の特別配達サービスは、もともと、1885年に導入され、料金は10米セントで、特別配達のスタンプが押印されていた。この特別配達は1970年に試験業務を開始した後に1977年に導入されたエクスプレルメールに改変された。

郵便事業者は、通常、コンビネーションキャリア（多様な目的地を持ち、メールのための十分な容量のロワーデッキを持つ）の定期サービスで国際メールを送る。彼らは、しばしば、国内メールを分類するための事務所にメールを送るため航空機をチャーターする。郵便当局が航空会社を所有していることもある。例えば、フランスの航空会社であるラポステ・エールポステは、郵便輸送のために国内およびEU間でB737-300クイックチェンジ航空機を使用した。この会社は2008年にアイルランドに登録しているエアコントラクターによって買収された。その目的は、夜間にメールの輸送を行い、昼間に欧州の旅客を輸送するというものであった。

5.4 フレイトフォワーダーと混載事業者

フレイトフォワーダーは輸入業者と輸出業者や財の出荷に関わるその他の企業のための中間業者であり、安全・効率を考慮し、費用効果的な財の輸送方法を組織化する。フレイトフォワーダーは、船舶、航空機、道路、鉄道サービスを利用した最適輸送手段を考える。財の種類によっては、フレイトフォワー

ダー自身が、顧客の配送上の要請に従って、サービスを提供することがある。フォワーダーは規模とタイプがきわめて多様であり、国内サービスおよび国際サービスから、小さいけれども特別な財貨を扱う洗練された企業あるいは地域的に限定された企業まで多様である。しかし、国際市場はドイツポストDHL、DBシェンカー、キューネ・アンド・ナーゲルといった大きなグローバル企業によって支配されている。

図5.2は、2003年から2008年までの世界のフレイトフォワーダーの市場の展開を示したものである。この期間の成長は平均10.6％であるが、2008年から2012年までであるとわずか1.9％程度であろうとされた（2008/2009年の景気の後退を考慮する必要がある）。

マージ・グローバルは、フレイトフォワーダーは、4大インテグレーターによって輸送されたエクスプレスパーセル市場を除くと、2007年の航空貨物の価値の85％に相当すると推計している（Merge Global, 2008）。それらは、レスザンコンテナロード（LCL）の海上貨物の価値の74％を占めるが、フルコンテナロード（FCL）の海上貨物の34％にすぎない。それぞれの残りは航空または海上輸送によって輸送された。航空およびLCLの比率が高い混載業務における彼らの役割によるものである。

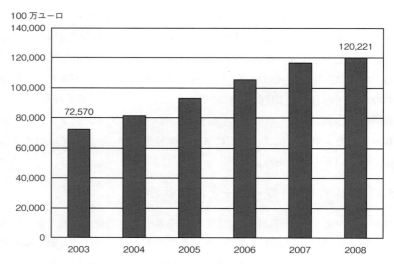

図5.2　グローバルフレイトフォワーダー部門の市場規模（2003−2008年）
　出所：Transport Intelligence in Logistics Management, November 2009.

2008年の世界の航空フレイトフォワーダー市場は1,900万トン（輸出のみ）で、海上貨物輸送は3,170万TEUとなっている。最大の航空貨物事業者はDHL、DBシェンカー、パナルピナであるが、DHL、キューネ・アンド・ナーゲル、DBシェンカーは海上輸送でトップ3を占めている。2008年の契約ロジスティクスは、1470億ユーロで、トップ3のプレイヤーはDHL（8.5%）、CEVA（2.4%）、キューネ・アンド・ナーゲル（2.1%）である。

表5.8 トップ10のフォワーダーの国際貨物取扱額（価格）のシェア（2008年）

フォワーダー	%
DHL：グローバルフォワーディング	8.8
キューネ・アンド・ナーゲル：海上および航空貨物	7.6
DBシェンカー：航空／海上貨物	5.8
パナルピナ：航空／海上貨物	4.2
エクスペディターズ	3.3
シノトランス：フレイトフォワーディング	2.8
アジィリィティ：フレイトフォワーディング	2.5
UPS SCS：フォワーディングサービス	2.4
CEVA：フレイトマネジメント	2.4
DVS：航空／海上貨物	2.1
その他	58.1
合計	100.0

出所：Transport Intelligence in Logistics Management, November 2009.

LHカーゴの貨物輸送量の95%は、シェンカー、キューネ・アンド・ナーゲル、ダンザス、マースクといった巨大フレイトフォワーダーの会社のものである（Hellermann, 2002）。トップ4のフレイトフォワーダーについては後に詳細に述べるが、これらのうち3つはスイスに拠点があることに注意しなくてはならない。

表5.8は、トップ10のフォワーダーをフォワーダービジネスの国際貨物取扱額によってランク付けしたものである。DHLやDBシェンカーは、巨大グループに含まれる。しかし、フォワーダーとしての業務が含まれているだけである。2008年のトップ10のフォワーダーとしての収入は、全体の40%で、近年著しく増大している。しかし、1つの国に多数の小さなフォワーダーが存在するし、特別な貨物に特化しているフォワーダーも存在する。最大の会社については後に詳細に述べることにする。

5.4.1 DHL：グローバルフォワーディング

DHLグローバルフォワーディングは、もともとそれまでフォワーダーとしての業務を行っていたドイツポストDHLの一部門で、さらに、2つのビジネ

ス部門に分かれている。すなわち、グローバルフォワーディングとグローバル貨物である。共に DHL のブランドのもとに業務を行っている。他の２つの部門として、DHL エクスプレス（5.2.2 節を参照）と DHL サプライチェーンがある。グローバルフォワーディングは航空および海上貨物輸送サービスを購入する。航空および海上貨物輸送は路線（例えば大西洋）によっては DHL の航空機を利用するが、多くの場合は外部の会社に委託する。グローバル貨物は欧州のトラック輸送サービスを扱うが、グローバルメールについてはドイツポスタルサービス（ホールディングカンパニーの別の部門）が扱う。エクスプレス部門は、インテグレーターの活動を扱っている。サプライチェーンは多国籍をまたがるロジスティクスを扱っている。これらの部門の最終的なホールディングカンパニーであるドイツポスト DHL は、ドイツ政府が株式の大部分を所有しているのではない。2010 年２月、株式の 63％を機関・団体、7％を民間人が所有し、そして、30％をドイツの開発銀行を通じてドイツ政府が所有している。

　2009 年、グローバルフォワーディング部門は、108 億 7,000 万ユーロの売上を計上している。これはグループの収入である 540 億ユーロの 20％で、他の大きなフォワーダーに比較しても最大である。また、2009 年のグループ全体の従業員は 40 万人を超えるが、グローバルフォワーディング部門の従業員はその 9％にすぎない。従業員のほとんどは、ポストおよびサプライチェーンで雇用されている。グローバルフォワーディング部門は、世界の航空および海上貨物輸送のマーケットリーダーであるが、欧州のトラック市場ではシェンカーに次いで第２位である。2009 年の航空貨物はフォワーダーとしての収入の 50％を占めるが、海上貨物は収入の 31％にすぎない。貨物取扱量は 373 万 4,000 トンであるが、前年に比べて 13％減少しており、収入では 28％の減少である。海上輸送は 261 万 3,000TEU である[2]。これは 2008 年に比較してわずか 9％の減少である。

5.4.2　キューネ・アンド・ナーゲル

　スイスを拠点とするキューネ・アンド・ナーゲルの戦略は、統合ロジスティ

---

[2] TEU は「Twenty foot Equivalent Unit」の略語である。これはコンテナ輸送の容量を示すために利用される。この 20 フィートコンテナの寸法は 20 フィート×8 フィート×8.5 フィートで 1,360 立法フィートである。重量または嵩を正確に示すものはない。しかし、およそのガイドとしては最大総重量（24 トン）または容器のネットの重量（21.6 トン）である。

クス、グローバルな拡大、欧州での陸上輸送におけるより強力な存在になることである。エクスプレス事業は 1997 年から 2009 年にかけて出荷の 5％から 16％へと拡大した。これは、距離にもよるが 2～3 日以内の配送、800 キロ以内であれば次の日の配送を「約束」している。航空貨物は 1 週間当たり平均して約 14,400 トン、あるいは 45,000 個の出荷（平均出荷重量は 320 kg）となっている。それは、いろいろな航空会社を利用しているが、特にルフトハンザ、カーゴルックス、エミレイツ航空を利用している。海上輸送では、ハパックロイド、OCL、マースクを利用している。

2009 年の海上貨物取扱量は 254 万 6,000TEU で、2008 年に比べて 5％の減少にすぎない。しかし、航空貨物取扱量は 75 万 8,000 トンで、9％の減少となっている。売上高は海上貨物で 26％、航空貨物で 25％の減少となっている。総収入の中で航空輸送のシェアはほぼ維持されている。航空貨物は 2009 年の売上高の 16％にすぎないが、海上貨物は 44％、契約ロジスティクスは 25％となっている。

5.4.3　DB シェンカー

DB シェンカーは、2002 年にドイツの鉄道事業者ドイツバーンがグローバルフォワーダーであるシェンカーを買収することで生まれた。世界の最大ロジスティクス会社になるために、2006 年、売上高が 20 億米ドルを計上する北米のフォワーダーであるバックスグローバルを買収した。グループはドイツ連邦政府によって 100％所有されている。条件が整えば民営化される予定であったが、この計画は 2009 年の国際的な銀行危機によって延期された。グループ全体の売り上げは 2009 年で 150 億ユーロである。

DB シェンカーのビジネスは、航空、海上、陸上、ロジスティクスを含み 2009 年の輸送量は航空貨物では 103 万 2,000 トン、海上貨物では 142 万 4,000TEU で、それぞれ 2008 年に比較すると 16％および 2％の減少である。フォワーダーとしての部門は、欧州内の陸上で 7,000 万個の出荷を扱っている。2009 年の DB シェンカーのロジスティクスの収入は 113 億ユーロで、グループ全体の 293 億ユーロの 39％である。グループは特に欧州においてこのように巨大であるが、ドイツポスト DHL の半分の規模にすぎない。

5.4.4 パナルピナ

また別の主要なスイスのフォワーダーであるパナルピナは、サプライチェーンマネジメントだけでなく、航空、海上貨物を扱っている。それは主として以下のようなものをターゲットとしている。

- 自動車
- 健康医療分野／医薬品等
- 小売り／ファッション
- ハイテク
- 通信
- 石油とガス（ロジスティクス）

2009年の取扱量は航空貨物で731,000トン、海上貨物で110万3,000TEUである。2009年の航空貨物のトン数は19％の減少であるが、海上貨物は14％の減少にすぎず、海上貨物へのモーダル・シフトの傾向が伺える。パナルピナは、最大の海上および航空貨物の事業者であり、アジアから欧州、北米への複合輸送を行なっている（2.6節を参照）。2009年の航空貨物のフォワーダーとしてのネットの収入は、27億11,400万CHF（スイスフラン）（25億200万米ドル）で、2008年の59億5800万CHF（54億9,300万米ドル）に比較して33％の減少である。ネットの収入とは関税、税金を控除した後の収入である。2009年の全体のネットの収入のうち航空貨物は45％、海上輸送は40％、サプライチェーンは15％である。航空貨物の粗利潤率は海上貨物の19％、サプライチェーンマネジメントの40％に比べて21％である。労働コストは粗利潤の64％である。粗利潤とは、ネットの収入と輸送サービスの購入費用との差であり、相対的に労働集約的ビジネスであることがわかる。

歴史的に、パナルピナは、必要とされる総航空輸送キャパシティのおよそ70％を資金的にリスクがない短期での利用契約を行なっている。輸送力の約25％は資金的リスクの少ない中期的な契約（6か月までの前金）である。航空輸送キャパシティの残りの5％は長期の契約（6か月以上）であり、資金的リスクは費用のかからない輸送キャパシティを使用する場合に比べてかなり大きい。2009年の当初は経済が不安定であることから航空輸送キャパシティの早期委託の比率はかなり低下している。

2009年、パナルピナは、アトラス航空とチャーター契約の更新を行なった。

その目的は、B747-400F を利用して英国のプレストウイックを中間ストップ地点としてメキシコ経由でルクセンブルグと米国のハンツヴィル（アラバマ）の間を毎週サービス行なうためである。またそれは、石油とガスビジネスにとって重要な西アフリカとの接続にとっても重要である。

5.4.5　エクスペディターズ

エクスペディターズは米国に拠点を置くグローバルなロジスティクスの会社である。その業務は航空、海上を利用した貨物のフォワーディング、混載事業者、通関手続きである。航空機や船舶の所有・運航はせず、クーリエ、小口ビジネスとは競争していない。2009 年の売り上げは、14 億米ドルで、そのうち、航空貨物が35％、海上貨物・通関手数料・その他のサービスが24％となっている。2009 年までの 3 年間の航空貨物のシェアはあまり変化しておらず、その間の収入に対するネットの利益率は 18％である。それはきわめて労働集約的な事業であり、労働コストは総運営費用の 80％弱である。顧客は小売り部門やジャスト・イン・タイムを必要とする製造業者などである。

5.4.6　その他のフォワーダー

多くのフォワーダーが存在するが、本国内では強力でも国際的な展開は十分ではないフォワーダーも多い。その一つが、船会社のシノトランス（中国）である。この会社は、1999 年 10 月に設立されたフォワーダーであるシノトランス航空輸送開発株式会社を所有している（株式の大部分を保有）。そして、2000 年 12 月上海株式取引所に上場することができた。それは、巨大で迅速に成長している国内市場とグローバルな会社（例えば、エクスプレス部門のDHL、グランドスターの大韓航空、中国カーゴエアライン等）とのジョイントベンチャーを持っている（第 4 章を参照）。

その主要ビジネスは、国際航空貨物のフォワーディング、航空エクスプレス、国内貨物、ロジスティクスである。2009 年の航空貨物の取扱量は約 224,700 トンであるが、そのうちの約 135,000 トンは輸入されたものである。

日本通運は、歴史の古い輸送およびロジスティクスの会社である。国内で強力な位置を占めるだけでなく、国際的にも活躍し、50 以上の子会社をもっている。日通グループは、世界で 2 番目に巨大な国際航空貨物フォワーダーであるが、過去にもそうであったように航空貨物のフォワーダー部門だけでは高い

ランクにはならない。2009年、グループの売り上げは186億1,900万米ドルであるが、航空貨物のフォワーダー部門の売り上げは14億9,000万米ドルにすぎない。

　他の巨大な日本のフォワーダーは近鉄ワールドエクスプレス（KWE）である。この会社の起源は近畿日本鉄道会社であり、60年以上も前に国際貨物ビジネスに進出している。現在では航空貨物に特化しており、2009年の収入は総収入26億5,600万米ドルの69％である。海上貨物は20％にすぎない。

　以上から、少なくとも比較的大きなフォワーダーは相対的に収益を上げているが、海上輸送よりも航空貨物部門が多くの収益を上げている。輸送手段を持たないために資本収益率は良好である。従業員の費用は総費用の中で高い比率となっている。そしてITシステムや輸送サービスの委託費用といった費用は、景気の状態が良くなくてもあまり変動していない。しかも、2008/2009年において航空会社、船会社が賃率を30％も低下させたことから出荷費用が低下した。このことは、フォワーダーは貨物航空会社よりもより高い、あるいはより安定した資本収益率を示していることを意味している。過去20年間は、フォワーダーが小さな事業者を合併・買収し、トータルサプライチェーンの一部あるいはロジスティクスグループになることで、統合の時代であったといえる。このことは多国籍企業と取引するときに有利に働いた。小さな地方のフォワーダーについては、特に政府の規制によって競争上有利な状態におかれたときに存続しうる。そして地方における彼らの知識は有利な状態を作り出すために有益となる。また、彼らは輸出業者により良いサービスを提供するために他国の小さな企業との連携を模索してきた。

5.5　海運事業者

　海運事業者は航空輸送と競争しているが、海運と航空を利用した出荷においては彼らの役割は補完的である。関連する業者はコンテナ船の運航業者であり、2010年1月、トップ10の事業者が供給されたTEUの52％を支配している。オランダのマースクラインは200万TEUの船舶規模で最大である。次に、MSC（英国）が150万、CMB-CGM（フランス）が100万である。次に大きいのは台湾のエバーグリーンで、559,000TEU、次にシンガポールのネプチューンオリエントライン／APL、ハパックロイド（ドイツ）、COSCO（中国）およびチャイナシッピング（中国海運集団）である。

欧州の2つの大きな会社であるマースクとハパックロイドは、これまで旅客チャーター航空会社を保有していたが、旅客チャーター航空会社は収益がなく、売却された。10番目に大きい日本の日本郵船は日本貨物航空の経営参加に関心を持っている（第12章、第2節参照）。エバーグリーンの親会社は台湾の航空会社で、大きな貨物航空会社あるEVA航空を所有している。

　北米の海上輸送の事例は、ハパックロイドのアントワープとニューヨークの間のシャトル輸送を行なっているハパックロイド・アトランティックエクスプレスシャトルである。「エクスプレス」という言葉は相対的なもので、輸送には9日間かかる。しかし、積載量は2,200TEUあるいは約30,000トンである。

　2009年、太平洋の東方面への海上貨物の賃率は17％の低下であったが、極東から欧州方面では32％の低下であった。こうした動きは航空貨物の場合と同様である。2009年のクラークソン・コンテナ船用船指数（Clarkson Containership Timecharter Rate）は、最低レベルを示した。上海は香港を超え、シンガポールに次いで2番目のコンテナ港となった。欧州（アントワープ）と北米（ロサンゼルス）で最大の港は、アジアの中心的な港からすると3番目の取扱量である。

Column 4

インテグレーターの躍進とグローバルフォワーダーの合従連衡

　インテグレーターのハブ基地の拡大や拠点強化、巨大なネットワークシステム構築のための膨大な投資による熾烈な競争が近年、顕著である。最近では、フェデックスが欧州でのネットワークを強化するためにTNTを買収する動きが出ており、インテグレーターはフェデックス、UPS、DHLの3大インテグレーターによる市場寡占が進む可能性が窺える。各社共に北米、アジア、欧州に巨大なハブ基地を有し、航空機によるネットワークとトラックなどの陸上輸送網を充実化させ、また、スモールパッケージのみならず、フォワーディング業界へも進出し、各地域でフォワーダーを買収することにより一気通貫のサービスを整え、同時に、サプライ・チェーンのサービスなど、多機能化を実現している。グローバルフォワーダーの吸収・合併による合従

連衡が進み大手フォワーダーの再編と寡占化も進んでいる。CASS が発行した 2013 年の主要フォワーダーの航空貨物取扱重量ランキングでは上位 3 社は欧州系が占めているが、10 位までには 6 位に日本通運、8 位に近鉄エキスプレス、9 位に郵船ロジステックスがランクインし、日系フォワーダーが健闘している。フォワーダーは航空会社と比べて、収益率が比較的安定の業界であることが窺える。

（NCA／本間啓之の「航空保安協会」での報告資料による。）

インテグレーターの躍進

インテグレーター：競争相手でもある顧客
世界規模のエクスプレス業者がフォワーディング業界へも進出
フォワーダーを吸収合併することで多機能化

インテグレーター	機材数*	輸送トンキロ（国内・国際）単位：百万トンキロ	主要ハブ空港		
			北　米	欧　州	アジア
フェデックス	339	16,127	メンフィス（米国）	パリ（フランス）	広州（中国）上海（中国）
UPS	237	10,584	ルイビル（米国）	ケルン（ドイツ）	上海（中国）深セン（中国）香港
DHL	32**	-	シンシナティ（米国）	ライプチヒ（ドイツ）	上海（中国）香港
TNT	21	-	-	リエージュ（ベルギー）	上海（中国）

*2015 年現在、各社が直接運用する機材　　　　　　　　　　　　出所：各社ホームページ
**上記以外に他航空会社に DHL 専用機として運航を委託している機材が多数あり
・国境を越えた分単位での熾烈なサービス競争
・巨大なネットワークシステム構築のために膨大な投資が必要

欧州系を中心にフォワーダーの再編、寡占化が進む
Top10 に日系フォワーダー大手 3 社がランクイン

主要フォワーダー売上高ランキング（2013 年）

順位	フォワーダー	航空貨物取扱重量（トン）*	特徴
1	DHL サプライチェーン・アンド・グローバル・フォワーディング	830,506	ドイツ郵便グループ
2	DB シェンカーロジスティクス	575,462	ドイツ鉄道グループ
3	キューネ・アンド・ナーゲル	500,105	スイス籍、海上貨物にも強み
4	パナルピナ	403,678	スイス籍、日本郵船 G とも提携
5	エクスペディターズ	375,625	米籍、自社成長重視・M＆A は消極的
6	日本通運	340,530	総合物流で日本国内最大手
7	UPS サプライチェーンソリューション	281,512	米籍、UPS グループ
8	近鉄エクスプレス	229,698	近鉄グループ
9	郵船ロジスティクス	181,176	日本郵船グループ
10	CEVA ロジスティクス	167,495	米 EGL、欧 TNT との合併

出所：CASS

第6章 航空貨物会社のアライアンスと合併

この章では、フォワーダーとインテグレーターを除いた、航空会社間で締結されたアライアンスと合併に広く焦点を当てていきたい。旅客事業における航空会社の合併は外国資本による所有権の制限と航空権益の混乱や疑義を避けるために同一国内に限定されている。そのため、アライアンスは航空会社間合併の代替手段と考えられている。アライアンスによって、相手国側の経営支配権や所有権には手を付けずに、複数国間の航空会社合併と同様のメリット内のいくつかを得ることができた。ただし、そのアライアンスが市場競争を阻害しないかどうか、競争法当局の監視を受けることが条件となる。2005年、GronlundとSkoogは、航空貨物アライアンスで合併に必要なコストと統合によるメリットをどう考えるかを論じた。しかしながら、仮に競争法当局による制限が限定的であったとしても航空会社がDoor to Door市場において、アライアンスにより、どのようにポジションを強くすることができるのか評価することは難しい。

企業合併以外でも、戦略的アライアンスによって、航空会社間の協業は大きく発展してきた。現在、世界中の多くの航空会社が3大アライアンスのメンバーとなっている。しかしながら、それらのアライアンスは旅客事業の増収と費用削減を主眼に立案されており、必ずしもアライアンスメンバーの貨物子会社や貨物部門にとっての最適な方法ではない。

最初に、それらアライアンスとその中での貨物の役割について、それに続いて、全面合併によるさらなるメリットについて述べていきたい。

いくつかのアライアンスでは、両社間で少数株式の交換をし、関係を強化している。また、航空会社間の様々なアライアンスや共同事業の際には、一方のみが少数株式を保有する形態もあり、その両方に関してもこの後に述べたい。フォワーダー、インテグレーターや郵便事業者を巻き込んだ合弁会社設立を含むアライアンスや共同事業については5章に述べられている。

6.1 航空貨物会社のアライアンス

市場へのアクセス、所有権そして支配権への規制は戦略的アライアンスの形成を後押してきた。各国の利害を守ることを目的とした様々な法令は、ある国

籍下で所有され運航されている航空会社を、当該国外もしくはその国の属する経済圏外から支配することを、実質的に不可能にしている。その結果、海外展開の強化や収入拡大、費用削減そして顧客利便性向上を目的として、いくつかのアライアンス群が数年の間に生まれた。

多くの航空会社間契約やアライアンスはあるが、それら多くは3つに分類できる。

- コマーシャルアライアンス：路線単位での限定的な販売契約が一般的。限定した路線での共同運航やブロックスペース契約、共同事業便（後述）も含む。
- 戦略的アライアンス：航空会社ネットワーク全般にわたり、広範なコードシェアや販売契約を含む。
- 資本的パートナーシップ：相互の株式購入を通した投資を含むパートナーシップ。

アライアンスが航空会社、顧客へもたらすメリットの大きさはアライアンスの形態、そしてアライアンスメンバー間でビジネス統合をどこまで深化できるかによって左右される。より広く、深く、そして高度な協業によってアライアンスのメリットはより明確となる。増収を目的とした協調は同時にコスト削減も可能にする。もし、パートナー航空会社がより適した機材、例えば、B747-400型貨物機を保有していたなら、貨物機による共同事業は顕著なコスト削減が可能となるであろう。航空会社間の主なコマーシャル・アグリーメントの種類については、以下に述べる。

プロレート・アグリーメント

プロレート・アグリーメントは複数の航空会社により、複数区間を輸送して生み出した収入の分配方法である。（マルチラテラル・プロレーションは2社以上）収入は運航した航空会社間で分配される、一般的に各航空会社の収入割合は45kg以下の貨物に適用される一般貨物運賃（GCR）をベースにして、それぞれ区間のレートを合算し、運航した区間の運賃按分によって算定される。スペシャル・プロレーションは異なる配分方法、例えば、大圏距離が用いて行われる。

コードシェア

コードシェアは他航空会社が実運航する便に自社便名を付与することをいう。実運航しない航空会社であっても、あたかも自社システム内に自社運航便があるかのようにサービスを販売できることを意味する。これは特定の路線のみであり、戦略的アライアンスの一部ではない。スペースを販売する航空会社は実運航会社にネットレートかコミッションベースでスペース料金を支払う。これは、ある国の航空会社がサービスを提供でき、かつ相手国航空会社も運航するには経済的でない場合に用いられる。例えば、大韓航空が欧州のある国に貨物便サービスを設定すれば、相手国企業は自身で実運航することなくコードシェアをすることができるだろう。このようにして、実際に便を運航することなく、第3、第4の自由を行使することが可能となる。旅客アライアンスではメンバー航空会社の第3、第4の自由を行使したサービスが以遠接続サービスに使われることが多々あり、コードシェア区間が第5権益となりえる場合もある。ただし、この手法は航空権益を必要としないロードフィーダー・サービスが使えるため、航空貨物においては一般的ではない。

ブロックスペース・アグリーメント

ブロックスペース・アグリーメントはあらかじめ合意した他航空会社のキャパシティやスペースを購入することであり、これにはコードシェアも含まれる。契約形態としてはハードブロック（購入する航空会社は実際に販売したか否かを問わず、スペース料金を支払わなければならないもの）とソフトブロック（購入する航空会社が実際に販売した場合のみ支払うもの）がある。この例として、日本航空（JL）の東京－ロンドン・ヒースロー間の貨物便でブリティッシュ・エアウエイズ（BA）は50％のキャパシティを購入して自社便名で販売していた。この契約はBAにとっては適切なものであった。なぜならば、過剰な貨物便キャパシティを持たずに済み、かつ、価値あるロンドン・ヒースロー空港での発着枠は旅客便に使うことが望ましかったからである。

キャパシティ・スワップ

キャパシティ・スワップはブロックスペース・アグリーメントの類似形であるが、原則、相互に同等スペースを提供し、それぞれの航空会社が相手便にスペースを持つ。中国国際航空と中国南方航空が2010年に締結した戦略的パー

トナーシップには、スペシャルカーゴプロレートに加えて、そのような交換スキームが含まれていた。

ジョイントベンチャー

ジョイントベンチャー（JV）・アグリーメントは1960年代から70年代にかけて一般的であったいわゆるプール協定の類似形である。いくつかの便を"プールして"JVに含めることができる。両社は契約に含まれるすべての便を販売し、精算期間終了時に、便収入とコストがあらかじめ合意された契約内容に基づき2社で配分される。スケジュールや料金・レートは共同で協議される、そのためJVには両国の競争法当局からの認可が必要となる。今日、JVは独禁法適用除外を必要とする戦略的アライアンスのひとつとなっている。

コマーシャル・アグリーメント、もしくはアライアンスの目的は短中期間での収入増大と運航コスト削減、すなわち、収益の拡大を目的にしている。それらについて順番に記す。

収入強化

当初の航空会社アライアンスは以下の点を通して輸送量、ロードファクターの向上、続いて、収入を増やすことに焦点が当てられた。

・より多くの仕向地へのアクセスを増やす、特定の仕向地においてはその地点へアクセスする唯一の手段であった。（例えば、ゲートウェイ以遠の北米地点）
・（小さな航空会社の便名に、より大きな航空会社が便名を付与する）コードシェアを行うことで最低限の資本投下で小規模マーケットでのプレゼンスを確立する。例えば、ネットワークキャリアとその子会社間のコードシェア契約。
・発着枠が制限された空港へのアクセス。
・最低限の接続回数でコーディネートされたフィーダー輸送の確保。
・メンバーのハブ空港間での価格リーダーシップを確保。
・コードシェア契約等を反映したプライオリティを含む、より良い予約システム表示。

6.1 航空貨物会社のアライアンス

アライアンスによる収入拡大のメリットはメンバー間でのオペレーション統合の深化度合いと関連性が高い。グローバルアライアンスメンバーの航空会社はより良い輸送力の供給、スケジュールとネットワークの合理化、ハブ空港での乗り継ぎ最適化とコードシェアを通じて、収入改善のやりくりをして来たことが、多くのプレスリリースや記事からわかる。アライアンスによるいわゆる"シームレスな旅行"の提供はアライアンスメンバーによる事業拡大に好影響を与えるであろう、旅客のブランドロイヤリティを高めていると考えられる。ターゲットを絞ったプロモーション料金や賃率のような共同販売プログラムは潜在的なアライアンスサービスの魅力を増すことができる。しかしながら、それらの多くは貨物市場に適用することは難しい。

アライアンスによる増収のレポートは慎重に取り扱う必要がある。なぜならば、コードシェアがなかった、若しくは他のアライアンス契約があった際に、どのような収入となったかを知ることはとても困難であるからだ。得てして、それらの想定はすばらしくまとめられる。：ユナイテッド航空の 1996 年のレポートではアライアンスメンバー、ルフトハンザ航空を通じて 1 億ドルの収入を生み出したとしている。エアカナダのレポートではスターアライアンスメンバーがエアカナダとの繋がりで年間 3 億ドル増収したと[1]。2000 年 1 月に発行された Airline Business and Gemini Consulting の研究では（正確な予想ではないが）大規模航空会社アライアンスは年間 1 億から 2 億ドルの増収、年間 70 億ドルの取引高、収入で 1.4%から 2.8%の増大を予測している。

コスト削減

アライアンスの当初の焦点は収入を生み出す施策に焦点が置かれるものの、コスト削減戦略に向けても動き出した。以下の点を通して、規模と範囲の経済を通じたコスト削減を実現できる。

- 営業・販売・総務分野での重複削減。これは共有する地区での人員削減と重複した役割の廃止に繋がり、合弁なくして実現は不可能。
- ネットワークとサービスの合理化でもコスト削減が可能であろう。例として、ブリティッシュ・エアウエイズとカンタス航空のアライアンスがあ

---

[1] *British Airways News*, October 1999.

る。ブリティッシュ・エアウエイズはロンドン発クアラルンプール経由ジャカルタ行きのサービスを減便、ロンドン発クアラルンプール経由シドニー便を開始。カンタス航空はシドニーからクアラルンプールの運航を取りやめた。同様に、日本航空（JAL）と日本エアシステム（JAS）は1999年に発表した契約は、JASがソウル線を休止してJAL便でコードシェアを行うというものであった。それらの施策はパートナーが他社の資産をより効率的に使うことを可能としている。アライアンスはコードシェアを通して、航空会社が自社で同じ目的地に実際に運航するよりも遥かに低いコストで新しいマーケットに運航することを可能にしている。

・アライアンスメンバー内での発着枠調整によって運航効率の改善が可能。また、メンバー内での余剰機材のウエットリースもコストを削減し、機材稼働向上が可能。この事例として、1996年にKLMが自社機材整備期間にノースウェスト機をウエットリースして、ニューヨーク－アムステスダム線を運航した。

・共同空港サービスの提供はターミナルやチェックイン施設を共有して相互の便をハンドリングすることでコストの削減が可能であろう。例えば、JALはJASにランプと貨物ハンドリングを提供することを計画していた。サービスには手荷物ハンドリング、貨物ハンドリング、機内清掃そして機材マーシャリングが網羅されていた。

・初期調整でより互換性の高い高額システムへの変更が含まれるものの、ITシステム共同開発もアライアンスメンバー全体で負担を共有することでコスト削減を可能とする。

・共同調達では物品購入を通してサービスや物品の仕入先とより良い取り引きが可能となる。仕入先には航空機製造社、ケータリング、貨物ハンドリングおよび機器、燃料、機体整備および部品会社も含まれる。例えば、クオリフライヤーメンバーのスイス航空、オーストリア航空、サベナ航空は統一した仕様でA330を共同発注した。ブリティッシュ・エアウエイズとその傘下のGB Airwaysはそれぞれ59機と9機のA320シリーズを共同発注した。このような共同発注は価格引下げ交渉の機会が得られると共にパートナー間での機材稼働の点でも柔軟性を持つことができる。同じタイプの機材を確保することはエンジニアリングの集約と整備施設からの恩恵も得ることができる。

共同入札を通じたコスト削減の他の例として、国内2空港における共通地上サービス業務を目的とした全日空と JAS のアライアンスがある。全日空（ANA）は共同調達の結果を通じて年間 37.5 万米ドルのコスト削減を期待している。

航空会社アライアンスと合併によるコスト削減の見込みの数値化に関して次に述べるようないくつかの研究が試みられた。Muller and Keuschnigg は 1998 年の発表によれば、ルフトハンザ航空のグローバルアライアンスによるコスト削減結果は運航コストの 10％を見込む。他の研究では事業統合の深化に応じて総コストの割合で 1.9％から 11.4％の幅でコスト削減を予想している。

コンサルタントでもある専門誌 Aviation Strategy は全面統合による運航コスト削減を予測している。他の研究では[2] アライアンスによるハブアンドスポーク運航は同じネットワークを個社が point to point でサービスする場合に比べて損益分岐イールドで約 25％減となるコスト削減を予想している。

航空会社アライアンスがコスト削減をもたらす可能性がある傍ら、はじめの数年間においては（前述した）IT、商品設定、プライシング、その他サービスの提供等の統合が必要なため、メンバーのオペレーションコストを増大させることも留意しなければならない。それらに加えて、共通アライアンス施策の計画・実施までの調整時間のコストもある。

消費者への影響

アライアンスに関連した独禁法適用除外の申請がされた場合、競争法当局の関心事は荷主や旅客の利益である。認可前に当局は関連するマーケットでのアライアンスの前後における競争環境について注意深く検証する。もし、多くの重複するネットワークを持つ2つの航空会社が減便を含めて、値上げを行えば、消費者へ損失を与えるかもしれない。その一方で、2社は（より強い）他社とより効率的に競合するために協力するかもしれない。少なくとも旅客との比較において、貨物アライアンスの活動は非常に限定的であるため、これまでは、荷主やフォワーダーの利害は検証されてこなかった。競争法当局の貨物事業に対する調査は特に燃油サーチャージについての価格談合に焦点が当てられてきた。

---

[2] Airline alliances and competition in transatlantic markets. Final Report by PriceWaterhouseCoopers for the Association of European Airlines, 21 August 1998.

6.1.2 少数株式交換を含む戦略的アライアンス

これまで述べてきたアライアンスのいくつかは片方、もしくは両方の航空会社の少数株式交換を伴う。KLMとケニア航空若しくは、ブリティッシュ・エアウエイズとカンタス航空の事例のように、それは航空会社の民営化の結果だったかもしれない。この例において、2つの航空会社はそれぞれの戦略的アライアンス、ワンワールドとスカイチームと協力している。しかしながら、双方ともに貨物分野での密接な協力には至らなかった。

6.1.3 貨物航空会社アライアンス

はじめのセクションでは、旅客輸送を基本的な事業とする航空会社間の戦略的アライアンスの是非を述べてきた。それゆえに、パートナーの選択は旅客市場の判断を基準にしている。それらの航空会社の貨物部門では、いくつかの同一戦略的アライアンスメンバーとの密接な関係を固めることもあるが、常に上手くかみ合う訳ではない。

WOWアライアンス

WOWアライアンスは2000年4月にルフトハンザカーゴ、SASカーゴ、シンガポール航空カーゴによって設立された。JALカーゴも2002年7月にWOWに参画。この貨物アライアンスでは、合わせて43機の貨物専用機、全世界的ネットワークと頻度の高い旅客便で760機を超えるワイドボディ機材のロワーデッキキャパシティを利用することができた。日本航空（JAL）が参画するまではこの貨物アライアンス・メンバーに含まれるのはスターアライアンス・パートナーのみだったが、JALは当時も今現在もスターアライアンスメンバーでない。

WOWという名前は何かの省略語ではなく、ルフトハンザカーゴのウェブサイトによれば、このアライアンスの価値"ダイナミズム、イノベーション、そしてバイタリティ"がもたらすサービス品質で顧客から引き出したい熱狂的な反応"WOW"から来ている[3]。

2003年にルフトハンザ航空は最初のWOW塗装のMD11Fを披露したが、SIAとJALはそれに続かなかった。2005年4月JALカーゴは彼らのJ-

---

[3] 新規旅客航空会社WOWマカオは、ルフトハンザの貨物アライアンスWOWに名前が類似しているとのクレームによって名称を変更した。

freight プロダクトを WOW の商品群から引き上げた。別個の航空会社として彼らはアライアンスパートナーから提供されたキャパシティの販売に興味がなかった。アライアンスは4つのエクスプレス商品、JAL カーゴの「J SPEED」、ルフトハンザカーゴの「td. Flash」、SAS の「SAS Priority」、シンガポール航空カーゴの「Swiftrider」の調整から始めた。当初はそれぞれの 10%の貨物キャパシティがアライアンス予約のために別に確保され、アライアンス基準に合う重量貨物や一般貨物がそれに続いたが、それぞれのブランドを維持したままであった。WOW パートナーの間では、各社がそれぞれのマーケットとキャパシティを守りたいがゆえの猜疑心から、真の協力は困難であることがわかった。その結果、2000 年中旬にはルフトハンザ航空は WOW への興味を失い、翡翠航空、アエロロジック等との協調によるバイラテラルプロジェクトを選んで焦点を絞るようになった。正式なアナウンスもないまま WOW は放置され、2009 年のアニュアルレポートでは全く言及されなかった。

スカイチーム・カーゴ

スカイチーム・カーゴは WOW の6か月後に、スカイチーム旅客戦略的アライアンスの4つのメンバー；アエロメヒコカーゴ、エールフランスカーゴ、デルタエアロジスティクス、大韓航空カーゴにより設立された。チェコ航空とアリタリアカーゴは 2001 年、その後 2004 年に KLM カーゴ、2005 年にノースウエストが加わった。それ以降、2 社を失った：2008 年にデルタ航空、2009 年に大韓航空が離脱*。しかしながら、終焉の噂は時期早尚であった。中国南方航空が 2007 年にスカイチーム戦略的アライアンス加盟が受け入れられたのに続き、2010 年にスカイチーム・カーゴへの加盟が発表された。現在、スカイチーム・カーゴにはアエロメヒコ、エールフランス-KLM、チェコ航空そして中国南方航空の貨物部門が参画している。スカイチーム・カーゴのウェブサイトは 2003 年に再開されたが、2010 年中旬での最新情報は 2008 年のままである。それはメンバー（デルタを含む）のカーゴウェブサイトにリンクしていたが、相互にはリンクしていない傾向にあった。スカイチームカーゴメンバーは多くの空港で貨物ターミナルを共有し、Equation（エクスプレス貨物）、Cohesion（ジャスト・イン・タイム貨物）、Variation（特殊貨物）、Dimension

---

＊訳者注：デルタ航空、大韓航空ともに今現在もスカイチームカーゴメンバー。この記載は米国での共同販社からの離脱を意味すると考えられる。

（一般貨物）という 4 種のスタンダード商品を開発した。

Equation はエクスプレスカーゴに対応して以下のサービスを提供する

- 空港間エクスプレス
- 最優先搭載：最も早い便に搭載
- 予約不要：1 梱包重量 70kg、1 件当たり 300kg 以下
- 出発 90 分前まで受託可能
- 到着後、90 分以内に書面・貨物引渡し可能
- オンラインでの貨物追跡可能
- 特定区間での返金保障
- 引渡し時間は変更可能。
- Equation Heavy は空港間で 70kg を超えるパッケージを対象としたオプション。

Cohesion は荷主、フォワーダーとスカイチーム・カーゴ間の 3 社契約により特別な注文に応じた輸送サービスを提供する。これには荷主の貨物ニーズに応じて特別に手配したハンドリング手順や個別追跡情報の提供を含む。主な特徴は：

- 決められた期間内で荷主・フォワーダー・スカイチームカーゴメンバー間で特別契約を締結。
- 選択された便のキャパシティを優先的に利用。
- 優先搭載
- 契約期間内固定レート
- イレギュラー発生時のカスタマーサービスへの警告を含む、追跡システムを通じた専用監視体制。

Variation は貴重な美術品から危険物、生鮮（腐敗しやすい）貨物、非常に大きな物品、そして生きた動物まで、あらゆる種類の貨物輸送を対象にした商品である。

Dimension は特殊な扱いを必要としないあらゆる種類、重量の貨物を対象にしたバルク、ULD アロケーションとスペシャル ULD レートを設定した商品である。

ワンワールド

 もう1つの大手グローバル戦略的アライアンス、ワンワールドは2009年の時点で11のメンバーと1,000億ドルをやや下回る総収入規模を持つが、メンバー間インターライン精算は2.5%に程度に留まる。また、貨物は旅客アライアンスから除外されてこれには含まれていない。

クオリフライヤー

 また、もう1つの戦略的アライアンスは2001年のスイスエア破綻によって終焉したクオリフライヤーであった。これはスイスエア（後のSAir Groupの一部）と少数株式を交換する航空会社で構成されていた。スイスエアの貨物部門は子会社スイスカーゴへ分離独立し、関連会社を含むクオリフライヤーメンバーのキャパシティを次々に統合した。それらにはサベナ航空、クロスエア、シティバードに加えて、カーゴルックスも含まれた。統一されたプロダクトとスタンダードを伴うグローバルエアカーゴシステム、全航空会社を含んだ包括的なブランドを構築する計画だったが、実行には至らなかった。

 ある書籍（1999年、Morrell and Pilon）はKLM-ノースウエスト航空（NWA）間の大手旅客アライアンスが一方のパートナーであるKLMの貨物サービス特性に与えた影響を明らかにし、定量化することを試みた。適用された手法はYoussefとHansenによって1994年に調査された手法を基にした出発地－目的地都市の組み合わせによるものであった。貨物専用便は考慮されなかった、なぜならば、貨物専用便はブレイクバルクを必要とする混載貨物で構成されることが多く、結果として旅客便のロワーデッキに搭載するコンテナの接続時間90分を超える接続時間が求められるためである。

 KLMとNWAのネットワーク見直しは1987年から1998年に検討されたが、アライアンスによる効果は特定できなかった。アライアンスを開始した3年で、いくつもの理論的に有効な旅客・貨物マーケットが増加したかにみえたが、1994年から1998年の間に減少した（それでも、1991年よりは高いが）。より詳細な分析が示したことは、好調な市場環境とアライアンスの影響で増加した輸送量を反映して、多くの直行便はもっぱら、大幅に増加したスポーク（接続便）として使われた。

 LM/NWA旅客アライアンスによる接続貨物サービス特性への影響も分析された。焦点が当てられたのは、アライアンスパートナーであるNWAとの

AMS/MSP、AMS/DTW、AMS/JFK とインターラインパートナーである UAL との AMS/ORD との比較で接続品質と接続貨物量がどのように変化したかである。分析の期間は 1991 年から 1998 年で、この調査は旅客アライアンスの発展が貨物サービスに与えた影響を主題にしている。仮説として貨物の接続には不十分なまで短縮された乗り継ぎ時間と小型機材の他頻度運航による旅客便ベリーのキャパシティ減少により旅客アライアンスが結果として貨物接続の量や品質を悪化させているとした。接続品質は途中接続の回数と利用できる旅客便ベリーキャパシティによって算定された。最短接続時間は貨物のための追加ハンドリング時間を考慮して旅客の 45 分から倍の 90 分とした。4 つのサンプルが使われた。1 つは筆者が選んだもの、2 つめはコードシェアに重点を置いたもの、3 つめは貨物代理店により選択されたもの（JFK 経由）、4 つめはユナイテッド航空をインターラインパートナーとした KLM の北米ハブ・シカゴを経由したものである。

　接続サービスはすべての例で大幅によくなったが、運航便数が多いニューヨーク・ケネディ空港（JFK）と MSP は最も高い接続性を示した。途中接続回数は JFK と ORD 接続の例を除けば、アライアンス初年では、悪化した。その後の結果では接続性が悪化したことを示した ORD を除いて貨物途中接続の回数が減少した。これは KLM と NWA スケジュールが今や KLM-UAL インターラインサービスより良い接続性を提供している事実を明らかにした。このことは効果的なスケジュール調整は事前調査で考えられるよりも、より長い期間が必要だということを証明していると考えられる。しかしながら、スケジュールは旅客サービスを優先して調整されることに変わりなく、貨物は昼間に積みつけされて夕方便に搭載することが好ましいものの、AMS を出発する便の多くは昼間出発便である。

　上記の分析はキャパシティ供給特性を全面的に基にしていることを強調しなければならない。それ故、貨物輸送のボリュームや貨物のサイズ、そして旅客便と貨物便の接続サービスの可能性については考慮されていない。

　グローバルアライアンスが少なくとも旅客と同等に、航空貨物輸送に機能しているのか疑問である。規模と範囲の経済の欠如や文化の違いに言及されることもある。貨物はブランドではなく、必需品として取扱われている。航空会社は自社サービスのブランド力向上に苦心しており、アライアンス・ブランドであれば、さらに厳しい。ルフトハンザ航空は財務的なコミットメントを含まな

いバイラテラル契約に重きを置くように転換してきた。DHL とのジョイントベンチャーに加えて、大西洋での US エアウエイズとの相互貨物取り扱い協定、中国での翡翠カーゴへの出資、中国国際航空と中国南方航空、南アフリカ航空、LAN cargo との共同貨物便運航がある。フォワーダーは航空会社を指名できる力を利用してサービスと値段の交渉し、ブランドロイヤリティの優先順位は低い。対照的に、旅客事業はより戦略的アライアンス協定に合致するブランドロイヤリティを強化とフリークエントフライヤープログラムによって直販を増やし続けている。

6.2 航空貨物会社の合併と買収

6.2.1 同一国内での合併と買収

多くの航空貨物の合併と買収の動きは1997年から規制緩和が行われていた巨大マーケット米国で行われてきた。最初の大規模なものはフライング・タイガーの1980年に大手貨物航空会社シーボードワールドエアライン買収である。続いて、CF エアフレイトが1989年4月にエメリーエアフレイトを買収し、エメリーワールドワイドを形成した。エメリーは2年前に大手クーリエ会社 Purolator を買収したものの、間もなく財務問題に直面した。

全世界にネットワークを持つ米国貨物専門航空会社、フライング・タイガーは1980年台後半、財務的な問題を抱えており、1989年にフェデラルエクスプレスに買収された。フライング・タイガーはフェデラルエクスプレスが欲していた広範な国際線ネットワークに加えて長距離貨物機と地上支援施設を既に保有していた。とりわけ、フェデックスは当時の ASAS 発効下では獲得が困難であった収益性の高い日本のようなアジア重要地点への路線展開を模索していた。フライング・タイガーは日米間に週間30便を運航しており、買収後、日本政府の承認を経てそれらはフェデックスに移管された。それに続き、中国の制限的な政策の下で必要な対応としてエバーグリーンの中国線権益を購入した。

フェデックスは2月に約8.8億ドルでフライング・タイガーを買収したが、オペレーションの統合には時間がかかった。フェデックスは若い労働力を持ち、多くのパートタイムスタッフを雇用しており、ドレスコードも含む明確なマネジメントシステムを持っていた。フェデックスと決定的に違い、フライング・タイガーは組合化が強固に進んでいた。例えば、約1,000人のフェデック

スパイロットに組合員はいないが、フライング・タイガーではすべてが組合員であった。統合後、乗員の脱組合化（非公認）の試みは失敗した。1988 年の買収前にフェデックスは国際線において 55,000 トンの貨物と米国内で 1.2 百万トンの貨物を輸送していた。同年、フライング・タイガーは米国国内で 49 万トンと国際で 47.1 万トンを輸送。1990 年にはフェデックスは自身のエクスプレス貨物とフライング・タイガーのより重い一般貨物を合わせて国際線で 45.1 万トンを輸送した。

有名なアメリカン航空による TWA 買収から最近のデルタ航空とノースウエスト航空の合併までこれまでに、多くの米国ネットワークキャリアは統合されてきた。多くの航空会社は（少なくとも米国国内線では）貨物キャパシティが小さいナローボディの機材を運航しているため、これら統合は航空貨物業界への著しい影響を与えてこなかった。デルタ航空／ノースウエスト航空の合併は両社がワイドボディによる国際線を運航し、ノースウエスト航空が自社貨物便サービスを持っていたため、貨物との関連性が高かった。デルタ航空は貨物機を所有していないが、多くの B767-300 と 400 型、B777-220 型を運航；ノースウエスト航空は 13 機の B747-200F を保有していたが、2009 年までにすべての貨物機は地上駐機されている。これらはすべて売却されて、フレイターを有しない航空会社となるらしい。2008 年にデルタは 11.8 万トンの国内貨物と 18.4 万トンの国際貨物を輸送；ノースウエスト航空は国内線ではやや下回るものの、国際線では 33.8 万トンを輸送した。

米国外ではチリの国営コンビネーションキャリアであるランチリが 1989 年に民営化され、チリの民間投資家に所有権が移行、スカンジナビアの半官半民航空会社 SAS も 25％の資本を取得した。SAS とそのパートナーは新会社の財務状況を改善させることができず、その後、1994 年にチリの貨物専門航空会社 Fast Air のオーナー達に 4200 万ドルで売却した。Fast は貨物と旅客事業をランチリの名の下に合併させて（2000 年 Jofre と Irrang によれば、）8.7 億ドルの価値を持つ航空会社として北米市場に乗り出した。貨物航空会社が旅客会社を買収したが故、今日の合併後の航空会社マネジメントにも航空貨物の重要性は反映されている。

中国政府は 2010 年に航空貨物事業を皮切りに中国航空会社の統合を望んでいることを表明。2 つのグループが計画された：1 つはシノトランス Air Transportation Development と中国南方航空と中国東方航空の組み合わせ；

もう 1 つは中国国際航空とシノトランス Air Transport Development の組み合わせである。後者は中国政府の認可を待っている状態であるが、中国国際貨運航空とキャセイパシフィック航空のジョイントベンチャーに方向転換するかもしれない。

6.2.2 国を跨る合併と買収

多国間合併の動きはこれまでのところ、EU のような経済ブロック内に限定されている。多くの旅客主導のディールが EU 内では実施されており、最も大きな 2 つはエールフランスの KLM 買収とルフトハンザ航空のスイス航空、その後の bmi とオーストリア航空の買収である。ルフトハンザ航空は 2008 年で 8.3 十億トンキロを輸送する航空貨物の大手である。買収した航空会社の貨物取り扱いは小さく、FTK ベースでスイス航空が 1.2 十億、オーストリア航空は 452 百万トンキロ、bmi は 119 百万トンキロであった。ルフトハンザ航空は 2010 年初頭にオーストリア航空の貨物部門閉鎖を決定、全世界で 200 名のオーストリア航空職員のうち 50 名を解雇した。続いて、オーストリア発着貨物販売を行う新会社オーストリア・ルフトハンザカーゴを立ち上げ、ルフトハンザ親会社が 74％を直接所有した。スイスカーゴは未だ、別会社としてルフトハンザによって運営されているが、コマーシャル面でのシナジーは既に実現されている。

エールフランスと KLM は両社共に確固たるハブ空港を持つ大規模な貨物オペレーションを持っており、未だに、別々に運営されている。1 つはパリ・シャルルドゴール空港にあるハブで、もう 1 つはアムステルダム・スキポール空港である。彼らはスカイチームカーゴメンバーであるが、各々は別の貨物パートナーを持つ、例えば、エールフランスの MNG 航空と KLM の日本貨物航空が挙げられる。しかしながら、KLM の IT システムはエールフランスのシステムに移行され、単一の営業チームとなることも予想される。2004 年初めにエールフランスは週 2 便のパリ－シンガポールの貨物便を運休して、KLM 便を使いシンガポールに輸送することを決定している。このエールフランスのキャパシティはアトランタとバンコク向け増便に使われた。初年度全体の貨物相乗効果は 10 百万ユーロに達すると予想された。

エールフランスはイタリア政府が慢性的経営難の自国フラッグキャリアへの支援を延長しないと決定したことが明らかになった後、新アリタリア航空の

25％の株式も取得した。生き残ったアリタリア航空と新しい株主のエアワンを組み合わせた新しい航空会社はスカイチーム・カーゴのメンバーに留まったが、スカイチーム・カーゴ自体がエールフランス-KLMにとって価値が小さくなってきているように見える。

3つ目の欧州ネットワークエアライン統合は2010年4月に締結されたブリティッシュ・エアウエイズとイベリア航空であった。これは2つの運航会社を持つエールフランスとKLM間と同様のスキームを持つことになろう。ブリティッシュ・エアウエイズは合併後の55％を、イベリア航空は45％を持つ。両社は合併によるシナジー効果を5年間で4億ユーロに達すると予想している。貨物での連携は中南米間のサービス・キャパシティの改善は見られるものの、旅客便ロワーデッキに限定された。多くの貨物便を運航するエールフランスとKLMとは違い、ブリティッシュ・エアウエイズのB747-400Fを3機のみで、イベリア航空は貨物便を持たない。イベリア航空のFTKはブリティッシュ・エアウエイズの4.6億に比較して1億強に過ぎない。

貨物専業社に移って、スイス航空グループは長年、カーゴルックスの約3分の1を所有してきた。2001年のスイス航空破綻後、清算人によってカーゴルックスの所有権の株式売却は止められた。いくつかの潜在的な投資家がカーゴルックスに興味を持っていたが、2009年に至るまで審査過程と未解決の法的な問題に阻まれて売却は実施されなかった。最終的には財務的な改革の一部として現有株主の比率に応じて売却された。その結果、ルクセンブルグベースの旅客航空会社ルクスエアはその株式を34.9％から52.1％へ、ルクセンブルグベースの金融会社BCEE、SNCI、BIPを併せたシェアは37.4％に、ルクセンブルグ政府は8％に増えた。その他の株主が残りの2.5％が保有したが、この株式の変更はなかった。

マーチンエアは旅客チャーターと貨物便を混在して運航する珍しい航空会社であった。オランダベースの航空会社としてKLMは数年間、50％のシェアを持っており、デンマークの海運会社A. P. Moller-Maerskグループは残りの半分を所有。その後、KLMはエールフランス-KLMグループの一員となり、2008年末にはA. P. Moller Maerskは彼らの株式をパートナーに売却した。欧州委員会は両オランダ企業間によるアムステルダムとキュラソー、アルーバ間輸送への潜在的な影響に関する慎重な調査の結果、売却を承認。これによって、エールフランス-KLMは欧州最大の航空貨物オペレーターとなった。そ

の低コストを考慮してエールフランス-KLM は自身の貨物便路線でマーチンエアを使おうとした。

　2008 年、インドでは貨物航空会社への外国企業の投資規則が緩和された。外国からの直接投資の限度を 49％から 74％に引き上げたが、外国航空会社による投資は 49％に据え置かれた。インドの企業家集団は貨物航空会社に関心を持つであろうが、そのパートナーはグローバルインテグレーターであろう。ルフトハンザ航空は華南ベースの翡翠カーゴの 25％、台湾の中華航空は上海ベースの揚子江エクスプレスに 25％、シンガポール航空は同じく上海ベースのグレートウォール航空へ 25％と外国航空会社は中国でのジョイントベンチャーに投資してきた。

　香港ベースのキャセイパシフィック航空は中国国際航空の子会社、エアチャイナカーゴの株式を購入[4]。中国国際航空は 51％をコントロールし、キャセイは 25％を直接、24％をその子会社 Fine Star が保有する。会社は EU 競争法当局の認可は得たものの、中国政府の認可は、未取得である。

　インテグレーターは特に欧州とアジアでの事業拡大を加速させるため、外国企業買収に積極的である。彼らのターゲットは通常、ローカル・リージョントラック配送に強みを持つ物流会社であり、航空会社は含まれなかった。航空会社キャパシティは他航空会社からの購入やウエットリースにより、容易になっていくであろう。しかしながら、DHL は欧州におけるルフトハンザ航空（アエロロジック）、アジアにおけるキャセイパシフィック航空（エア香港）、米国におけるポーラー／アトラスといくつかの重要な戦略的ジョイントベンチャーを持つインテグレーターである。

　結果として、アライアンスであっても、合併であっても航空会社の観点から航空貨物での重要な役割を担っていない。旅客アライアンスは航空貨物事業に特別な利益をもたらすようにデザインされておらず、貨物アライアンスでの試みも成功していない。同一国もしくは、同一経済圏を超えた航空会社の合併は今のところ、不可能である。同時に、多くの合併が、Door to Door で航空会社を除く、フォワーダー同士、インテグレーター同士、また、フォワーダーとインテグレーター間で行われている。航空会社が特定フォワーダーとのアライアンスで多くを得ることができないにも関わらず、大手フォワーダーはチャー

---

[4] 香港は特別行政区であり、自身で第三国との関係を持つため、越境投資をしている。

ターもしくは自身の機材の運航を増やしていくであろう。一方で、競争力のある航空会社への外注化という現在の手法は長期的にも好まれるであろう。インテグレーターも必要なすべての範囲の航空サービスを自社で提供することはできず、少なくとも旅客ベリースペースが必要であることを認識している。

第 7 章　航空機と運航のオペレーション

　本章では、第 1 章で述べた輸送力がどのように航空会社と様々な航空機によって供給されているかみる。最初に、旅客機のロワーデッキについて、次いで最も一般的な貨物専用機、すなわち改造旅客機について検討する。最後に、小型、中型、大型に分けて新型貨物専用機を取り扱い、将来の新設計の可能性について展望する。貨物専用機の理想的な胴体の形状は、航空力学的な理由から求められる楕円形よりも長方形であると、よくいわれる。最終節で述べる将来可能性がある航空機の一つは、この条件に合致する。

　本章を通じて、航空機に搭載されるコンテナとパレットについて言及する。これらが取り扱われ、積込み取り下しが行われるのは空港であるため、8 章でより詳細に述べる。航空機の輸送力の大きさは通常、最大設計有償搭載量によって示される。これは、必要な燃料搭載量や滑走路長等の仮定に基づいて一定距離を輸送可能な量である。

　航空機は通常、エアバス A320、ボーイング B737 のような番号で区別される。さらにハイフン付の番号、例えば B737-200、B737-300 によって、異なる種類を示している。基本設計が同じであっても、胴体延長・短縮型、かつあるいは異なるエンジン等の差異があることを示している。貨物専用機には通常「F」が付けられ、メインデッキに旅客と貨物を搭載可能な航空機には「C」(コンビ) が加えられる。

　ときには、貨物専用機に側面貨物ドア (side cargo door) があることを示す文字 (B747-200SCD) や、旅客機から改造されたことを示す文字 (B747-400BCF：Boeing Converted Freighter) が付けられる。B757-200 は正規の貨物専用機 B757-200F の場合も、インテグレーターのために改造された B757-200PF の場合もありうる。ボーイングによって認定された旅客機からの改造機は、B767-200SF (Special Freighter) のように示される。

　また ICAO は、各航空機に 3 文字の機番を与えている。例えば、ボーイング 737-300 の機番は旅客機・貨物機に関係なく B733 である。エアバス A330-300 は A333 である。

7.1 旅客機：ロワーデッキ

1970年代、B747に始まるワイドボディ旅客機の導入は、ロワーデッキあるいは荷物室における貨物利用可能スペースの拡大をもたらした。B747のロワーデッキが128 m^3 あるのに対し、以前のB707はわずか48 m^3 であった[1]（その一部は旅客の手荷物に必要）。ワイドボディによる旅客フライトでは、貨物のために有効積載量25トンまで提供できる。大きなネットワークを持つ航空会社にとって、これは多くの目的地向けに多頻度サービスを提供できるという長所となる。一方、2つの大きな短所がある。第1にフライトが旅客の必要性に合わせて調整されることである。もっとも長距離輸送では、荷主にもまた都合がいい時間帯かもしれない。第2に、利用可能なスペースや貨物積込みドアの寸法の制約のため、大型貨物はロワーデッキに適さない。旅客の目的地のなかには多くの貨物が集まらない場所もあろうが、郵便物や航空備品、救急用品等の貨物が通常は積み込まれている。逆に、旅客路線だけでは貨物を運びきれない場合もあろうが、おそらく貨物専用機がこのギャップを埋めるだろう。

旅客機への貨物の搭載計画と予約には、困難を伴う。それは、離陸直前までどれだけ搭載可能なのか正確にわからないからである。最大設計有償搭載量は、運航重量から最大無燃料重量を除いた重量と規定される。最大離陸重量（MTOW）に達した場合、所定区間に必要な燃料を搭載するため、有償搭載量が減らされるかもしれない。これは飛行場の気温、ルート、風向等だけでな

表7.1 ロワーデッキの一般的な有償搭載量、容積、密度

	旅客満席時の有償搭載量（t）	貨物容積 (m^3)	最大密度 (kg/m^3)
A320	1.0	3.6	277.8
B737-300	2.3	21.0	107.1
B737-400	2.9	24.0	120.7
B737-800	3.6	28.0	128.6
A330-200	14.1	61.8	228.2
A330-300	15.0	80.2	187.0
B767-300	16.5	63.0	261.9
B747-400	20.0	73.4	272.5
A380	20.0	68.0	294.1

---

[1] 初期のコメット機のロワーデッキには1トン未満しか貨物を搭載できなかった。

7.1 旅客機：ロワーデッキ

く、搭乗客の重量と預けられた手荷物のコンテナ数を含め、様々な条件を考慮して決定される。

そして最大有償搭載量は、旅客と貨物とに配分される。搭乗旅客数は、出発直前まで土壇場の予約者や乗り遅れによって変化する。このためロードプランナーは普通、旅客が満席と仮定して業務を行う。貨物が利用可能な有償搭載量は、出発当日にしかわからない。またロワーデッキで利用可能な容積は旅客が預ける手荷物の量によって変動するため通常、コンテナの位置を仮定しておく。

表7.1に、ブリティッシュ・エアウエイズ、ルフトハンザ航空、エミレイツ航空等が公表している一般的な有償貨物搭載量を記す。これらの有償搭載量を大幅に変える要因として以下が挙げられる。

・旅客座席密度
・旅客重量
・旅客の預ける手荷物の推定量
・ロワーデッキで利用されるコンテナ（またはバルク）

貨物専用機は、様々な仕様で生産されている。改造機や異なるエンジンでは、有償搭載量が減る場合もある。以下では、旅客機から改造した機材と新造機に焦点を当て、一般的な貨物専用機、コンビ機について検討する。現役機材のみを対象とし、生産中の機材と打ち切りのものとを区別する。

表7.2 貨物専用機トップ10

	計	非改造機比率（％）
727-200	290	5
IL-76	288	100
747-400	259	75
MD-11	169	32
A300-600	157	71
757-200	152	53
DC-8	147	60
747-200	134	44
DC-10	125	11
DC-9	73	15
上記計	1,794	51
ジェット機合計	2,541	48

注：上記航空機は運航中または係留中
出所：Flightglobal's ACAS Fleet Database, March 2010.

表7.2によれば、約半数の貨物専用機とコンビ機が旅客機から改造されており、貨物専用機として新造されていない。貨物機として最も一般的なB727は、ほぼすべてが旅客機の改造であり、大部分がインテグレーターに利用されている。旅客機のなかには、改造することなく貨物専用機や小包専用機として運航されているものもある。「クイックチェンジ」機と同様に座席と貨物を切り替えるが、荷役や客室内部の保護も容易ではない。その大部分は、ABXエアが運航するDC9-41sと数社が運航するB727sである。

7.2 貨物専用機：旅客機からの改造

小型プロペラ機を含めると、約4分の3の貨物専用機が最初は旅客機として生産されている。そのなかには18〜20年間旅客サービスを提供した後、貨物機に改造され、さらに15〜20年運航するものもあるだろう。旅客機として12年ほど運航し魅力が低下し始めると、早くも貨物機への改造が検討されるようになるという[2]。しかしながら、旅客機が老朽化し中古価格が低下するほど、改造の経済性が高まる。また改造で考慮すべき特性として横断面、客室の高さ、貨物ドアの可能性、容積・有償搭載量比率等が挙げられ、すべての旅客機がこれらの特性を満たすわけではない。例えばロッキードL-1011、MD-80シリーズ、最近ではA340が改造に向いていない。

窓の日除けや座席、床構造材等、不要なすべての客室備品と付属品の取り外しを含め、改造にはおよそ4か月かかる。貨物ドアや関連構造部品等からなる貨物改造キットが、取り付けられる。旅客用に設計された床が、より強度の高い床材に交換される。コンテナ荷役用にボールマットとローラートラックが据え付けられる。メンテナンス軽減と火災リスク削減、日光による荷痛み防止のため、窓は金属カバーに交換される。

旅客機改造の決定要因は次の通りである。

・適切な改造計画の可能性と価格
・改造に適した旅客機の価格
・有償搭載量・範囲の改造特性
・投入価格、特に燃料と資金

---

[2] Stephen FortuneによるAircraft Leasing and Finance Seminar, 2009年4月での発表。

7.2 貨物専用機：旅客機からの改造

　上記要因は相互にある程度関係している。例えば、燃料価格高騰は燃費の悪い旅客機の改造を留めるかもしれないが、これらの旧型旅客機の価格を下げ購入しやすくなるかもしれない。リース落ちやD整備（最も重要な整備）が近づいた機材はまた、改造に適しているかもしれない。

　機齢は、中古旅客機の費用と維持コスト両方に関係する。これは改造候補が機齢15年以上の機材となることを意味する。しかしながら、このような機材にとって大きな潜在市場である中国では現在、中国の航空会社に対して貨物専用機の運航を機齢15年未満に限定している[3]。

　資金コストはある程度利子率によって決まり、燃料価格と同様に世界の潮流に反応しやすい。また各国特有の条件もあるため、一部の航空会社により大きな影響を及ぼすかもしれない。低コストの改造を好む新規参入やリスクの高い航空会社もまた、より高い資金コストを支払う必要があるだろう。

　航空機の利用目的も重要である。多点を立ち寄り荷物を混載しようとする航空会社にとって、新型貨物機のような長距離を満載で航続する能力は不要かもしれない。主に深夜運航を計画し昼間の利用率が低いインテグレーターは、低資金コストですむ改造機を好むかもしれない。その証拠に、フェデックスとUPSはそれぞれ多数のB727sとB757sの改造機を保有している。

　図7.1は、経済あるいは産業の循環が貨物機への改造に影響を及ぼしていることを示している。最近の循環での改造ピークは2007年であり、2008年末に向けて航空貨物輸送量が急減する前に110機の旅客機が貨物機に改造された。この年のワイドボディの改造のうち、B747-400が26機、MD-11が12機であった。2005年と2006年には、改造機のうち70〜75％がワイドボディであった。経済循環のボトムでは航空機は極めて安く購入できるものの、その時期あるいはその2〜3年後までは貨物機の追加輸送能力に対する需要もまた少ない。貨物機への改造に投機する向きも、限られているようである。

　航空機生産業者（OEMs）は、自社の旅客機を貨物機へ改造するサービスを自社（あるいはアエロナバリ（Aeronavali）やシンガポール・テクノロジーズ（Singapore Technologies）のような契約業者を通じて）で提供している。

・ボーイング B-747-400BCF、B767-300BCF、DC10、MD-11BCF
・エアバス（EADS-EFW）A310-200、A300-600、A320

---

[3] *Freighter Operations 'Guide', 2009.*

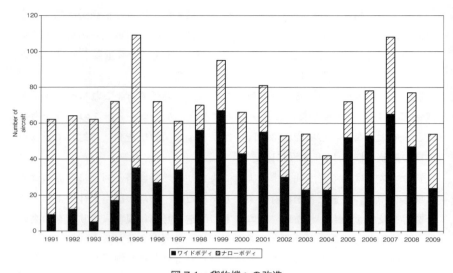

図 7.1　貨物機への改造
出所：Ascend Worldwide, Viewpoint, 2010 年 3 月

上記以外にも改造が認められている生産業者があり、以下はその主要事業者である。

・AEIB737-200/300/400
・Alcoa-SIEB757-200
・IAI-Bedek B747-400、B-767-200、B737-300
・Pemco（US）：B737-300/400
・Precisions Conversions（US）：B757-200
・シンガポール・テクノロジーズ：B757-200、MD-11
・TAECO（China）：MD80/90、B747-400

フェデックスは過去に、自社の B727-200Fs を改造したことがある。IAI-Bedek が B737-400 を B/A Aerospace が A300-600 等を改造する等の計画がある。非OEM専門企業は製造物責任を負い、追加型式設計承認（STC）を航空当局から取得しなければならない。OEMによる支援計画があり、例えばボーイングはより低廉な企業シンガポール・テクノロジーズと厦門の TAECO に外注している。非OEM企業による改造は、リスクが大きいが少し安いと一般に考えられている。リスクとしては、技術支援と STC 取得企業の倒産があ

る。実際、改造専門企業であった GATX Airlog（B747-100/200）、Rosenbaum（DC8）、Hayes（B727）が倒産している。フェデックスのような事業者は現在では、すべて OEM による改造機を取得している。

ボーイングは過去に、第三者によるボーイング改造機の所有者に対し、無料で技術支援を行ってきた。しかし、2009 年 4 月以降、この種のサービスを有料化した[4]。

7.2.1　中短距離航空機

B727 改造計画は、1980 年代初めに B727-100 で始まり、80 年代半ばから 2000 年代初めまで B727-200 へと続いた。合計 477 機が改造された。100 シリーズ改造時の機齢は 15〜19 年、200 シリーズの場合はほとんど 22 年超であった。2003 年〜2007 年に改造された少数の 200s の機齢は 25〜30 年であった。

B737-100/200 は旅客機としては優れていたが、貨物機としては有償搭載量と容積の特性が合致していなかった。したがって、次段階における中短距離分野の改造は B737-300 とより最近の B737-400 になった。1991 年から 2007 年にかけての 300 シリーズの改造機数合計は 96 機となり、その半分以上が 2004 年以降に改造された。この機材の最大有償搭載量は B727-100F の 90% 弱である。

B727-100 はまた、94 座席と 30 トン弱の貨物（その 35〜40% はメインデッキに搭載）の搭載力を有する「コンビ」として生産されていた。また「クイックチェンジ」も生産された。これは、コンビや貨物機のようにメインデッキが強化され、旅客用と貨物用に切り替えが可能な機材である。メインデッキ上のローラーベアリングによって、パレット化された座席とギャレーが装着でき、旅客用への切り替え時間はわずか 30 分と想定された。実際には楽観的過ぎるようだが、同一機材を昼間は旅客用に、夜間は貨物用に運航することにより、きわめて高い利用効率を達成できる。

B737-400 は、B727-100 とほぼ同じ有償搭載量と容積がある（しかし B727-200F と比べると 25% 少ない）が、これまでほとんど改造されていない。2008 年から 2011 年に機齢 15 年以上で改造に適した B737-400s で、100 機以上の

---

[4] Olivier Bonnassies, *Flight Internaional*, 2-8 June 2009.

リース契約が終了することになっているとはいえ、最も初期の同機でも2009年現在でちょうど20年弱の機齢に達したところである。このサイズの他の機材についてみると、A320sとA319sは新しすぎ、高価すぎる。

大型のB727-200F代替機は、B757-200F旅客機の改造機である。同型機材は新品で生産業者から購入することもできる。フェデックスは合計90機のB757-200Fsを運航しており、87機のB757-200sを改造する契約をシンガポール・テクノロジーズ・アエロスペース（Singapore Technologies Aerospace）と結んだ。

A310-200Fは、改造機としてのみEADS-EFWから入手できる。最初の機材はフェデックスによって1994年に導入された。フェデックスはまた、同じエアバス／EADSによる改造で長距離機A310-300Fを初めて購入している。

7.2.2 長距離航空機

2004年から2008年にかけて、合計240機のワイドボディ旅客機が貨物機に改造された（表7.3）。これらの機材は、長距離区間を運航することができる。最も一般的な機材はB747-400sとMD-11sである。B747-200も人気があったが、ほとんどは2004年までに改造を終えており、その後2008年までは燃料価格が高騰したため経済的ではなくなった。

7.2.3 貨物機への改造の予測

今後20年間の貨物機への改造について、エアバス、ボーイングともにほぼ同じ数を期待している（表14.5）。エアバスは新生産機のうち大型機が60%を占めると期待しているのに対し、ボーイングは75%と予測している。A380F

表7.3 ワイドボディの貨物機への改造（2004年－2008年）

	標記有償搭載量 (t)	2004年	2005年	2006年	2007年	2008年	合計
A300	39	2	3	8	13	8	34
A310	29	5	9	6	5	5	30
DC-10	65	2	5	4	1		12
B767-300	38	4	13	7	8	8	40
MD-11	58	10	19	17	12	9	67
B747-200	112		2				2
B747-400	124		1	11	26	17	55

出所：Freighter Operators' Guide, 2009.

の受注が 2010 年 7 月まで全くなく、エアバスは市場の反応に悲観的になっているのかもしれない。ボーイングは、B777F と B747-8F に対する旺盛な需要を考慮しているようだ。この予測には、ターボプロップ機とピストンエンジン機は含まれていない。ターボプロップ機は、インテグレーターが北米のフィーダー路線で幅広く利用している。

OAG は、2010 年から 2019 年までの貨物専用機改造数を 756 機と予測している。その 74％をボーイングが占め、B757（165 機）、B767（107 機）、B737 ファミリー（143 機）の 3 機種がほとんどである。A320 ファミリーの改造は、2011 年に A320 から開始が計画され[5]、2019 年までに A320s78 機、A321s46 機に達すると見込んでいる。A320 には旅客機が 4,000 機以上存在しており、改造用機材に不足はない。長距離機は B747-400（94 機）によって占められ、その他に 42 機の B777、18 機の A340s の改造を予測している。

本章の以下の分析では、エアバスによる以下のジェット貨物機の分類を用いる。

小型機：B727、B737、A320、Bae146、DC9、Tu-204
地域／長距離：B707、B757、B767、A300、A310、A321、A330、DC-8、DC-10
大型機：B747、B777、A350、MD-11、A380

地域／長距離分類は、「中型」に改称されるであろう。14 章で議論する通り、これらはボーイングによる大型機（有償搭載量 80 トン超）、中型機（有償搭載量 40〜80 トン）という区分とよく一致している。

7.3 新造貨物専用機

OAG は 2010 年から 2019 年の間に、116 機の B777F、94 機の B747-8Fs、67 機の A330-200Fs、32 機の B767F の投入を予測している。これらは現在生産中の貨物専用機である。この予測には、当時生産計画に疑問がもたれていた A380F は含まれていない。まず本節では、今日多くがなおも飛行中の生産済み貨物専用機について輸送力を検討する。次いで現在生産中の航空機について規模別に把握する（なお、小型ジェット機の生産計画はないことを指摘しておく）。

---

[5] すでに認可日が 2012 年にずれこんでおり、この予測は楽観的すぎようだ。遅れの原因は、重心位置の改善を図るため貨物ドアを後部に配置しなおしたためである。

7.3.1 小型ジェット貨物機

小型機分野では、現在唯一ボーイングが B737-700C を生産している。これは旅客・貨物転換可能な航空機であり、完全な貨物仕様に転換した場合、5,300 km 以上の航続距離で 20 トン弱の最大積載量となる。最初の顧客は、もともと国営石油会社によって設立されたアンゴラのソンエア（Sonair）である。

ボーイングは、過去に B737-200 貨物専用機を 2 機しか生産していないが、38 機のコンビ機を生産している。B737-300 および -400 からは貨物専用機は生産されておらず、DC9s からも数機にすぎない。ブリティッシュ・エアロスペースは、TNT 向けに 23 機の新 146 貨物専用機を生産している。

7.3.2 中型貨物機

生産中止（2010年）

表 7.4 のなかで、B757-200F と A300F4-600 がインテグレーター、特に UPS（B757 の最初の顧客）とフェデックスに大人気であり、多数生産された。

A300-600F の生産機数はごくわずかだったが、その旅客機からの改造は EADS-EFW のみが手掛けていた。これは、1990 年代に改造され機齢が 30 年に近付いている A300B4-100F と -200F の後継機であった。

生産中（2010年）

現在ボーイングが提供している中型貨物専用機は、B767-300F である。最大有償搭載量 54 トンで 5,800 km を輸送することができる。

エアバスはやや大型の競合機である A330-200F を生産しているが、これは最初の貨物専業機プロジェクトである。しかしながら、その受注は 2008 年に 77 機とピークを迎えたものの、航空貨物不況のためキャンセルや延期となるものもあった。2010 年現在、合計 24 機の受注のうち、20 機はイントレピッ

表 7.4 中型貨物専用機：生産中止（2010年）

	標記有償搭載量（t）	航続距離（km）*	販売・注文数
B757-200F	27	6,051	80
DC8-61F	40	3,982	n/a
A300F4-600	54-64	5,378	72
DC10-30F、CF	70	5,741	37

注：＊最大有償搭載量制約時
出所：生産業者の推定

ド・アヴィエーション（Intrepid Aviation）、12機はインドの貨物専業ベンチャーFlyington Freightersからであった（2010年半ば時点ではまだ運航を開始していない）。トルコ航空（2機）、エティハド航空（最初の顧客として2機）、MGN航空（4機）等の定評がある航空会社からの注文もある。他にはAvion BOC、グッゲンハイム（Guggenheim）、MatlinPatterson等の発注がある。

ロシアのイリューシンは、1993年から現在まで、航空機を生産している。中型機部門では、有償搭載量50トンを3,700km輸送できるIl-76を生産している。1976年に商用貨物専用機として導入してから、有償搭載量と航続距離の仕様を発展させ、Il-78に至っている。これは重い機械や軍備品を遠方の滑走路が短い飛行場に輸送するのに理想的な航空機であった。後部に設けられた傾斜路からの積み下ろし方式は、車両やキャタピラー車に便利であり、災害救助活動で利用しやすい航空機となった[6]。

7.3.3 大型貨物専用機

生産中止（2010年）

生産中止となった主要な西側製貨物専用機の大部分は、ボーイングによるものである（表7.6）。MD-11は貨物専用機として、フェデックスとルフトハン

表7.5 中型貨物専用機：生産中（2010年）

	標記有償搭載量（t）	航続距離（km）*	販売・注文数
B767-300F	54	5,785	83
A330-200F	64	7,400	64

注：＊最大有償搭載量制約時
出所：生産業者の推定

表7.6 大型貨物専用機：生産中止（2010年）

	標記有償搭載量（t）	航続距離（km）*	販売・注文数
MD-11F	90	7,222	53
B747-200F	95	8,150	73
B747-400F	110	8,150	166

注：＊最大有償搭載量制約時
出所：生産業者の推定

---

[6] 例えば、2005年ハリケーンカトリーナ後の救助活動では、2機がアメリカに支援のため飛び立った。

ザ航空が主要顧客（ローンチカスタマー）となり、1986年に初めて生産された。同機は、2000年に生産中止となるまで最終的に53機が販売された。コンバーチブル機としては、マーチンエアの発注により1991年に生産が開始されたが、5機しか販売されなかった。B777Fが導入されると、MD-11は非経済的になった。26パレット（88インチ×125インチ）あるいは、21,096立方フィートの有償搭載量があり、91トンの貨物を搭載できる。MD11Fの前身であるDC10-30Fは、もともとフェデックスが発注したが、あまりうまくいかず、わずか11機しか売れなかった。もっともその大部分は、旅客機からの改造であった。

　B747-200Fは、-200の貨物専用機である。側部貨物扉を装着することもできる。前部積込み扉から、より迅速により大型の貨物をハンドリングできることが魅力であり、貨物専用機としてはかなりよく売れた。最初に、1972年にルフトハンザによって運航が始まった。B747-200Cは、旅客機にも貨物機にも転換可能であり、あるいは旅客と貨物を混合して搭載できるように転換可能な航空機である。ワールド・エアウェイズが最初の顧客であったが、13機しか生産されなかった。座席は取り外し可能で、前部積込み扉が装備されている。オプションで、メインデッキに側部扉を装着できる。B747-200Mはメインデッキに側部貨物扉を備え、後部メインデッキに貨物を搭載できるコンビ機である。取り外し可能な仕切り壁によって、メインデッキ後部の貨物と前部の旅客を分離する。エアカナダが最初の顧客であり、78機が生産された。このモデルは、メインデッキ後部に貨物を搭載しても、3クラス仕様で238人の旅客が搭乗できる。747-200コンビとしても知られる。上部デッキ延長型の-300M版もスイス航空を最初の顧客として生産されたが、生産機数は4機にすぎなかった。

　B747-400Fは166機売れ、成功した。ロシア製貨物専用機を別にすれば、転換した航空機では利用不可能な前部貨物扉を持つ唯一の大型商業貨物専用機であった。2009年に生産完了となった。

　ウクライナ（旧ソ連）では、2種類の大型貨物専用機、アントノフ124ルスランとアントノフ225を生産していた。当初は軍用機であったが、やがて商業用にも利用されるようになった。前者は、有償搭載量が120トン超あり、特大の発電機やヘリコプターを搭載できる。後者は、民間航空機最大の有償搭載量である200トンを誇っている。これまで1機だけ生産された。2009年、これ

まで最大の商業貨物 190 トンをフランクフルト・ハーン空港からアルメニアのエレバン（Yerevan）空港まで輸送した。貨物は、火力発電所発電機で 53 フィート×14 フィートあり、まずハーン空港近くまでモーゼル川を船で輸送しなければならなかった[7]。An225 もまた、2010 年ハイチ地震後の救助活動にかかわった。

生産中（2010 年）

ボーイングは現在、有償搭載量 100〜150 トンの貨物専用機を数機種生産している。最小の B777F は、B747-200F の後継であり、やや大型の B747-400F の代替となりうる。A380F の出現に合わせ、ボーイングは B747-400F の胴体を延長し、旅客機と貨物機の新モデル B747-8F として販売した。これまでのところ、B747-8F は旅客機版よりも成功をおさめ、搭載量で A380F の直接的な競合機となった（航続距離では競争できないが）。しかしながら、多くの航空会社にとって A380 ほどの航続距離は不必要であり、A380F は現在 1 機も受注がない。以前にフェデックスと UPS、ILFC が合計 17 機を発注したが、2008/2009 年の急激な航空貨物市場の落込後にキャンセルされた。

イリューシン-96-400T は、最初に 1993 年に生産されたロシア製ワイドボディ機イリューシン 96-300 の貨物機版である。貨物搭載量は、プラットアンドホイットニー製エンジン装着により、大幅に拡大された。イリューシン-96 の旅客機版は、もはや生産されていない。ロシア貨物航空会社 Polet が商業サービスで 3 機のみを利用しており、さらに 3 機を注文している。

B777F は、最初に 2009 年 2 月に現エールフランス-KLM によって導入された。これにより、B747-400F の経済的寿命がやや縮まったが、ボーイングは現在大型化した B747-8F を提供している。B777 の燃費効率はとても高く、航

表 7.7 大型貨物専用機：生産中（2010 年）

	標記有償搭載量（t）	航続距離（km）*	販売・注文数
Il-96-400T	92	5,200	6
B777F	103	9,065	73
B747-8F	154	8,130	78
A380F	157	10,400	0

注：＊最大有償搭載量制約時
出所：生産業者の推定

---

[7] *Air Cargo World*, 14 August 2009.

続距離性能もまた優れている。

　B787 と異なり、B747-8F ではほとんど炭素繊維が利用されていない。-400F よりも全長が 5.7 m 長く、貨物容積が 16% 大きいうえ、同じく前部貨物扉によって大型貨物の取扱が容易である。その翼幅は-400F よりも 4.1 m 長い 68.5 m であるものの、80 m 以内に収まっている。この寸法は飛行場計画で重要であり、80 m 弱の A380（88 m のアントノフ 225）では問題が生じる空港もある。尾翼高と貨物室の幅は全く同じである。B747-400 と比べ騒音も小さく、ICAO（4 章）とロンドン QC2 騒音基準に適合するだけでなく、17% 燃費が良い。ボーイングの歴史で、旅客機より先に貨物機が導入された初めての航空機である（約 1 年先に導入された）。カーゴルックス 10 機と日本貨物航空 8 機の注文により生産開始となり、2010 年半ばまでに 76 機の受注を獲得した（旅客機は 32 機のみ）。

　最後に、航空機部品を輸送するために生産された特大容積貨物専用機について言及すべきである。それはエアバスの「ベルーガ」とボーイングの「ドリームリフター」である。ベルーガあるいは A300-600ST（Special Transporter）は、A300 の機体と操縦室を利用した搭載量 47 トン、容積 $1,210 m^3$ を有する双発貨物専用機である。航空機部品を各地の納入業者からツールーズとハンブルグにある最終組み立て工場に輸送するために、5 機が生産された。1995 年に導入され、エアバス向けの仕事に加えてチャーター輸送も行っている。

　一方、ボーイングのドリームリフターあるいは B747LC（Large Cargo Freighter）は、ボーイング専用であり、より長距離輸送する必要があるものの同じ目的である。おもに、B787 の部品をイタリア、日本などの納入業者から米国の組立ラインに輸送している。4 機が台湾で、B747-400 旅客機から改造された。その貨物室容積は $1,840 m^3$ ある。その運航は、米国貨物専業航空会社エバーグリーンの契約のもとで行われていたが、その契約は 2010 年に CMI（乗務員および、メンテナンス、保険）条件によるアトラス航空に移った[8]。

7.4 「コンビ」とクイックチェンジ機

　これらの航空機は、既述の機材の製造や改造工程に含まれるため、いろいろな箇所で触れてきた。Flightglobal データベースに基づき、コンビとして利用

---

[8] アトラス航空は、ほぼ同時に B747-8F を 12 機発注した（さらに 14 機のオプション付き）。

表 7.8　コンビ機、改造コンビ機、クイックチェンジ機

	コンビ	改造コンビ	合計
737-200	38	9	47
747-400	30	17	47
747-200	0	41	41
727-100	1	23	24
DC-9	0	21	21
707-300	0	20	20
DC-10	0	16	16
747-300	6	6	12
MD-11	0	7	7
737-400	5	0	5
727-200	0	1	1
A300	0	1	1
737-700	1	0	1
計	81	162	243

注：上記航空機は運航中またはメンテナンス中
出所：Flightglobal's ACAS Fleet Database, March 2010.

可能な機材を表 7.8 に示す。このデータベースでは、貨物と旅客ともにメインデッキで輸送できるように設計された「コンビ」と、そうでない機材とを以下のように区分している。

　コンビ：旅客と貨物をともにメインデッキで輸送することを目的に設計された多区画航空機。

　改造コンビ：貨物輸送専用に用いられる機材で、コンビ（改造または改良）、クイックチェンジ、マルチプルチェンジ、コンバーチブル貨物専用機を含む。

　DC10-10CF は、-10 のコンバーチブル旅客・貨物輸送機版である。9 機が生産され、コンチネンタル航空に 8 機、ユナイテッド航空に 1 機が納入された。

　DC10-30CF は、-30 の貨物・旅客輸送機版である。26 機が生産され、オランダ・マーチンエア（4 機）、オーバーシーズ・ナショナル・エアウエイズ（5機）、サベナ航空（5 機）、トランス・インターナショナル・エアラインズ（3機）、ワールド・エアウエイズ（9 機）に納入された。この機材で旅客と貨物を同時に輸送していたのは、サベナ航空だけである。

7.5　航空機用 ULD（Unit Load Device）

　ユニットロードデバイス（ULD）とは、パレットまたはコンテナのことである。パレットは、貨物を置く多様なサイズの木製または金属製の底板であ

る。航空コンテナは、多様な航空機に収まり装置で荷役することができる密閉ユニットであり、堅牢な底板と壁、扉、天井から成る。複合輸送用コンテナは、道路、鉄道、海運、航空で利用することができるコンテナであるが、航空で利用できるほど軽くかつ、他の輸送機関で利用できるほど堅牢なものはまだ設計されていない。ULDの空港での荷役については、8.2.1で述べる。ここでは、航空機との互換性と運用等といった要因について扱う。

ワイドボディの導入まで、貨物専用機のメインデッキではパレットが利用され、旅客機と貨物専用機のロワーデッキではコンテナ化されずバルク貨物のまま積み込まれていた。ワイドボディ機の出現により、旅客便のロワーデッキの巨大な空間を埋め、迅速に積み下ろす手段を導入することが必要になった。これが、この空間の形状に合わせたコンテナの開発に繋がった。そして、コンテナはメインデッキでもまた利用されるようになり、A320のようにナローボディでさえ使われるようになった。

ULDの種類を示す番号や記号には、2種類ある。1984年、IATA3文字コード方式が導入され、それまでのLDにロワーデッキ番号を付加しMにメインデッキのユニット番号を付加する方式にとって代わるようになった。幅広く利用されていたLD3は、IATA方式ではAKEとなった。最初の文字は認定された構造のコンテナであることを示し（つまり、航空機の積込み・固定システムに直接接続することができる）、2番目位の文字は寸法、3番目の文字は形状である。さらに改善されたのは、3番目の文字「N」によって底部のフォークリフト用のスロット（細長い隙間）の存在を示すようになったことである。スロットを設けるとコンテナの重量が少し増え容積が減るが、取扱が容易になる。特殊コンテナもまた開発され、たとえば馬や家畜用コンテナ、レールにハンガーが掛けられる衣料用コンテナがある。温度調整装置も利用可能である。

ULDの主要製造業者としては、SATCO、Driessen、ノルディスク（Nordisk）、Fylin、Amsafe、VRRが挙げられる。航空機や航空会社間で互換性を保つため、寸法は同一であるが、ULDの自重は異なる場合もある。

表7.9に、最も一般的に利用されている3種類のULD（8.2.1参照）の寸法と質量を示す。すべてが、B767を含むワイドボディに適している。インテグレーターのなかには、自社航空機とハブ空港での限られた積替え時間に合わせるため、自社独自のコンテナを開発しているものもある。航空会社のULDの使用例をみると、ブリティッシュ・エアウエイズではB747、B777、B767の

表7.9 よく利用されている ULD の仕様

記号		底面寸法と高さ (フィート)	内容積 (立方フィート)	自重 (kg)	最大質量 (kg)*
LD3	AKE	62×60×64	153	80	1,587
LD3	AKN	62×60×64	145	100	1,587
LD9	AAP	125×88×64	270	381	6,033
LD11	ALP	125×60×64	240	185	3,175

注：＊コンテナ自重を含む。
出所：航空会社ウェブサイト

ロワーデッキと B757 貨物専用機のメインデッキで LD3 を、B747、B777、B767 のロワーデッキで LD9 を、B747、B777 のロワーデッキで LD11 あるいはパレットを利用している。B767 はやや狭い断面であるため、LD3 を搭載することはスペースの無駄になる。したがって、B767 の後継機である B787 での設計要件は、ロワーデッキを最大限有効活用できるように LD3 および、LD6、LD11 シリーズを利用できるようにすることである。

7.6 航空機の運航

7.6.1 運航計画

航空機メーカーは、標準的運航条件に基づいた自社航空機の標準運航特性を公表している。図 7.2 に示す例のようなグラフをみると、計画目的のためのトレードオフについてだいたい理解できる。もっとも各航空会社は、その方針や特定の航空機、空港、その時点の条件に基づく仮定を置いている。通常計画チャートは、周辺温度や向かい風なし、標準上昇・運航速度、典型的な飛行規則（例えば予備燃料等）について、標準的な日に基づいている。

図 7.2 の形状は、航空機の機種とエンジンの組み合わせによって異なろうが、長距離航空機の場合には最初の水平線は長くなるだろう。航空会社は一定の売上額が見込まれる特定のネットワークを運航する必要があり、その経路上でもっとも費用効果的な方法で運航できるように航空機を選択する。それは図 7.2 の A 点で運航することを意味する。なぜなら、それより長いと旅客あるいは貨物の有償搭載量が減り、それより短いと航空機の輸送能力を完全に利用できないからである。ネットワークには異なる距離のルートが含まれるため、できるだけ少ない機種で費用を削減するためには多少の妥協が必要になる。

B737 や A320 のような中短距離航空機は、しばしば設計距離（図 7.2 の A

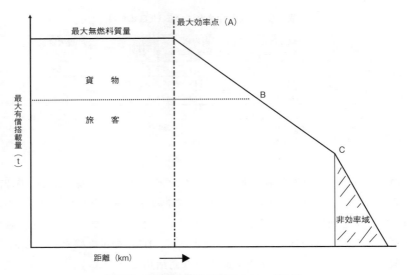

図7.2　有償搭載量と距離のトレードオフ

点）よりはるかに短い区間で利用されている。またほとんど貨物を輸送しないため、航空会社はめったに利用しない輸送能力のために高いお金を払っている。ライアンエアやイージージェットのようなローコストキャリアが短距離バージョンの機材を利用して低運賃を提示しているのは、これが理由である。

運航計画で有用なもう1枚の図は、滑走路長と、MTOWまでの離陸重量との関係を示したものである。例えばB747-8Fでは海抜0mの場合、滑走路長2,000mで離陸重量275トンとなるが、滑走路長が3,000mになれば離陸重量はMTOWまで増える。高地に位置する空港、例えばアディスアベバでは、この機材で離陸重量をMTOWとする場合、滑走路長は少なくとも4,000m必要になるかもしれない。

7.6.2　飛行経路

貨物専用機の運航はかなり燃料集約的であるため、飛行時間が短く、燃料消費や他の時間比例費用が少ない直航が多い。しばしばノンストップ飛行では、軍事制限や要注意地域を避けなければならないため遠回りを強いられる。途中立ち寄りをすると距離が増すため、その費用を補うのに十分な追加輸送貨物量と収入が必要になる。

7.6 航空機の運航

中国は空域の約30％しか民間航空に割り当てていないため、東アジアと欧州間の国際輸送ではかなり大回りの飛行を強いられる。これは旧ソ連でも同様で、この区間の飛行はインドとイラン上空の南ルートをとらなければならなかった。しかしながら2006年、IATAの努力によりIATA-1と呼ばれるルートが開設された。このルートによって、中国と欧州間の飛行時間は30分短縮され、かなりの燃料が削減されるようになった。当初は週100便超の利用だったが、その後急増している。

ロシアも旧ソ連時代から、より多くのルートを開いていたが、限られた航行支援を提供する（あるいは現在必要とされる）ことに対して高額の上空通過料を請求している。しかしながら、ルフトハンザカーゴがロシア・シベリアのクラスノヤルスクではなくカザフスタンのアスタナに地域ハブを設置することを決定した後で、空域の利用許可を申請したのに対しロシアが拒否したため、外交上の騒動が引き起こされた。クラスノヤルスクでは低視界の気象条件が発生する確率が高いため、ルフトハンザがハブの設置を却下した。アスタナはクラスノヤルスクより約1,500km西に位置しており、ルフトハンザはアジア発着の貨物機週49便をかなりの距離迂回せざるをえなくなった〈訳者：ルフトハンザカーゴは、2009年にアスタナからクラスノヤルスクに地域ハブを移転した〉。

欧州・アジア間のノンストップ運航は、緊急品の荷主にとって有利になるかもしれないが、これらの貨物は大型貨物機を満載にするほど多くないかもしれない。したがって、運航権が利用可能で両方向の不均衡が最小化できるならば、1回か数回途中で立ち寄ることは経済的に意味があるかもしれない。北大西洋路線では、途中立ち寄りはあまり意味がなく、少なくともトラックで出発空港に輸送できる北米では意味がない。欧州側では、例えばフェデックスのメンフィス／パリルートのように、欧州大陸への途中で英国に立ち寄る意味はあるかもしれない。北太平洋路線ではまた、貨物集約のための途中立ち寄りはほとんど意味がないものの、超長距離区間が含まれる場合にはアンカレッジでの給油立ち寄りがしばしば必要になる。

欧州とアジア間とのルートは、北東アジア諸国（特に中国、韓国、台湾）、東アジア（日本と香港）、東南アジア（例えばシンガポール、クアラルンプール、バンコク）で異なる。東南アジア諸国の場合、中東やインドに立ち寄るのは最短距離の大圏ルートに近いが、北東アジア諸国からの飛行では遠回りにな

る。

　ユーロコントロール（欧州航空航法安全機構）によれば、夜間運航事業者には定期的に直航ルートが与えられる（特に貨物専業航空会社）。これは航空輸送からの排出ガス削減への動きを促進するが、多くの航空事業者はまだ直航ルートを申請する立場をとっていないため、燃料と貨物輸送を最適化する妨げとなっている。

7.7　将来の貨物専用機

　これまでの貨物航空機は、旅客機か軍用機から派生したものであった。このため、貨物専用の新設計がしばしば提案されてきた。また現在、燃料価格高騰と気候変動への懸念により、スピードを犠牲にしても積載量を増して燃料効率を改善し単位費用を下げられる新型機への待望論が高まっている。過激な新貨物専用機の提案は、よく貨物専用空港と相伴って現れる。欧州では大規模空軍基地の閉鎖に伴い、長い滑走路と関連施設が残されたため、そのような空港に不足はない。しかし、このような議論は、なおも旅客便で多くの割合の貨物を輸送している航空会社よりも、インテグレーターにより当てはまるであろう。

　このようなアプローチは、既存の固定翼機や飛行船、「地面効果」航空機を発展させることによって実現可能である。

7.7.1　従来型設計

　従来型の設計と推進方式を利用した将来の貨物機の提案では、特定の貨物空港と複合輸送用コンテナが力説されている。これは、エアバスのベルーガとボーイングのドリームリフターに、ある程度影響を受けている。Schmitt and Strohmayer（2001）は、以下の基本要件を挙げている。

- ・巡航速度マッハ 0.7 以上
- ・有償搭載量 250 トン以上
- ・飛行場滑走路長：CAN（飛行場分類番号）＜75
- ・24 時間運航のため低騒音
- ・迅速な積み下ろし
- ・与圧は操縦室部分限定
- ・優れた経済性

7.7 将来の貨物専用機

　このような概念は、1999年クランフィールド大学（英国）、ミュンヘン工科大学、ENSICA（フランス）のコンソーシアムによって展開された。これはその後、エコリフターと呼ばれ、有償搭載量250トンで3,500km輸送可能とされた。その胴体断面は、A380よりやや大きく、前述のベルーガと類似している。メインデッキには、20フィート複合輸送用コンテナを左右に並べ、さらにその上に2本を載せることができる。合わせて、40本もの自重が大きなコンテナを収納できる。この機材が貨物専用空港を利用する必要があるのは、翼幅が85mもあるだけでなく、素早く折り返し準備を行うため迅速に荷役しなければならないからである。このようにして飛行時間を増やすことにより、確実に巨額投資費用を回収することができる。その経済性は、道路輸送に匹敵する10.3セント／トンキロになると推定されていた。その最適輸送距離帯3,500kmでの道路貨物輸送量は限られているかもしれないが、道路から航空への貨物の転換は可能であろう。

　より燃料効率的な将来の航空機への方向性として、すでに軍用機として運航しているブレンデッドウィングボディ（翼と胴体とが一体化された飛行機）を推す向きもある。フェデックスの将来像として、フレッド・スミスCEOは、この機材でさらに無人飛行（パイロットレス）を行うことを思い描いている。

7.7.2 飛行船

　飛行船は、プロパンや水素、ヘリウムのような空気より軽い気体によって浮力を得る航空機である。気体は、柔軟あるいは硬直的な構造の風船に収められる。ドイツのカーゴリフターによるプロジェクトは、2002年破産によって中止した。そのCL75「エアクレーン」は、100,000m^3のヘリウムで浮上し、一時期カナダ社に売却寸前であった。より大型の550,000m^3の機体をCT7-8Lターボプロップエンジン8基によって推進し、160トンの貨物を10,000kmの距離まで輸送する計画も立てられた。

　飛行船で航空貨物を輸送するいろいろな計画があったが、通常は一般貨物よりも特殊貨物を輸送するのに優れている。飛行船の短所は、速度と燃料効率との関係にある。速度が100〜150ノットを超えると、燃料効率が急激に悪化する。第2に、巨大な輸送力を持つ飛行船のみ、例えばB747-400F以上で速度150ノットの場合、燃料効率の著しい改善が可能となる。これはなおも現行のジェット貨物航空機の速度500ノットを大きく下回り、一方で経済的に運航す

るためには500トン以上の有償搭載量が必要である（Rawdon and Hoisington, 2003）。このため、インフラの問題以前に、市場集中とスーパーハブの問題が生じる。また、航空機の計器離発着進路のための通常の航空管制方式が、飛行船に合致すると考えるのは難しい。

多くの飛行船プロジェクトがあるが、上記よりも小型の機材がほとんどである。UK Airship Industries は、ポルシェ製エンジンを備え50ノットで航行する小型の飛行船を開発した。その他にも、米国Millennium Air Ship Inc.によるスカイフレイター（Sky Freighter）プロジェクトがあった。オランダ Rigid Airship Design は、例えば生花をオランダと英国間で輸送するのに適した35トン搭載可能な RA-180 により、海上プラットフォームの提供や短距離ルートでの旅客輸送を提案している。

米国 E-Green Technologies は、2010年夏に Bullet580 飛行船の試験飛行を目論んでいた。わずか7トンしか輸送できないが、大型機版では時速80マイルで50トン運ぶことができる。

Palma et al.（2010）が行った飛行船と既存輸送機関との比較調査では、船舶と比べ時速100km以上あるいは3～5倍速い。既存固定翼機と比較すると、飛行船ははるかに遅いが、巨大な輸送力や柔軟な荷役、経済性の点で優れている。しかしながら、光ファイバー方式等の技術進歩によって改善されたとはいえ、特に離着陸時の悪天候に対して飛行船が脆弱なことに注意を払うべきと指摘している。この調査によれば、貨物輸送で飛行船を利用する意向を示しているのはわずか32%であるのに対し、旅客輸送では40%である。飛行船の輸送距離が短距離に限定されているため、主要貿易ルートでは利用できない。そして短距離では経済性がトラックに大きく劣っている（大きな物理的障壁がないと仮定しても）。

7.7.3　地面効果航空機

地面効果航空機は、海上または陸上を基盤とすることができる。近年ではそのための計画が増えている。高速で水中から離着し、地面効果を最大限利用するために水面上近くを航行する。巨大な翼がしばしば水面と接触するため、最近まで陸上では実用化が難しかったが、操作技術の発展によって状況はやや変化している。初期には、ほとんどの研究開発が、人口が極めて少ない広大な国土で採用可能性が高そうなソ連で行われていた。陸上での計画案では、最大有

償搭載量1,200トン、700トン搭載時に航続距離18,000kmのペリカンULTRAがある（Rawdon and Hoisington、2003）。地面効果を利用するだけでなく、通常の航空方式でも運航することができる。この研究によれば、総費用（積み下ろし、利子、減価償却を含む）は、航空輸送ではDoor to Doorで0.30米ドル／トンマイル、輸送時間3日、海運では0.03米ドル／トンマイル、30日となるのに対し、ペリカンでは、総費用0.12米ドル／トンマイル、輸送時間3日と推定している。ペリカンは、現在海空の分岐点となっている15米ドル／ポンド（33米ドル／kg）より安い4.90米ドル／ポンド（11ドル／kg）以上の貨物を集められるという。市場の潜在規模によっては、小型のペリカンを生産することもまた可能であろう。

第8章　空港と地上のオペレーション

　空港は、航空輸送とトラック（ときには鉄道）による集配と流通の重要な接点となる。既存調査では、遅延がよく発生するサプライチェーン上の場所として、空港が指摘されてきた。これは、最短時間で商品を市場に送るという航空輸送の最大の長所を損なう可能性がある。このため、インテグレーターは、旅客移動が少なく混雑がほとんどない補助的な空港をよく選択する。一方、ネットワークキャリアは、十分な発着枠が利用可能であれば、旅客ハブと同じ空港に貨物ハブを設ける[1]。国際貨物取扱量が多い空港と、そこをハブとして利用する航空会社が表 8.1〈訳者：表 1.6 の間違いと思われる〉に示される。

　空港インフラでは、貨物機と旅客機の両方が利用する滑走路、誘導路、駐機場が必要である。このエアサイドシステムは、航空管制あるいは進入管理に関する最初と最後の飛行段階に広がっている。旅客ターミナルは、旅客機で輸送される貨物を処理できなければならない。道路で迅速に貨物ターミナルにアクセスできるようにし、旅客ターミナルに貨物積替所を設ける場合もある。貨物ターミナルには、貨物機の駐機場や荷役機器、建物内の荷役・保管施設が必要である。ランドサイドには、トラック駐車場や道路が必要で、付近の主要幹線に接続していることが望ましい。通常、ICAO 標準が、これら施設の設計・運営の基本となっている。

　航空機や車両、ULD の処理に必要な物理的施設に加えて、関係者すべての間でデータをやり取りし、記録を保管し、許可を得る必要がある。貨物を動かし航空機離発着を許可するためには情報が不可欠であるため、本章ではそれらを扱う。最初に、貨物が空港（そして空港周辺のフォワーダー施設）に到着した瞬間から、荷受人に届く途中の到着空港を離れるまでを述べる。

　典型的な航空貨物輸出のロジスティクス連鎖は、以下のステップを含んでいる。

1. 輸出者と輸入者の商取引
2. 輸送条件についての情報収集

---

[1] 例えばブリティッシュ・エアウエイズは、旅客ハブがあるヒースロー空港での発着枠制限のため、ロンドン・スタンステッド空港から貨物便を運航することを余儀なくされている。

3. 航空輸送選択とフライト予約
4. 荷物の梱包、ラベル貼り、そして輸送準備
5. 書類準備
6. 航空会社が設定した最終受付時間内に（例えばフライト出発の6時間前）、荷物が空港到着（おそらくフォワーダー経由）
7. 以下のフライト準備
   - プランニング
   - 貨物積み付け
   - 出発管理
   - 通関と他の検査
   - 航空機への積込み
   - フライト出発
8. 最終目的地へのフライト到着
9. 輸入者／代理店への到着通知
10. 税関検査と通関
11. 空港からの集荷

これらのステップには、Door to Door での輸送に従った物理的な貨物移動に加えて、関係者間の情報フローが含まれる。

8.1　情報フロー

以前は、多くのデータと記録が書類として関係者間で移動していため、紛失や遅延の危険性が高かった。今日では、その多くが電子フォームで保管、送信されている。ICAO によれば、次のとおりである。

「近年、航空貨物通関処理の自動化は、諸関係者、つまり税関、荷主、荷受人、航空輸送業者、通関業者、農業、その他関連政府機関の間で交換される大量データの管理方法として、世界の通関サービスの最優先課題である。麻薬密輸、知的財産権侵害、絶滅危惧種密輸等の不法行為によって増大するリスクに直面し管理を強化する必要性が高まるなか、貿易量の増大と相まって、政府検査機関が限られた資源のもとで取り締まりの使命を遂行することはますます困難になっている。さらにまた、伝統的な航空貨物システムの研究は、平均滞留時間（到着から搬出許可まで）が4.5日あり、ほとんどの航空貨物顧客にとっ

て受け入れがたい遅延であると結論付けている。航空事業者や通関業者、関係当局は、自動化による解決を追求しており、処理をより効率的に管理することによって、法令順守をより確実にし、低リスク貨物の通関を迅速化しようとしている。」

この解決方法は、政治的、技術的問題をもたらす挑戦である。幸い、技術的問題は、各関係者のITシステム間の情報交換に理想的なプラットフォームであるインターネットの普及によって、解決が容易になってきた。政治的問題は、これまで利用してきた主導システムに必要な変化を生み出すための新政策で生じる。

8.1.1 関 係 者

ほとんどの国内輸送は陸上で行われるため、航空貨物輸送は物品の輸出で利用される場合がほとんどである。したがって、検査やおそらく関税支払いに関する税関規則を順守しなければならない。さらに特別な許可を含むかもしれない。また、ある国の輸出に加えて他の国の輸入の視点からみることができるだろう。このように複雑であるため、輸出者は、特に零細企業の場合には、1社あるいは複数の仲介業者のサービスを利用したほうが有利かもしれない。そのような事業者として以下が挙げられる。

・フレイトフォワーダー
・集荷サービス業者
・混載業者
・通関業者

これらは、輸入側の輸送もまた取扱い、Door to Door輸送の隙間を埋める航空会社と他の関係者と契約している、大手フォワーダーが兼業している場合もある。あるいはまた、輸出者は、すべての輸送を自社航空機とトラックで行うインテグレーターを選択することもできる。さらにまた輸出者は、小包輸送をフォワーダーやインテグレーターに委託、あるいは航空会社に直接委託する郵便事業者を利用することもできる。

8.1.2 積荷書類

航空運送状（Air waybill）

関連する積荷書類が航空運送状である。航空運送状は、物品の所有権は示さないが、航空「チケット」であり、航空会社が物品を受領した証明書である。フォワーダーが委託貨物を受け取ると、HAWB（House Air Waybill）を発行する。フォワーダーが多くの貨物を混載し大型貨物にまとめ航空会社に委託すると、航空会社はMAWB（Master Air Waybill）を発行する。後者の場合、フォワーダーまたは混載業者が荷主となり、混載貨物を構成する各貨物にはまたそれぞれのHAWBが発行されている。混載貨物は、空港外で顧客積込コンテナ（あるいはULD）に搭載し、空港に到着したらすぐに航空機に搭載可能な状態にすることもある。

図8.1の例では、以下が書き込む必要のある主要項目である。

- 正確な荷送人（A）と荷受人（B）を示さなければならない。
- 出発空港（C）と仕向空港（D）を示さなければならない。
- 物品の仕様（E）は他の書類に示された内容と一致していなければならない。
- 重量、寸法あるいは荷印（F）は他の書類に示された内容と同一でなければならない。
- 実運送人（G）あるいは指名された運送人の指名された代理人による署名と日付が必要である。
- 運賃（H）が支払い済みであるか仕向け地で支払われるか記述しなければならない。

MAWBでは、以下の情報が必要である。

荷送人情報：混載の場合、取扱フォワーダーの名称と住所で足りる。混載ではない貨物の場合、実荷送人の名称と住所を用いなければならない。

荷受人情報：混載の場合、フォワーダー、コンテナステーションあるいはブローカーで足りる。混載ではない貨物の場合、実荷受人の名称と住所を用いなければならない。

貨物の仕様：HAWB1枚のみがMAWBに添えられている場合を含め、すべての混載貨物では、物品の性質と量と表示された記述欄は「添付積荷目録通りの混載」と読み替える。混載ではない貨物の場合、完全で正確な記述

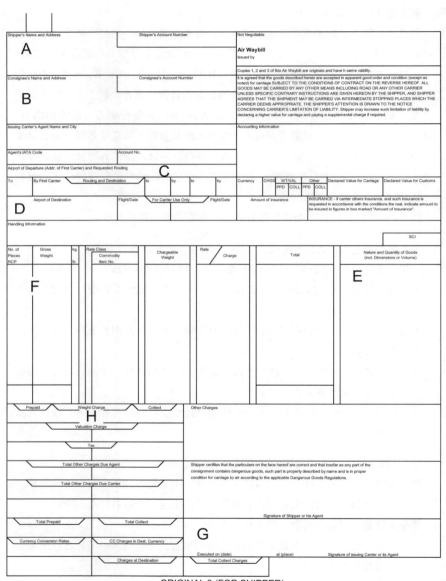

図 8.1　航空運送状の例

を示さなければならない。

- **量**：個数欄に差出個数を示したうえで、混載表明の下の物品の性質と量欄にもまた、差出梱包個数の総数（SLAC、荷送人申告による積込個数）を示さなければならない。例えば、それぞれ物品 25 個を含む 2 つの梱包物の場合、個数欄に差出個数「2」を記入し、物品の性質と量欄に「SLAC-50 個」と記入する。
- **顧客積込コンテナ（CLC）**：CLC では、コンテナに詰められている個数を、物品の性質と量の欄に「含まれていると申告した（said to contain）」として表現しなければならない。荷送人はまた、それぞれの CLC 別に、どの HAWB の貨物が積み込まれているか、個数を含めて、出所書類、積荷目録、あるいはパレットタグに明確に記さなければならない。例えば、もし顧客が 150 個の物品を LD3 コンテナに積み込んだら、個数欄には「1」、物品の性質と量欄には「150 個含まれていると申告した」と記入する。

積荷目録（Cargo manifest）

空輸目録には、特定のフライトで輸送される旅客と貨物両方の詳細が含まれている。貨物の場合には、航空運送状番号および、ULD 参照番号、各航空運送状に示された物品個数、収入重量、実総重量、物品の説明、特殊荷役指示であろう。いいかえれば、各航空運送状に含まれた情報の要約である。収入重量は、容積勝ち荷物に適用される運賃計算用の重量であり、167kg/m^3 以上の場合は実重量と同じである。目録情報は、目的地（輸入国）の税関当局に送られるが、フライト到着時間に先立ち電子的に送信されることが望ましい（以下参照）。

重量とバランスのための搭載指示書（Load sheet）

重量とバランスが正確であり、航空機の重心が規定範囲内にあり、航空機のいかなる部分でも特定の荷重限界を超えていないことを確認するため、旅客および貨物フライトともに搭載指示書（ロードシート）が要求される。ロードシートには、旅客数とその重量に加えて、輸送する手荷物および、貨物、郵便の重量と位置が記される。これを要約すれば総輸送重量となり、さらに燃料等を加えると実離発着重量となる。これはセクションに分割されるが、あまり読みやすいフォーマットになっていない。

1. フライト情報
2. 貨物情報
3. 旅客情報
4. 燃料と重量の情報
5. バランス情報
6. 誘導情報
7. 要約

遅延を防止し効率的な荷役を確保するため、航空会社、フォワーダー、荷主、税関当局間で情報を交換しなければならない。当初様々な情報システムが空港別に開発されたが（コミュニティ・システム、CCS）、やがて他の空港と接続されるようになった。電子航空運送状メッセージ（FWB）情報送信や、貨物ステータス照会・更新、目録送受信、予約のため、電子標準的なデータ交換手続きである貨物IMP（Interchange Message Procedure）が用いられるようになった。インターネットの普及により、専門家の中には旧来のシステムはインターネットに基づいたシステムに入れ替わると予想するものもいる。

8.1.3 通　関

税関当局は、航空貨物の輸出と輸入に関する検査と手続きを実行するために、人員と場所が必要である（これはターミナル計画8.2節で検討する）。通関の特別措置が必要な小規模空港にはいない。

輸入は、個人用あるいは商用のため外国から物品を持ち込むことを意味する。EU諸国では、外国は欧州共同体の税関管轄域外を意味する。共同体への輸入は、域内貿易とは別に、法的見地から異なる取扱が行われる。しかしながら、銃器、攻撃用兵器、麻薬等の物品の輸入を管理する法律は、EU加盟国からの輸入にもまた適用される。

輸出は、いかなる理由であれ、物品がある国からその他の国へ送られるときに生じる。関税同盟内の国が送り先の場合、例えば英国からドイツや他のEU諸国へ送る場合には通常、輸出とはみなされない。軍事・準軍事品、放射性物質、文化財、管理薬剤等、多くの物品を英国から輸出する場合には、仕向け国にかかわらず許可が必要である。税関は、以下の理由から輸入に関心を持っている。

8.1 情報フロー

- 関税かつ、あるいは付加価値税の正確な徴収
- 英国とEU両方の貿易統計
- 英国法および共同体規則による禁止・制限

関税と許可は品目別に決定され、処理を容易にするため16,000品目以上の異なるコードが定められている。電子輸入申告では、商品を規定し関税率を決定する品目コードと、輸入目的を規定する税関処理コードとが用いられるようになる。

税関申告と通関

専門家の指摘によれば、EU加盟国の輸入に係る平均輸送時間の20%、平均輸送費用の25%を通関手続きが占めている。通関の迅速化はエクスプレスサービス産業にとって極めて重要な課題であり、通関時間と費用の削減はすべての航空貨物輸送事業者にとって利益となる（OECD、2002）。

税関管理の目的は、関税や税金を課し、貿易政策を実施し、違法な麻薬の動きを阻止し、統計情報を収集することである。数千の異なる製品分類をチェックし該当分類を探し出す時間を含め、多くの国での税関手続きは時間がかかりやっかいであり、空港での通関時間は15時間以上に及ぶ。しかしながら、オーストラリアや台湾などでは新たにEDI（電子データ交換）システムが導入され、航空運送状、積荷目録、輸入情報等がフライト出発時に電子的に送信されるようになった。このシステムにより、特に長距離フライトの場合、到着空港の税関ではどの貨物を検査するか決めるのに十分な時間が得られるようになった。満載の貨物専用機到着時の場合、処理時間は15時間から4時間以内にまで短縮された。

通関処理は、輸入者が外国サプライヤーと契約した時に始まり、通常は輸出申告書作成を依頼するフォワーダーかインテグレーターを通じた輸送の手配（この場合は航空輸送）へと続く。委託貨物の詳細は電子的に航空貨物会社に送信され、航空貨物会社は目的地の関連税関当局にその情報を申告する。航空貨物会社が税関に送信した積荷目録と航空運送状のデータは、輸入者または通関業者が税関に送信した輸入データと照合される。税関検査官はデータベースを参考に、その情報に基づいて即時引き渡し可能な物品かどうか、あるいは実物検査が必要かどうか決定する。システムの両部分から情報が十分早く送信さ

れれば、税関はこの決定をフライト到着以前に行うことができる。そして税関は、積み荷が到着する前に、どの積み荷を検査したいか決めることができる。フライトが到着したら、税関が検査不要とした積み荷を遅滞なく引き取ってもらうことができる。

8.1.4 フライトオペレーション：積載量管理

フライト出発までに、航空機に搭載すべき燃料の量を計算するための離陸重量を計算しなければならない。この計算は、旅客・貨物機と貨物専用機両方で必要となるが、前者のフライトの方がより複雑である。燃料の搭載量が分かると、ロードシートが決定され最終重量と配分が判明する。

航空機の質量は、機体構造、エンジン、その他の全固定装備を含む基本自重（BEW）から積み上げられる。これに、座席、機内娯楽（IFE）、その他装備（以上、旅客機）、積荷装備（貨物専用機）、ナビゲーション装備、運航書類を加えると基本重量（BW）となる。乗組員とその手荷物の重量、さらに配膳装備とその中身を加えると、ドライ運航重量（DOW）となる。

航空機の輸送量あるいは有償搭載量は、旅客手荷物、貨物（ULD自重を含む）、郵便を含む静荷重重量（DLW）と、旅客の重量とから構成される。標準的な旅客の重量は、男性（88kg）、女性（70kg）、子供（35kg）が用いられる。航空会社によっては、調査データに基づいて異なる重量を用いる場合もある。

特定のフライトで燃料計算に用いられる重量が、DOW に推定有償搭載量を加えた推定無燃料重量（EZFW）である。EZFW はフライト5時間前に推計されるかもしれないが、2時間前にはより正確に計算され、出発6分前のロードシートに基づいて最終決定される。

旅客数、手荷物と貨物の量がわかるのは、最後のわずか2時間か1時間のことですらある。主な不確実要因には以下のものがある。

- 予約しながらキャンセルもせず現れないノーショウ（乗継失敗を含む）と空席待ち旅客
- オンラインチェックイン利用旅客の手荷物
- 最終貨物の積込み

8.1 情報フロー

パレットやコンテナが1つ1,500kg以上あるのに対し、旅客の増減は1人わずか100kg程度であるため、旅客側の微調整は容易である。貨物の予約過程もより不正確であり、予約寸法と大幅に異なる積み荷があったり、締切時間の直前に到着する積み荷も多い。

無燃料重量（ZFW）から、代替空港あるいは予備、温度、風等を考慮して運航燃料と予備燃料の量が決定される。離陸燃料とZFWによって、離陸重量（TOW）が決まる。TOWは、航空機の型式ごとに定められた最大離陸重量（MTOW）[2]を超えてはならない。ZFWに予備燃料重量を加えた重量が着陸重量（LAW）である。LAWは最大着陸重量（MLAW）を超えてはならない。最大ZFWや、TOWに地上移動燃料の重量を加えた最大地上移動重量もまたある。

以上に示されるように、旅客フライトでは、貨物輸送で利用可能な重量や容積はきわめて不確実である。それほど長距離フライトでなく燃料搭載量が少ない場合には、上記の限界内に貨物搭載量を抑えるようあまり強いられないかもしれないが、ロワーデッキで利用可能なスペースが制約要因となるかもしれない。長距離フライトでは、総合的なロードファクターが低下したり、過剰な燃料を搭載し消費する恐れがある。このようにフライトの経済性は、最終的な搭載量をより正確に推定し、貨物と旅客の計画を調整することによって改善できる。

フライトは、容積が先に限界となる「容積不足」、あるいは容積を使い切る前に最大重量制限を超える「重量不足」となるかもしれない。長距離輸送では、燃料満載が必要となり、まず重量不足となりがちであるが、積み荷の平均密度が小さい場合には容積不足となるかもしれない。インドに発着する国際フライトに関する調査によれば、どちらかの限界に達したフライトについてみると、輸出では4分の3、輸入では83％が容積不足であった（Klein、2010）。またパレットを利用すると、コンテナと比べ容積を完全に利用しつくす前に重量不足となりがちである。

---

[2] 最大有償貨物量あるいは最長航続距離がそれほど必要でない場合には、空港使用料や運航費用を節約するため、MTOWを削減することができる。英国DHLは、自社B757-200FのMTOWをもともと定められていた115トンから95.3トンに削減した。

8.2 物理的施設

空港における物理的施設あるいはインフラは、トラック、ULD・積み荷、航空機の移動を迅速化するよう設計されている。航空機は7章で詳述したが、トラックの詳細に目を向けることは本書の範囲外である。以下では、ULDとその荷役を検討し、エアサイドとランドサイドのインフラでどのように処理されているかみる。

8.2.1 ユニットロードデバイス（ULD）

ULDは、航空機に搭載され目的地で降される箱やユニットである。ULDは航空機に搭載可能な状態で出発空港に到着する場合と、空港貨物ターミナルで組み立てる（作る）場合とがある。前者では、フォワーダーが異なる荷主からの貨物を一つの目的地向けに仕立てる。後者では、航空会社または取扱代理店が様々なフォワーダーからの貨物を同様に仕立てる。

ULDは、コンテナまたはパレットに該当する用語である。前者は、アルミニウム製の扉が付いた箱であり、航空機の内郭面を最大限利用できる形をしていることが多い。後者は、堅牢な木製または金属製の底板で、その上に荷物が積まれ、防水シートとネットが掛けられる。航空ULDは直接、航空機の積み込み・固定システムに連動するユニットである。特定の航空機積み荷・バランスマニュアルに従って積み込めば、追加設備を利用しなくてもすべての標準固定条件を満たす。

最も一般的な航空貨物用標準コンテナは、LD3（AKE）であり、ナローボディ、ワイドボディともにロワーデッキで利用することができる。他に一般的なコンテナとして、LD9とLD11がある。最も一般的なパレットはPMCとPAGである。ある研究の推定によれば、使用中の全ULDの約半分をPMC、18％をAKE、17％をPAGが占めている（Van de Reyd and Wouters, 2005)[3]。航空機と輸送されるULDの種類については、7章で詳述されている。

図8.2は、下部貨物室用の共通半幅LD3コンテナの写真である。LD3は、ロワーデッキを最大限利用できる外寸となっている。その利用可能容積は4.2m^3弱であり、自重72kg、最大総重量1,588kgである。B747、MD11、

---

[3] LD3（AKE）は旅客機のロワーデッキで利用されている全ULDの半分近くを占めているであろう。

図 8.2　カーゴルックス航空コンテナ

B767 だけでなく A300、A330、A340 といったほとんどのワイドボディに適している。

　損傷、盗難、滞留等に備えて、航空会社は ULD を過剰に保有しがちである。いったん空港からフォワーダー施設に移動すると、コンテナ管理は難しくなる。軽量素材を使用することにより自重を減らし有償貨物量を増やすことができるが、損傷を受けやすくなる。フォークリフト操作の誤りやトラクター牽引時の時速25マイル制限違反によって、損傷が生じる恐れがある。保管場所が問題となっている空港もあり、出入りがアンバランス（輸出入における方面の不均衡）な場合には ULD が間違った場所に置かれがちになる。ULD は高額であり、中継が多い航空会社は提携会社などとの間でコンテナをなくしやすい。このため IATA は、ULD 管理センターを設置している。その主目的は、所有者への迅速な ULD 返却を確保することであるが、同時に航空会社から徴収した超過留置料により、返却が遅れたコンテナに対して補償を行っている。航空会社は、年間料金を支払い参加する。

　ノルディスクは、従来のアルミコンテナと比べ25％自重を削減した超軽量AKE（LD3）コンテナを導入した。同社は DHL とともに、ワイドボディ機にもナローボディ機にも適合する独自の形の AAC コンテナも開発した。

　コンテナと比較したパレットの利点は、以下のように要約できる。

- 軽い自重と安価な購入費用
- 補修費用が低廉
- ほぼ間違いなく荷役が容易
- 未使用時に積み重ねて保管が可能（空間が貴重な空港内では特に重要）

一方、欠点は以下のとおりである。

- 荷物積み付けとシート掛けが困難
- 倉庫作業員の抵抗
- 凍結あるいは湿った網掛けによる問題
- 貨物が濡損の可能性

8.2.2　貨物ターミナル施設

コンビネーション航空会社ターミナル

　貨物を積み付けたり取り崩したりするために、空港内に貨物ターミナルまたは倉庫が必要である。たとえ互換性のある ULD で貨物が空港に到着したとしても、航空機搭載まで保管しておくスペースが必要になる。保管スペースは、通関や引取りのまでの時間にも求められる。これらのターミナルの所有と運営は、空港当局あるいは、1 社あるいは複数の航空会社（その空港を本拠地とする航空会社を通常含む）、メンジーズ（Menzies）のような第三者の荷役業者による。また、これらのうちの複数者による共同所有もありうる。キャセイパシフィック航空は、親会社のスワイヤー・パシフィックとともに、香港貨物ターミナル（Hactl）の株式をそれぞれ 10％と 20％所有していたが、2010 年に他の株式保有者に売却した。香港国際空港には、Hactl とアジア航空貨物ターミナル（AAT）がそれぞれ運営する 2 ターミナルがあるが、2008 年にキャセイパシフィック航空が第 3 貨物ターミナル建設に関する 20 年間のフランチャイズ契約を獲得した。この契約の一部として、スワイヤー・パシフィックとともに Hactl 株式を売却することに合意し、実際に株式を売却した。AAT の株主には、その 49％を保有するシンガポール航空ターミナル・サービス（SATS）や同 6％のフェデックスが含まれる。

　ターミナル施設設計の主な基準として以下が挙げられる。

- 高価な空港の土地：建築容積キャパシティを最大化するか、空港外に建設

8.2 物理的施設

- シンガポール（SATS 5）、チェクラップコク、台湾のエバーグリーンのように新貨物ターミナルは多階建てあるは多層建て
- 航空貨物ターミナルの効率性：年間15～18トン／m^2 を超えると自動化が必要
- 航空パレットとコンテナの損傷防止（例えばフォークリフトによる）
- 全航空貨物の約半分は「バルク」（つまりユニット化されていない）
- 従業員の健康と安全の課題

貨物が空港に到着してから顧客が引取可能になるまで、コンテナからの貨物取り下ろしから通関を含め、6時間という目標がある。エクスプレスや生鮮食品等では、2時間以下が目標である。

ターミナルでの貨物処理過程が自動化されていようとなかろうと、貨物追跡システムではなんらかの自動化された方法が必要となる。長年バーコードが利用されてきたが、ラベルの損傷等で誤って読み取る恐れがある。無線自動認証（RFID）を利用すれば、このような問題がなくなるが、いまだに高額である。他の自動化装置として、自動容積・重量スキャナー、高速仕分け機、ULD化・コンテナ搬送装置等がある。

RFIDでは、貨物あるいはULDにコンピューターチップを貼り付け、無線アンテナにデータを送信する回路を取り付けなければならない。さらに、積込み装置や仕分け機にもRFIDタグを装着しなければならない。DHLは、2004年半ばまでに、すべての貨物にRFIDタグをつけ、2.7mレンジのシステムを構築する計画であった。タグの費用が普及の阻害要因であったが、2001年の1米ドルから0.20米ドルまで低下し、将来0.05米ドルになると予想されている。しかしながら、データ処理の標準化については、まだ合意に至っていない。

貨物ターミナルの所有を空港当局とその空港を本拠地とする航空会社とに分け、その航空会社が運営することは、かなり一般的にみられる。例えば、ルフトハンザ航空は、ミュンヘン空港や天津空港で共同事業を行ってい

図8.3　香港国際空港におけるフォークリフト作業
出所：Hactl

る。フォワーダーもまた自社ターミナルを所有している。例えば DB シェンカーはフランクフルト空港カーゴシティサウスに施設を保有しているが、これは空港周辺で複数保有していた輸出・輸入施設を集約したものである。

エミレイツ航空は、ドバイ国際空港で貨物ターミナルを所有し、運営している。2008 年開業した新「カーゴ・メガターミナル」の処理能力は以下のとおりである。

- 年間処理能力 120 万トン超
- 貨物処理エリア 43,600 m^2（1 階エリア 35,000 m^2）
- バルク貨物出入用トラックドック 46 台分
- エアサイド ULD 出入ゲート 78
- ULD 積み付け・取り下ろし用作業台 133 か所
- バルク貨物保管場所 10,000 か所、大型保管用パレット同数
- 一般貨物 ULD 保管場所 2,064 か所
- 生鮮貨物 ULD 保管場所 218 か所

このターミナルでは、最新の物流・無線技術を活用することにより、自動で貨物の取り出し、取り扱い、配置を行うことができる。生鮮貨物エリアは、異なる温度帯を維持できる区域に分けられ、LD3 コンテナ 20 個を保管できる冷凍庫が設置されている。年間 17,500 トンまで取り扱うことができる。合計すると、218 の生鮮コンテナと 2,064 の一般 ULD を保管することができる。

香港航空貨物ターミナル（Hactl）の概要は以下のとおりである。

スーパーターミナル 1 の初期投資額：10 億米ドル
　潜在取扱能力：年間 350 万トン
　総床面積：328,702 m^2
　総敷地面積：171,322 m^2
　エアサイド施設
　　－エアサイド積替え施設間口：1,940 m
　　－標準サイズパレットドーリー置場数：938
　ランドサイド施設、トラックドック数
　　－バルク貨物：226
　　－積み付け済み貨物：53

−生鮮貨物：60
　−空ULD搬出：14

　Hactlは、以下のサービス標準について95%を目標としており、これまですべて目標以上を達成してきたと報告している。

ランドサイドサービス
　トラック待機時間（30分以内）
　貨物受領（15分以内）
　貨物搬出（15分以内）
輸入ULD解体
　一般貨物
　　旅客便（5時間以内）
　　貨物便（8時間以内）
　生鮮貨物（2時間以内）
　エクスプレス貨物（2時間以内）

インテグレーターのハブターミナル

　インテグレーターは、自社エクスプレス事業向けにコンビネーションキャリアとは全く異なる空港施設を必要とする。ハブでの航空機折り返し目標時間に間に合わせ、さらに約束した配達時間に間に合わせる唯一の方法は、ほとんどが30kg未満の小型貨物を自動仕分けすることである。自社コンテナの開発を行ったものの、ULDではなく各貨物に貼ったバーコード（RIFDタグの試行例もある）を用いて仕分けが行われる。DHLは香港空港との間で、自社専用エクスプレスターミナルの建築、整備、運営を行うフランチャイズ契約を結び、2004年に開業した。

　表8.1に、ブリュッセルからライプチヒに移転したDHLの主要欧州ハブの概要を示す。ルフトハンザカーゴとの共同事業により、トラックと航空機によってサービスが行われている。

　カーゴウェストは、イーストミッドランド空港とDHL航空によって共同開発された新複合施設であり、33,000mの仕分け機、事務所地区、積み下ろしドック等があり、多様な大きさの航空機16機分のスペースがある。

表 8.1　ライプチヒ・ハレ空港の DHL エクスプレスハブ

総投資額	345 百万ユーロ
総面積	100 万 m^2
物流センター	48,000 m^2
航空機格納施設	27,460 m^2
管理棟	11,900 m^2
貨物取扱量	1,500 トン／日（2012 年までに 2,000 トンへ拡大）
仕分け能力	小型貨物 60,000 個／時間、書類 36,000 通／時間
書類仕分け機の全長	900 m
航空コンテナ積み下ろし場所	260
ハブ従業員数	2,000 人

出所：International Transport Journal, 6 June 2008.

8.2.3　グランドハンドリング

　空港での貨物処理は、航空会社自体のスタッフか、第三者のサービス事業者によって行われている。ある程度大きな航空会社のハブでは、航空会社は自社で処理した方がおそらく経済的と判断している。これまではほとんどそうであったが、多くのグローバル規模のグランドハンドリング会社が、競争力のあるサービスをハブ空港だけでなく小規模空港でも提供できるようになり、自社処理の経済性を疑問視する航空会社もある。発着フライト数が十分ない小規模空港では、高価な設備や熟練労働者と管理者を配置してまで自社処理することは全く合理的ではない。このような場合には、グランドハンドリング会社が出現する前から、その空港を本拠地とする航空会社に委託することが一般的であった。これは、相互に行われてきたかもしれない。戦略的提携によって費用を削減するための共同事業が広まってくると、貨物処理はできる限り提携パートナーに委託するようになった。また、本拠地の航空会社が所有するハンドリング会社、例えばフランクフルト空港ではフラポート、ほぼすべてのスペインの空港ではアエナ（Aena）に委託するようになったかもしれない。

　巨大グランドハンドリング会社が出現したのは、ある程度、競争的サービスを供給するように大型空港を開放させた EU 規則の結果である。それまで、この市場は、航空会社と空港の自社運営によって占められてきた。1996 年 10 月、指令 96/67/EC の採択によって、年間旅客 200 万人超、貨物 50,000 トン超の EU 空港はグランドハンドリングを第三者の供給業者に開放することが義務付けられた。これらの空港では、少なくとも 1 社の供給業者が「空港管理主体とその空港で有力な航空会社から独立」していることが要求された。ランプ

作業と貨物ハンドリングがともに、この指令の対象となった。これ以降、これら作業の契約価格が低下したことが証明され、サービスの質もおそらく向上した。指令の後に、第三者の貨物ハンドリング会社の数は、パリ・シャルルドゴール空港では3社から4社、マドリッド空港では2社から8社、ウィーン空港では3社から6社、ダブリン空港では3社から6社、アムステルダム空港では5社から6社に増加した（SH&E、2002）。フランクフルト空港では変化がなかったが、もともと22社存在している。ロンドン・ヒースロー空港では1社増えて12社になった。ハンドリングサービスを提供する機会は北米と一部のアジアの空港でも広がり、欧州を拠点とするハンドリング専門企業がグローバル企業に成長するきっかけとなった。

貨物ハンドリング会社は、貨物の保管からトラック輸送まで様々なサービスを提供する。貨物航空会社は、処理すべき貨物量とフライトの見込みに基づいて、以下のいくつかあるいはすべてのサービスの契約を交渉する。

1. 倉庫
    - 貨物の受領、積み付け、保管
    - ULD積み付け、取り下ろし
    - 在庫管理
    - トラックへの積込み、取り下ろし
    - 貨物の継ぎ越しと移動／積み替えのハンドリング
    - 保安サービス
    - エクスプレスサービス
2. 書類処理
    - 輸入、輸出、継ぎ越し、移動、積み替えの書類を受領、処理
    - 航空業界標準メッセージ（IMP）の送信
    - 複写
3. 危険物、生きた動物、生鮮貨物、その他特殊貨物のハンドリング
4. 航空機への搬送、搬出
5. 航空貨物追跡サービス

保管と搬出が高度に自動化された貨物ターミナルでさえ、ULDの積み付けと取り下ろしは極めて労働集約的であり、いまだにパレットとコンテナを積み

付け場所にフォークリフトで移動している。これはコンテナや貨物にダメージを与えかねない。しかしながら、フランクフルト空港やパリ・シャルルドゴール空港のようなコンビネーションキャリアのハブ空港では、半分以上の貨物が封印された（完全でないものもあるが）コンテナのまま、航空機間やトラックと航空機との間で運ばれている（1章1.4節参照）。この方法では、ULDへの積み付け／取り下ろし作業を回避できる。これを回避する（そして貴重な空港スペースの必要性を削減する）もう一つの方法は、空港外でフォワーダーがULDへの積み付けと取り下ろしを行える保税倉庫に、ULDを直接、輸送することである。英国では、保税倉庫は空港から半径10マイル以内に立地していなければならない。保税機能を有する高度遠隔輸送上屋（ERTS）として施設の指定を受けることにより、直接税関にデータを送信することができる。

IATA標準グランドハンドリング約款（SGHA）によれば、提供することができるサービス一覧には、一般貨物と郵便のハンドリング、書類処理、税関との調整業務、異常事態への対応、ランプサービスが含まれている。

第三者のグランドハンドリング会社は、旅客と貨物両方のサービスを提供する場合が多く、なかにはトラック輸送や全く無関係な分野のサービスを提供する大企業グループの一員の場合もある。旅客と貨物両分野を合わせて、第三者のグランドハンドリング会社の市場シェアが、2000年の24％から2005年の40％に増大したと推定する調査がある（WTO、2006）。2005年の合計市場規模は約300億米ドルであり、約50％を航空会社が占め、残り10％が空港所有会社である。

主要な第三者の貨物ハンドリング会社（表8.2）のなかには、多角化企業グループの一員も含まれている。サービスエアはフランスの環境と事業のサービスグループ、Penauilleに買収され、さらにPenauilleは2005年にDerichebourg

表8.2 主要な第三者の貨物ハンドリング会社

	取扱量（千トン）	拠点数	顧客数
ワールドワイド・フライト・サービシーズ	3,500	不明	不明
スイスポート・カーゴ・サービシーズ	2,800	90＋	300＋
メンジーズ	1,400	44	不明
アビアパートナー	1,398	10	不明
Penauille Servisair	900	40	600
フラポート・グランド・サービシーズ	410	不明	50＋
Aviance UK	160	2	40

出所：各社ウェブサイト

に買収された。Penauille はサービスエアを1999年、グローブグランドを2001/2002年に買収した。その環境サービス部門は、地方自治体向けにリサイクルサービスを提供しており、事業サービスには契約による清掃が含まれている。スイスポートはスペインの有料道路と空港グループ Ferrovial によって所有されており、ワールドワイド・フライト・サービシーズはフランスのヴィンチグループに2001年に買収されたのち、2006年にフランスの個人投資会社に売却された。メンジーズは、主要事業が新聞・雑誌流通である企業グループの一部であり、アビアパートナーはベルギーの家族経営会社である。全社が欧州を本拠地としているが、ほとんどがグローバル企業になった。

　貨物ハンドリング会社は、多様な荷役支援機器を保有しなければならず、そのなかには航空機の種類によって異なるものもある。航空機周辺のランプでは、以下のような機器が用いられよう。

・トロリーあるいはドーリーは、コンテナとパレットを航空機と貨物ターミナル間で搬送するために用いられる。積み荷を移動しやすいように、デッキにはローラーやボールが内蔵されている。コンテナ用トロリーは、航空機搭載時にコンテナの方向転換ができるように回転式デッキとなっている。
・ローダーは、ワイドボディと全航空機のメインデッキに ULD を積み下ろしやすいように上下させられる台である。貨物の積み下ろしが楽になるように、ローラーまたはボールが装着されている。異なる寸法や能力（高さ）を持った多様なコンテナ・パレット・ローダーがある。A380F には、アッパーデッキの貨物室に届く特殊ローダーが必要になるであろう。
・ベルトローダーは、ULD化されていない貨物（と手荷物）を航空機に積み下ろすためのベルトコンベアが装着された車両である。航空機貨物室の扉の下枠に配置して作業を行う。ワイドボディ機のバルク用貨物室とナローボディ機の積み下ろしで用いられる。
・トーイングカーは、離陸準備ができた航空機をゲートから牽引するために用いられる。航空機がエプロンに自力で移動できない場合にもまた、利用されることがある。航空機をランプからメンテナンスエリアあるいはカーゴターミナルまで牽引することもある。異なる航空機の大きさに合わせて、様々なトーイングカーが必要となる。

8.2.4 保　　安

　保安には、貨物（と設備）を盗難から守るだけでなく、より最近では貨物と航空機をテロリストの攻撃から守ることが含まれる。盗難は手荷物と貨物の仕分けエリアで問題とされ、盗難を防止するため、たとえば要所にCCTV（閉回路テレビ）カメラを設置するなど、対策が取られている。従業員あるいは外部からも脅威が生じるかもしれない。貴重品は特別な予防措置の対象となり得、外部から容易に入れる場所よりもコンテナの中心部に梱包するなどの措置が必要である。通常、このようなリスクに対して妥当な費用で、保険をかけることができる。盗難額は、2008年の欧州、中東、アフリカ地域で1.7億ユーロと推定されている[4]。

　「航空保安」は、不法な妨害行動に対して民間航空を保護することを目的とした、手段と人的かつ物的資源の組合せを意味する。9.11以降、テロリストのリスクに対して可能な限り防止するためのきわめて重大な対策が導入されてきた。当初は、旅客機と空港の搭乗手続きに焦点が当てられた。9.11以前から、ほとんどの国際空港では、エアサイドへの立ち入り制限から旅客の保安検査まで、様々な保安対策がとられていた。これらの対策は大幅に強化され、国内線に対しても、特に国際線に接続する場合に対策を拡大した国もある。しかしながら、効果と費用・不便との間にはトレードオフ関係がある。

　エプロン地区へのアクセスに関するこれらの対策は貨物でも行われるが、保安審査は旅客と異なる取扱が必要である。それは、空港を通過するすべての貨物を1個1個審査することは現実的ではないからである。米国運輸保安庁（TSA）は、航空貨物を含む運輸保安を管轄している。あの重要な法律、この場合9.11法としても知られる**2007年9/11委員会勧告実施法**（*Implementing the 9/11 Commission Recommendations Act of 2007*）を、確実に施行するのは、まさにTSAなのである。同法は、国土安全保障長官に対し、旅客機で輸送される100％の貨物を、**旅客手荷物の保安水準と同等な水準で**審査することができるシステムを3年以内に構築することを求めた。さらに同法は、18か月以内に旅客機で輸送される貨物の50％を審査するという中間目標を設定しており、2009年2月がその期限であり、2010年8月が最終期限である。

　この目標に合わせて、TSAは3つの計画を実施した。それはナローボディ

---

[4] *Air Cargo News, 4 September 2009.*

貨物審査、公認貨物審査計画（CCSP）、国際協力である。最初の計画は、2008年10月1日から実施され、米国でナローボディに搭載される貨物（輸出あるいは国内便）は、ネット掛けや、コンテナ積み付け、シュリンク包装の前に、個品レベルで100％審査が義務付けられた。CCSPによって、フォワーダーや荷主が貨物を事前審査することができるようになり、空港での潜在的なボトルネックを回避できるようになった。ほとんどのCCSPに参加した荷主は、自社の出荷プロセスにわずかな費用で物理的な審査をすぐに組み込むことができた。最後に米国は、EU、カナダ、オーストラリアと国際協力を開始した。2010年半ばまでに、旅客機に搭載されるほぼすべての米国国内貨物と輸出貨物は9.11法を順守することができたが、輸入貨物については、外国と交渉する必要があるため期限に間に合いそうもない。

CCSPで荷主やフォワーダーが公認されるためには、必須とされるスキャン装置を購入しなければならない。スキャナーは30,000～100,000米ドルするため、零細企業にとっては重荷になる。ルフトハンザ航空は、まるごとLD3コンテナをスキャンできる1.8m×1.8mのトンネル型スキャナーに最近投資し、フランクフルト、ミュンヘン、ヨハネスブルグに導入した。

2008年3月、EU閣僚理事会と議会は、民間航空保安分野の共通規定に関する規則（EC）No 300/2008に合意した。この規則は、各加盟国レベルで適用が義務付けられる枠組みを提供する。しかしながら、同法は米国と同様に、特定荷主／フォワーダー（KS/RA）のアプローチを採用している。旅客機と貨物機の区分はなく、以下のように貨物と郵便の保安対策について共通標準を規定している。

「すべての貨物と郵便は、航空機搭載前に保安対策を受けなければならない。航空会社自ら保安対策を実施するか、特定フォワーダー、特定荷主、重要荷主（account shipper）が実施したことを証明または責任を負わなければ、航空会社は航空機による貨物または郵便の運送を受託してはならない（規則30/008）。」

だれがこれらの対策の費用を負担するかについては、また、加盟各国の決定に任せられたが、その可能性のある負担者として「国、空港法人、航空会社、他の担当当局、その他」が挙げられている。

英国のように、KS/RA制度を開始したEU加盟国もある。オーストラリアは、2010年3月から、それまでの「合理的な」通知を廃止し、空港外の航空貨物会社に対する抜き打ち検査を行うと宣言した。規制強化にもかかわらず、欧州の航空貨物物流とハンドリング会社に対する調査からは、重大な欠点が明らかになった。回答者の大部分が、保安規則の運用に一貫性がない、職員の保安意識が不十分、建物内の監視が不適切と指摘している。さらに、現在のEU規則はエクスプレス貨物に遅延をもたらしており、「全ロジスティクス費用の10%も」費用を増やしているという[5]。

一般的に、旅客機で輸送される貨物の審査条件は、貨物専用機の場合と比べ厳しい。このため、両者間の貨物積替えには問題が生じる場合があり、その結果旅客機から貨物専用機への転換が生じている。設備と訓練を積んだ職員に対する投資もまた、規模の経済が働く大規模ハブ空港に貨物が集中する結果をもたらしている。

8.2.5 危険物

ICAOは危険物の国際航空輸送のための詳細な要件を設けており、それは技術的説明書（3章参照）にまとめられている。この説明書は、各国の航空規則としてまとめられ、たとえばEUではJAR-OPSとなっている。IATAはまた、ほとんどの航空会社が利用する同様な要件を設けている。ハンドリング・スタッフがそのような貨物を含む業務に携わることが認められる条件として、規定の訓練を受けることが法律で義務付けられている。以下の分類に従って危険品を区分することは、荷主の責任である。

クラス1：火薬
クラス2：ガス
クラス3：引火性液体
クラス4：可燃性固体および反応性物質
クラス5：酸化物および過酸化物
クラス6：毒物および感染性物質
クラス7：放射性物質

---

[5] International Transfer Centre for Logistics and the Technical University of Berlinによる報告書。要約は *Air Cargo World*, 14 August 2009。

クラス8：腐食性物品
クラス9：その他危険物

梱包、ラベル貼り、保管、積込み、荷役のために、特別な指示が行われる。

第9章　流通・マーケティング

　マーケティングとは、一般的に流通を含んでおり、ビジネス・スクールの教科書では4Ps、すなわち製品・価格・販売促進・流通チャネルに分けられることが多い。第1は市場で提供されるモノのことであり、売られるモノの色・形状・サイズといった物理的特性、あるいはサービス品質やブランドといった余りはっきりとは把握できない特色をカバーしている。第2は製品が売られる価格であり、今日では余分な費用を支払えば入手できる付加的な特色からなるメニューを伴う。これについては次章で取り上げる。販売促進は潜在的な顧客へ製品の特徴や価格を伝達することであり、広告を含むと考えられる。最後に、流通チャネルは購入する方法に関係するもので、より一般的には流通と呼ばれる。本章ではこれら3つの「Ps」を順番に取り上げる。なお、空港間で貨物を運ぶ航空会社とインテグレーターとを区別する。

　マーケティング戦略は生じている取引の種類と、2者あるいはそれ以上からなる関係者の属性に応じて決まる。航空貨物はこれらの取引を促進するサービスであり、関係者ごとに異なるアプローチが必要とされる。それは以下のように分けられる。

・企業間取引（B2B）
・企業と消費者間の取引（B2C）
・企業と行政間の取引（B2A）
・消費者と行政間の取引（C2A）

　第1は、生産プロセスの要素に焦点を当てるもので、そこで用いられる部品を他社に下請けに出している企業に関するものである。企業は事務用品やコンピュータといった最終製品をも購入するだろう。それはまた、広告会社・コンサルタント会社・会計事務所などのサービス産業に関係するかもしれない。流通させるには代理店が必要であり、輸送と倉庫保管のために、ロジスティクスの専門家と航空貨物会社が選ばれるだろう。これらの生産者すべてに共通しているのは、彼らが合併しているか提携しているかのいずれかであり、意思決定はそれらのマネージャーか委員によって行われているということである。彼らの航空輸送に対するニーズはフォワーダー／航空会社連合やインテグレーター

によって満たされうる。もし彼らが大量の航空貨物を有しているのであれば、彼らは少数のサービス提供業者との間に、世界中の所定地域に輸出されるすべての貨物に専属的に利用できる長期契約を結ぶことになる。

　反対に、第2のタイプでは、関係者の一方は個人あるいは家族単位であり、意思決定は一般的に職場というより家庭において、わずか1人か2人によって行われる。このタイプの取引はサプライチェーンの一部ではなく、通常は小売販売とみなされる。伝統的に商品は店舗で購入され、消費者によって家庭へと運ばれていた。カタログによる通信販売もあるが、これが全小売業の売上げに占める割合はそれほど大きくない。しかしながら、近年急速に拡大しており、本などのアイテムがアマゾンやその他のネット通販を通してどんどん売られるようになっている。食料品など他の数多くのアイテムもまた今やオンラインで購入され、最も近い倉庫から家庭へ配送されている。これらの多く、例えば食料品はまだ比較的ローカルなビジネスであり、配送は店舗自身か下請け業者によって行われている。航空貨物はこれらのサプライチェーンの一部にはなりそうにない。他方、書籍・衣料品・携帯電話・その他のアイテムは消費者からは離れたところにあり、もし短時間での配送が求められるのであれば、航空貨物輸送が選ばれるだろう。このタイプの取引ではインテグレーターによる航空輸送が選ばれる可能性が高い。なぜなら、インテグレーターは家庭への配送・集荷を含む個人向けサービスを行っており、利用するならフォワーダーよりも適切だからである。大半の取引はまた小口貨物であり、それはインテグレーターが得意とするエクスプレス・ビジネスである。

　第3および第4では、行政・政府を異なる種類の関係者として識別している。これらは政府の役人や委員による意思決定という点で同様の方法でビジネスを行うが、納税者のお金を危険にさらすので、意思決定を行うにはより長い時間がかかる。企業は政府部門に他のビジネスと同様の方法で販売し、政府は広告や販売促進といったマーケティング・ツールを用いてサービスを消費者にどんどん「販売」する。政府はまた他の政府と交渉し、共同でサービスや製品を他の政府へ提供する。なお、後者は今や州や非公開会社が手配する方法でその大半が運ばれている。これらはまた、企業と同じように、フォワーダーかインテグレーターのいずれかを選ぶことになる。

　顧客は彼らのニーズに応じて分類される。製品の種類と価格は顧客のニーズに最も適ったものとなる。これらは第2章で市場の特性を取り上げた箇所で述

べたので、ここでは、大規模なフォワーダーは航空会社が広範な市場セグメントのために取引する中間業者であることを念頭に置きつつ、航空会社のサービスについて、最適な販売・販売促進方法を検討しよう。同様に、航空会社は荷主や荷受人をよく知らない。なぜなら、フォワーダーが代理店というよりむしろ中間業者として活動することが多いからである。それ故、輸出入業者が輸送モードとキャリアを選択する責任を負うかどうかについて、航空会社はそれほど関心がない。なぜなら、輸出入業者は意思決定をフォワーダーに委ねているからである。輸出業者が輸送料金を支払う場合もあるし（運賃保険料込み条件あるいは「CIF」）、輸入業者が支払う場合もある（本船渡し条件あるいは「FOB」）。しかし、自ら航空機を運航しているインテグレーターの場合を除いて、いずれも航空貨物会社と直接取引をしているわけではない。

9.1 マーケティング環境

9.1.1 グローバル・トレンド

サプライチェーンが発展し、航空会社のマーケティング戦略が識別されている背景を注視することは重要である。これらのトレンドの中には上記のものを識別するものもあり、将来発展することが期待されるものもある。技術、とりわけビジネス・家庭・政府におけるインターネットの広範な利用は、先に述べた多様な取引を形成するのに重要な影響を及ぼしている。

オープンスカイ

わずかだが、規制が世界中の空港間の航空貨物輸送能力を徐々に阻害している。これらがさらになくなれば、航空貨物会社は諸外国に航空機を配置し、循環ルートや世界一周を運航し、そして一般的にはより経済的な運航を行うことができるようになるだろう。それにより、もっと差別化された戦略や、マーケティングサービスの方法が見通せる。それはまた、異なる文化を持つ諸外国での販売という点で、新たなチャレンジを生み出すだろう。

グローバリゼーションと自由貿易

グローバリゼーションという言葉は大抵、貿易・観光・通信という手段によって、世界中の国・地域がより緊密に統合することを表すのに用いられる。ここで関係するのは貿易で、それはモノかサービスのいずれかで起こりうる。

前者は特に輸送を必要とする。国境を越えたモノ・サービスの交換は障壁がますます除去されたことによって可能となったが、それは世界貿易機関（WTO）を通じた交渉によって促進されたものだった。多国間GATT交渉の様々なラウンドは、特に以下のことを通して、自由貿易を促進した。

- 関税の削減
- 低関税あるいは非関税の自由貿易地帯の創設
- 特に海上輸送向けコンテナリゼーションの進展からもたらされる輸送費用の削減
- 資本規制の削減あるいは撤廃
- ローカル・ビジネス用子会社の削減・撤廃・調和
- 多数の国で異なる知的財産権法の調和

多国籍企業

長年にわたり、大規模な国際企業が出現している。これらのいわゆる「多国籍企業」は概ね1つの国にしっかりと根付いているが（例えば米国におけるコカコーラ）、それらの売上げはグローバルである。これは一般的に、しばしばそれら自身の生産能力でもって、多くの国やいくつかの地域でローカル企業を立ち上げることに関係している。それらの成功の鍵となるのは、マクドナルドやホリデーインといったグローバル・ブランドの確立にあり、中にはその国の異なる文化上のニーズに合うようにする必要があるものもある。

アウトソーシングとオフショアリング

もう1つの強力なトレンドは、生産や製造プロセスのある部分を他社や他国に移転することである。最初のものは「アウトソーシング」として認識されており、その契約を結んだ企業は主要生産ラインの近くに立地している。これは米国や他国の企業によって採用されたジャスト・イン・タイム（JIT）プロセスの元となる日本モデルであった。しかしながら、他国へ生産を移すこと（オフショアリング）には、労働費用が潜在的に大幅に低いという付加的な利点がある。これは多くの途上国や新興国が提供する低賃金と、母国におけるよりもはるかに低いであろう労働生産性との間で、トレードオフを引き起こす。中国では、賃金は急速に増大するが、生産性もまたそうである。他のより低賃金の国へ移転することは、少なくとも当初は、生産性は非常に低いことを意味す

る。それゆえ、緩慢さと品質の低さによって、賃率上の利点の多くは相殺されるだろう。輸送費用もまた考慮する必要があるし、在庫の増大も気にする必要がある。

ネット販売

生産者から直接的に、またエクスペディアやアマゾンといった通販サイトを通じて、あるいはeベイといったオークション・サイトからにせよ、多くの製品が電子的に売買されている。これらのトレンドを引き起こしている2つの重要な要因は、安全な支払い手段と、消費者の間でクレジットカードやデビッドカードの利用が広まったことである。配送あるいは輸送の費用は売り手側に生じるが、それらはしばしば消費者に課せられる。とりわけ商品をすぐに必要とし、消費者が割増料金を支払う用意があるときにそうなる。これらの売上げの多くは航空貨物や郵便の収入を生み出すが、多くの場合はまずインテグレーターに収入をもたらす（しかし、彼らはコンビネーションキャリアや貨物専業航空会社のスペースを買うかもしれない）。商品が適切でないことが判明した場合、送り返すための荷物が発生し、より適した製品、例えばよりフィットするシャツを配送することになるだろう。

9.1.2 輸送とロジスティクス

航空・陸上・海上輸送された商品は生産された工場から最終的な購入者へと移動される。後者は、商店あるいはますます増えているeメールや電話による注文を処理する流通センターから商品が輸送される個人消費者である。それらは工場から別の企業へと移転され、最終製品へ組み込まれる「中間財」かもしれない。インテルのチップはメキシコで生産されるが、最初に台湾のノートパソコン・メーカーへと輸送される。話しはそこで終わらない。なぜなら、ノートパソコンの説明書はシンガポールで印刷され、最終市場、例えば欧州の近くに立地する最終組み立て工場へと輸送されるからである。これがグローバリゼーションの影響であり、関係する企業は大規模な多国籍企業から小規模な家族所有の生産ユニットまでと幅広い。韓国・台湾・中国などの諸国が世界生産のためのエンジンとなり、大量の完成品を輸出する一方で、それらはまた生き残るために欧州や北米、他のアジア諸国からの中間財輸入に依存している。これは主に特化と規模の経済から利益を得るためである。しかし、それはまた中

国などの「新興経済」がまだ経済的に独立できる技術のいくつかにアクセスできないからである。

　図9.1は多くの異なる部品をアウトソーシング／オフショアリング生産している多国籍の自動車メーカーの例である。これらはすべて最終生産ラインに集約される必要がある。例えばフォードにとってそれは数多くの地域センターとなる。つまりフォード欧州にとって、大多数の部品は他の欧州諸国からトラック輸送されるが、そのいくつかは生産ラインを遅らせないよう、確実な長距離輸送が必要になる。ボーイングなどの企業の中には、JIT生産方式として知られるものを導入した後に、鍵となる部品の配送が遅れたために生産ラインを中断しなければならないところもあった。経済がよりグローバル化し、原料となる生産アイテムがより遠くから集められるとき、競争は単に企業間でというよりもむしろ、サプライチェーン間でますます激しくなる。

　JITはヘンリー・フォードによって発明されたといわれているが、その可能性をより近代的な意味で実証したのは日本のトヨタであった。その技術は好んで近くに立地する少数のサプライヤーへ多数の部品生産をアウトソーシングすること、そして長期契約で彼らの言質を取ることによって、生産プロセスを単純化することに目的がある。しかしながら、時間の経過とともに、それはより複雑になった。なぜなら、少数だったサプライヤーの数が増え、今度はサプラ

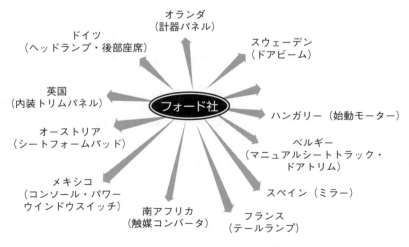

図9.1　多国籍オフショアリング生産の例
出所：Boeing

イヤーが他社にアウトソーシングを行い、契約関係がよりファジーになったからである。このことは、部品がアジアなどの遠い諸国で生産されることが多くなったことを意味した。そこでの労働費用はより低いが、より高価な航空貨物料金によってある程度は相殺された。あまり費用のかからない在庫が必要とされ、より短いリードタイムによって計画や予測はより正確なものとなった。

　2010年4月、アイスランドで火山噴火が起こり、その後1週間にわたり、北部欧州の空域は運航禁止となった。その間、航空貨物の迅速性と確実性は無意味なものになった。ケニアの生花生産者は「推定800万米ドルの価値のある花がダメになり、数千人の日雇い労働者を帰国させた」ことにより著しいダメージを受けた[1]。将来そのような類似の出来事の結果としてこの市場が海上輸送に対して負ける可能性は、これらの製品、あるいは他の製品にとって低いようにみえる。また、ルフトハンザカーゴの報告によれば、インシュリンなどの緊急品を載せた便には特別運航許可が出たが、エクアドルのキトからフランクフルトへ向かう50トンの生花を載せた便は引き返すしかなかったとのことである[2]。

　これらの生産システムによって、2008年の（金融危機によって引き起こされた）最終需要の落ち込みは悪化し、国際貿易、特に航空輸送による貿易は急速に減少した。在庫が季節的に多かったクリスマスまで売上げが真っ先に落ちた。これによって特にアジアの生産者への注文がなくなり、配送（アジアの輸出）が減少し、次いで中間財（アジアの輸入）が減少した。それ故、世界貿易に対する影響は全面的なものだった。しかしながら、同様のプロセスは逆にも働き、西欧経済で再び新たに仕入れる動きがみられるようになると、景気はまた上振れした。

　ロジスティクスとは、生産プロセスあるいはサプライチェーンにおける商品の移動・保管の別名である。The European Centre of Standardisation はそれを「人／商品の動き・配置を計画・実行・管理すること」と定義した。商品については、それは輸送に加え、在庫と倉庫管理に関係している。損失は商品の陳腐化によって起こり得る。なぜなら、保管していたアイテムがもはや現実的な価格で売れないからである。損失はまた盗難や損傷によっても起こり得る。それ故、安全で適切な梱包が重要となる。両者は、倉庫や最終小売業者の棚に

---

[1] *The Economist*, 24 April 2010.
[2] *Lufthansa Cargo Newsletter*, April 2010.

ある商品の保管だけでなく、プロセスの輸送部分にも関係してくる。航空輸送はより安全なシステムとして売り込まれるが、そのような主張は過去の経験によって証明されないかもしれない。しかし、商品がより短時間で輸送されるということは、リスクがそれだけ低くなることを意味する。陸上輸送でのハンドリングは航空輸送よりも頑丈な梱包を必要とするだろう。それはまた利点となる。航空輸送において貨物にかかる費用を下げるには、軽い梱包がいかなる場合でも重要になるかもしれない。しかし、商品が緩衝のための軽量プラスチック材で梱包されているとき、同様のことが常に容量に対して適用されるわけではない。

　生産したモノが現金売上げを生み出すまでの間、誰かが費用を負担しなければならないが、それは生産者、流通業者や小売業者などの中間業者、あるいはこれらの連合体が負担している。費用を負担し、原材料・労働力などを購入する現金には機会費用が発生し、ファイナンスされる必要がある。資金繰りにかかる費用は借入利子であり、これは企業の資本費用平均に依存するだろう。商品が市場で早く売れれば、それだけこれらの負担費用は低くなる。以上のことから、荷主や荷受人が代替的な輸送モードの総費用を評価すると仮定すれば、航空輸送が優位となる。

　在庫管理については、多くのビジネス・スクールの教科書に載っている。ここで最も関連があるのは、経済的な注文量と再発注点である。両者を考慮すると、輸送の最速モードとして好ましいのは航空である。生産者が発注にJITアプローチを採用すれば、後者は減少する。期待値から売上げが変動するということは、売上げ（とことによれば顧客）の喪失を防ぐために在庫は一定水準保有されるということを意味する。航空の主な利点は以下のように集約できる。

・低い梱包費用
・キャッシュフローの改善と安い借入れ費用
・小さい経済的発注量
・安全在庫の減少
・集中的な倉庫管理

これらは商品の重量に対する最終価格との関係で検討されなければならない。

9.1.3 流通の総費用モデル

多くの大規模フォワーダーは、輸送と在庫関連費用を含む流通の総費用に基づき、航空輸送と海上輸送を組み合わせて利用している。輸送費用は Door to Door でのモノの移動に課される貨物料金をカバーしている。複数のモードを利用するが、主な交易ルートでは、多くは航空か海上のいずれかであろう。それはまた税関検査や出発便準備、航空会社が提供する特別なサービスなど、関連する費用をカバーしている。在庫費用は、商品輸送の財務費用はもちろんのこと、生産してから最終的に販売されるまでの間、貨物を保管しハンドリングを行う費用をカバーしている（そして損傷あるいは陳腐化した商品の価値は下がる）。

図9.2 は、輸送の迅速性と確実性が向上すると、どれだけこれら2つの費用が変化するかを示している。このグラフのX軸を「低い」方から「高い」方へ移動することは、すべての貨物が陸上輸送で運ばれている状況から、すべてが航空輸送されている状況へ移行しているということである。Y軸はこの範囲の輸送スピードに関連した費用を示しており、航空輸送を選ぶ人が多くなれば、輸送費用は増大し、在庫費用は減少する。2つの費用の合計は最も低い点まで落ち込んだ後、輸送費用の増大が加速し、在庫費用の利点が漸進的に減少するにつれ、再び増大する。燃料費が著しく上昇したとき、最低点は左に移動

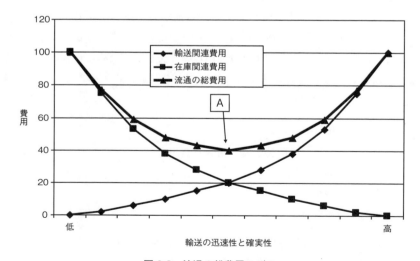

図9.2 流通の総費用モデル

し、2000年代の後半で生じたように、セキュリティ費用の増大は航空輸送に過剰な影響をもたらすことになる。

商品の中には常に航空輸送されるものがある。なぜなら、輸送時間をより多く要する陸上輸送を利用すると、結果的には売上げを逃し、非常に高い在庫費用を負担することになるからである。高い航空貨物運賃を負担することができず、非常に高い在庫費用を負担することもない商品もある。ハイテク商品の中には、市場で新製品を最初に売り出すことから生じる利益を得るために、当初は航空で輸送されるものもある（例えばiPhone）。当初は高い価格を設定することができるが、市場が成熟化し競争者が参入すると、価格は下がる（あるいは新しく高価な特徴を付け加えるだろう）。そして、航空貨物を利用する余裕はなくなる。航空とLTLキャリアを組み合わせたり、より速い船を導入したり、空港での滞留時間を減らしたりして、各モードはシェア獲得のために輸送時間をより短くしようとしている。

海上輸送には燃料油・石炭・鉱石などのバルク商品の輸送はもちろんのこと、コンテナ船による輸送もある。このことが意味しているのは、重量と輸送距離という点で総貿易におけるそのシェアは、航空輸送のシェアが増えるのを妨げているということである。ボーイングの予想では、2007年に海上輸送船が運んだ貨物は60.9兆トンキロだったが、航空貨物会社のそれはわずか1,930億トンキロであった。海上輸送は未だ、バルク商品を除いても、17.9兆トンキロを運んでいる（Boeing, 2008）。

同様の比較が、航空貨物とコンテナで運ばれるドライカーゴとの間でも行うことができる。後者は2007年に約64億トンキロ運ばれており、過去10年にわたり年間平均9.8%で成長している。市場全体における航空貨物のシェアは、同じ期間に4.1%というゆっくりしたペースでしか成長せず、結果的に減少している（Boeing, 2008）。

50億米ドルを投資して、パナマ運河を拡張する工事が進んでいる。（既存の4,500よりもむしろ）12,000超のコンテナを運ぶ最大のコンテナ船が通れるようにするためである。これは2014年までに完成することになっており〈訳者：2016年に完成した〉、航空に対する船舶の相対的な費用上の利点が改善されるだろう。しかし、2つのモードの相対的なスピードは変わらないままである。なぜなら、アジアの生産者にとっては米国縦断鉄道を利用して、ロサンゼルス経由で米国の東海岸市場に到達する方がまだ速いからである（パナマ運河

経由だと 25/26 日かかるのに対し、上海からニューヨークへは 20 日程度である)[3]。

　航空貨物を利用する経済事情は簡単に例示することができる。アジアの衣服生産者に 5 ドル、欧州への輸送費用が例えば航空だと 1 ドル、海上だと 20 セントと仮定する。総費用は航空だと 6 ドルとなり、陸上輸送と倉庫保管料を含めると例えば 7.50 ドルに増大する。海上輸送の費用だと例えば 6.70 ドルから 7.20 ドルへと増大する。海上輸送の利点（30 から 70 セント〈訳者：80 セントと思われる〉）はいとも簡単に在庫保有と過剰在庫の費用によってなくなり、事例においては、低い輸送費用を正当化するために必要なより大きな貨物サイズのために、海上輸送の方がより高くなるだろう。アトラス航空によると、もし荷主のわずか 5〜10％がこの費用上の利点を認識すれば、航空貨物はあと 125 万〜250 万トン増えるだろう[4]。しかしながら、ファッション性が高い（「流行遅れになりやすい」）衣服といったアイテムは航空から最大限の便益を享受しており、これらは恐らくすでに航空輸送を利用している。というのも、航空輸送費用をカバーできる小売価格が設定されており、売上げを逃したり在庫を保有したりしておくことに莫大な費用がかかるからである。航空を利用しないアイテムは重量当たり価値が低く、そのため航空輸送には不向きである。さらに、荷主は輸送モードを決定する際に在庫費用を考慮しないかもしれない。なぜなら、それらはコストセンターあるいはプロフィットセンターに現れないし、またその費用は彼らの会計システムでは容易に識別できないからである。結局のところ、上記の事例における相対的な収益性は海上輸送賃率よりも航空輸送賃率に左右される。

　コンテナ船は、2008 年の燃料価格高騰に対して、速度を落として運航することで対処したことを付け加えるべきであろう（航空機はすでにコスト最適な巡航速度であった）。このことは航空の利点を増やしたかもしれない。港湾の中には、混雑によって迅速性と確実性が後退し、打撃を受けたところもある。空港の中にも同様の問題を抱えているところがあるが。しかし、賃率は最も重要な動因であり続け、これらは上記事例の費用というよりもむしろ供給／需要のポジションに依存している。

---

[3] 'A Plan to Unlock Prosperity', *The Economist*, 5 December 2009.
[4] Atlas Air investor day presentation, July 2010.

9.2 航空貨物のマーケティング戦略

　航空貨物に関する航空会社の戦略は、その企業の全社的な戦略と、貨物がどれだけ異なるビジネスとして発展することが許されているかどうかにかかっている。多くの航空会社は主に旅客を輸送するキャリアであり、貨物はこの副産物とみなされている。ブリティッシュ・エアウエイズのように大量の航空貨物を運んでいる航空会社でさえも、その旅客の目的地に対しては二次的なものとして貨物を取り扱っている。同社の「世界で最も好き」になるという目標は荷主の選択というよりもむしろ旅客に関連したものである。ブリティッシュ・エアウエイズは自らの重要な資源を旅客サービスのネットワークであると考えており、ある路線では貨物の需要と貨物のサイズに関して、キャパシティが限られるという問題が起こりうることを告げることなく、そのネットワークを荷主やフォワーダーに売り込んだ。マッキンゼーによれば、1990年代初頭のBAカーゴのオプションは既存の副産物戦略あるいは以下のことを本質的に継続したものであった。

・貨物を取り扱うグローバル・プレイヤーになること
・小売のエクスプレス市場への参入
・仮想統合（フォワーダーの買収）
・マルチモーダル輸送

　上記の組み合わせは可能であろう。第1に伴う問題は、荷主やフォワーダーへの便益が不明なまま、巨額投資が求められることである。第2もまた資金供給が必要で、主要顧客の一社（DHL）と直接的な競争を繰り広げることになる。第3は他のフォワーダーから報復されるリスクがあり、大規模なフォワーダーを差別化のために買収する必要があるだろう。最後はブリティッシュ・エアウエイズが経験したことのない産業へ参入することを意味している。それは成熟産業であり、巨額の固定資本投資が必要になる。なぜこれら4つすべてが同時に却下されるのか、そして他の航空貨物会社によってもまた拒否されるのかを理解することは、恐らく難しくない。

　カーゴラックスや日本貨物航空（NCA）など航空貨物のスペシャリストは自らの戦略的な役割を真っ向から表明する必要がある。なぜなら、彼らは他のビジネス系列の子会社ではないからである。日本貨物輸送は財務状況が芳しく

なかった数年を経た2000年代末、フェニックス・プロジェクトにおいてその戦略を再定義した。そのビジョンは以下のようなものであった。

多様なサービスを提供し、社会の発展や世界の経済・文化に貢献する、真のグローバルな貨物専業航空会社

・財務が健全で、将来着実な成長を期待できる企業
・安全性と高品質なサービスを維持しつつ、航空貨物の多様なニーズに応える企業

日本貨物航空は、フェニックス・プロジェクトにおいて、その将来の発展を支えるのに必要な3本柱を以下のように定義した。

・適切な費用構造
・自らの定期サービスの簡素化・合理化を通じた強化
・魅力的な新しいビジネス（GSSA、ハンドリング、チャーター、航空機リースを含む）による収益性の改善

目標は収入を増やし、3年間で財務上の損失を損得なしに変えることにあった。しかしながら、そのプロジェクトは世界中の航空貨物が不振に陥ったときに導入され、その成功はグローバル経済が回復するスピードに依存しているようだった。

コンビネーションキャリアであるエールフランス–KLMもまた、同じ時期に航空貨物事業の損失に苦しんでおり、新しい戦略を導入したり、あるいは少なくとも力点を貨物専用機事業から旅客機のロワーデッキのスペースを販売することへ変化させたりした。同社の貨物専用機のキャパシティは40％減少し、機材数は14機へ減少した。残る貨物専用機は地上にあり、景気が恒久的に回復したらサービスに戻されるのであろう。同社のチャーター貨物子会社であるマーチンエアもまた、残りのシェアをマースクから買い取ることで、グループへと統合された。同社はまた、いくつかの貨物専用機事業をこの完全所有子会社へ移すことによって、マーチンエアの低廉な費用を利用することを計画していた。

主要インテグレーターのマーケティング戦略は自動貨物配送サービスを支える情報システムに集約される。顧客は小口貨物から重量貨物に及ぶサービスの

組み合わせによってサービスを提供されている。彼らはまた、貨物のタイプと目的地ごとに異なる定時配送サービスによって、相対的に簡素な価格構造を提供されている。

9.3 航空貨物製品

9.3.1 航空貨物会社

コンビネーションキャリアであれ貨物専業航空会社であれ、航空貨物会社は空港間サービスを提供している。ルフトハンザカーゴなど、いくつかの航空貨物会社は少なくとも母国での集荷・配送のために Door to Door 市場への参入を試みているが、それほど成功していない。

提供されているサービスには陸上輸送と航空輸送の要素が関係している。陸上では航空会社あるいはそのハンドリング代理店が貨物を受領し、それらを航空機に搭載する準備を行う。必要な書類が準備され、貨物が物理的に移動される。複数のアイテムが1つのパレットあるいは1つのコンテナへとまとめられ、保安検査を受ける場合もある。ここでのサービス品質が意味するのは確実性と安全性であり、損傷や盗難の回避を含む。

サービス品質とは、生花や冷蔵品、危険物、動物といった特別な製品を取り扱う能力のことである。医薬品など温度管理された貨物は暖かくなりすぎても、凍らせてもダメである。オーストリア航空は欧州から日本へ向かう便は機体の左側よりも右側の方が何度か暖かいことに気付いた。医薬品などのアイテムを冷たい側に置くと、6度まで温度が下がることになり、貨物は損傷することになる。そのため搭載指示がまた必要になる。

プロセスの運航部分には以下のようなサービスの側面が含まれる。

- 配送時間を約束するか保証すること
- サービスの頻度
- 航空機の出発時間
- 航空機の機能、特に搭載制限

第1の側面は、トータルでみた Door to Door 時間の一部でしかなく、フォワーダーや荷主が考慮する必要があるものである。コンビネーションキャリアは空港間をベースにした追跡サービスを提供しているが、これは貨物が空港外で保管されているときには特に役立たないであろう。第2および第3の項目

は、追跡する貨物の特別な目的地への頻度が十分あればそれは役に立つかもしれないが、第1が提供されていれば気にする必要はない。最後の点は大きな貨物にとっては重要となる。

　航空貨物会社は異なる市場セグメントをターゲットとした多様な製品を導入している。医薬品など実収単価の高いセグメントには温度管理とより高水準のサービス（と費用）が必要かもしれない。ルフトハンザ航空は製品を特別なハンドリング・セグメントに大別している。

　　冷蔵／定時：医薬品など温度管理された貨物
　　円滑／定時：損傷を受けやすい貨物向けの慎重なハンドリング
　　安全／定時1：ダイヤモンドなどの貴重品
　　安全／定時2：盗難の恐れのある商品
　　鮮度／定時：果物・生花などの生鮮物
　　取扱注意／定時：危険物
　　動物／定時：動物輸送

　温度管理は生鮮品にも必要であるが、生鮮品の場合は冷やす場合もあるし温める場合もある。生花では、バラなどは摂氏0～2度でキープされる必要があるが、ランは摂氏13～16度である。果物はイチゴが摂氏0～2度、レモンが摂氏13～16度というように幅がある。

　異なる市場セグメントには、先に述べた製品の側面に関して異なる優先度がある。緊急貨物は便の出発時間と相対的に頻度の高い便から良い選択をする必要があるだろう。直行便が好まれるのは、それによって遅れる可能性が少なくなるからである。明らかに、定期便はすべて、あるいはほとんどすべて、運航され、その便に予約された貨物が別の便に委ねられるべきではない。これらのセグメントにはまた、Door to Door輸送のうち陸上輸送の側面で、手堅い需要があるだろう。しかし、これらはフォワーダーやインテグレーターよりもむしろ、荷主や荷受人が提供するものである。追跡システムは今や必須となり、配送保証が望ましいものとなった。定期的な生鮮貨物には特別なハンドリングと保管施設が必要なのはもちろんのこと、より価格に敏感なので賃率がとても重要である。これらには季節性があるかもしれず、この期間中、便は目的地にあるスーパーマーケットへ定期的に貨物を提供できる十分な頻度がなければい

けない。

9.3.2 インテグレーター

インテグレーターは Door to Door での配送を提供しており、チェーンの一部を他社に下請けに出す場合にさえ、全体の責任を負う。したがって、彼らは行程のすべての段階を緊密に追跡し、頻繁に貨物をスキャンし、貨物の位置を中央コンピュータに入力する必要がある。

数年前、彼らの予約のほとんどはコールセンターを通しており、業界（やその他）にとって迅速な応答、わかりやすいサービス、効率的な予約のための標準を確立した。コールはランダムに管理者によって監視され、各日の終わりに評価された。自動電話応答ルーティンの導入に伴い、コールのほとんどは、少なくとも他のサービス産業においては、なくなった。インテグレーターの予約の多くは現在、自社ウェブサイトを通じて行われており、予約と追跡システムを簡単に利用するための業界標準を再び確立したと自負している。

表9.1 はインテグレーターが提供している製品の1つの事例を示しており、保証された配送時間を含む。フェデックスは同様のサービスを行っており、「返金」保証と称している。このため、彼らは税関の検査によって配送が著し

表9.1　UPS の航空貨物賃率構造（2010年6月）

配　送		サービス名
米国、カナダ、プエルトリコ内／間の航空貨物		
翌営業日	正午／午後5時までの配送を保証	UPS ネクストデイエアフレイト
翌営業日	正午／午後5時までに配送	UPS ネクストデイエアフレイト NGS
翌々営業日	正午／午後5時までの配送を保証	UPS セカンドデイエアフレイト
翌々営業日	正午／午後5時までに配送	UPS セカンドデイエアフレイト NGS
3～4営業日	午後5時までの配送を保証	UPS スリーデイフレイト
3～4営業日	午後5時までに配送	UPS スリーデイフレイト NGS
その他を発着する航空貨物		
1～3営業日	当該日末までにドアまでの配送を保証	UPS エクスプレスフレイト
1～3営業日	当該日末までに空港へ配送	UPS エアフレイトダイレクト
3～5営業日	当該日末までに空港へ配送	UPS エアフレイトコンソリデイテッド
LTL		
選択したサービスによって異なる	発着地に基づいた配送	UPS フレイト LTL

出所：www.ups.com.

く遅くなると考えられる諸国へ送られる貨物を断らなければならない。

9.4　航空貨物の販売促進

9.4.1　航空貨物会社

　ビジネスの90％かそれ以上がフォワーダー経由のため、販売促進活動はここに焦点が置かれる。しかしながら、インテルが電子機器産業の企業にチップを売っているように、最終顧客（例えばノートパソコンや携帯電話の購入者）へ自社ブランドを宣伝することもまた理に適うだろう。最終的な消費者はインテル・チップが入っている製品に固執するかもしれないし、荷主はある航空会社を利用するようフォワーダーに要求するかもしれない。

　航空会社は一般的に貨物やロジスティクスの業界紙に広告を出し、国際航空輸送協会（The International Air Cargo Association：TIACA）が主催する会議へ参加したりブースを出したりしている。航空会社はそのビジネスの大半を5社程度の大規模フォワーダーから得ており、そのため販売促進は航空会社の貨物販売スタッフが重大な意思決定者をターゲットに実施することになる。

9.4.2　インテグレーター

　インテグレーターは小売・卸売の両段階でそのサービスの販売促進を行う必要があり、良質なサービス・迅速性・確実性を体現するブランドの維持を意識している。販売促進は印刷物やTVメディアを通じて行われ、中にはさまざまなスポーツ・イベントのスポンサーになっているところもある。フェデックスは全仏オープンテニス・トーナメントやF1レースだけでなく、米国でフットボールやバスケットボール、モーターレース、ゴルフのスポンサーになっている。これらは企業と個人の両方にアピールするものである。

　フェデックスは特に米国で大量のテレビ広告を行っており、その広告はユーモアに富んでいる。DHLは2004年に米国で有名なTV広告を出した。それはフェデックスとUPSのトラックが鉄道の踏切の反対側で待っている間、目的地に向かうDHLの配送車が鉄道で運ばれるのを見ているというものだった。

9.5　航空貨物の流通

9.5.1　航空貨物会社

　旅客サイドでは、旅行代理店が航空会社向けの主要な流通チャネルを提供し

ており、都市中心に位置するオフィスやコールセンターを通して販売していた。航空会社はたくさんの個人客と複数企業の旅行部門と取引を行っている。これはチケットの配送と支払いという面で理に適っており、航空会社への予約は旅客に代わって代理店が行っていた。インターネットの出現によって、理想のプラットフォームが開発され、はるかに低い流通費用で最終消費者に直接リーチできるようになった。電子チケットが開発され、安全な支払いシステムが作られ、デビットカードとクレジットカードの発行数は増大した。オンラインのチェックインさえ利用可能になった。

貨物サイドでは、航空会社が代理店（フォワーダー）を通して取引を行う傾向があった。フォワーダーは航空運送状を作成し、荷主からの支払いを調整していた。しかしながら、一旦フォワーダーが貨物を混載し始めると、彼らが航空会社にとって事実上の最終顧客となり、荷主にリーチするためにフォワーダーを迂回することはほとんど選択肢とならなかった。航空会社は貨物を混載する能力を持たなかったし、仮に持っていたとして、混載事業者と同じくらい効率的にそれを行うことはないだろう。航空会社の中にフォワーダーと手を切るというリスクを冒そうとするところは1社もなく、荷主は一般的にDoor to Doorの最良の選択肢を探し回ることができるフォワーダーから良質のサービスを得ていた[5]。さらに、チケットに相当するものは、恐らくそれほど必要性がなかったために、「電子化」されるのが遅かった。

AirTradeが2000年に実施した荷主調査の推計では、航空会社を直接利用したことがあるのはわずか4％で、フォワーダーだけが53％、インテグレーターだけは31％だった。残り（12％）はフォワーダーとインテグレーターの両方を利用したことがあった。欧州では、フォワーダーだけの比率が高く（63％）、インテグレーターは低かった（24％）。この差は米国におけるインテグレーターの非常に高いシェアを反映したものであり、それが合計でも高い比重を占めることに繋がっている。

フォワーダーによる航空会社との予約の大部分は未だに電話でデータを伝えることで行われており、その後航空会社のコンピュータ化された予約システムに入力される。そうして搭載指示書（load sheets）と貨物搭載目録など他の書類を自動的に作成することが可能になる。世紀の変わり目までに、航空貨物業

---

[5] いくぶん、旅客サイドの代理店は技術や報酬の方法を通して特定の航空会社と繋がっていたので、最良の選択肢を探し回ることをしなかった。

界の自動化は個々の空港レベルでしか進展しなかった。空港では、そこに乗り入れているかあるいはそこを拠点としている航空会社のコンピュータを空港・ハンドラー・税関当局と結ぶために Air Cargo Community Systems (CCS) が開発された。後に CCS はトラクソン (Traxon) などのシステムを通じて繋がり、これらとポータルの境目はますます曖昧になった。2003 年、グローバル・フレイト・エクスチェンジ (GF-X) が導入され、航空貨物会社向けの中立的なオンライン予約システムが提供されるようになった（現在は Descartes によって所有されている）。続いて、ユニシスがカーゴ・ポータル・サービスを導入した。また、別のシステムがカーゴルックスと SITA（航空会社向けの情報通信会社）によって立ち上げられた。これには貨物追跡やメッセージの切り替えを含むたくさんのポータル機能がある。カーゴマルクト (Cargomarkt) といったところだけは航空貨物事業者間の運賃を比較することが可能で、OAG のカーゴ・ポータルは比較できる情報がより多く集められているが、航空会社との取引はできない。多くの航空会社は現在のシステムを簡素化し、すべての関係者がより簡単にアクセスできるインターネット上のプラットフォームへ移行したいと考えている。

　多くの主要航空会社には貨物の電子予約システムがあり、航空会社のウェブサイト経由、GF-X などのポータル経由、あるいはフォワーダーとの直接リンクを通してアクセスすることができる。一例を挙げれば、コンチネンタル航空は 2010 年に GF-X ポータルを脱退した。同社によれば、内部の技術サポートに必要な資源をもはや維持することができなくなった。それまで同社は 3 つのチャネルを通じて予約を提供していた。それは、同社内部の Cocargo system、カーゴ・ポータル・サービス、そして GF-X であり、自社の予約システムを他の 2 つよりも優遇する必要があった。

　荷主がフォワーダーを利用し続ける一方で、航空会社は、自らが余り知られておらず、ステーションに自社スタッフを配属させるほどでもない諸国で存在感を示す必要がある。これらは航空会社が自社便でサービスを提供する自社区間かもしれないし、自社便でサービスは提供しないが若干の売上げと売れる可能性がある他社区間かもしれない。これらの場合、航空会社は貨物総販売代理店 (GSA) を自社の代わりにサービスを売り込むために任命し、見返りに売上げに対する代理手数料を支払う。これは代理店にインセンティブを提供し、航空会社は固定費用を負担せずにすむ。

別の中間業者として貨物の卸売業者がおり、航空会社からキャパシティを買い、小さすぎて航空会社から好ましい運賃を得ることができない中小規模のフォワーダーに売っている。

9.5.2 インテグレーター

インテグレーターは自社サービスを小売と卸売の両方、あるいは企業部門に提供している。彼らはそれ故直接的なウェブサイトと電話による予約システムの両方を必要とする。例えば、フェデックスは、自社のコンピュータ・システムとウェブサイトを含む、顧客向けの自社による技術インフラの重要性を強調している。同社は部門ごとに分かれているが、そのウェブサイト（fedex.com）は顧客がフェデックス・オフィスのサービスはもちろんのこと、フェデックス・エクスプレス、フェデックス・グラウンド、フェデックス・フレイトの貨物追跡、顧客サービス、送り状情報へアクセスするための1つの接点を提供している。同様に、フェデックス・エクスペディテッド・フレイト・サービシズへ電話1本入れるだけで、顧客は自らのニーズに最も見合うサービスを選ぶために、フェデックス・エクスプレス、フェデックス・フレイト、フェデックス・カスタム・クリティカルが提供する陸上・航空貨物輸送のオプションを迅速・簡潔に評価することができる。

第 10 章　価格設定と収入

10.1　貨物輸送による収入と実収単価の傾向

　貨物はフレイト、郵便物、エクスプレスとして定義され、世界の航空会社を対象としたICAOの財務統計報告システムでは、航空会社が「フレイト輸送による収入」に以下を含めるよう要請している。

> 「エクスプレスと外交用郵袋を含むフレイトの輸送から得られる収入で、適用可能な割引・リベート、積み換え輸送の通し運賃料金表の割当てを控除して求められる。これにはエクスプレス輸送による収入と外交用郵袋の輸送から得られる収入を含むべきである。航空会社のスタッフが個人の荷物を割引料金で送った場合、その収入は通常のフレイト輸送による収入とみなされる。」

　郵便物は、その料金が事前にあるいは遅れて決められるという事実とは関係なく、国内外の全郵便物を普通料金で運ぶことから受け取るすべての支払いを含むべきである。別の定義でよく付け加えられるのは、そのような輸送は国営の郵便局のそれに限定されるという事実である。ここでは燃油サーチャージ、セキュリティ・サーチャージのいずれにも言及せず、また「臨時収入」といった他項目の中でも触れない。このことは、それらが関連する費用項目からもたらされるということを意味している。ICAOはそれを個別の航空会社に任せているが、ブリティッシュ・エアウエイズやカーゴルックスなどの航空会社はそれぞれの輸送収入の中に旅客と貨物のサーチャージから得られた収入を含めている。このことは実収単価がサーチャージ水準の変化を考慮に入れたものであることを意味している。

　フレイトの実収単価は通常、フレイトあるいは貨物の収入を運航トンキロで割ることで計算される。収入には通常、燃油サーチャージとセキュリティ・サーチャージが含まれており、分母はキャパシティではなく輸送の単位である。航空会社の中にはトンあるいはkgごとの実収単価を報告するところもある。特にインテグレーターは貨物ごとの実収単価を公表している。

10.1 貨物輸送による収入と実収単価の傾向

　図10.1は、世界の国際・国内定期サービスの旅客・貨物実収単価が過去20年にわたってどのように発展してきたのかを示すものである。これらは米ドル換算後の合計であり、米国の消費者物価指数によって実質価格に調整済みである。両方の実収単価は2003年まで継続して下落したが、2003年には燃油価格上昇分の少なくとも一部を取り戻すために増大させる必要があった。貨物の実収単価は9.11以降少し下落したが、旅客の実収単価はさらなる落ち込みをみせたようであった。両方の実収単価は1990年から2003年の間、年間約1%ずつ減少しており、実質的には年間4%を下回る割合で減少した。両方の実収単価は、2008年と比べて、2009年には現行価格で約14%減少した。少なくとも20年間、これほど減少したことはなかった。

　図10.2はルフトハンザ航空の最近10年間の航空貨物実収単価の推移を示したもので、現地通貨であるユーロでRTKごとに表示されている。この期間の総収入はかなり周期的に変動しているが、これはこの10年に起きた2つの主要な景気後退を反映した動きであった。第1は、国際貿易の減少とその後の9.11の余波から生じており、第2は金融危機と国際貿易の落ち込みによって引き起こされた。第2はより短期のものだったが、より重大な影響をもたらした。実収単価は、収入という成果をもたらす輸送量と共にまた、脆弱であっ

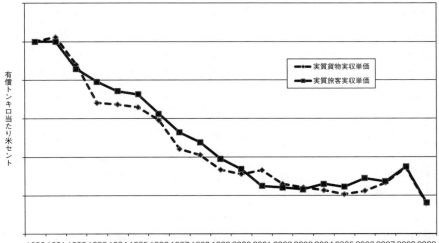

図10.1　世界の航空会社の旅客・貨物実収単価の比較（実質米ドル）
出所：ICAOto2007, IATA2008and2009

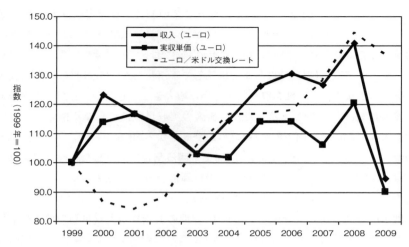

図10.2 ルフトハンザ航空のRTK当たり貨物収入とユーロ／米ドル交換レート
（1999年－2009年）
出所：Lufthansa Cargo Annual Reports

た。これらを決めているのは世界市場の料金で、それはキャパシティの減少が輸送量の減少ほど速く進展しないときに崩壊する傾向がある。グラフには米ドルとユーロの交換レートも示されている。なぜなら、これは米国やドルペッグ制を採る諸国で得られる収入に影響を及ぼすからである。その増加傾向はドルに対するユーロの強さを示しており、これはドル収入のユーロ換算額を減らすだろう。逆に、1999年から2001年の間、実収単価は弱いユーロによって押し上げられた。2008年に、実収単価が大幅に増加した（収入に対する交換レートの影響を除けばもっと大きいだろう）背景には、燃油サーチャージの大幅な引き上げがあるが、燃油サーチャージはその翌年なくなった。

　表10.1は、ルフトハンザカーゴの2003年におけるサービス類型別実質実収単価を示すものである。エクスプレス貨物は一般貨物より43％高く、特別なハンドリングを要する貨物より15％高い。これらの差異はその後6年にわたって維持されると予想されていた。

　ICAOに報告されている世界の定期サービスの総計における郵便物の実収単価は、2000年まで、平均的なフレイトの実収単価よりも常に約40％高かった。2000年は郵便物の実収単価がフレイトの実収単価と比較して初めて減少した年だったが、それから約2倍増大した。これは「エクスプレス」に含まれてい

表 10.1　ルフトハンザ航空の貨物種類別実収単価予想（kg当たりユーロ）（2003－2009 年）

貨物の種類	2003 年	2009 年	変化率（％）
エクスプレス	2.25	2.23	－0.9
スペシャル	1.63	1.61	－1.2
ゼネラル	1.42	1.40	－1.4
加重平均	1.57	1.60	1.9

出所：Lufthansa Cargo Planet：Global Airfreight Outlook, 2004.

た伝統的な郵便物輸送がフレイトに含まれるよう、再分類されたことによるのだろう。

10.2　主要地域別、サービス類型別の実収単価構造

　実収単価は発着する地域や、貨物が旅客機と貨物専用機のどちらで運ばれるのかによって異なるだろう。それはまた、割増料金での輸送が合計に占めるシェアにもよる。そして、インテグレーターを含むデータは、他の条件が同じ場合、それらを含まないデータよりも明らかに高い実収単価を示すだろう。フェデックス、UPS など主要なインテグレーターは自社所有機での長距離サービスを多く手掛けており、IATA のメンバー（そしてそれらの政府は ICAO のメンバー）であるため、輸送量と収入は国際統計で報告される。

　表 10.2 は、世界の地域での主要長距離向け運航形態別実収単価における差異について、ある考えを提供してくれる。北大西洋における貨物専用機の運航は、1 社の大規模インテグレーターが 80～90 米セントという実収単価を報告していることによって過大なものとなった。3 社はまた北／中央太平洋における貨物専用機で高い実収単価を報告しているが、それらが輸送量全体に占める重要性は北大西洋よりも低かった。

　インテグレーターの影響をあまり受けない欧州・アジア間の路線では、旅客機によるサービスと貨物専用機によるサービスとの間で、実収単価にほとんど差はないように思われる。一般的に、旅客機によるサービスの実収単価は完全配賦費用を反映していないのでより低くなると考えられているが、これはそれと逆である。先の IATA コスト委員会（Cost Committee）の報告においても、いかなる差異の証拠も提示されなかった。もっともな説明は旅客機によるサービスの料金は、特に市場に十分なキャパシティがあるときに、完全に費用を負担する貨物専用機によるサービスの料金を引き下げる傾向があるというものである。

表 10.2　サービス類型別RTK当たり実収単価（米セント）（2005 年）

	旅客機／貨客混用	貨物専用機	合計
北大西洋（28）	17.5	69.6	30.3
欧州－アジア太平洋（37）	24.1	24.2	22.4
北／中央 太平洋（21）	24.8	34.0	27.9

注：カッコ内は長距離運航の3つの主要地域に沿った区分でデータを提出した航空会社の数
出所：ICAO Circular 316-AT/135.

10.3　エア・フレイトの価格設定

　エア・フレイト料金と郵便物料金に関する包括的なデータベースを見つけることは困難である。より多くの価格設定が大規模なフォワーダーと航空会社との間の契約下で行われるようになると、合意された料金は内密になる。国によっては様々な価格指数を発行しており、それらはより多様な要素を含む消費者物価指数を算出する際によく用いられる。この例としてドイツをあげることができ、同国のエア・フレイトの価格指数はドイツを発着するすべての航空輸送から生じる貿易に関する IATA CargoIS データベースから算出されている（表10.3参照）。これは2006年までしかさかのぼれないが、燃油価格が上昇した結果、2008年に料金（燃油サーチャージとセキュリティ・サーチャージを含む）が世界的に20％も上昇したことを示している。燃油サーチャージの急減と需要の崩壊が合わさり、2009年に料金は世界で30％超下落することとなった。

　2008年に大幅に上昇した一国は中国であった。中国は他の諸国と同様、石油価格の圧力を受けたが、少なくともその年の最終月までは、中国発の利用可能なキャパシティが需要と比較して不足していたため、より高い料金の設定が可能であった。他方、日本は需要が弱く、あまり上昇しなかった。日本とアラブ首長国連邦（UAE）は2009年に料金が最も下落した国であり、33～34％下落した。

　図10.3は、2010年までの3年間にわたって、いかに海上運賃がエア・フレイト運賃よりも不安定だったかを示すものである。両者とも2008年の高みから急激に落ち込み、海上運賃は航空運賃よりも四半期早く下落し始めた。もし燃油サーチャージを含めるのであれば、エア・フレイト運賃の振れ幅はより大きなものとなるだろう。航空輸送料金がCASSデータを用いて418の市場と

10.3 エア・フレイトの価格設定

表 10.3　ドイツの地域／国別エア・フレイト価格指数*

地域／国	2007 年	2008 年	2009 年
総指数	98.5	118.4	82.2
アジア太平洋	98.0	125.6	87.8
中国	99.3	134.5	96.2
日本	90.9	109.7	73.3
オーストラリア	102.7	120.0	95.7
大韓民国	91.8	122.3	80.2
インド	97.7	128.3	88.2
北米	96.9	111.1	70.0
米国	96.7	110.7	69.7
カナダ	99.0	114.2	73.0
中南米	99.9	112.0	81.7
ブラジル	98.3	112.9	82.9
メキシコ	100.2	105.6	70.3
北アフリカ／中東	99.9	124.2	89.8
アラブ首長国連邦	101.3	134.1	88.0
その他アフリカ	100.4	113.9	84.4
南アフリカ	99.8	112.5	82.4
欧州	101.1	122.0	96.9

注：＊四半期平均；2006 年 年間平均＝100
出所：German Federal Statistics Office from IATA CargoIS database.

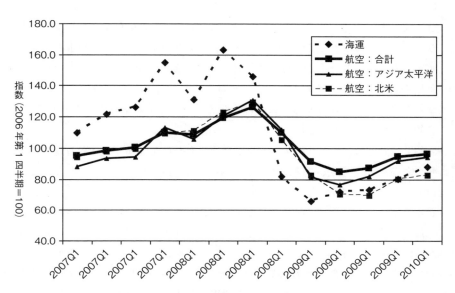

図 10.3　フランスの貨物輸送価格の四半期指数
注＊燃油／セキュリティ・サーチャージを除く。

19の航空会社のサンプルから算出されるのに対し、海上指数はバルティック商業海運取引所の指数に基づいている。

2006年末以来、多くの航空会社、インテグレーター、フォワーダーは燃油サーチャージの算出方法とジェット燃料指数を自社ウェブサイトに掲載するのを止めている。様々な国の反トラスト当局による調査とそれに続く罰金の結果、そうなった（3.2.3項参照）。しかしながら、航空会社の中には、燃油サーチャージを増減させたときにプレスリリースを発行し、現在の水準を公表しているところもある。図10.4は、ブリティッシュ・エアウエイズ・ワールドカーゴが2001年に導入した燃油サーチャージについて、2010年5月までの推移を示すものである。サーチャージの元々の目的は恐らく、生産に対する1つの重要な投入が異常に膨張し、それを補てんすることにあった。とはいえ、重要なことである。そして市場価格が元の傾向に一旦落ち着くと、廃止されるだろう。2008年末に向けて、サーチャージは2004年半ばの価格に回帰したが、導入以前の水準までは下がらず、再び上昇し始めた。

航空会社が現地通貨で課すサーチャージについては多くの疑問が生じる。第1に、航空会社はサーチャージを現地通貨の交換レートに対する米ドルの変化に合わせて調整しているのかどうかである。なぜなら、燃料は米ドルで表示され、支払われるからである。ブリティッシュ・エアウエイズは米ドル表示のサーチャージも公表しているが、それは英ポンドのサーチャージや市場でのドル／ポンド交換レートからはかけ離れていることが多かった。図10.4からは、英国の現地通貨でのサーチャージは一旦ドルへ換算された燃料価格の軌道とぴったり合うことが分かる。これはサーチャージを決める方法（以下を参照）を知れば驚くことではない。

第2の疑問は、もしサーチャージが長期間変わらなければ、燃費の良さは反映されるのかどうか、あるいは燃油費用の大部分はサーチャージによってカバーされるのかどうかということである。航空会社によれば、サーチャージは費用の増大分を完全に反映しておらず、それゆえ彼らの収益性は悪い。

最後の問題は、フレイト運賃率を基準に支払う貨物代理店によって提起されたものである。彼らの手数料の基準はフレイト運賃にサーチャージを加えたものではないので、航空会社の費用が増えても、貨物代理店の水準は元のままだった。貨物代理店は、その作られた費用を合法的に分離することに挑んでおり、それが実現すれば、彼らの手数料はより低くなる。この議論への回答は、

10.3 エア・フレイトの価格設定

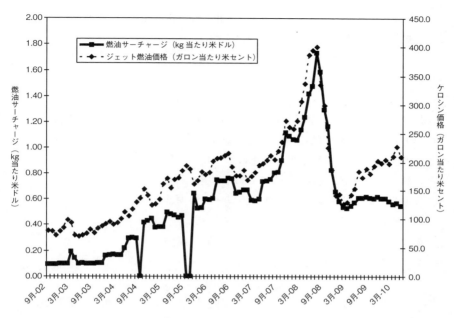

図 10.4　ブリティッシュ・エアウエイズの燃油サーチャージとジェットケロシン価格
（2003 年〈訳者：2002 年と思われる〉9 月－2010 年 5 月）
出所：British Airways press releases and OECD.

代理店はこの棚ぼたへの特別な権利を有しておらず、また、費用が増加したからといっていかなる余分な作業に関わってはいないということだった。しかしながら、オーストラリアの裁判所は、燃油サーチャージは手数料が支払われるべきチケット代の一部であり、カンタス航空（およびオーストラリアで販売を行っている他の航空会社）は旅行代理店へもっと高い価格を支払わなければならないとの判決を出した。エミレイツ・カーゴなど、航空会社の中には、サーチャージを中止し、基準となる運賃の下ですべての費用をカバーするようになった。

他のネットワークキャリアがサーチャージを算出する方法はより明らかなものであった。2006 年まで、ルフトハンザ航空などの航空会社は以下のような燃油サーチャージに関する方法論を公表していた。それは未だにコンビネーションキャリアによって用いられており、ウェブサイト上でみられる。

・燃油価格指数：100 ＝米ガロン当たり 53.35 米セント

- 5大ジェット・ケロシン・スポット市場の燃油価格平均
- 燃油価格指数（2005年6月3日）：291

燃油サーチャージの算出方法の例：

燃油サーチャージ＝燃油価格指数が100のときを0とすると、例えば：
燃油価格指数が2週間連続して240を超過：
燃油サーチャージはkg当たり0.30ユーロに調整
燃油価格指数が2週間連続して265を超過：
燃油サーチャージはkg当たり0.35ユーロに調整
燃油価格指数が2週間連続して290を超過：
燃油サーチャージはkg当たり0.40ユーロに調整
すべての変化に2週間注目する。

　日本航空は燃油サーチャージに対して同様のアプローチを用いているが、その基準として、シンガポール市場の原油スポット価格を用いている。このシステムの下では、その価格が1バレル当たり35米ドル以下に下落するとサーチャージは減額される。
　9.11のテロリストによる攻撃の後、すべての航空会社は自らの保安基準を大幅に引き上げなければならなかった。これらの追加的な保険費用をカバーするために、航空会社はセキュリティ・サーチャージを導入した。フォワーダーは航空会社へこれを支払わなければならないが、自らの顧客へはサーチャージという形で負担を求めることを回避した。

10.3.1　ネットワーク航空会社の運賃料金表

　定期航空会社あるいはネットワーク航空会社は、各便のキャパシティを多くの異なる顧客に販売するという点において、チャーター航空会社とは区別される。チャーター航空会社は全キャパシティを1人の顧客に相対価格で販売するが、定期航空会社には標準運賃あるいは荷主・代理店が利用可能な価格システムがある。定期航空会社はまた、大規模な得意客との間で特別運賃の交渉を行うだろう。これらについては後に述べることとし、ここでは長年にわたって進化してきた利用可能な運賃システムについてみていこう。これらは路線、貨物

のサイズ・重量、そして商品あるいはモノの種類ごとに異なる。

　これまで、大抵の航空業務協定（ASA）には厳密な運賃条項が含まれており、航空会社がその貨物運賃（そして旅客運賃）を発地国（つまりそれ自身の政府）と到着国の両当局に提示し、承認してもらうことが必要であった。IATAという運賃決定機関を通すことが可能なときはいつでも、ASAは運賃料金表の合意を求めるIATA運賃調整を参考にしている。このことは今日でも行われているが、それは非常に稀である。なぜなら、多くの政府が現在、（例えば燃油サーチャージに関する）制限的合意あるいは（他の事業者をビジネスから追い出すために費用をはるかに下回る運賃にする）略奪的価格設定に不満を持っていたとしても、自国の運賃にしか興味を示さないからである。かつては政府が運賃を認可するまでに、航空会社間でフレイト運賃水準とその引き上げに合意するための長い議論を経る必要があった。これらは隔年に開かれるIATA貨物運賃調整会議で行われた。

　貨物運賃調整は、1通の航空運送状で複数の航空会社が貨物輸送を行うことができる多国間インターモーダルのために、航空会社間でフレイト運賃を設定する手段である。IATAの見解では調整が必要なのはインターモーダル運賃のためだけであるが、インターモーダル運賃は二地点間で有効な実勢価格に基づく必要がある。それゆえ、一般貨物賃率などの基準となる運賃で合意することもまた必要である。IATAプロレートシステムは、貨物が合意されたフレイト運賃で複数の航空会社を利用して運ばれる際に、航空会社間で収入をシェアするための方法を提供する。

　TACTには、航空会社によって合意されたすべての貨物運賃と規則が詳細に記載されており、IATAが年に3回発行している。これには以下の運賃が記載されている。

- 一般貨物賃率は特定品目賃率や品目分類賃率に該当しない商品の輸送に適用される。
- 特定品目賃率は特別な商品を特定の発地点から特定の目的地へ輸送することに関連する。
- 品目分類賃率は特定の発地点から特定の目的地へ輸送される特別な商品のために発行される。

品目分類賃率は生動物、貴重品、危険物、生鮮品、別送手荷物、新聞、遺体

表 10.4 伝統的なエア・フレイト賃率の構造

\multicolumn{3}{c}{ロンドン-東京間貨物賃率（2001年4月）}		
区　分	最低重量 (kg)	kg 当たり英ポンド
N		8.20
Q (NP)	5	4.99
Q (BG)	10	4.96
Q	100	6.52
Q	300	5.27
Q	500	4.49
6		2.42
386		3.73
1024	100	3.54
4402	100	4.24
6006	100	4.58
7119	250	2.42

などに適用される。特定品目賃率はある種類の貨物が航空輸送されるように設定されたもので、大抵の場合、一般貨物賃率よりも低い。品目分類賃率は一般貨物賃率に優先する。表10.4は発行されている賃率の例である。「N」は一般貨物賃率、「Q (NP)」は新聞の品目分類賃率、そして「Q (BG)」は別送手荷物の品目分類賃率である。次いで重量によって3段階に分けられ、貨物が重いほど賃率は低くなる。さらに様々なコード・ナンバーが続くが、それぞれは生花や医療機器などの特定品目を表している。これらの賃率に加え、ULDごとに示される標準的なULD賃率があり、そのkg当たりの賃率はさらに低くなる。大規模なフォワーダーがより魅力的な賃率について航空会社と直接交渉することは明らかだろう。

　IATA会議では、世界の3地域間での貨物運賃が設定される。例えば、TACTルール3.7.7は新聞・雑誌のための賃率を示す。最小貨物サイズは3「地域」内/間で特定化され、路線がどの地域で運航されるかによって、一般貨物賃率の50～67%の間になる。

　航空機のロワーデッキでは「重量を測る」よりも「体積を測る」傾向がある。例えば、B747-400のロワーデッキには貨物を搭載することができるスペースがわずか70m^{3}しかないが[1]、運航距離（燃油積載量）や他の要因によっては、典型的な長距離路線で20トン超の貨物を運ぶことができるだろう。

---

[1] より少ない旅客をより短距離で運んだ最初のB747-100よりも少ない。

しかしながら、典型的な貨物密度に基づいて「重量を測った」場合、超長距離路線では12トンしか運ぶことができない。より高い数値はトン当たり$3.5m^3$あるいは$286kg/m^3$の「容積でみた最大積載量」を示す。Van de Ryd and Wouters（2005）の研究によれば、生動物の$135kg/m^3$から金属製品の$495kg/m^3$まで、航空貨物の密度には幅があった。しかしながら、空輸される商品の多くは$150～250kg/m^3$であった。彼らはまたULD密度について、ロワーデッキにある多くのULDは$190～200kg/m^3$であったが、アッパーデッキのそれはより低く、約$160kg/m^3$であることを発見した。これは恐らく、貨物専用機にULDを搭載する際にはあまり注意を払わないためであり、結果として体積を測ることになった。

低密度の貨物はトン当たり$6m^3$、すなわち$167kg/m^3$として、計算重量へ換算される。それゆえ、これよりも大きい（あるいは$167kg/m^3$より少ない）密度の貨物はどれでも、その実質的な密度ではなくこの密度を用いて、計算重量へ換算されることになる。IATAは2003年10月からこれをトン当たり$5m^3$（$200kg/m^3$）へ引き下げることを提案したが、米国や他の諸国からの反対を受けて、2005年3月にこれを取り下げた。

荷主とフォワーダーはそのため、容積のある梱包材を使用しないよう気を付ける必要があり、他方では貨物を衝撃から十分に守るよう梱包する必要がある。過去何年にもわたり、貨物の種類は重量のある機械類から、DVD・CD・生鮮品など比較的低密度のものへ移行したと考えられている。旅客機B747の最新機（より多くの旅客を運べて燃費が良い）には貨物用のロワーデッキスペースが狭いので、体積を測ることがよく行われている。

表10.5は混載がどのようにして低密度貨物の計算重量を用いることで高い運賃を回避しているかを示している。超低密度の枕と超高密度のクレーン部品という極端な例である。枕の荷主は実容積$12m^3$に対して計算重量$167kg/m^3$

表10.5　混載による費用軽減

	個数	実容積	実重量	混載賃率適用重量[a]	費用[b]（米ドル）
枕	1,000	12	227	2,004	1,804
クレーン部品	3	2	2,268	2,268	2,041
混載	1,003	14	2,495	2,495	2,246

注：a. トン当たり$6m^3$の最低密度（$167kg/m^3$）で換算；b. kg当たり0.9米ドル。
出所：Letter from Robert Caton to *Air Cargo News*, 22 August 2003.

が適用されるので、費用が1,804ドルになるだろう。その実重量に基づけば、204ドルしか請求されない。

しかしながら、もし混載事業者が枕を同じ目的地に同じ日に運ぶ必要のあるクレーン部品と混載にしたら、混載貨物の密度は178.2kg/m^3（実重量2,495トンを総容積14m^{3}で割る）となり、上限を上回る。この場合、混載業者は航空会社から2,246ドルを請求される。なお、別々に輸送した場合の費用は、1,804ドル＋2,041ドル＝3,845ドル（あるいはIATAに加盟している航空会社が提示していたより高い計算重量で計算した4,175ドル）である。それゆえ、節約された額がどのくらい荷主の手に渡るかは、混載事業者次第となる。

上記の一般賃率と品目賃率に代わって、多くの主要なネットワーク航空会社は契約賃率を適用するようになっている。ULD賃率は航空会社所有ULDの実質的な自重よりも軽いULDの総重量に適用され、ULDを所有する荷主やフォワーダーは、そのULDに対して、実質的な自重とIATAのULD特定重量のより軽い方を使用する。

10.3.2　ネットワーク航空会社のハンドリング料

必要とされる付加サービスの数に応じて、多額のハンドリング料と管理料が適用されることになる。これらは航空会社のウェブサイト上でみられるが、TACTでは全IATA航空会社のものが記載されている。

ネットワークキャリアのエア・フレイト運賃は1つの空港から別の空港へ貨物を輸送する費用しかカバーしていない。1つの空港から出発する前、そして目的地へ到着した後、様々なハンドリングと手続き業務が必要になる。もし航空会社がこれらの業務を行うのであれば、それに対して航空会社は別料金を請求するだろう。これらの業務はまたサードパーティのハンドリング代理店やフォワーダーが引き受け、料金を請求する場合もある。ブリティッシュ・エアウエイズ・ワールドカーゴが2009年10月に適用した多様な料金の事例は以下の通りである。

【輸　出】
- 遺失貨物の処理／ハンドリング　kg当たり0.08ポンド
- 保安料金　kg当たり0.08ポンド（最低料金あり）
- 危険物　航空運送状当たり33.00ポンド

【輸 入】
- 遺失貨物の処理／ハンドリング　kg 当たり 0.12 ポンド
- 保管　1 日当たり 100 kg ごとに 8.00 ポンド

10.3.3　インテグレーターの運賃料金表

　インテグレーターはハンドリング・通関・その他料金をまとめて1つの運賃を設定しているが、燃油・保安費用の増加分に対してはサーチャージを追加している。UPS は月ごとに調整される指標を基準としたサーチャージを利用している。サーチャージの変更は各月の第1月曜日に有効となり、その約2週間前に告示される。サーチャージは米国エネルギー省が発表する調整2か月前の月のケロシン・タイプのジェット燃料の米国ガルフ湾（USGC）価格に基づいているようだ。例えば、2008年1月のサーチャージは2007年11月の USGC ジェット燃油価格に基づいていた（表10.6参照）。貨客混用機・貨物専用機の運航事業者が適用するサーチャージと異なり、これらは既存運賃へ付加される金額よりもむしろ、有効な運賃に対する上昇率として示される。

　UPS の平均航空燃油サーチャージは2007年に12.17%、2008年に25.17%へと上昇したが、2010年半ばには再び10%へと下落した。燃油サーチャージの比率と最低基準は、事前予告なく、変更されることがある。もし燃油サーチャージが19%超上昇するか、あるいは最低水準に変更される場合、表10.6は更新されることになる。行程の陸上輸送部分に対して、UPS は陸上サーチャージを適用している。それは米国エネルギー省によって示されるその月のハイウェイ・ディーゼル燃油価格の全米平均に応じた比率と同様の基準による。これらのサーチャージの2007年平均は7.97%であった。

10.4　レベニュー・マネジメント

　貨物のレベニュー・マネジメント（CRM）の本質は旅客サイドよりも複雑であるが、目的は同じである。すなわち、価格とキャパシティをマネジメントすることによって収益性を最大化することである。後者はまた在庫に関連しており、旅客予約では（天候条件次第で積載燃料が決まったり、旅客・貨物の有償重量を制限したりする超長距離部門を除いて）広く知られているが、旅客便で運ばれる貨物は不確実性が高く、恐らくその便が出発する30分前までさえ搭載されるかどうか分からない。重量ユニット当たりの機材運航費用が異なる

表10.6 UPSの航空・国際向け燃油サーチャージ計算表

最低（〜から）	〜未満	サーチャージ
$0	$1.46	0.00%
$1.46	$1.50	0.50%
$1.50	$1.54	1.00%
………	………	………
$2.02	$2.06	7.50%
$2.06	$2.10	8.00%
$2.10	$2.14	8.50%
………	………	………
$2.50	$2.56	12.5%
$2.56	$2.62	13.0%
$2.62	$2.68	13.5%
………	………	………
$3.02	$3.10	16.5%
$3.10	$3.18	17.0%
$3.18	$3.26	17.5%
$3.26	$3.34	18.0%
$3.34	$3.42	18.5%
$3.42	$3.50	19.0%

出所：www.ups.com.

　旅客クラスの貨物と同様であるならば、収益性は収入と同義とみなされる。これは物事をより単純化し、その費用を見積もる際の難解さに対応するものである。このことはレベニュー・マネジメント（RM）は収入を最大化することを意味しているが、それは短期においてのみである。

　旅客のRMに関しては、鍵となる疑問が残っている。例えば以下の通りである。どれくらいのスペースがエクスプレスや緊急品のために予約されるべきなのか？事前にどれくらいのスペースが売られるべきなのか？両方の場合において、双方とも収益性あるいは事実上の収入は知らされる必要があり、そのような製品はそれらの緊急性に応じて割増運賃で売られる傾向がある。郵便もまた、その全体的に高い実収単価のために、優先的に取り扱われることが多い。

　旅客便のすべての貨物キャパシティにおける不確実性とは別に、貨物は3次元のキャパシティ問題にも悩まされる。すなわち、容積、かさあるいは重量、そしてコンテナの位置である（Kasilingam, 1996）。キャパシティは容積に置き換えることができるが、貨物の重量が上限に達するかもしれないし、逆の場合もある。これがすでに述べた「体積を測る」か「重量を測る」かの問題である。容積・重量の有償重量はどちらも利用可能であるが、残るコンテナの位置

10.4 レベニュー・マネジメント

については利用不可能である。他方、貨物は旅客ほど経由地に過敏でないことに利点がある。このことは、もしキャパシティが１つの路線で足りないのであれば、合意された配送日あるいは配送時間に間に合う別の路線で貨物を運ぶことができるということを意味している。これによって貨物に発着地アプローチが必要であることが強調される。微調整もまた旅客にとっては簡単であり、１つのユニットや時には一緒に旅行する家族や同僚とのより大きなユニットでやって来る。このことは微調整をより簡単なものにしている。貨物の場合、１つのコンテナを断ることの機会費用はより大きなものとなる。大多数の１人の旅客の旅行に関する行動を予測することは、多くの競合手段を持つ一握りの大規模フォワーダーのそれを予測するよりも簡単である[2]。

不確実性には多くの理由があるが、主なものは以下の通りである。

・経由地と出発空港の天候状態
・旅客の積載量、特に乗り継ぎ旅客の比率が高い路線において
・検査済みの旅客手荷物の数と重量
・変化しやすく扱いづらい性質

最後の点は、予約内容と、容量や容積が著しく異なる貨物を出発空港へ配送する荷主やフォワーダーの問題である。もしこれらが保証されたスペース契約を下回るものであれば、利用可能なスペースや重量は著しく変化するはずである。もしそうでなければ、それらは次の便に搭載されるか、代替路線で運ばれるだろう。

そのため、キャパシティの予測は、予想される天候条件と、航空機と有償旅客を目的地まで運び、代替飛行場を利用したり目的地の空港で待機するのに必要な燃料に基づいて、利用可能な有償重量を算出することから始める必要がある。ここから有償旅客、検査済み手荷物重量、優先的な郵便の重量が控除される。旅客重量は持ち込み手荷物を含み、それは業界標準である $70 \sim 80\,kg$ が使われることが多い（8.1.4項参照）。航空会社は検査済み手荷物について自ら推計しているが、それらは路線によって著しく異なる。最後に、有償貨物を運ぶのに必要な追加燃料が予測される。同様の手続きが容積についても行われ、最終的にワイドボディ機材では標準的な数のコンテナが配置される

---

[2] 'The Benefits and Failures of Cargo Revenue Systems', *Aircraft Commerce*, Issue 47, August/September 2006.

(Kasilingam, 1996)。

　保証されたスペース契約はまた「割り当て」と呼ばれることがある。これらは一般的に航空会社とその大規模顧客であるフォワーダーとの間で交渉される。ルフトハンザカーゴのアプローチでは2種類の合意を区別している（Hellermann, 2002）。それは以下の通りである。

- **キャパシティ保証に関する合意**（Guaranteed Capacity Agreement：GCA）
　航空会社とフォワーダーとの間の契約で、6か月先の便のキャパシティを事前に合意した運賃で保証するものである。フォワーダーには出発72時間前までに利用しないキャパシティを返還する権利があり、そうでなければ罰金として合意した運賃の25～100％を支払う。これらの罰則は常に発動されるわけではなく、特にフォワーダーが航空会社にとって得意客であるならば、発動されないだろう。

- **キャパシティ買い取りに関する合意**（Capacity Purchasing Agreement：CPA）
　特定の路線・曜日のキャパシティのうち一定量を買い取るものであり、フォワーダーに返還不可の義務がある。この契約は12か月かそれ以上にわたるものである。返金不可を約束することによって魅力的な価格を獲得することができる。このタイプの合意は一般的に繁忙路線で利用される。

　第2のタイプがスペースをブロックする合意あるいは割り当てとして効果的であるのに対し、第1のタイプはそうではない。一度キャパシティを予測すると、割り当て配分はキャパシティを残しておくために控除される。この点で、ある貨物が出発空港に遅れて到着したり、現れない（ノーショウ）だろうとの基準でオーバーブッキング・ポリシーが適用されることがある。これは逆に返金に関するポリシーとは何かということによる。遅れて到着する（そして変わりやすく扱いづらい）貨物は次の利用可能な便に搭載されるだろう。フォワーダーの中には事前に委託するキャパシティの割合を減らしているところもあるが、2年のCPAを結ぶことで、航空会社が強く反対している中、低廉な2009年の運賃に固定しようとしているところもある。

10.4 レベニュー・マネジメント

キャパシティは割り当て後に残され、需要が予想される多様な市場セグメントに郵便物がそれぞれの利益や収入の貢献度をもとに分けられることもある。先に述べたように、収入は、少なくとも特別なハンドリング費用を控除した後の純収入は、利益よりも予想しやすい。

出発日が近づき、もし容積（重量）の上限を超過しそうならば、ルフトハンザ航空は高密度（低密度）の貨物を魅力的な運賃で探すだろう（図10.5参照）。価格設定の構造とGCAおよびCPA双方の条件は2001年に変わり、オーバーブッキングが導入された。GCAは今や6カ月よりも短いか長く、CPAは特定路線あるいは便から切り離された。結果的にCPAに対する需要が増えた。

航空貨物へ適用されるRMの大半は、キャパシティに焦点を当てている。これは売られる必要のある特定の便のキャパシティの予測と、キャンセルや（キャンセルもせず）現れない（ノーショウ）こと、そして予約と合わない貨物のために認められる利用可能なキャパシティに付け加えられる「オーバーブッキング」の比率からなる。Becher and Kasilingam（2008）によれば、1991年にアメリカン航空が初めてCRMを行った。しかしながら、これはキャパシティを予測しただけで、完全なRMシステムの一要素に過ぎなかった。彼らが付言するには、セイバーが初めて発着地を考慮したCRMをキャセイパ

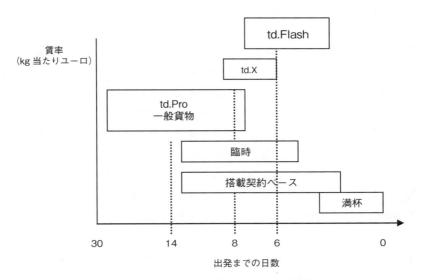

図10.5　製品・事前予約ごとのスポット市場賃率
出所：Hellermann, 2002, using Lufthansa Cargo data.

シフィック航空向けに開発し、航空会社のオンライン・ステーションで長期のスペース割り当てを決めるのに用いられた。

　キャパシティの予測プロセスは予約システムに入力された運航計画から始まる。先に述べたように、これは優先的な郵便に加え、旅客と手荷物の積載量による。平均的な季節運航変数が想定され、その便の出発時間が近づくにつれこれは調整されるかもしれない。このキャパシティは、ベースとなる積載量を供給する（そして保証される）ためのより低廉な運賃で長期契約を結ぶ顧客と、予約システムを通して先着順に供給される顧客の間で割り当てられることになる。後者はより高い運賃であるべきである。その運賃はまた、旅客料金と同様の方法で、出発時間に近づくにつれて高くなるべきである。鍵となるのは最後の何分かの予約に適応するのに十分なキャパシティを取っておくことである。なぜなら、それは緊急を要する傾向があり、より高い運賃を負担することができるからである。

　キャパシティ予測の第2の部分はオーバーブッキングの水準である。これは、キャンセルによって予備のキャパシティが売れ残ったとき、「損失」あるいは収入の喪失を減らすことである。先に述べたように、航空貨物の需要は「ごつごつした」傾向があり、キャンセルがロードファクターに及ぼす影響は旅客よりも大きい。この理由は、より大規模でより少数の顧客しか予約をしていないからである。1つのキャンセルから生じる潜在的な収入の喪失は増える傾向にあり、1～2人の旅客が予約を取り消すよりも大きな影響を利益に及ぼす。RMを最適化するプロセスは、各便の現れる（ショウアップ）率が予測価値近辺に普通に分布していることを推測するモデル設計に基づく。旅客サイドにとっては理にかなった予測でも、貨物にとってはあまり妥当性がない。

　オーバーブッキングの水準は売られる予定の便の（重量と容積の両方の意味での）推定キャパシティの割合である。キャンセル予想の数と可能性が高ければ高いほど、この割合は高くなるだろう。このオーバーブッキングの水準は各便の過去のデータを見て、異なるオーバーブッキングの水準に対する積み下ろしと損傷の費用を評価することによって決められる。

　Becher and Kasilingam（2008）によれば、オーバーブッキングの割合があまりにも高く設定されており、キャンセル数が予想ほど高くない場合、積み下ろしの費用は以下に依存する。

10.4 レベニュー・マネジメント

- 返金にかかる費用
- 追加のハンドリング費用
- 追加の保管料
- 信用の喪失

　信用の喪失は他の便が利用可能であれば最小限になるだろう。それによって、貨物は大幅に遅れることなくあるいは保証期間中に最終目的地へ運ばれるからである。これはまた返金額を低くすることにも繋がる。図 10.6 では積み下ろしにかかる費用が、どれだけオーバーブッキングの水準とともに指数関数的に増大するかを示すために、憶測上のデータを用いている。他方、損傷費用はオーバーブッキングの水準とともに減少するだろう。なぜなら、各便は売られていないスペースがあまりなく、ロードファクターがより高いまま運航されているからである。総費用は損傷費用と積み下ろしの費用を併せたものであり、積み下ろしにかかる費用が指数関数的に増大し始め、損傷の減少から得られるいかなる利得をも超え始める点まで減少するだろう。費用はその地点、そのオーバーブッキングの水準で最適化される（図 10.6 では約 110%）。

　CRM の需要サイドは価格設定と、事前にどれだけの予約が出発時間間際になされたかの割合に関係している。あまりに多く早期予約を受け付けること、

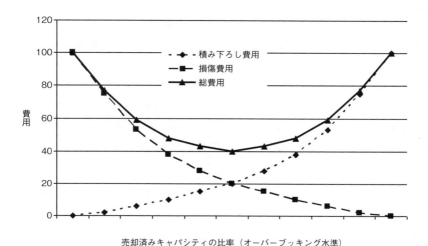

図 10.6　オーバーブッキング費用の最適化
出所：Adapted from Becker and Kasilingam, 2008.

あるいは低い運賃で契約割り当てをすると、出発時間間際に高い運賃を課すことができる緊急貨物に利用可能なキャパシティがあまりないという事態に陥ることになる。複数区間あるうちの1区間に、あまりに多くの予約を受け付けると、この便や他の区間の便を利用する、高い運賃の貨物を逃すことになるだろう。目的は、旅客サービスか貨物専用機によるサービスかにかかわらず、各便の（あるいはよりよいネットワークを通して）収入を最大化するために最良の運賃と貨物密度ミックスを達成することである。これを行うために、出発時間まで、各便の、セグメントに対して1日ごとに異なる運賃で需要を予測することが必要である。これは無理な注文のようにみえるが、あるガイダンスが統計的なモデルづくり／判断上のアプローチに使える過去のデータから利用可能である。

米国のセイバーは「AirVision Cargo Revenue Manager」を開発した。それは以前CargoMaxとして知られていた。その鍵となる便益は以下の通りである。

・鍵となる便と顧客・予約情報を提供する
・収入の最大化に必要な正確な貨物積載計画を立てるために、市場・セグメント・航空機の機能、曜日、時間ごとに利用可能な貨物キャパシティを予想する
・ステーション／代理店への貨物スペースの最適な割り当ておよびオンラインでの収益性評価を通して、より高い実収単価の貨物を確実に受け付ける
・マネジメント報告と業績評価ツールを利用した効率的なデータ分析を供給することによって、生産性を高め、よりよい意思決定を支援する
・収益とサービス品質を改善するため、双方向のフライト監視能力を通して、収入の流れと潜在的なサービス上の失敗を先を見越して識別する
・追加の収入を獲得し積み下ろしを減らすために、貨物キャパシティが最適にオーバーブッキングされている間、その予約の習性を考察する

セイバーによれば、ソフトウェアを導入した結果、収入は10％まで増大するだろう。ただし、もう2〜3％高い収入を予想する者もいる[3]。他にCRM用に適したプログラムとしてKale ConsultingのCSP-RESがあり、アシアナ航

---

[3] 'The Benefits and Failures of Cargo Revenue Systems,' *Aircraft Commerce*, Issue 47, August/September 2006.

空によって利用されている。しかしながら、これまでこれらのソフトウェア・プログラムの購入率は限られており、提供されているシステムの包括性は旅客サイドほど高くない。

第11章　航空会社の費用

　この章では航空貨物輸送の営業費を議論する。これら費用は、フライトあるいは航空機の運航費用、荷扱いとマーケティング費用、間接費に分けられる。最初に、貨物専用機のみを運航する航空会社のマーケティングと間接費を含む営業費を調べる。次に、機材の違いによる貨物専用機の運航費用をより詳細に分析する。貨物専用機でよく用いられるやり方は、ACMIとウエットリースであり、これらについてもまた、議論する。

　最後に、ロワーデッキまたはコンビ（ロワーデッキとメインデッキ）を貨物室にしている旅客機における共通生産費の問題を取り扱う。ここでは、共通費を旅客と貨物に配分する様々な方法を説明する。

11.1　貨物専業航空会社の費用

11.1.1　ICAOによる費用報告

　貨物専業航空会社の営業費は、詳しさに差があるが、事業者の年次報告書の形で、ICAOやいくつかの国の航空行政当局から公表されている。航空会社は政府の行政当局にデータを報告し、行政当局はICAOにそれを送る。このことは、しばしば、発行までに時間がかかることを意味している。ICAOのデータは、統一した方法で費用の内訳を示しているという利点がある[1]。しかし、いくつかの航空会社のデータが欠落しており、報告のあった事業者でも年によって欠落していることがある。これらのデータはエクセルのワークシートに変換できる。ICAOのデータを最初に分析したあと、個別の貨物専業航空会社やインテグレーターの事例を分析する。

　ICAOのデータベースは、2002年まで、紙媒体でAir Carrier Financial Statisticsとして発行されていた。2002年にデジタル媒体に移行し、現在はAir Transport IntelligenceとICAOのウェブサイトを通じてのみ入手できる。そこでは、1973年以降のデータを入手できる。電子出版の1つの利点は、ICAOがデータを受け取ってすぐにそのデータが掲載されることである。それまでは、十分な数のデータが報告され、紙媒体で発行できるようになるまで時

---

[1] すべての航空会社が、ICAOが希望する厳密なガイドラインに従っているわけではない。

11.1 貨物専業航空会社の費用

間がかかっていた。営業収入と営業費用の構成要素は米ドル建てで表記される。営業外の項目も同様であり、それらから毎年の純利潤がわかる。貸借対照表も詳細に示される。単位収入（イールド）と単位費用は、各会計年度の輸送量と供給力のデータから計算できる。会計年度の終了日が、現地通貨の米ドルに対する平均換算率とともに示される。

ほとんどすべての主要な貨物専業事業者は、2008年のデータを報告した。データが欠落しているのは、日本貨物航空、DHL、サザンエアである。アトラス航空は報告したが、その費用はウエットリースとACMIによる運航の大きな割合を反映している。そこでは、燃料をはじめとする多くの費用項目が借り手顧客によって支払われた。総営業費を有効トンキロで割った単位費用が、図11.1で示される。それらは、平均運航区間距離別に比較される。なぜなら、効率性の大小にかかわらず、運航区間距離は、単位費用に影響する重要な変数の1つだからである。フェデックスのデータは、他の営業費として計上されている高額の項目を除いたものである。なぜなら、その項目は、陸上輸送を含むに違いないからである。カーゴルックスの単位費用に独占禁止法違反の罰金支払が含まれるような、他の費用の歪みは解決されていない。

図11.1は、区間距離と単位費用のかなり高い相関を示しているが、区間距離から予測される費用水準に比べて、UPSは小さく、カリッタエアは大きい。2008年は燃料価格が非常に高い年であったので、燃費のよくないB747-100/200Fの使用が、カリッタエアのより高い単位費用の理由である。一方、UPSの航空部門の費用は、460億米ドルのグループ全体の費用（12％）から除かれており、間接費の配分に依存している。この図におけるUPSの「一般管理」費は、他の事業者よりかなり低く、本来はグループ全体のデータから推計されるものであろう。すでに述べたように、アトラス航空の単位費用は期待値より低いが、それは、ウエットリース、チャーター、定期サービスを含んでいることを反映している。図11.1に含まれる運航費用は、支出または費用の標準の内訳（それらは、第1部におけるICAOの公表報告書フォームから得られる）からなっている。そのフォームは、貨客事業者と貨物事業者に共通である。報告されるいくつかの費用項目は、客室乗務員のような旅客サービスのみに適用される。

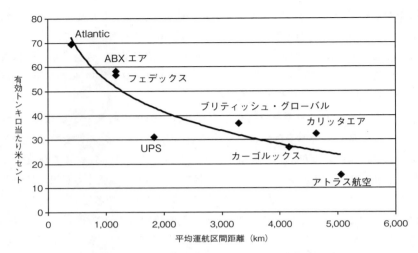

図11.1　貨物専業航空会社の単位費用と平均運航区間距離（2008年）
出所：ICAO airline financial data and UK CAA.

【航空機の運航】
運航乗務員の給与と経費（項目5.1）

運航乗務員の給与、手当、年金引当金、保険、旅費、その他の経費（制服など）が含まれる。客室乗務員と旅客関連サービス職員の給与、手当、他の関連経費は、この項目に含まれず、項目10の中の適切な小項目に含まれる。（償却するかどうかにかかわらず、）運航乗務員の訓練費を含む。

航空機の燃料とオイル（項目5.2）

スループットチャージ、返金できない関税やその他の税、ヘッジによる利益と損失を含む。

機材の保険（項目5.3）

運航中および地上における機材の不慮の事故によるダメージに対する保険が含まれる。航空機の運航から生じる責務、非保険の場合に航空事業者が法的責任を負う経費に対する保険を含む。

運航機材のレンタル（項目5.4）

他の事業者からの機材や乗務員のレンタルで発生する経費、チャーター、インターチェンジ、オペレーティングリースあるいは短期のリース契約による運航を含む。

11.1 貨物専業航空会社の費用

表11.1　ICAO報告書フォーム

パート1　利潤と損失のステートメント
国際民間航空機関
航空輸送報告書フォーム
財務データ－商業航空事業者
フォーム EF

営業収入
1. 定期サービス（計）
 1.1 旅客
 1.2 超過手荷物
 1.3 貨物（エクスプレス、政府文書を含む）
 1.4 郵便
2. 不定期運航（計）
 2.1 旅客と超過手荷物
 2.2 貨物（エクスプレス、政府文書を含む）
3. 他の営業収入
 3.1 輸送関連臨時収入
 3.2 その他の営業収入
4. 総営業収入（項目 1. 2. 3. の合計）

営業費用
5. フライトオペレーション（計）
 5.1 運航乗務員の給与と経費
 5.2 航空機の燃料とオイル
 5.3 運航機材の保険
 5.4 運航機材のレンタル
 5.5 他の経費
6. 運航機材の整備とオーバーホール
7. 減価償却と償却
 7.1 減価償却－運航機材
 7.2 資本リースの償却－運航機材
 7.3 減価償却と償却－地上資産と設備
 7.4 その他
8. ユーザー使用料
 8.1 着陸料と関連する空港使用料
 8.2 航空管制利用料
9. ステーション経費
10. 旅客サービス（計）
 10.1 客室乗務員の給与と経費
 10.2 他の経費
11. 発券、販売、広告
 11.1 販売委託料
 11.2 他の経費
12. 一般管理費
13. 他の営業費用
 13.1 輸送関連臨時費用
 13.2 その他の営業費用
14. 総営業費用（項目 5 から 13 の合計）

出所：www.icao.org.

その他の経費（項目 5.5）

項目 5.1 から 5.4 までに分類できない、航空機の飛行中と飛行前後の地上待機中に関係する経費を含む。

運航機材の整備とオーバーホール（項目 6）

機体、エンジン、部品、予備品を運航可能な状況に保つ費用、修繕とオーバーホール費用、政府が法令で義務づけた条件下で実行される、耐空性証明を得るためのオーバーホール費用を含む。外部の契約者や製造業者による運航設備の修繕、オーバーホール、整備の費用だけでなく、運航設備の整備に従事するすべてのスタッフの給与、手当、関連経費も含む。地上施設の直接および関連する間接整備は、通常、項目 9 に含む。しかし、この費用を分離できないならば、それを、その影響を注釈につけて、この項目に含む。運航設備と地上設備の整備とオーバーホールのために予備品が作り出されるならば、これらの予備品は、設備の使用量に比例して、毎年、整備とオーバーホールの中で請求されるだろう。

原価償却と償却（計）（項目 7）

その会計年次で引き落とされる償却を含む。大項目に計上される費用は以下の項目に細分される。

減価償却－運航機材（項目 7.1）
貸借対照表に含まれる資産についての通常の毎年の減価償却

資本リースの償却（項目 7.2）
貸借対照表に含まれる資産に関連する資本リースの償却

原価償却と償却－地上資産と設備（項目 7.3）
貸借対照表に含まれる資産の減価償却と償却

その他（項目 7.4）
資産計上された開発費（capitalised development）の償却、プリオペレーティング費用、貸借対照表に含まれる航空輸送のパフォーマンスに適用される他の無形資産に対する償却の費用である。

11.1 貨物専業航空会社の費用

ユーザー使用料（項目8）
着陸料と関連する空港使用料（項目8.1）

空港で提供されるサービスに対して航空事業者に課される、航空輸送関連のすべての料金が含まれる。ここに含まれるのは、着陸料、旅客貨物使用料、セキュリティ、駐機料金、格納庫の使用料と、関連する旅客貨物の取扱いに関する料金であり、燃料とオイルのスループットチャージを除く。スループットチャージは、エプロンへのアクセスに対して空港が燃料供給者に課す料金で、通常は、航空会社に請求される。燃料供給者は、燃料給油栓または自身か航空事業者の燃料給油車を用意しているので、その料金は委託料のようなものであり、給油量に基づいて計算される。着陸料は旅客便にも貨物便にも課され、通常、航空機の最大離陸重量に基づいて額が決められる。旅客ターミナルの費用を賄うために旅客一人ひとりに課される料金があるが、貨物に同様の料金はない。なぜなら、貨物ターミナルは、一般に、1つあるいはそれ以上の航空会社または第三者によって建設、運営されているからである。しかし、欧州のスペイン、スイス、イタリアの空港と多くのアフリカの空港は、貨物使用料を設定している。2008年におけるその額は、1kg当たり1～2米セントであった。カナダの空港は、2008年に、国際線到着便に対して25カナダドルの動植物検疫料を課した。これは、政府機関が国際到着便からのごみと貨物の積み荷目録を検査するための費用を賄う。

航空管制利用料（項目8.2）

運航途中の施設やサービスの提供に対して航空事業者に課される料金を含む。そこには、離着陸と空港コントロール料金を含む。空港と管制サービスの双方に対して共通の使用料が課されるとき、その額を項目8.1に含むことに注意が必要である。

ステーション経費（項目9）

以下の項目を含む。荷扱い、航空機と積み荷に関連するサービスに従事するすべての地上スタッフの給与、手当、経費。そこには、運航監督者、ディスパッチャーと地上無線オペレーター、地上宿泊施設を含み、分割して計算できるならば、空港設備の整備と保険を含む。航空事業者の航空サービスを扱うために第三者が課す代理手数料と荷扱い手数料を含む。設備、輸送、包装、材料に対する地方税、倉庫レンタル料、倉庫従業員の給与、手当、経費などを含む

ステーションストアチャージを含む。アウトステーションにおける運航設備の整備支出が項目6で報告するものに分けられないとき、それらは、注釈付きで、ここに計上される。

発券、販売、広告（計）（項目 11）

販売委託手数料（項目 11.1）

他の事業者が当該事業者のサービスを運航したことに対する委託費から、当該事業者が他の航空事業者のサービスを運航して得た受託費を差し引いた額を含む。

その他の経費（項目 11.2）

予約、発券、販売、広告活動に従事するすべての従業員の給与、手当、関連経費を含む。宿泊費、社外サービスの代理店手数料、多様なメディアを通じた広告宣伝、それらに関連する経費を含む。

一般管理費（項目 12）

航空事業者の一般管理機能を遂行するために必要な経費を含む。また、航空事業者の会計慣習にしたがって、別々に評価されるか配分されるかにかかわらず、一般の法人の性質の状況に関連する航空事業者の経費を含む。項目5、6、9、10、11に直接関連する間接費は、それらの関係する経費項目に含み、項目12に含まない。

他の営業経費（計）（項目 13）

輸送関連臨時経費（項目 13.1）

項目5から12までに割り当てられない営業経費を含む。受け取った収入に関連する経費で、項目3.1で報告されないものを含む。共通サービスから発生する供給能力の平準化のための支払をここに含む。

その他の営業経費（項目 13.2）

項目5から12と13.1に含まれない他のすべての営業経費を含む。これら経費の性質は、"Remark"の中に示されるべきである。

人件費だけを分離して計算できないことが記述される。（普通、それは年次報告書における収入、利潤、損失の項目のところにある。）人件費は様々な機

能の部門に含まれる。多くの貨物専業事業者にとって、2番目または最も大きい費用である燃料は、一般に、ヘッジによる利益や損失を調整してから算出される。

11.1.2 燃料費

燃料費は航空会社の収益性を決定する重要な要因になっている。燃料価格の大幅な上昇に直面するとき、燃料効率を短期によくすることはほとんどできない。価格上昇を避けることはほとんど不可能である。環境への影響、特に気候変動への影響をより重視するようになったことで、燃料費は重要になってきた。燃料を消費すると、温室効果ガス、特に炭素酸化物を産出するので、燃料効率性の改善は、環境によりやさしい運航と同じことになる。

燃料とその関連費用は2つの要素に分けられる。燃料価格と燃料効率である。航空会社にとって、支払う対象はジェットケロシンの価格であり、その価格は原油の市場価格と航空会社に課されるクラック・スプレッドあるいは原油価格に上乗せされるマージンの両方を反映する。燃料価格はまた、最も近くにある精油所や貯蔵施設からの輸送費や空港で航空機に給油する費用を含んでいる。空港がランプへの接続料を課すことがある。

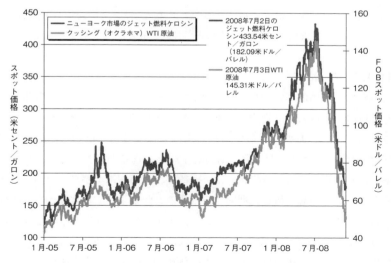

図 11.2　原油とジェット燃料ケロシンのスポット価格の推移（2005－2008年）
　　出所：US Energy Information Administration.

図 11.2 は、2008 年の原油価格の高騰期において、クラック・スプレッドがほぼ一定であったことを示している。しかし、2005 年はそうではなかった。このような価格の大変動の程度は、急激な価格変動に対するヘッジが、航空会社に有利でありそうなことを示唆している。航空会社のヘッジ活動は、2000 年代後半の中期にかなり増加した。しかし、2009 年の価格の急激な下落は、長期においてヘッジがよいことかどうかの疑問を航空会社にいだかせた。市場価格の上昇と燃油サーチャージからの追加収入との間の時間差があるという条件があるとき、弱小航空会社は、倒産の引き金になる短期の流動性問題から逃れることが賢明である。しかし、ヘッジの実行に必要な手数料は、弱小航空会社がヘッジの費用を補う収入を得ることを難しくしている。

燃料価格の他の要素は燃料効率である。それは、巡航速度の低下や廃棄物を減らすような運航技術の改善から得られる。空港への連続降下のようなことは、空港と ATC サービス提供者との合意を必要とする。そのような施策の多くがすでに取られているが、達成されていないものもある。より燃費のよい航空機の導入は、大きな改善をもたらすだろう。しかし、それには時間を要し、その投資から得る利益と既存機材を引退させる費用に依る。B747-400F と旧式の B747-200F との間のトレードオフについて、貨物専用機は非常に明白な例を与える。表 11.7 は、いくつかの比較データを提供する。アトラス航空のような両方の機種を運航する航空会社は、現在と予想される将来の燃料価格の下で、古い B747-200F をできるだけ早く引退させる必要を強調している。

11.1.3　資 本 費

資本費は、減価償却費とレンタル費用である。レンタルやリース費用には利子を含むので、借入金（営業外費用）に対する利子もまた、資本費の一部とみなされる。減価償却費は、航空会社の償却方法に依る。償却方法は、航空機（と他の資産）の償却期間、償却期間終了時点の資産の残存価値を決めることである。貨物機を運航する事業者は、一般に、年間稼働率が高くないと予想されるとき、新しい航空機を長期間で償却すると想定する。旅客機からの改修貨物機は、すでに 20 年前後の機齢であり、現実にはあと 10〜15 年だけ使用されそうである。amortisation ということばは、しばしば depreciation と同じ意味に用いられるが、後者は、スロットの価値やのれんのような実体のない資産と結びついているときのみに用いられるべきである。

表 11.2　カーゴルックスの資産償却方法（2009 年）

	償却年数*	残余価値率**
B747-400 機体	20	15%
B747-400 エンジン	12	10%
最初の D 整備	8	0
2 回目以降の D 整備	6	0
繰り返し使える部品	10	0
エキップメント	5	0

注＊：平均償却
注＊＊：残余価値は、資産の初期費用に対する％
出所：Cargolux Annual Report

　航空機の減価償却が航空会社の減価償却全体の中の最大の割合であることは明らかである。償却期間が長くなるほど、残存価値が高くなるほど、減価償却費が低くなる（逆も同じ）。航空機のエンジンは、大規模な機体整備のときに取り替えられるので、しばしば、機体と別に償却される。

　表 11.2 は、現在のカーゴルックスの資産の償却方法を示している。カーゴルックスの機材は 1 種類で、ほとんどが製造者から新品で購入されている。より小さい短距離型は、より短い期間で償却されることがある。それは、年間の着陸回数が多いため、より激しい摩擦を受けるからである。

　資本費は、資本価格と使用される資本の効率性とを組み合わせる。価格は主に、新品または改修貨物機の費用に依存するが、他にも、航空機を購入するときに必要な借入金の利子負担、航空会社が支払うリース料の中に暗黙に含まれる利子負担にもかかわっている。後者の利子負担は、2009 年に急激に下落し、歴史的に見て極端に低い水準になった。しかし、同時に、銀行の収益性を改善するために、航空会社（と他産業の会社）への貸し出しに対するリスクプレミアムが上昇した。

　現在運航されている主な大型ジェット貨物機の価値が表 11.3 に示される。これらは、2010 年 4 月末の時点で評価された航空機の価値の中央値である。現在市場価値（CMV）は、最も可能性の高い交易価格についての査定人の意見である。問題になっている時点で存在すると認識される市場環境の下で、資産に対してその価格が付けられる。現在市場価値が想定しているのは、資産が最良の使われ方をし、仮想取引をする組織は自発的で十分な能力と分別と知識があり、即時の取引を強制されるような異常な圧力にさらされていないということである。オープンで制約のない市場で、取引が対等な関係で、現金または

表11.3　貨物専用機の価値（百万米ドル、2010年4月）

	新　造	5年使用	10年使用	20年使用
A300F4-600R		42.9	32.6	
A330-200F	98.6			
B737-300QC			11.0	7.0
B747-400M			50.1	25.9
B747-400F	104.1	89.9	72.0	
B74-400ERF	107.8	94.4		
B757-200MPF			23.3	14.3
B767-300F	60.8	50.2	39.7	
B777-200LRF	151.1			
MD11C			27.4	
MD11F			36.4	

出所：Aircraft Value Analysis Company in Aviation Strategy, June 2010

同等の対価による支払、参加が期待される買い手にわかりやすく提示されることを前提に交渉されることもまた、想定している。それは、貧弱な市場における強制販売である差し押さえ価値とは異なる。

　航空機製造者は、生産中の機材の価格リストを発行する。ウェブサイトに掲載されているボーイングの最新の価格は、2008年の米ドル建てのものである。B747-8Fは3億150万〜3億450万ドル、B777Fは2億5,250万〜2億6,050万ドル、B767-200Fは1億5,500万〜1億6,600万ドルの間であると記載されている。大量の注文やローンチカスタマーは、40％までの割引を得られるが、実際にはわずかの航空会社しかこの割引を受けられない。購入契約から最終の引き渡しの確定までの間に適用される費用変動公式に基づいて、これらの価格リストが使われる。

11.1.4　貨物専業事業者の費用

　カーゴルックスは、長期にわたって、同じ定義で財務データと営業データを公表している貨物専業航空会社である。2008年の機材構成は、すべてB747-400Fであり、その中の数機を他の事業者からウエットリースしていた。それゆえ、カーゴルックスは、単一の機材を用いて長距離運航する貨物航空会社のよい例である。表11.4は、主要な費用項目の過去9年間の変化を示している。

　この期間に燃料費が非常に増加し、特に2008年に大きく増加した。これは、全体に占める燃料費の割合を大きく上昇させ、燃料集約型ビジネスに変えた。自社保有の機材が増えたために、金銭タームにおける機材のレンタルは減少し

11.1 貨物専業航空会社の費用

表11.4 カーゴルックスの営業費の内訳（1999年／2008年）

	1999年		2008年	
	千米ドル	%	千米ドル	%
人件費	98,685	16.8	213,980	11.3
航空燃料とオイル	104,539	17.8	934,074	49.3
減価償却	45,061	7.7	56,185	3.0
航空機のレンタル料	109,402	18.6	78,705	4.2
整備とオーバーホール	39,716	6.8	101,832	5.4
荷扱い、着陸料、上空通過料	114,295	19.4	270,924	14.3
発券とその関連費用	43,512	7.4	116,754	6.2
管理費とその他費用	32,873	5.6	120,712	6.4
計	588,083	100.0	1,893,116	100.0

出所：Cargolux annual report and accounts

た。米ドル建て1kg当たり平均費用は、1999年の1.6米ドルから2008年2.7米ドルに上昇した。めったにない高水準になったため、収支均衡する積載効率はほとんど達成不可能な水準にまで上昇した。もう1つ記憶されなければならないことは、この期間に、平均積載効率が66％から71％に上昇し、機材の平均稼働時間が1日11.6時間から15.6時間に増加したことである。これは、非常に困難な時期に、効率性を増やし費用を削減した航空会社の事例である。

11.1.5 インテグレーターの費用

いくつかのインテグレーターは、年次報告書で公表していないけれども、航空の運航費用を全体から分離して計算している。UPSとフェデックスは、運輸省とICAOへの提出書の中でそれを算出している。しかし、すでに議論したように、後者のデータは、ICAOへの報告書が要求するガイドラインに正確に従っていないように思われる。TNT航空は、限られた費用データとそれとの関連がない輸送量や供給力の数値を発表している。DHLのフィーダーサービスをする航空会社のいくつか（彼らはDHLのためだけに運航しているのではない）はICAOに報告しているが、DHLはICAOに報告していない。

フェデックスは、ワイドボディを15年から25年の間で償却し、残存価値をゼロにしている。一方、ナローボディやフィーダー路線の機体は5〜15年のより短い期間で償却する。TNT航空は、残存価値が20％になるように、機材の種類によって10〜25年で償却する。UPSは2006年に、B757、B767、A300の寿命を再評価し、償却期間を20年から30年に延長して、残存価値を

表 11.5　UPS の項目別の単位費用の推移（1999 年-2008 年）

有効トンキロ当たり費用（米セント）	1999 年	2008 年	年平均変化率（％）
運航乗務員の給与と手当	4.3	4.4	0.3
航空燃料とオイル	2.6	13.6	20.0
減価償却とレンタル料	3.4	2.9	−1.5
他の運航費用	0.7	0.3	−8.2
運航機材等の整備とオーバーホール	4.5	5.3	1.8
空港と管制使用料	0.8	2.1	10.4
ステーションエクスペンス	1.5	1.4	−0.8
販売および広告宣伝費	0.1	0.1	−3.1
一般管理費とその他費用	0.9	1.1	2.2
営業費用計	18.8	31.1	5.8
有効トンキロ（10 億）	10,850	17,481	5.4

出所：ICAO Fina n cial database

当初の費用の 30％から 10％に減らした。

　UPS の営業費用が、カーゴルックスと同じ期間について、表 11.5 に示される。UPS は同様の燃料費の上昇を経験したが、2008 年の燃料費を全体の 44％に抑えた。このときのカーゴルックスの値は約 50％であった。一方、UPS の機材の整備とオーバーホールの費用は 17％であったが、新しい機材が多いカーゴルックスは 5.4％であった。フェデックスの費用は、第 12 章のケーススタディで議論されるが、UPS が実施していない陸上輸送についての大きな項目を、その費用（と収入）が含んでいることを言及しておく。

11.2　形式別の貨物航空機の費用

11.2.1　旅客機から改修した貨物専用機

　Pemco World Air Services とその B737-200 が、初期の貨物機改修プログラムの事例である。1998 年に、改修期間は 75〜100 日間、改修費用は 140〜160 万米ドルと推計された。同じ形式についての別のプログラムが、STC（追加型式設計認証）ホルダー AEI のために Stambaugh Aviation によって実行され、100 日間で費用は 100 万米ドルを少し超えていた。より最近の改修費用の推計が、2005 年に Airclaims によって与えられ、B737-300 が 200〜300 万米ドル、B757-200 が 465 万米ドル、A300-600 が 950 万米ドル、B747-400SF が 1,700〜2,200 万米ドルであった。航空機の購入に関する費用、十分な整備を行

---

[2] Mary-Anne Baldwin, 'Buy New or Buy Used' in *Freighter Operation Guide*, 2009.

11.2　形式別の貨物航空機の費用

表11.6　貨物専用機の改修費用（2007年）

	小型ジェット機	広胴機	大型機
新造貨物機（百万米ドル）	35	70-90	140-180
貨物機改修のための中古機（百万米ドル）	8-12	7-20	35-45
貨物機改修の費用（百万米ドル）	4	13-14	22-28
貨物改修機の合計費用（百万米ドル）	12-16	20-34	57-73
新造機に対する改修機の費用の割合（％）	34-46	29-49	41-52

出所：IAI Bedek quoted in OAG, 2010

う費用を、これらの数値に加える必要がある。

より最近の推計では、シンガポール・テクノロジーズによるフェデックス向けのB757-200の改修費用が260万米ドルであった。これは、87機の大量発注であったことと過去の改修の経験があったからである[2]。ABXエアの親会社は、B767-300FをDHLに代わって運航しているが、この会社はカンタス航空の中古旅客機を購入して、貨物機に改修することを考えていた。その報告によると、購入並びに改修費用は、多くみても2,800～3,000万米ドルであった。ただし、改修費用の推計は与えられていない[3]。より最近の2007年の推計によると、旅客型のB747-400をB747-400SFに改修する費用は、2,500万米ドルに、貨物搭載システムとその他改修の500万米ドルを加えた額であった[4]。中古機購入費3,800～4,400万米ドルをこれに加えると、費用は6,800～7,400万米ドルになる。一方、B747-400Fの新造機の購入費は約1億3千万米ドルであった（表11.6参照）。

もちろん、新造のB747-400Fは、機首の貨物ドア、航空力学の面でよりすぐれた胴体、より軽い運用自重（OEW）に関して少しばかり好ましい航空機である。このことは、事業者に運航費用を減らす利点を与えるが、同型（同エンジンの）新造機と貨物改修機を比較するデータは入手できない。

11.2.2　貨物機の運航費用

航空会社のサービスにおける航空機の運航費用についての、最良でほとんど唯一のデータは、米国運輸省Form41のものである。これは米国の事業者と彼らが運航するジェット機のデータのみを収録している。平均運航区間距離、機材の大きさ、運航時間、運航距離、飛行回数のような運航データを含んでいる

---

[3]　Lori Ranson, *Air Transport Intelligence*, 5 April 2001, www.rati.com.
[4]　Rene Schumacher, Presentation to Cranfield University Fleet Planning course, March 2010.

点で、このデータは有益である。貨物機の平均積載重量は Form41 のデータの中に示されていない。しかし、それは表 11.7 と 11.8 から推計される。このデータは、運航時間当たりの費用を、以下の航空機に関連する項目について示している。

- 運航乗務員
- 燃料
- 整備とオーバーホール
- 減価償却
- レンタル
- その他の経費（保険を含む）

運航時間当たり費用は重要である。双方向の積載効率を十分に大きくして運航するために十分な貨物量が得られるならば、有効トンキロ当たり費用は最も適切なヤードスティックである。米ガロン当たり 3 米ドル（英ガロン当たり 2 米ドル）に燃料費を標準化してから、これらの単位費用が計算され、有効トンキロ当たり単位費用で航空機を順序づけられる。いくつかの例外があり、短中距離型機と長距離型機を別々に議論する。貨物専用機の費用計算の別のアプローチは、燃料効率性や整備要員の労働時間のような項目と賃金率や燃料価格の要素についての製造業者の推計を取ることである。最初に短中距離型、次に長距離型についての米国での費用を比較して、このことを調べよう。

【短中距離型機】

この表のすべての短中距離型機の運航事業者はインテグレーターである。他にも 1～2 者がデータを提供しているが、小規模事業者であり、比較対象にならない。表 11.7 が示すように、より長距離型の B767-300F が最低の有効トンキロ当たり費用であるが、この機種の積載重量が最大である。A310F と A300F の有効トンキロ当たり費用が次に低く、B757 がその次に低く、B727 が最も高い。B727 は燃費と整備費が高い傾向にあり、3 名の運航乗務員が必要であることが費用をさらに押し上げる。賃金と年齢構成が事業者間でそれほど異なっていなかったであろうという事実があるのに、全体をみると事業者間の乗員費用に不一致がある。

11.2 形式別の貨物航空機の費用

表 11.7 短・中距離貨物機運航コスト (2008年)

	UPS B767-300F	フェデックス A310F	UPS A300F	フェデックス A300F	UPS B757-200F	フェデックス B757-200F	DHL A300F	DHL B727-200F	フェデックス B727-200F
平均積載重量 (t)	46	37	44	44	27	27	44	24	24
平均運航区間距離 (マイル)	1,605	733	711	854	670	982	697	595	568
平均運航区間距離 (km)	2,582	1,179	1,144	1,374	1,078	1,580	1,121	957	914
総運航時間	101,962	53,241	73,696	87,284	93,166	1,895	5,318	23,073	72,832
機材の総運航距離 (千マイル)	45,316	23,477	27,266	39,235	34,815	735	1,765	8,109	25,148
機材の総運航距離 (千km)	72,913	63,129	43,871	63,129	56,017	1,183	2,840	13,047	40,463
総有効トンキロ (千トンキロ)	3,354,018	2,335,777	1,930,324	2,777,681	1,512,468	31,931	124,955	313,137	971,115
1日当たり運航時間	8.7	3.3	3.8	5.1	3.4	3.3	2.5	2.8	2.7
1時間当たり燃料消費 (米ガロン)	1,478	1,502	1,507	1,543	1,052	1,321	1,828	1,344	1,243
有効トンキロ当たり燃料消費 (米ガロン)	45	34	58	48	65	78	78	99	93
運航1時間当たり費用 (米ドル)									
運航乗務員	1,787	2,168	1,769	2,164	3,516	135	3,319	2,496	2,742
その他の運航費用	130	829	148	698	132	843	19	28	575
燃料	5,117	4,299	5,064	4,582	1,840	2,255	5,491	4,031	3,457
整備	1,514	4,520	1,497	2,690	2,015	3,908	4,565	2,189	3,227
減価償却	792	1,305	1,223	697	1,073	0	322	1,009	421
機材のレンタル	278	816	89	1,994	131	328	1,370	73	953
1時間当たり総運航費用	9,618	13,936	9,790	12,825	8,707	7,469	15,086	9,826	11,374
有効トンキロ当たり総運航費用 (セント)	292	318	374	403	536	443	642	724	853
燃料価格：ガロン当たり米ドル	3.46	2.86	3.36	2.97	3.34	1.71	3	3	2.78
機材数	32	54.2	53	56.7	75	1.6	5.9	22.8	74.1
有効トンキロ当たり総運航費用 (セント)									
燃料価格が3ドルの場合	272	322	353	404	525	544	642	724	874
燃料価格が2ドルの場合	227	288	296	356	491	466	564	625	780

出所：Airline Monitor, 2009 と著者の推計

【長距離型機】

　この表に示される長距離型機をもつ事業者にインテグレーター、ACMI、定期事業者、チャーター事業者が含まれる。MD-11F は、運航時間当たり費用が最低で、より大型の B747-400F と比べて、有効トンキロ当たり費用がかなり低い。古い DC-10 や B747-200F がより悪いのは驚くことでなく、歴史的にみて燃料費の高い時期に特にそうである。実際に支払われたガロン当たり燃料価格は、カリッタエアの 2.23 ドルからエバーグリーンの 3.51 ドルまでの範囲であり、多くの事業者にとって、燃料価格がこの水準であれば、航空機の営業費の半分以上が燃料費である。燃料価格のヘッジだけでなく、購入量や給油地点の相違が、燃料価格の変動の理由であったであろう。運航時間当たりの米ガロン建ての燃料効率は、同じネットワークの同じ機種であってもかなり変動する。乗員の費用は、フェデックスがかなり低い値を報告しているのを別にすると、事業者間でかなり一致している。一方、フェデックスは、「その他の運航」費用が他の航空会社よりかなり高くなっている。期待されるように、より古い機種ほど整備費が高くなる傾向がある。

　有効トンキロ当たり費用が最低になるのは、平均運航距離が 4,000 km 以上で、毎日の稼働率が相対的に高い場合である。例外は、UPS の費用効率のよい B747-400F である。これは、1 日 8 時間の稼働で産出単位当たりの資本費が低い。より古い技術で製造された機種は、平均して 1 日 2～6 時間しか運航しておらず、チャーターあるいはハブとのフィーダー路線のどちらかで運航される。

【航空機製造者の費用推計】

　貨物機でも旅客機でも、航空機の運航費用は、機材の利用計画作成において重要な要素である。US Form 41 はいくつかの指標を与える。しかし、航空会社は、製造業者の推計値と保証値、賃金、価格と効率性についての想定を用いて、運航費用を予測することが必要である。使用する可能性のある貨物専用機のリストと、異なるシナリオにおいて決定される詳細な費用と収入のデータが比較される。例えば、マーチンエアが、B747-200/300F〈訳者：本文 30 は 300 の誤り〉を代替するために B747-400BCF を購入するという将来の決定は、MD-11F と B747-400F の比較から始めて、次に後者について、新造機と旅客型からの改修機との比較に進んだ。それぞれの機種が生み出す収入を含めるこ

とが重要である。なぜなら、収入は貨物積載量や積み荷の制約に依存して変動するからである。通常、投資の承認過程は、現金営業支出に焦点が当てられる。真剣な交渉の前に、営業支出が、その機材の「スタディ」価格あるいは最良の推定価格を用いて計算した資本費用と比較される。資金調達を考慮する前に、様々な選択から発生するキャッシュフローが、より好ましい機種を選択するために、その正味現在価値（NPV）あるいは内部収益率法（IRR）について比較される。投資を承認するためには、NPVが正の値であり、それは、株主価値を増やすか、あるいはIRRが、その目標収益率や資本の加重平均費用（WACC）を超えることになる。この点で、資金調達や資本予算、航空機供給者を多様にする必要のような定量化できない要素が、役割を演じる。上記のマーチンエアの例では、予算制約が、資本費用がより高いB747-400Fではなく、改修機のB747-400SFの選択を導いた。

　カーゴルックスは、古くて燃料効率の悪いB747-200Fを取り換えることが必要になり、マーチンエアと同様の評価に直面した。新しいB747-400Fに比べたB747-200Fの欠点は、

- 高燃費（15％以上）
- 少ない積載容量（−12t）
- より多い乗員（1名多い）
- より多い技術着陸
- より高い整備費

であった。しかし、上記の問題は、B747-200Fの保有費用の低さによって差し引きされた（Arendt and Wecker, 2007）。この2人の著者は、続いて、改修機であるB747-400SFと新造機との間のトレードオフを調べた。この研究が示すのは、新しい航空機は、より大きい積載容量、より少ない燃料消費量、より低い整備費を提供することである。加えて、ノーズドアが存在する利点があり、それは、超大型の貨物を搭載でき、積み下ろしの容易さと折り返し時間の短縮をもたらす。

　航空機の運航費用はまた、航空会社の機材構成に共通性があるかどうかに依る。航空会社が、B777Fの運航に費用面の利点を明らかに見いだすのは、同じ機種の旅客型を運航している場合である。エンジンも同じならば、乗員費用や整備費用に規模の経済性があるだろう。B747-400FからB747-8Fに代替する

表 11.8 長距離貨物機運航コスト（2008 年）

	UPS B747-400F	ワールドエアウェイズ MD-11F	アトラス航空 B747-400F	カリッタエア B747-400F	フェデックス MD-11F	アトラス航空 B747-100/200	ワールドエアウェイズ DC10-30F	エバーグリーン B747-100/200	フェデックス DC10-F	カリッタエア B747-100/200	UPS B747-100/200
平均積載重量 (t)	110	93	110	110	93	100	80	100	80	100	100
平均運航区間距離（マイル）	3,408	2,833	3,367	3,284	2,367	2,412	2,778	2,586	1,034	2,816	889
平均運航区間距離 (km)	5,483	4,558	5,418	5,284	3,809	3,881	4,470	4,161	1,664	4,531	1,430
総運航時間	20,337	26,062	57,332	4,557	206,955	33,654	3,717	20,394	150,548	27,360	4,855
機材の総運航距離（千マイル）	9,819	11,997	27,030	2,252	95,744	15,613	1,661	9,433	59,093	12,888	1,823
機材の総運航距離（千 km）	15,799	19,303	43,491	3,623	154,052	25,121	2,673	15,178	95,081	20,737	2,933
総有効トンキロ（千トンキロ）	1,737,865	1,795,195	4,784,040	398,581	14,326,845	2,512,132	213,804	1,517,770	7,606,451	2,073,679	293,321
1日当たり運航時間	8.0	11.5	17.5	10.5	10.6	15.7	6.1	5.3	6.3	4.5	1.6
1時間当たり燃料消費（米ガロン）	2,787	2,301	3,203	3,079	2,420	3,454	2,831	3,949	2,105	4,585	3,231
有効トンキロ当たり燃料消費（米ガロン）	33	33	38	35	35	46	49	53	42	60	53
運航 1 時間当たり費用（米ドル）											
運航乗務員	1,689	1,375	1,432	1,628	2,917	2,446	1,667	2,089	534	1,758	4,269
その他の運航費用	123	128	45	182	876	78	155	88	699	149	398
燃料	9,449	7,242	9,618	9,178	7,252	10,368	8,958	13,850	6,256	10,241	10,819
整備	1,329	1,225	1,863	3,514	2,023	3,220	2,578	2,894	4,195	3,722	2,538
減価償却	765	227	318	2,216	637	544	566	928	1,025	540	2,085
機材のレンタル	98	1,339	1,082	51	915	1,886	953	1,040	328	108	66
1時間当たり総運航費用	13,452	11,536	14,358	16,769	14,621	18,542	14,877	20,889	13,038	16,519	20,175
有効トンキロ当たり総運航費用（米セント）	157	167	172	192	211	248	259	281	258	218	334
燃料価格：ガロン当たり米ドル	3.39	3.15	3.00	2.55	3.00	3.00	3.16	3.51	2.97	2.23	3.35
機材数	7.0	6.2	9.0	1.2	53.3	5.9	1.7	10.6	65.7	16.6	8.6
有効トンキロ当たり総運航費用（米セント）											
燃料価格が 3 米ドルの場合	145	162	172	210	211	248	251	254	259	265	315
燃料価格が 2 米ドルの場合	112	129	134	169	176	202	201	201	218	204	262

出所：Airline Monitor, 2009 と著者の推計

11.2　形式別の貨物航空機の費用

表 11.9　大型貨物専用機の運航費用（2007 年）

	MD-11F	B777F	B747-400SF	B747-400F	B747-8F	A380F
積載容量（重量トン）	65	73	82	85	95	104
トリップ当たり燃料費用（米ドル）	60,000	48,000	n/a	69,000	n/a	96,000
トリップ当たり運航費用（米ドル）	84,000	71,000	99,500	97,700	111,300	131,000
トリップ当たり機材資本費用（米ドル）	15,107	37,185	21,662	33,446	42,588	44,258
トリップ当たり総運航費用（米ドル）	99,107	108,185	121,162	131,146	153,888	175,258
kg 当たり総運航費用（米ドル）	1.52	1.48	1.48	1.55	1.62	1.69

出所：'Large Wide-body Freighter Selection', *aircraft commerce*, No.51, April/May 2007

とき、乗員の転換費用がより低く、70％の部品に共通性がある。エアバスもまた、長年にわたって、（少なくとも旅客について）同系列の航空機を航空会社に提供しており、機材の大きさが異なっても、機種間の共通性を強調している。

　表11.9は、長距離型貨物機の主な機種の運航費用を推計している。積載容量の想定は、コンテナを積むときの容積と1立方フィート当たり7ポンド（$112 kg/m^3$）の搭載貨物密度を用いて計算される。その結果、しばしば引用される純積載容量より、この数値は低くなる。もし、運航区間距離が標本の中で最も短く設定される（積載容量一杯まで積める）ならば、いくつかの航空機は、追加する積載量から利益を得ることができるだろう、ということをこれはまた意味している。現金払いの運航費用は、燃料、整備、乗員の費用から構成される。燃料費は、製造業者の推計を用いて、米ガロン当たり2.05米ドルで計算される。整備費は、運航時間当たり直接整備費の推計値に基づき、乗員費用は、平均の給与と経費、それに年間乗務時間を 700 時間[5]として計算される。最後に、航空機の資本費が、運航中の各機種のリース料金、まだ運航していない機種については予想される価格に対しての減価償却と利子率から推計される。各航空機のkg当たりの総運航費用はそれほど大きな差がない。B777FとB747SFがよい数値になり、前者は燃料効率が非常にすぐれていること、後者は低い資本費がその理由である。B777Fは航続距離にすぐれており、B747-400F は、積み下ろしが容易なノーズドアをもっている。

　以上の分析は、B747-8F の積載容量が B747-400F より 20 トン多いという

---

[5]　運航乗務員を3名から2名にすることですべての機種が利益を得る。

ボーイングの推計に反している。表 11.9 においてその差は 10 トンであり、どちらも同じ航続距離（3,000 nm）〈訳者：nm は km の誤りと思われる〉に基づいているけれども、この比較は多くの要素に依存することが明らかである。アトラス航空は、トンマイル当たりの現金払いの運航費用について、B747-8F が、B747-400F より 16％、B747-400SF より 23％低いと推計した。航空機の保有費用は、この差をかなり縮めるだろう。しかし、新型機の有利さは、アトラス航空の想定を用いても変わらないだろう。

11.3 ACMI ウエットリースによる航空機の運航費

ACMI は貸し手と航空会社の間の特別な形のリース協定である。それは、最低限の運航時間を保障する見返りに、航空会社に専用の航空機を提供する。この形の契約を申し出る主な航空会社を第 4 章で説明した。航空会社が必要とする機材の規模が経済性に劣るとき、ACMI は航空貨物サービスにうまく適合する。さらに、航空機の保有者と運航事業者が、航空機の供給力を売買する専門技術をもっていないかもしれないし、運輸権をもっていないかもしれない。しばしば起こることであるが、保有者と事業者が異なる国に立地しているとき、この点に関してある種の規制問題が起きる（第 3 章参照）。サービスを契約する組織（借り手）が運航する航空会社の効率性から利益を得る場合の他のアウトソーシング協定と同様である。ACMI の提供者の選択は、この過程を借り手により魅力のあるものにし、様々な ACMI 事業者が第 4 章で説明されている。協定の期間は、5 日から 5〜6 年の範囲であり、早期終了条項付きの場合がある。アトラス航空は、新しい B747-400F について 3〜6 年の長期契約を、古い B747-200F についてより短い期間の契約を報告している。最低水準の運航が、最低水準の航空機の稼働の手段によって保証され、実際の運航時間に基づいて支払やレンタルが行われる。

これらの契約は、典型的に、通常は航空会社である貸し手に、航空機、乗員、整備、保険の供給を要求する。借り手の航空会社は、一般に、他のすべての運航経費を負担する。それらは、

- 燃料と給油のサービス
- 貨物を獲得するためのマーケティング
- 空港における貨物の積み下ろし

11.3 ACMI ウエットリースによる航空機の運航費

- 着陸料
- 地上のハンドリング、航空機の牽引、機体の着氷を除去するサービス
- 特別な貨物と郵便に対する保険

を含む。

基本的な ACMI 契約モデルは多様である。そこには、デディケーティッド ACMI、2 つの組織間の費用分割（多くは旅客サービスのための客室乗務員に関係する）、航空機が多くの異なる顧客に異なる日時に使用される場合のパーシャル ACMI、多くの異なる顧客が同じ便の空間を分け合うファンクショナル ACMI を含む。ごく最近、貸し手が乗員、整備、保険を提供し、借り手が航空機を提供する CMI が加わった。これは真のリースではなく、運航委託である。すべての場合に、顧客は、1 か月あるいは 3 か月間の一定の占有時間に航空機の全部または一部を利用することを約束する。この最小時間に到達しないとき、罰金が支払われる。最小時間の約束は、1 か月当たりゼロから 400 時間の範囲であり、リース期間、繁忙期かそうでないか、供給過剰の状況で貸し手が契約を急いでいるかどうかに依存する。典型的な約束時間は、1 カ月当たり 300～400 時間であろう。

アトラス航空は、年次報告書で運航費用データを提供しているが、ACMI、ドライリース、定期運航、チャーター運航を 1 つの項目にまとめている。ACMI の収入は総収入の 22％ である。

表 11.10 は、2008 年のアトラス航空グループの利潤への ACMI の有益な貢献を示している。その貢献は、税引き前収入（損失）、航空機の引退費用、航空機の販売による利益、株式に対する保険、配分できない固定費として定義される。米軍向けチャーターが、ドライリースとして大きな寄与をしている。そ

表 11.10　アトラス航空の部門別貢献度（2008 年）

	収入（百万米ドル）	寄与（百万米ドル）	収入への寄与率（％）
ACMI	358	81	22.7
定期サービス	645	−43	−6.7
AMC*	426	108	25.4
商用チャーター	127	10	8.1
ドライリース	49	14	29.0
計	1,605	171	10.6

訳者注＊　Air Mobility Command の略、米軍向けのチャーター。
出所：Atlas Air Annual Report 2008, Form 10K

の部門ではまた、UK グローバルサプライ・システムへの B747 貨物機のリースが大きな割合を占めている。この会社は、ブリティッシュ・エアウエイズにそれらをウエットリースしている。定期サービスは損失を出し、それは主に、この年の燃料費用の非常に大きな増加にうまく対応できなかったからである。

　顧客の航空会社に課される ACMI の料金は、契約期間、航空機の形式、投入要素の費用の想定に依る。料金は、航空機の資本費用に乗員、整備、保険、利潤マージンを加えて決まるので、高額になる。一方、早期の航空機の返還に対するブレークポイントと罰則を加えることで、より魅力のある長期契約が提供できる。表 11.11 のデータは、乗員の 1 か月当たり勤務時間、保険料率、ドライリースの料金などの 4 つの費用についての標準の想定を用いて計算されている。古い航空機は 3 名の運航乗務員を必要とするが、B747-400F や MD-11F は 2 名でよい。しかし、後者も長距離便では 3 名必要と想定する。このデータは現在では適切でないが、異なる機種間の相対費用を示している。記憶すべきことは、古い機種の ACMI 料金は低いが、それは借り手が支払う燃料費がより高いことで、料金差が差し引きされることである。

　顧客に対する ACMI の総料金は、その時点の市場で決まる現実の価格に基づいている。より効率の悪い、大型の B747-200F は、潜在的な運航事業者にとって魅力が低く、他の機種と比較して、貸し手のマージンが減少している。

　表 11.12 は、リース契約をする両者が、通常、各運航費用カテゴリーのどれに責任をもつかを示している。

表 11.11　費用項目別及び長距離運航機材の形式別の ACMI レート

飛行時間当たり費用 （米ドル）	B747-400F	B747-200F	MD-11F	DC10-30F
航空機のリース／ファイナンス料	2,857	2,000	1,886	923
航空機の整備	1,540	2,000	1,325	1,600
運航乗務員	930	857	870	790
航空機の保険	298	160	179	80
貸し手の利益	1,375	283	740	607
計	7,000	5,300	5,000	4,000
貸し手の利益率（％）	20	5	15	15

出所：Aircraft Commerce, Issue No.6, July/August 1999.

表 11.12 貸し手が負担する費用

	ドライリース	ACMI	チャーター
航空機資本		○	○
運航乗務員		○	○
航空機の整備		○	○
航空機の保険		○	○
乗務員手当			○
空港使用料			○
空港管制利用料			○
地上誘導			○
マーケティング			

11.4 旅客サービスとの結合生産の問題

　航空貨物輸送に用いられる航空機の容量は、旅客と同時に提供され、航空機の運航費用は、公正な（しかし、裁量の生じる）原則によって両者に配分される。しかし、旅客機のベリーで運ばれる貨物は旅客輸送の副産物であり、それゆえ、貨物はマーケティングと荷扱いについての直接費を賄うだけでよい、と議論することもできる。一方、旅客機は旅客のために設計され、貨物は付随物にすぎないとの議論を認めることは難しく、アメリカの旅客運賃と貨物運賃の規制に関する当時の民間航空委員会の調査の中で行われた重要な研究で、その議論は否定された（Miller, 1973）。

　貨物に配分される容量が客室の容量を超えるようなコンビ機で運航される場合には、副産物の議論を支持できない。貨物専用機の場合、航空機の運航費用は明らかに貨物に識別され、間接費用のみを旅客と貨物に配分する必要がある。ベリーの空間が、ギャレー、乗員の休息室、旅客ラウンジに利用できるという事実から、副産物の議論は弱められる。それゆえ、貨物はこれらについて別の使い方をしなかったときの機会費用を賄うべきである。

　旅客機、コンビ機、貨物機が運航する市場では、貨物運賃は、最も低い価格決定方法で決まりそうである。ある航空会社が旅客機のみを運航し、副産物のアプローチによって貨物運賃を決定する。このことは、貨物輸送のフルコストを貨物運賃に配分する必要がある事業者、特に貨物専用機を運航する事業者が利益を出すことを難しくするかもしれない。市場の特色、特に方向別不均衡が目立つとき、それは貨物運賃を決定する重要な要因である。

　上部デッキが延長された B747-300 と B747-400 の出現で、増加した旅客手

荷物のために、ベリーで貨物が利用できる空間がそれまでの B747 より減少した。皮肉にも、カンタス航空は、より小型の B747-200（最大 439 席）より少ない座席数（398 名）を B747-300 に設定した。そのとき、ロワーデッキのギャレーをメインデッキに移動し、-300 の貨物容量を 3 トン増やした。A380 は上部デッキを延長したが、ロワーデッキの容量はほとんど増えていない。A380 を運航するいくつかの事業者は、貨物容量に対する影響を少なくするために、より上のクラスの座席を多く提供している。

11.4.1　IATA の貨物部門への費用配分方法

IATA の費用配分方法では、貨客を同時にサービスするときの貨物の営業費用は、直接運航費が双方に共通であると想定して、決定される。

a) 航空機の運航費は、双方に配分される容量に比例して、旅客と貨物の間で配分される。
b) 地上の取扱費用とマーケティング費用は、データを事業者が把握できるときには、直接、どちらかに区分される。
c) 管理費と間接費は、他のすべての費用の合計についての旅客と貨物の割合で分割される。

上の決定方法は、'Airline Financial Performance Benchmarks : Summary Report by the Airline Economic Task Force (AETF)' 2004 年 12 月の中で IATA によって刊行された最新のガイドラインである。データの収集に参加した航空会社の数は多くなく、それゆえ、AETF は解散した。

IATA が公表したガイドラインでは、かつては別の集計方法が可能であった。例えば、収入相殺法があり、そこでは、貨物収入から貨物に特定される費用（荷扱いやマーケティング）を差し引いた額を、当該サービスの営業費の総額から差し引いて、それが旅客に配分される純費用となった。換言すると、貨物サービスを行うために直接必要である費用のすべてだけに、貨物が責任をもつように想定されていた。

IATA は、貨物収入と貨物営業費用の間でより低い結果を産むどんな方法を用いてもよいと、航空会社に推奨している。それは、長年の費用委員会のメンバーの間の議論を反映させる妥協策であった。1970 年代末、ルフトハンザ航空が完全費用配分法のみを用いると宣言したとき、この議論が最高潮に達し

11.4 旅客サービスとの結合生産の問題

た。それに対して、ブリティッシュ・エアウエイズは、この提案が採用されるならば、データの提供をやめると述べた。現在は、妥協がなされて、両方の方法が並存している。様々なIATAの経験則を使って、上記のa)の方法で配分が実行されている。

1. 旅客機が利用できるすべての空間は、すべての空間を貨物に割り当てた空間に等しいとされる。例えば、B747-200では21,900立方フィート、B767-200では9,530立方フィートになる。
2. 次に、推奨される貨物密度161 kg/m^3（4.56 kg/立方フィート）をかけて、貨物容量トン数に変換する。そして、航空機の運航距離をかけて、トンキロの貨物容量に変換する（貨物密度に関するより多くのことは第10章3.1参照）。
3. 最後に、ベリー部分の貨物トンキロと比較して、共通する航空機運航費用を配分するための比を得る。

　貨物、旅客に共通する航空機運航費用は、航空機運航費用の総額と（飛行中の）旅客サービスおよび客室乗務員の費用の差である。

　貨物の収益性を決定するために、上記の方法で計算された費用が、貨物収入と比較される。そこには、貨物収入と郵便収入が含まれるが、旅客の超過手荷物は旅客営業に配分されるので、貨物に含まれない。（それは、これまでその他収入に含まれ、旅客の収益性分析にも貨物の収益性分析にも含まれていなかった。）IATA加盟事業者の国際線サービスにおける超過手荷物収入は、全収入のおよそ1.5％であり、その大きな割合が、クーリエバッグによるものであろう。その収入と費用、そして費用を計算する空間を、貨物、旅客のどちらに含むかについて、だれが実際にそのサービスのマーケティングするかに依って、クーリエの収入と費用を配分する一貫性のあるアプローチが取られる必要がある。

　別の潜在的な問題が、貨物フォワーダーに与える割引と販売手数料から生じる。通常の販売手数料は収入に含まないが、あらゆる割引や歩合手数料は収入に含まれる。すべての航空会社がこの方法やそれによる報告に固執しているかどうかは明らかでない。1987年に、ブリティッシュ・エアウエイズ（BA）とブリティッシュ・カレドニアン航空（BCal）の貨物イールドの間で不一致が発見された。BAの全定期サービスのイールドは、有償貨物トンキロ当たり24

米セントで、BCalのそれは28米セントと報告された。しかし、両者の合併後、BCalは歩合と割引を粗収入から差し引いていなかった（BAは差し引いていた）ことがわかった。比較可能な、差し引いたBCalのイールドは約21米セントであった。現在、フォワーダーへの販売手数料の支払いはほとんどなくなり、この問題は消滅している。

11.4.2　ボーイング747-300の事例

　旅客と貨物を同時に旅客機で輸送するとき、両者に費用を配分する様々な方法が、B747-300コンビ機の運航を例にして、ボーイングの文書で明快に記述された。この文書は、配分方法として、副産物法と共通生産物法を議論した。最初に、費用の様々な分類が説明され、それは貨物に特定される以下の費用から始まる。

- 荷扱い（積み込み、積み下ろし、積み替え）
- 販売、広告、販売手数料
- 貨物保険とその他の費用
- 追加される燃料（貨物積載量による）

　もし、旅客便で運ばれる貨物がなければ、これらは発生しない費用である。一部のローコストキャリアではこれらが発生しない。燃料の追加分は、輸送される重量の超過分から計算できる。旅客に特定される費用は、以下のものである。

- ハンドリング費用（チェックイン、手荷物預かり、ランプ、ラウンジ）
- 客室乗務員と機内食
- 空港旅客使用料
- 販売、発券、広告、販売手数料
- 旅客保険と他の旅客関連費用（例：運航の遅れに対する補償）
- 追加燃料（旅客と手荷物の積載重量による）

　次の共通費用が、採用される方法にしたがって、輸送される2つの産出物それぞれに配分される。それは、旅客（と手荷物）、貨物である。

- 航空機の資本費用（減価償却、リース料、利子）

11.4 旅客サービスとの結合生産の問題　　　　　277

・航空機保険
・（旅客貨物の積載のないときの）基本の燃料
・航空機の整備とオーバーホール
・運航乗務員
・着陸料
・航空管制使用料

　費用配分は、「副生産物法」（収入差し引き法）、「共通生産物法」（完全配分費用法）、費用配分をしない方法に従うことができる。最後の方法は、単に、得られた収入の割合にしたがって、その便の利潤を分割する。図 11.3 の例において、1 便当たり 10,000 米ドルの利潤が、総収入 75,900 米ドルの割合にしたがって、それぞれの生産物に帰属され、総利潤の 31.2% である 3,123 米ドルが貨物に、残りの 6,877 米ドルが旅客に配分される（図 11.4 の数値は四捨五入されている）。

　副生産物法は、「貨物部門の収支均等」と「増分貨物費用」である。貨物部門の収支均等は、図 11.3 で示され、総貨物費用が総貨物収入に等しいと想定される。総貨物費用は、貨物に特定される費用 10,300 米ドルに、共通費用か

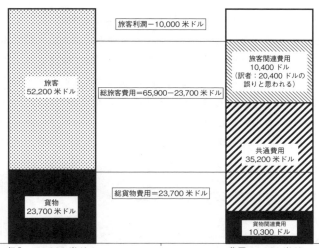

図 11.3　貨客便の費用配分　貨物副生産物法
出所：Boeing 1977.

ら13,400ドルを加えた額である。共通費用の残り21,800ドルは旅客に配分され、すべての利潤は旅客のものになる。「増分貨物費用法」は、貨物に特定される費用のみを貨物に配分し、残りのすべての費用を旅客収入と相殺する。

共通生産物法あるいは完全配分費用法は、すべての共通費用を公正な方法で旅客と貨物に配分する方法を見つけることを必要とする。ボーイングの研究で、以下の方法が与えられる。

- 容積供給力
- 重量（積載重量）
- ゾーン
- 収入
- 利潤への寄与
- 同等の貨物機

容積供給力の計算はすでに説明されている。積載重量は、座席数を調べて、旅客、持込手荷物、預入手荷物の重さを割り当てる（1席当たり90kgが用いられる場合と、それより少し大きい値が用いられる場合がある）。貨物積載重量は、燃料を積んだあとで貨物に利用できる積載量との差である。ゾーン法は、貨物を運ぶ空間を決めて、メインデッキの座席を撤去して、その空間にパレットを6個積む。同等貨物機法は、同型の貨物専用機が最大積載量で飛ぶときのトン当たり費用を計算し、それに実際にコンビ機で輸送されるトン数をかけて、共通費用を配分する。収入と利潤の寄与法は、共通費用を旅客収入と貨物収入の比で配分する、または、それぞれの収入から旅客に特定される費用、貨物に特定される費用を差し引いた値の比で配分する。以下の計算例は、最初に容積供給力法、次に積載重量法の結果を与える。完全配分費用法の中で、この2つが最もよく用いられる。

1. 容積供給力を用いて完全配分される費用

旅客室の最大容量

　　360人×36.1立方フィート／人＝12,996立方フィート（65.4％）

貨物室の容量

　　パレット6個＋ロワーデッキ（旅客手荷物を除く）＝6,867立方フィート

(34.6%)

総容量：19,863 立方フィート（100%）

旅客へ配分される費用　65.4% × 35,200 ドル = 23,000 ドル

貨物へ配分される費用　34.6% × 35,200 ドル = 12,200 ドル

旅客利潤 = 52,200 − 20,400 − 23,000 = 8,800 ドル

貨物利潤 = 23,700 − 10,300 − 12,200 = 1,200 ドル

2. 積載重量を用いて完全配分される費用

旅客室の積載重量

　360 人 × 100 kg／人 = 36,000 kg（53.5%）

メインデッキとロワーデッキの貨物室の積載重量

　6,867 立方フィート × 4.56 kg／立方フィート（密度）= 31,314 kg（46.5%）

総重量：6,7314 kg（100%）

旅客へ配分される費用　53.5% × 35,200 ドル = 18,832 ドル

貨物へ配分される費用　46.5% × 35,200 ドル = 16,368 ドル

旅客利潤 = 52,200 − 20,400 − 18,832 = 12,968 ドル

貨物利潤 = 23,700 − 10,300 − 16,368 = −2,968 ドル

旅客便を用いる航空貨物輸送の収益性は、用いられる配分方法によってかなり変化する。このことは、上記の事例のデータを用いて、図 11.4 で示される。

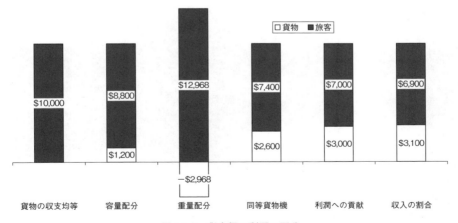

図 11.4　貨客便の利潤の配分
出所：Boeing

積載重量配分法は、最も多くの費用を貨物に割り当てて、貨物部門に損失を発生するただ1つの方法である。容積配分法はIATAの費用委員会で推奨された。この方法は貨物に少額の利潤をもたらす。同じ航空会社であっても、ある便では重量で測り、別の便では容積で測るならば、重量配分法か容積配分法かの疑問に簡単な答はないようにみえる。しかし、重要な結論は、コンビ機の場合に、重量配分法では47％、容量配分法では35％を貨物に配分するという完全配分法があることである。もし、貨物が利潤を出していないならば、メインデッキの貨物容量を減らすか撤去するかの選択がある[6]。

---

[6] メインデッキでの貨物輸送が利益を出さないならば、その航空会社はコンビ機を旅客機に代替し、軽量化によって費用を節約するように勧められる。

第 12 章　航空貨物輸送事業の財務成果

　航空産業は儲けの大きい産業ではなく、貨物輸送部門も例外ではない。この章では、最初に、貨物専業と貨客兼業の両者を含む航空貨物輸送の収益性を、航空旅客輸送とサプライチェーンの他の部門と比較する。貨物のみを輸送する事業者は、しばしば、借金経営から逃れるのに苦しんでおり、周期的に訪れる大きな需要減少に直面する。新規参入者の多くは、免許交付を担当する官庁による厳格な財務テストを受けているにもかかわらず、経営に失敗している。このことが、潜在的な新規参入を防いでいるようにはみえない。オペレーティングリースが必要な資本を減らしているけれども、驚くべきことに、その悪い財務成果を知っていても、資本が集まってくる。

　航空貨物事業の財務成果を議論するために、2つのケーススタディを、アジアと米国から選択する。最初は、日本を拠点にする貨物専業事業者の日本貨物航空である。もう1つは、米国のフェデラルエクスプレスである。前者は空港間輸送に特化した事業者であり、後者はインテグレーターである。2つの事業者は、航空貨物産業が過去30年間の規制と経済環境への挑戦を反映する道のりを代表している。最後に、利用可能な限られたデータを用いて、旅客輸送を主とするネットワーク事業者の航空貨物子会社を分析する。

12.1　貨物専業航空会社の収益性

12.1.1　事業者のタイプ別の収益性

　過去4年間、貨物専業航空会社は、最も儲かる分野の航空事業者ではなかった。しかし、彼らの収益は、最も収益力が高いローコストキャリアや地域航空会社よりそれほど劣っていなかった（図12.1）。

　幹線輸送を担当する航空会社は地域子会社を含んでいる。地域会社に分類されるのは、ほとんどが米国の独立会社であり、ネットワーク航空会社や幹線航空会社と間に有利な契約を結んでいる。LCCは新しいモデルの2地点間輸送事業者と定義され、レジャーは旅行会社のグループ事業者やチャーター事業者である。幹線会社は、他の分類に含まれない事業者であり、オールドスタイルのフラッグキャリアを含んでいる。これら事業者は、収益性がかなり低いことが多い。幹線会社は全体の中で高いウエイトをもっており、2009年の全事業者の

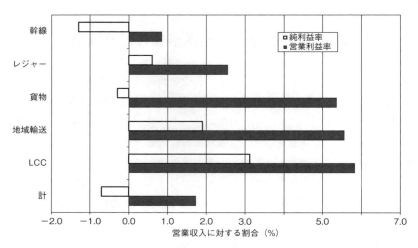

図 12.1　分野別の航空会社の収益性、2006 年から 2009 年までの平均
出所：Airline Business, 各年 8 月号

収入の 70％を占めている。これに対して、貨物会社の割合は 7％にすぎない。

12.1.2　サプライチェーン参加者の収益性

　しばしば、航空会社は次のような不平を言う。参入障壁の低さ、過剰供給力、厳しい競争が、長期に渡る十分な利益を得ることを妨げている。その結果、資本に対する十分な収益を得ることを不可能にしている。この議論はそれ自身矛盾している。なぜなら、適正な資本収益がないならば、参入が容易であると考えて流入する資本がありそうにないからである。リースの利用は、参入を容易にする。しばしば、資本家は、航空会社が資産を運用して得る収益よりも資産そのものをより大きく信頼している。いくつかの航空会社は次のように主張する。航空産業の他の参加者が、支出に対してより高い利潤を得ている、なぜなら、彼らがほとんどの場合、供給者だからである。この意見は、図 12.2 で検証される。そこでは、8 年間の平均資本収益率が与えられる。

　航空会社は最下位であり、航空機整備がやや上にいる。理由の１つは、この２つは相対的に資本集約型であり、高い収益率の達成が難しいからである。残念ながら、この調査は、貨客兼業航空会社について、前の章で説明したような方法で旅客と貨物を分けていない。

　貨物フォワーダーはこの図に含まれ、期間中により高い収益率を上げた。

12.1 貨物専業航空会社の収益性

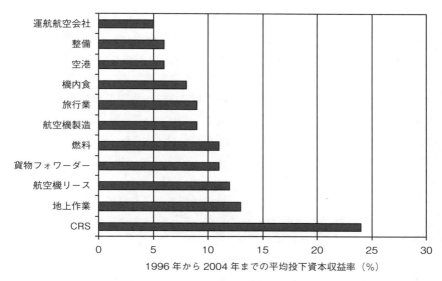

図12.2 ヴァリューチェーン参加者の投下資本に対する収益率
出所：McKinsey in IATA Economics Briefing No.4, 2006年6月

フォワーディングは資本集約型でなく、十分な収益率が容易に達成できるという事実によって、このことが裏付けられる。この図に含まれる貨物フォワーダーは、フォワーディングの世界市場の3分の1を占めており、この図に含まれる30の航空会社は、航空世界市場の64%を占めていた。

12.1.3 航空サービスの種類別の収益性

12.4節で、ネットワーク航空会社の2つの貨物子会社の収益性を調べる。しかし、これは、貨客機の貨物部門の収益性と貨物専用機の収益性の比較についての問題の答を提供しない。明らかに、貨客サービスの収益性は、費用の配分に依存する（11章参照）。IATAの費用委員会は、2つの種類のサービスの経済に関するデータを集めてきた。しかし、このデータの公表は2004年に中止された。一般に、旅客便における貨物輸送は、毎年赤字であったが、貨物専用便は、景気の上昇期に利益をあげ、それ以外の期間は損失を出すか、収支均衡であった。このデータは、フェデックスのようなインテグレーターを含むが、IATA非加盟会社と、IATAに加盟していてもデータを提供しない会社を除いている。

最後の公表年の2003年において、貨物は全体で2億米ドルの営業損失を出した。しかし、サービスの種類別の内訳は提供されなかった。景気後退前の最後の利用可能な数値は1998年であった。この年、旅客機とコンビ機を用いた北大西洋の貨物輸送は2億46百万米ドルの税引き前損失、−18.1％の営業収益率を記録した。実際の積載効率は60.1％で、収支均衡点の71％に及ばなかった。この計算は、完全配分運航費用に基づいている。同じ区間の貨物専用便は、88百万米ドルの損失を出し、収益率は−11.3％であった。実際の積載効率は70.7％で、収支均衡点は78.6％であった。これは、単位費用がかなり高かったからである。

欧州・中東間、欧州・極東間では、他の区間よりこれらの数字がよかった。旅客機とコンビ機における貨物は、0.9％の売上利益率の営業利益を出した。貨物専用機は、わずかに損失を出し、収益率は−0.1％であった。主に非常に低い積載効率のために、北太平洋と中部太平洋（太平洋横断）の旅客便の貨物は利益を上げられなかった（−42％の収益率）。貨物専用機もまた、利益を出せなかった（−3％の収益率）。

12.1.4　貨物航空会社の利潤の比較

貨物専業会社は、これまで特に収益性がよかったわけではない。しかし、表12.1で比較される2008年は、典型的な年ではない。この年に燃料価格が急上昇し、燃料費の増加のすべてを、航空会社が顧客に転嫁できなかった。表の少ない標本の中で2つのインテグレーターが納得できる結果を出したが、その2社は燃料集約型ではなかった。フェデックスの営業費に占める燃料費は約11％で、カーゴルックスは37％であった。この2社は大規模な陸上輸送部門をもっているが、そのいくつかがデータから除外されている（特にフェデックス）。

ABXエアは、インテグレーターから航空輸送を請け負う航空会社であり、不景気の影響を受けにくい。カーゴルックスは数年間にわたって一貫して利益を出してきたが、独占禁止法違反の罰金（年間収入の約4％）を支払ったために、2008年にはわずかの営業利益と純損失を報告した。（2008年を含め）それ以前の数年間、各社の営業利益は好成績であった。中でも、アトラス航空は最も儲かっていた。カーゴルックスは、2007年と2008年に罰金支払で打撃を受けたが、2008年までの4年間は十分な利益を報告した。

表 12.1　貨物専業航空会社の 2008 年とその前の数年間の収益率

	営業収益率(%)	純収益率(%)	2008年までのデータ収集期間	年平均営業収益率(%)
フェデックス	6.9	4.1	9 年	6.4
UPS	6.2	−1.1	9 年	6.4
ABX エア	3.8	0.2	3 年	3.6
カーゴルックス	0.7	−1.2	6 年	6.9
アトラス航空	0.1	−2.2	6 年	9.1
サザンエア	−1.6	−5.7		n/a
カリッタエア	−3.8	−4.4	4 年	6.2
ブリティッシュ・グローバル	−9.2	−10.5		n/a

出所：ICAO Financial data and airline annual reports

12.2　日本貨物航空のケーススタディ

12.2.1　歴　　史

　1960 年代の B707 と DC8 の貨物専用機の登場は、国際航空貨物輸送産業を変革した。そして、日本に貨物専業航空会社を設立する動機を与えた。同時期に、日本の輸出が急速に増加し、30 トンの積載容量をもつ新しい貨物機は、北米や欧州の市場に、直接かつ迅速に航空貨物を運ぶことを可能にした。日本政府が、国際線指定運航事業者を日本航空 1 社に限っていたので、新しい航空会社を設立することは難しいと、最初は思われた。全日空のような航空会社は国内線に限定されていた。しかし、1969 年にフライング・タイガーが DC8F を日本に運航させたことが、日本に貨物航空会社を設立する機運を強くした。

　さかのぼって 1959 年に、日本郵船、大阪商船、三井船舶が、日本航空の支援の下に航空貨物会社の設立を決めた。川崎汽船、山下新日本汽船、日本通運、全日空の 4 社は、別途、1972 年 11 月に日本国際貨物航空となる会社の設立を主導することを決めた。この 2 つの計画の結末は、6 社による、後に日本貨物航空として知られるようになる航空貨物専業会社の設立であった。日本航空は、おそらく、自社の貨物営業との競争を理由にして撤退し、その後、貨物専業会社のアイデアに関与していない。6 社の参加者の中で、日本通運が企業連合から退出したのち、1978 年にこの航空会社が登記された。次のステップは、航空免許と運輸権の取得であったが、これは困難であることがわかった。その当時、航空燃料の供給が限られており、日米航空交渉が行き詰まった。交渉は、太平洋路線の運輸権と発着空港を得るために不可欠だった。日本貨物航

空の路線申請を評価するための聴聞会が、1982年に運輸省によって組織された。その場で、日本航空が5名の乗員で運航しているという理由で、日本貨物航空が計画していた3名の乗員（全日空の有資格乗員に委託）による太平洋区間の運航に異議が出された。航空貨物輸送の将来に関する会議は、もう1つの国際貨物航空会社を指定企業にするように運輸省により大きい圧力をかけた。しかし、日本航空は日本貨物航空の申請に反対を主張し、過剰輸送力が発生すると論じた。聴聞会は、日本貨物航空の申請を認める勧告を出し、航空会社を設立するための企業連合を形成してから6年後の1983年に、運輸省は免許を交付した。

東京－サンフランシスコ－ニューヨークを、2名のパイロットと1名の航空機関士でB747-200Fを運航する計画が作られた。このとき、費用効率の高い乗員スケジュールに対して、再び、企業連合に加わっている全日空の労働組合から異議が出された。当時、全日空は、自社で国際線を運航していなかったが、新しい貨物航空会社に技術とスタッフの支援を行った。このような方法で有資格の乗員を使うのは、国際航空の安全規制に違反しないけれども、全日空の労働組合は、乗員の健康に危険があると論じた。このとき以降、国際航空輸送システムは大きく変わろうとしていたが、経営者と労働組合は変わろうとしていなかった。

運航開始を妨げた別の問題は、日米航空協定であった。1984年の終わりに交渉が再開し、日本にとってより公平でより平等の待遇を得ることが交渉の目的の1つであった。これは、米国の指定航空企業であるフライング・タイガーと対等になるような貨物専業航空会社を日本が指定する権利を意味していた[1]。例えば、（米軍基地への物資供給を担う）フライング・タイガーが日本へ運航できる便数を減らすことで報復すると日本が脅かした後、最後に、米国は折れた。1985年4月初めに日本貨物航空が運航開始するとの合意がなされた。しかし、最後に思いがけない支障があった。速達小包事業者のフェデラル・エクスプレスが日本への運航を希望した。新たな交渉が日本貨物航空の最初の運航を遅らせ、最初の便は1985年5月に離陸した。

（現在、台湾や中国で起きていることと同様に、）1960年代中期に日本の製造業は、人件費の低いアジアへ生産を移し、日本貨物航空はアジアへの便を追

---

[1] 旅客便を含めると、〈訳者：指定航空企業は〉太平洋横断路線で米国の5社と日本の1社であった。

表 12.2　日本貨物航空の路線の拡張（1985 年－2000 年）

日付	路線
1985 年 5 月 8 日	東京－サンフランシスコ－ニューヨーク
1986 年 10 月 30 日	東京－香港
1987 年 10 月 5 日	東京－シンガポール
1988 年 6 月 7 日	東京－アムステルダム
1989 年 11 月 2 日	東京－シンガポール－バンコク－東京
1990 年 6 月 13 日	東京－ソウル
1991 年 2 月 12 日	東京－シカゴ－ニューヨーク－東京
1991 年 4 月 2 日	東京－サンフランシスコ－ロスアンジェルス
1993 年 1 月 22 日	東京－アムステルダム－ミラノ
1994 年 9 月 6 日	東京－大阪－シンガポール－バンコク－東京
	東京－大阪－シンガポール－バンコク－大阪－東京
	東京－香港－大阪
1994 年 10 月 31 日	東京－大阪－シンガポール－クアラルンプール－東京
	東京－バンコク－クアラルンプール－東京
1995 年 11 月 8 日	東京－大阪－シカゴ－ニューヨーク－大阪－東京
1996 年 10 月 7 日	東京－マニラ－シンガポール
1997 年 6 月 7 日	東京－大阪－アンカレッジ－サンフランシスコ－ロスアンジェルス－サンフランシスコ－アンカレッジ－東京
1997 年 9 月 12 日	大阪－マニラ－クアラルンプール
1997 年 10 月 4 日	大阪－アンカレジ－アムステルダム－アンカレッジ－東京
1998 年 3 月 10 日（2000 年 3 月 31 日まで）	東京－大阪－アンカレッジ－サンフランシスコ－ポートランド
	東京－サンフランシスコ－ロスアンジェルス－サンフランシスコ－ポートランド－アンカレッジ－東京
1998 年 9 月 8 日	東京－アンカレッジ－アムステルダム－ロンドン*
1998 年 10 月 27 日	大阪－上海－東京
1999 年 5 月 1 日	東京－ソウル**－大阪
2000 年 9 月 24 日	大阪－フランクフルト－ミラノ－大阪

注＊：ロンドンは 2006 年 9 月に運航中止
注＊＊：ソウルは 2006 年 6 月に運航中止
出所：www.nca.aero（History）

加する必要があった。そして、1986 年に香港へ週 2 便の運航が始まった。この年にシンガポール便も運航が始まり、アンカレッジ経由ニューヨーク直行便も始まった（表 12.2）。1987 年から 88 年にかけての円高が燃料費を減少させ、米国からの輸出が、米国との間の方向別不均衡の縮小をもたらした。

12.2.2　輸送量と運航数の増加

図 12.3 は、日本貨物航空が第一便を飛ばしてから 2001 年の不況までの 15 年間に、輸送量が着実に増加したことを示している。1991 年の不況と 1997 年のアジア通貨危機にもかかわらず、輸送量が毎年増加した。貨物輸送量の増加

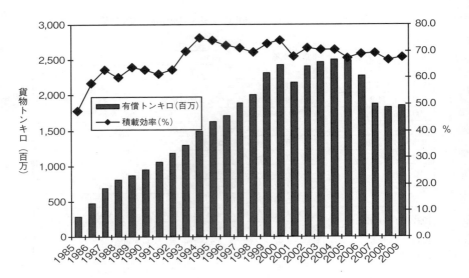

図12.3 日本貨物航空の輸送量と積載効率の推移(1985年–2008年)
出所:日本貨物航空(2010)、IATA WATS

率は、この間、年平均15.3%であったが、2000年代の後半に輸送量が減少し、1997年水準に落ち込んだ。新規運航を開始した航空会社によくみられるのと同様に、最初の2年間は積載効率が収支均衡点を下回ったが、次の5年間は、方向別不均衡が改善されて、積載効率が60%を超えた。

最初のサービスは、新造のB747-200Fを使って開始された。2機をボーイングに発注し、1985年以降に引き渡された。数機は、ボーイングによって旅客型から改修され、多くはファイナンシャルリースであった。やがて、保有機材は10機に拡大し、1991年にボーイングの〈訳者:B747-200の〉生産ラインから最後に引き渡された(日本貨物航空は、B747-400Fもその生産ラインの最終製造機を受領した)。2003年の原油価格の上昇により、旧型のB747-200Fは費用効率が悪くなり、発注はB747-400FとB747-400SFに置き換えられた〈訳者:日本貨物航空はB747-400SFを導入していない。〉。2005年までに、日本貨物航空は、最初に計画した400SFを新造機に替えることを決めた。その400SFは、中国、厦門の太古飛機工程がボーイングから請け負って、旅客型を貨物型に改修するものであった。新しいB747-400Fは、2000年代後半に引き渡され始めたが、問題は単位運航費用が高い200Fの処理であった[2]。最初はB747-200Fを2008年8月にすべて退役させる計画であったが、3月に前

倒しした。多くのこれらの古い機体は、新規参入者、例えば、ベルギーのCargo Bやシンガポールの Jett8 エアラインズへ売却されたりリースに出されたりした。2009年5月までに10機のB747-400Fが引き渡された。しかし、最後の2機はベルギーのCargoBに売却された〈訳者：実際は売却ではなく、リースされた〉。日本貨物航空は、CargoBの株式を購入していた〈訳者：Cargo Bの株式を購入したのは、日本貨物航空ではなく、日本郵船である〉。2009年5月にCargo Bは破産を申し立て、日本貨物航空保有の2機のB747-400Fは、その後、米国で保管された。

　機材の早めの段階的削減は、供給力の損失を補うために新たな機材が必要であることを意味した。2機のB747-400Fが、2008年引き渡しの条件で2006年6月に発注された。しかし、2008年末に輸送量が急に減少し、この発注は不必要であることがわかった。日本貨物航空は、現在、5機のB747-200Fと5機のB747-400Fを運航し、5機のB747-400Fを製造業者に注文している。ボーイングは、最後のB747-400Fの引き渡しを2か月早めて2009年3月にすることに合意している。その結果、すべての機材の更新を次の会計年度の終わりまでに完了することができる。

　日本貨物航空は、カーゴルックスとともに、B747-8Fのローンチカスタマーであった。2010年から8機の引き渡しが予定されている。2社は機材の設計に共同して取り組み、標準化と運航費用の低下から利益を得るために、購入者が取り付ける内装品の発注と運航訓練を提携して行った。2007年8月に、さらに6機のB747-8Fのオプションを実行し、同型機の確定発注数は14機になった。

　日本貨物航空に影響を与えた別の重要な展開は、2005年8月の、全日空から日本郵船への27.59％の株式売却と、日本郵船の経営関与であった。売却の理由は、日本貨物航空の将来の戦略の方向について、全日空が異なる見解をもっていたからである。同時に、全日空は、（より小型のB767）貨物専用機を購入して、貨物営業を拡大しようとしていた。輸送量の伸びが上昇傾向にあったとき、日本貨物航空の損失がすでに明白になっていた。全日空は、政府保有の日本郵便とジョイントベンチャーを設立して、新しく購入した貨物機を新設

---

[2] B747-200Fは、2000年代はじめに5千万ドル以上の価格で取引されていたが、その後、200Fの価値が下がり始めた。JT9Dエンジンを装備した1975年製のB747-200Fは、2007年9月に820万ドルの販売価格で広告されていたが、この価格は当時の現在価値をかなり超えるものであった。

第12章　航空貨物輸送事業の財務成果

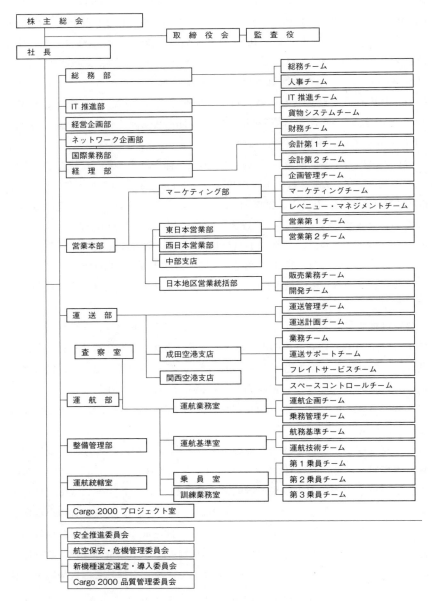

図12.4　日本貨物航空の組織
出所：www.nca.aero

の共同所有の航空会社にリースする考えをもっていた。

航空サービス網に加えて、日本貨物航空はトラックによるフィーダーサービスを開始した。最初にサンフランシスコハブのフィーダーを開始し、最も最近は、2003年に中国でネットワークを設立した。アムステルダムを拠点とするトラックネットワークも動きだした。これらのトラックサービスは、航空貨物の賃率で輸送し、通常、空港間で運行される。

12.2.3 規制の展開

日本貨物航空が日本の規制当局から承認を得るために直面した問題は、12.2.1節で議論された。国際線の運輸権獲得交渉の必要が、さらに運航開始を遅らせた。それらの最も重要な問題は日米間にあった。その交渉は、しばしば、非常にとげとげしいものであり、米国との間の同種の争いを反映した。1980年代と1990年代の問題の背景は、1950年代の日米間の最初の協定にあった。その協定は、当時、航空供給力が非常に小さかった日本にかなり不利であった。

1995年に、日米2国間航空協定に関する大きな紛争が起こった。フェデラルエクスプレスは、フィリピンのスービック湾空港の開業日を遅らせることを強いられ、米国のクリントン政権は、日本の貨物航空事業者に報復制裁を提案した。制裁は、日本航空と日本貨物航空の日本発米国行きの定期航空貨物便で、アジア市場からの航空貨物の輸送を禁止するものだった。1993年に、フェデックスとユナイテッド航空が日本との間で同じような紛争に巻き込まれた。そのときと同様に、日本航空に制裁が実施される前に問題は解決した。第5の自由が最大の問題であった。元米国運輸省の弁護士のWilliam Kutzkeは、彼の著書で、日米の航空史を記述している。「日米協定は、米国旅客航空会社2社と貨物航空会社1社に、経済的に意味のある以遠権について、最大限の広範囲のネットワークを与えている。」米国運輸省国際航空局副局長のEdward Opplerは、演説で次のように認めている。「第5の自由の問題は、おそらく、日米航空関係の中で最も大きい懸案である（Airline Business1995年8月号）。」

1996年4月の新しい貨物協定は、米国の既存事業者であるフェデックスが日本で得ているものと同等の無制限の第5の自由を、米国において日本航空に与えた。日本航空はまた、米国内での無制限の三角運航の権利と3つの新たな

乗り入れ地点を獲得した。加えて、日本貨物航空は、週11便から週18便の権利と無制限の以遠権を獲得した。日本貨物航空の米国内の乗り入れ地点は4から7に増加した。見返りに、UPSが、週12便の関西空港乗り入れと、そこから2地点への以遠権を与えられた。UPSは、この以遠権を使って、日本発貨物を週6回その地点へ輸送することを認められた。米国の既存貨物事業者である、フェデックス、ノースウエスト航空、ユナイテッド航空もまた、既存の権利と組み合わせて、新たに日本の3地点と米国のあらゆる都市との間の運航の自由度を大きくした。

12.2.4 経済と財務の展開

航空会社にとっての2つの主要な経済指標は、単位当たり収入あるいはイールドと単位当たり費用である。この2つの比が、収支均衡をもたらす積載効率を与える。それは、総運送収入と総営業費用を等しくするような積載効率として定義される。

積載効率÷営業収支率　　　　　　　　　　　　　　　　　　　　(1)
費用／有効トンキロ×有償トンキロ／収入　　　　　　　　　　　(2)
費用／有効トンキロ÷収入／有償トンキロ　　　　　　　　　　　(3)
単位費用／イールド　　　　　　　　　　　　　　　　　　　　　(4)

式（1）は、営業収支率が100％を超えていれば（利潤があれば）、収支均衡する積載効率が実際の積載効率を下回ることを意味している。式（2）と（3）は、式（1）を書き換えて、式（4）の恒等式を与える。それは、収支均衡をもたらす積載効率は、単位費用をイールドで割ったものである。単位費用とイールドは、航空会社の経営の2つの主要な目標であり、費用削減とイールド上昇が、より低い収支均衡点を与えることになる。

特に日本貨物航空が運航する幹線区間で、イールドは競争圧力に大きく影響される。イールドは、9月11日以降、すべての航空会社が利用者に課している燃油サーチャージを含んでいるが、荷主やフォワーダーに課されるその額は、通常、燃料費の増加分より少ない。図12.6は、イールドが急激に減少した3つの期間を示している。それは、1990年代初期の不況期、2008年に起きた不景気である。収支均衡する積載効率は、1990年代の60％台の中から上に

落ち着いていたが、2005年に74%に急上昇し、2006年は84%になった。

最初の2つの景気後退のあと、日本貨物航空は営業損失を出した。第3の2008年末の景気後退は、2005年に始まった日本貨物航空の財務悪化を深刻にした（図12.5参照）。

日本貨物航空の利潤獲得可能性は、燃料価格の変動と国際経済および貿易の下落に大きく影響される。その財務上の成功はまた、日本経済に大きく依存する。日本経済は、1990年代後半以降、沈滞を続けている。それゆえ、日本貨物航空は、2003年から2007年までの間に、日本発着の貨物が少ない航空会社のようには業績を上昇させられなかった。

イールドの変化は、競争と需要に対する相対的な過剰供給力によって影響される。2003年から2007年までの間の日本貨物航空のイールドの動きは、費用の上昇を補うには十分でなかった（図12.6）。

2007年に、日本貨物航空は、自社のB747のメジャー整備〈訳者：メジャー整備ではなくライン整備〉を社内で実施するために、自社の整備施設の稼働を始めた。この動きは、米国やその他の主要な国際航空会社が、過去10年間経験した整備とオーバーホールの外部委託とは逆であった。しかし、そのこと

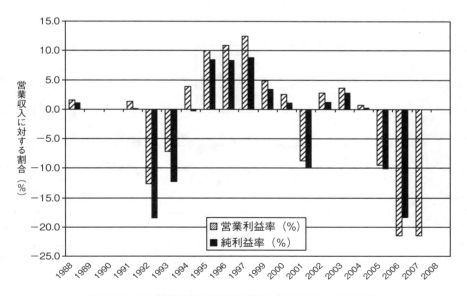

図12.5　日本貨物航空の収益率の推移（1988年－2008年）
出所：ICAO and ATI

は、B747 だけの単一機材で運航を続け、より効率の高いバージョンの747を利用できるようになると、新しい機材に代替するやり方と矛盾しない。燃料効率性は、毎年、かなり大きく改善し、B747-8F の発注は、この傾向を続けるだろう。日本貨物航空のマーケティングは、サービスの質を強調し、貨物専用機の運航をやめた日本航空とのコードシェアから利益を得るだろう。2008/2009 会計年度において、日本貨物航空は、航空機と関連設備に4億80百万米ドルを投資し、主にボーイングの新しい貨物専用機の支払いに充てている。

　日本貨物航空の従業員は、1985 年の 284 人から、2000 年に 748 人に増加し、その後 2008 年まで、深刻な財務問題があるにもかかわらず、毎年 2.9%の増加率を続けてきた。平均給与は、その6年間に毎年 2.9%だけ増加した。しかし、従業員の生産性は、2000 年までの 15 年間に毎年 8%増加したのに対して、2000 年から 2008 年までの間に最高値から 40%減少した。

　日本貨物航空のバランスシートは、少なくとも 2007 年 3 月 31 日に終わる会計年度まで十分に健全であったようにみえる。自己資本比率と流動比率は、多くの航空会社より悪くない。しかし、2007 年以降、ICAO からバランスシートが提供されなくなり、日本貨物航空は、支配権をもつ株主である日本郵船に

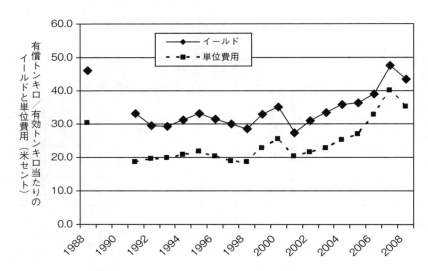

図 12.6　日本貨物航空のイールドと単位費用の推移（1988 年－2008 年）
　　出所：ICAO Financial Data、日本貨物航空（2010）、IATA WATS

統合された。

　日本貨物航空の運命は、B747-8F のもう１つのローンチカスタマーであるカーゴルックスの財務上の成功物語と対照される。後者は、成長を続ける EU 市場の中心に位置することから利益を得ていた。前者は、成長を続ける中国市場から利益を得られるけれども、沈滞している日本経済と結びついていた。どちらも単一の機材を保有しているが、カーゴルックスが日本貨物航空より費用管理を実行していることが明白である。日本貨物航空は、景気後退前でさえ、供給能力の過剰をわかっていた。日本貨物航空の将来は、高度に不確実であり、その運命は、ある程度、日本経済の運命と結びついている。この国の拙い経済状況が続くならば、日本貨物航空は、相対的に高い費用であるけれども、日本国内ハブ経由の第６の自由を用いる輸送に重点を置かなければならない。同時に、そこでは、低費用の中国事業者や強力な国際インテグレーターとのより激しい競争に直面するだろう。

12.3　フェデラルエクスプレスのケーススタディ

　フェデラルエクスプレスがインテグレーターの研究対象として選ばれるのは、第一に、航空小包貨物を仕分けする空港ハブを稼働させた最初の事業者であったからであり、さらに、フライング・タイガーの買収によって世界の主要プレイヤーになったからである。その歴史は、最初のケーススタディの日本貨物航空と共通している。どちらも、日米２国間航空協定の制約の除去を望み、それぞれの政府へのロビー活動は、貨物独自の２国間協定調印に繋がった。

　この会社は、フェデックス・エクスプレス、フェデックス・グラウンド、フェデックス・フレイトの３部門に分けられる。

　フェデックス・エクスプレスは、小荷物と貨物の広範囲のサービスを荷主に提供する。小荷物の翌日配達サービスは返金保証が付けられ、ほぼすべてのアメリカ住民へ対象を広げている。フェデックス・エクスプレスは、３種類の翌日配達サービスを提供している。それらは、フェデックス・ファースト・オーバーナイト、フェデックス・プライオリティ・オーバーナイト、フェデックス・スタンダード・オーバーナイトである。フェデックス・セイムデイ・サービスは、70 ポンド（32 kg）までの急ぎの荷物を米国のほとんどの目的地へ輸送する。フェデックス・エクスプレスはまた、配達時間指定の国際貨物市場の

需要を満たすために、返金保証付きの速達貨物サービスを提供している。返金保証付きの国際速達配達は220以上の国と地域で利用でき、少数の顧客の需要を満たすための多様な時間指定サービスも利用できる。フェデックス・エクスプレスはまた、返金保証、即時貨物追跡、先進的な通関手続きに支援された、包括国際貨物サービスを提供している。2009年のフェデックス・エクスプレスの荷物1個当たりの最高収入は、国際プライオリティ（IP）貨物の57.81米ドルであり、米国内貨物の平均は16.21米ドルであった。国際プライオリティ貨物のイールドは、1ポンド当たり2.22米ドル、kg当たり4.48米ドルであった。より重い国際航空貨物のイールドは、0.99から2.16米ドルの間であった。国際航空貨物を除くすべての荷物の重量シェアをみると、米国国内が77％、国際プライオリティ貨物が14％、米国外の国内輸送（英国、カナダ、中国、インド）が9％であった。

フェデックス・グラウンドは、米国とカナダに520の拠点と32のハブを構成し、複数のハブアンドスポークで仕分けするシステムを運営している。フェデックス・グラウンドは、約22,500両の個人営業トラックと31,500両の会社保有のトレーラーを主に使って、輸送を行っている。この部門は、400マイルあるいは約650kmまでの区間、150ポンド（68kg）までの重さの荷物について、ビジネス顧客と個人顧客（家庭へ配達）に、返金保証付き翌日配達サービスを提供している。米国内市場における市場占有率は、2000年の1％から2009年に22％に増加したが、現在の60％の占有率のUPSよりかなり低い（USPSは18％）。2009年のフェデックス・グラウンドの荷物1個当たりイールドは7.70米ドルで、米国内のフェデックス・エクスプレスのコンポジット・イールドは16.21米ドルである。

フェデックス・フレイト・コーポレーションは、フェデックス・フレイト（地域内の混載貨物サービス）、フェデックス・ナショナル・LTL（長距離の混載貨物サービス）、フェデックス・フレイト・カナダを用いて、広い範囲の混載貨物サービスを提供している。これらの荷物は、北米内をトラックで移動する。混載貨物の1個当たり平均重量は1,126ポンドあるいは51kgであり、kg当たりイールドは0.38米ドルであった。

表 12.3　フェデラルエクスプレスの主要なできごと

年	
1971	フレッド・スミスがフェデラルエクスプレスを創設
1973	メンフィス空港へ移動
1978	ニューヨーク株式取引所に上場
1981	メンフィス空港に「スーパーハブ」を公式に開設
1986	ニューアーク空港にハブを開設
1988	オークランドとインディアナポリスにハブを開設
1989	フライング・タイガーを買収し、アンカレジにハブを開設
1995	スービック湾空港にアジア太平洋ハブを開設
1997	フォートワース・アライアンス空港にハブを開設
1999	パリ・シャルルドゴール空港に欧州ハブを開設
2006	ANC ホールディングを買収し、イギリスの空港へのより多くの直行便を運航
2007	東欧への拡張を支援するため、フライングカーゴハンガリーを買収
2008	ケルン・ボン空港に新しい中部東部欧州ハブの建設を開始（2010 年に完成）
2009	スービック湾空港のアジア太平洋ハブを閉鎖
2009	広州・白雲国際空港に新しいアジアハブを開設 インドへの運航開始を予告

出所：www.fedex.com

表 12.3 は、主として航空輸送に関連する、フェデックスのできごとを並べている。メンフィスに最初の大規模な米国内ハブを開設し、続いて、他の米国国内ハブ、そして欧州とアジアのハブが稼働したことがわかる。メンフィスが選ばれたのは、米国の中心部にあり、旅客便が少なく、気候がよく、十分な拡張用地があったからである。メンフィス空港の発着のほとんどは貨物便であり、2009 年にフェデックスはその空港の旅客便と貨物便のジェット機の発着合計の約 4 分の 3 を占めた。欧州ハブにパリを選んだのは、より好ましいと考えられていた英国の選択が、当時の航空サービス協定によって制限されたからである[3]。パリはまた、トラックサービス網の中心であり、フランス各地および近隣諸国とを結ぶ主要高速道路システムがその近くにある。しかし、フェデックスは、アジアに比べ、欧州における存在感が小さい（UPS はその逆である）。

フェデックスのアジアハブは、2009 年に、フィリピンのスービック湾から中国南部へ移った。そこは、急速に成長する中国の主要な製造業基地に近く、香港にも近い。香港の空港はより混雑し、使用料が高い。それらに加えて、ア

---

[3] EU と米国とのオープンスカイ協定によって、その後、制約が開放された。

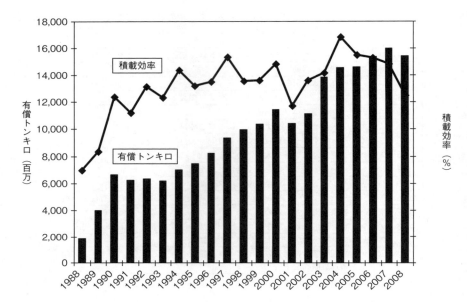

図12.7　フェデラルエクスプレスの輸送量と積載効率の推移（1985年－2008年）
出所：ICAO Traffic data

ジア市場向けに東京・成田空港、欧州向けにロンドン・スタンステッド空港、北米向けにトロント空港に、大規模な仕分けと貨物取扱施設が立地している。マイアミ・ゲートウエイハブは、南フロリダ、南米、カリブ海市場へのサービスを提供している。

図12.7は、輸送量の増加と積載効率の変化を表している。フライング・タイガーの買収によって、1990年にこれらの数値が大きく増加した。コンソリデーションと積載効率上昇の時期がそれに続いた。次の変化は、9月11日後の不景気からの回復が起きた2003年であった。

フェデックスは、US郵便サービス（USPS）との協定を結び、それは2013年9月に発効する。それによって、フェデックス・エクスプレスは、ファーストクラス、プライオリティとエクスプレスメールを含む、US郵便サービスに国内航空輸送サービスを提供する。フェデックス・エクスプレスはまた、340の大都市地域にある郵便局に5,000個の差出箱（drop box）を設置し、グローバル・エクスプレス・ギャランティードと呼ばれるUS郵便サービスの国際配達サービスに対する輸送と配達を行う。

表 12.4 フェデラル・エクスプレスの機材(2009 年 5 月)

機材形式	保有	リース	計	積載重量(t)
ボーイング MD11	31	26	57	75
ボーイング MD10-30(2)	10	2	12	52
ボーイング DC10-30	1	5	6	52
ボーイング MD10-10	57		57	49
ボーイング DC10-10	1		1	49
エアバス A300-600	35	36	71	39
エアバス A310-200/300	40	16	56	28
ボーイング B757-200	24		24	21
ボーイング B727-200	77	2	79	17
ATR72-202/212	13		13	7
ATR42-300/320	26		26	5
セスナ 208B	242		242	1
セスナ 208A	10		10	1
計	567	87	654	

注:MD10 シリーズは、旅客型 DC10 シリーズの改修である。
出所:Federal Express, Form 10K Report, 2008/2009

2009 年 5 月末の時点で、フェデックス・エクスプレスは、93,000 人の常勤のフルタイム従業員と 47,000 人の常勤のパートタイム従業員を雇用していた。その中の約 16%がメンフィス地域で雇用され、26%が海外で雇用されていた。パイロットだけが労働組合を組織しており、他の分野のスタッフの労働組合結成の試みは、いまだに成功していない。

表 12.4 に示される機材に加えて、フェデックス・エクスプレスは、36 機の B757F、30 機の B777F、2 機の MD11F の購入契約をした。積載重量が約 1 トンしかない多数の小型機は、創業以来、インテグレーターの戦略の基本部分であり、大規模ハブや地域ハブとその範囲内の小規模空港とのフィーダー輸送をするために使われる。このことが、UPS や DHL とフェデックスとの違いである。UPS はトラックに依存しており、DHL は外国航空会社による機材保有が難しい国際市場でより盛んに営業している[4]。フェデックス・エクスプレスは、約 51,000 両の陸上輸送車両を運行し、そこには、集配車、コンテナ・トランスポート・ビークルと呼ばれる大型トラック、牽引車、トレーラーが含まれる。

表 12.5 は小型のフィーダー輸送用の機材による発着回数の多さを示してい

---

[4] DHL はそのような航空サービスに参加する傾向があり、通常、より大型機を使用する。そしてまた、トラック輸送に頼っている。

表 12.5　フェデラルエクスプレスの機材の生産性（2008 年）

	発着回数	1回当たり平均運航距離（km）	運航時間／日
セスナ 208	102,481	222	1.0
B727-200F	44,254	914	2.2
エアバス A310	32,049	1,179	2.7
エアバス A300B4-600	45,967	1,373	4.2
B757-200F	748	1,580	2.8
DC10-10F	43,072	1,588	4.9
DC10-30F	14,074	1,895	6.6
MD11F	40,448	3,809	9.7
その他	43,345	516	
計＊	323,093	1,283	3.3

出所：ICAO fleet data
＊　訳者：この表の計の行の発着回数と1回当たり平均運航距離は「その他」を除く機材のものである。1日当たり運航時間も同様と思われる。

る。フェデックスは、それらの機材で平均わずか222kmの区間に運航している。MD-11F以外のほとんどすべての機材は、米国内線で使用されている。それらは、コンビネーション事業者が、非常に低い1日当たり稼働率であるとみなしている区間である。なぜなら、その使用機材がハブとのフィーダー路線にのみ使用され、主に夜間に運航されるからである（第1章6.3節のメンフィス・ハブ発着の機材運航スケジュール参照）。機材のほとんどが償却を終わっており、中古機として購入されている。それゆえ、資本費は低く、変動費は高く、このような組み合わせは低稼働率の運航に適している。B757-200Fのほとんどは旅客機からの改修であり、資本費が相対的に低い。B757は、経年の高いB727を代替するために、今後数年間、段階的に増えていく。B777Fは新造機で、稼働率の高い長距離路線で運航される。

　図12.8は、ICAOに報告された、フェデックスの営業利益と純利益を示している。割合が高い項目は、毎年、その他収入とその他費用である。おそらく、これは陸上輸送に関連している。もし、これらの収入と費用を合計から差し引くならば、営業利益は、1990年から2004年までの間、プラスマイナス1％の範囲内であったが、2004年に営業利益は4〜5％増加した。これは、フェデックスの営業成績がよりよくなったことを示しているだろう。

　図12.9はまた、基礎部分となるフェデックスの航空関連経済データを示すことを試みている。それは、陸上輸送の収入と支出を除いた3つの主な比率の計算からなっている。イールドが単位費用より速く上昇したことにより、2000

12.3　フェデラルエクスプレスのケーススタディ

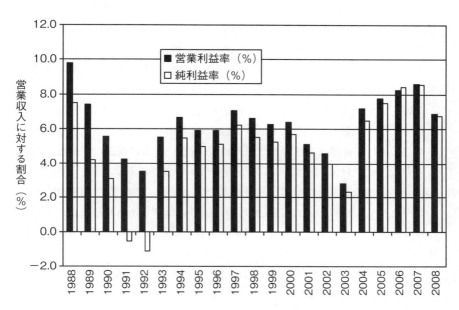

図 12.8　フェデラル・エクスプレスの収益率の推移（1988 年－2008 年）

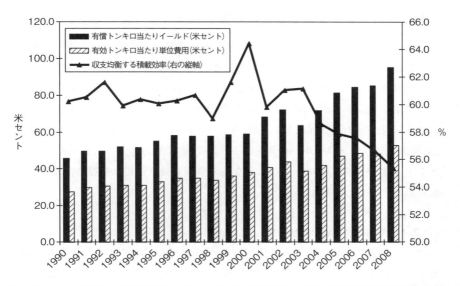

図 12.9　フェデラル・エクスプレスのイールド、単位費用、収支が均衡する積載効率の推移（1990 年－2008 年）

年代中頃の期間に利益を出したことがわかる。この期間に、燃油サーチャージが適用され、それが燃料費の増加分を賄うことに、貨物専業事業者より成功したようにみえる。収支均衡になる積載効率は、他のほとんどの年で60％前後であり、IT バブルが爆発した年に64％であったが、この頃は50％台半ばまで下落した。

有効トンキロ当たり営業費用は、1990年と比べ、2007年までに75％、2008年までに91％上昇した。フェデックスは2008年の項目別費用を公表していないので、項目別費用は2007年までしかわからない。この期間に下落した費用は販売広告費だけで、それは57％下落した。予想されるように、燃料費は、2008年の急激な上昇を除けば、均等な割合で上昇し、この17年間で有効トンキロ当たり127％増加した。運航機材の保険料はほぼ3倍上昇したが、全体に占める割合は小さいままである。運航乗務員の給与と手当は43％増加し、機材の保有費用は13％の増加にとどまった（これらはすべて有効トンキロ当たり）。全体の構図は、着実に増加しているイールドと、費用管理の実現である。イールドは強力な小売部門から利益を、費用管理は労働組合が組織されていないことから利益を得ている。

12.4　ネットワーク事業者の貨物子会社

第4章で貨物子会社を設立している貨客兼業事業者に注目した。最初に設立したのはルフトハンザ航空であり、その後設立された事業者は、戦略アライアンスのスターアライアンス加盟が多かった。2つの主要事業者である、ルフトハンザ航空とシンガポール航空を以下で分析する。小規模な事業者を分析しないが、それらの年間収入は、SASカーゴが2008年に5億20百万米ドル、LANカーゴ（ワンワールドのメンバー）が7億47百万米ドルであった。エアインディアやアエロフロートのような他の事業者は、最近、組織されたので、限られたデータしか利用できない。

12.4.1　ルフトハンザカーゴ

アジア路線が不景気に大きく影響されたけれども、2009年のルフトハンザカーゴの収入のほぼ半分は、アジア路線から得られた。内訳は、アジア路線が48％、アメリカ路線が32％、ヨーロッパ路線が11％、中東アフリカ路線が9％であった。

12.4 ネットワーク事業者の貨物子会社

DHL とのジョイントベンチャーであるアエロロジックの50％の株式を保有して、2009年半ばに営業を開始し、それまでその会社に行っていた機材チャーターを停止した。

市場が激しい下降状況にあったけれども、ルフトハンザカーゴが2009年までの4年間に収入を増加させたことを表12.6が示している。イールドはかなり安定していたが、燃料からの費用上昇分の多くを燃油サーチャージが吸収し、営業利益が増加した。従業員の生産性は改善したが、2008年後半から2009年の輸送量の減少により、生産性は大きく下落した。従業員の短時間労働への転換から利益が得られ、残業と外部委託が中止された。2009年の営業利益率は－8.4％、この年の輸送量は10.4％減、イールドは約30％減であった。

表12.7は、ルフトハンザカーゴの主な営業費用項目の内訳を示している。燃料価格は急激に下がった。燃料価格下落の一部は営業費の低下に影響を与えたが、その大きさはヘッジによる損失をどう配分するかに依存した。運航便数の削減によって、営業費に占める燃料費の割合も下落した。従業員数の削減と従業員1人当たり労働時間の削減によって、人件費も下落した。使用料は、空港、ATC、地上取扱サービスに支払われる額である。これらも運航便数に依存する。「チャーター」の費目の大半は、ルフトハンザ航空の旅客便の貨物スペースの支払に当てられ、残りは、貨物機のチャーターとウエットリースである。減価償却は、自社保有のMD11-Fに関連している。その数機は2009年に未稼働であったので、これらの費用に何の影響も与えていない。

表12.6 ルフトハンザカーゴの財務データと営業データ（2005年－2009年）

	2005年	2006年	2007年	2008年	2009年
有効トンキロ（百万）	n/a	11,973	12,236	12,584	11,681
貨物トンキロ（百万）	7,829	8,103	8,451	8,283	7,425
貨物トン数（千）	n/a	1,759	1,805	1,692	1,519
貨物収入（百万米ドル）	3,408	3,589	3,765	4,270	2,715
営業利益（百万米ドル）	134	103	187	241	－238
営業利益率（％）	4	3	5	6	－9
純利益（百万米ドル）	n/a	n/a	213	277	－229
貨物イールド（米セント）	43.5	44.3	44.5	51.6	36.6
積載効率（％）	n/a	67.7	69.1	65.8	63.6
従業員数（年平均）	4,768	4,671	4,607	4,568	4,619
従業員1人当たり有償トンキロ	1,642	1,735	1,834	1,813	1,607
平均輸送距離（km）	n/a	4,606	4,897	4,897	4,888

出所：Lufthansa Cargo ウエブサイト

表 12.7 ルフトハンザカーゴの営業費の内訳 (2008 年、2009 年)

	2008 年 (百万ユーロ)	%	2009 年 (百万ユーロ)	%
燃料費	573	21.9	365	17.0
人件費	327	12.5	311	14.5
使用料	291	11.1	238	11.1
チャーター料	923	35.3	820	38.2
減価償却	123	4.7	123	5.7
その他	380	14.5	289	13.5
計	2,617	100.0	2,146	100.0

出所:Lufthansa Cargo ウエブサイト

　残念なことに、収入の内訳、例えば、貨物機からの収入と旅客機からの収入は、得られない。それは、この会社が、グループ内の2つの部門間で価格設定を移転することにより、不況期をどう処理したかを説明するかもしれない。子会社が設立された当時、第11章で説明された方法に従って、貨物スペースを旅客で満席にするときの貨物積載量に対する完全配分費用よりいくぶん低い費用で、旅客会社から積載空間を買っていた。(全部で18機ある中の)4機のMD-11Fの運航を停止して、貨物専用機によるサービスを削減した。1日平均稼働率は14時間から11時間に低下した。

12.4.2　シンガポール航空カーゴ

　シンガポール航空は、2001年7月1日に、その貨物ビジネスと貨物部門を100％保有の子会社に移管した。Singapore Airlines Cargo Private Limited がこの会社の名称であり、貨物専用機の運航と旅客機の貨物スペースのマネジメントの責任をもっていた。貨物専用機は親会社からリースされた。その収入に旅客便で輸送される貨物からの収入を含み、貨物スペースの使用料を運航会社に支払った。その支払額は、2008-09会計年度に13億47百万シンガポールドルであり、売上高の45％を占めていた。同じ額が、旅客ビジネスの収入として計算された。積載効率は貨物便より高い傾向がある(表12.8参照)。

　ルフトハンザカーゴと違って、シンガポール航空カーゴは、個別会計を公表しておらず、子会社に関する情報を少ししか提供していない。2005年以降、供給能力と輸送量はかなり一定であり、この期間の前半、収入はやや増加した(表12.9参照)。この期間全体を通して、特に儲かっていたわけではなく、5年の中の3年は損失を出した。燃料価格が上昇した2008年に収益は大きく悪化

12.4 ネットワーク事業者の貨物子会社

表 12.8 シンガポール航空の貨客別および運航形態別の積載効率
（2008 年－2009 年）

	貨物専用機	貨客機 （旅客・貨物合計）	貨客機 （貨物のみ）	貨客機 （旅客のみ）
有効トンキロ（百万）	5,654	17,809	7,355	11,354
有償トンキロ（百万）	3,685	12,810	3,905	8,905
積載効率（％）	65.2	68.5	53.1	78.4

出所：Singapore Airlines Annual Report, 2008-2009

表 12.9 シンガポール航空カーゴの財務データと営業データ
（2005/2006 年－2009/2010 年）

	2005/2006 年	2006/2007 年	2007/2008 年	2008/2009 年	2009/2010 年
有効トンキロ（百万）	12,379	12,890	12,788	12,293	10,510
貨物トンキロ（百万）	7,871	7,995	7,959	7,299	6,659
貨物トン数（千）	1,249	1,285	1,308	1,220	1,122
貨物収入（百万米ドル）	1,953	2,111	2,261	2,064	1,640
営業利益（百万米ドル）	105	－21	90	－170	－104
営業利益率（％）	5	－1	4	－8	－6
純利益（百万米ドル）	81	20	79	－107	－106
貨物イールド（米セント）	24.8	26.4	28.4	28.3	24.6
従業員数（年平均）	987	1,086	1,096	1,073	937
従業員1人当たり有償トンキロ	7,975	7,362	7,262	6,802	7,107
平均輸送距離（km）	6,304	6,222	6,085	5,985	5,933

出所：ATI and airline annual reports

した。従業員の生産性の低下が数年間続いた後に、2009/10 年度に従業員数が削減された。

2007 年のシンガポール航空カーゴの損失は、その戦略の再評価を促した。その結果は、貨物専用便のスケジュールに大きな伸縮性を導入すること、閑散期の輸送量が、しばしば、繁忙期を約 20％下回る事実を考慮することであった。閑散期の貨物専用機の供給力を減らすことにより、シンガポール航空カーゴは、チャーター便の余剰能力（freed-up capacity）を使用できた。

この章では、航空貨物産業の貧弱な財務成果を説明する要素のいくつかを認定した。生産性と効率性は増加したが、その努力は、投入価格、特に燃料価格の突然の上昇、セキュリティ対策の新たな費用の発生によって無効にされてきた。独占禁止法違反の罰金は、彼らがその支払いに十分に耐えうる財務状況にないときに、打撃を与えた。一方、供給能力は、景気上昇期にあまりに速く拡

大し、不況期にゆっくりと縮小した。新規会社の参入障壁は高くない。最近の書籍、"Why Can't We Make Money in Aviation" は、政府保有の航空会社への非難と、金持ちの産業経営者への航空産業の注目に多くを費やしている(Pilarski, 2007)。彼らは、儲けることより楽しむことを目的とし、しばしば、他の事業で得たものを失った。この本の著者はまた、サウスウエスト航空のような成功物語があり、航空貨物でもカーゴルックスという同様の例があることを指摘している。これらは新規参入者の模範例であるが、航空貨物において、参入者のための余地は大きくないかもしれない。

第13章　航空貨物と環境

13.1　背　　景

　騒音および航空機体エンジンからの排出の両面において、航空分野が環境に与える影響について関心が高まっている。これまでの議論では、これらの外部費用を緩和するための基準と内部化の手法の2つが存在してきた。気候変動に関する「国際連合枠組条約（the United Nations Framework Convention on Climate Change：UNFCCC）」とその後の「京都議定書」採択以降、気候変動に対しては特に関心が集まっている。全世界レベルで行動をとる必要性は、例えば英国のスターン報告書のような最近の調査により、さらなる高まりをみせている[1]。航空輸送は、第1に現在のCO_2排出量が過多となっており、それが産業一般の型となっていること、第2にNO_Xとある一定の巡航高度で生じる飛行機雲が気候変動に影響を与え、それらが様々な効果（いわゆる"放射強制力効果"）をもたらすことからとりわけ関心が高まっている。

　汚染が発生する場所を厳密に推定するにあたっては、いささか困難が伴うが、空港周辺における大気の品質改善に対する関心も高まっている。NO_Xは大気に悪影響を及ぼす汚染物質であり、また、以下でもこれを削減することの効果に関する議論が展開される。

　空港付近における航空機の騒音被害は高性能のバイパスエンジンを搭載した機材が投入された結果、この30年もの間でかなりの程度削減された。例えば、ボーイング747-100が離陸した際に発生する騒音は85dB（A）で、その騒音量は5.15平方マイルにまで拡散していたが、ボーイング747-200では4.24平方マイル、ボーイング747-400ではわずか2.89平方マイルにまで低下している（すべて最大離陸重量での換算）。騒音に関わる問題は減ってきており、ボーイング747-400の騒音は、初期のボーイング747モデルの半分になった。ただ、大規模空港に近接する都市圏では、騒音に関する問題がまだ残っているので、まずはこれに関する議論を先に取り扱い、その後排出に関する議論について触れる。なお、土地利用計画は空港周辺の騒音被害に接近するためのアプ

---

[1] *Stern Review on the Economics of Climate Change.* Report to UK Treasury and Cabinet Office, October 2006.

ローチの1つであるが、これは注目されるほど成果を収めていない。

13.2　航空機体の騒音

13.2.1　航空機体に関する騒音の検証

この30年の間に、新型機に対する厳密な認証基準の設定やEU、あるいは米国における認証基準を満たさない機材の全面運航禁止などの方法、および地域ごとの騒音課金の賦課や夜間飛行禁止などの方法により、航空エンジンや航空機材からの騒音削減が実現した。

騒音認証基準はICAOを通して合意が結ばれ、国家レベルで行使されてきた。基準の内容は国際民間航空会議第3条の附属書16に記載されている。初期型のジェット機（例えば、ボーイング707とダグラスDC-8）についてはここでは触れられておらず、脱騒音基準（NNC）機体として取り扱われている。ボーイング707やダグラスDC-8のような1977年以前に開発されたジェット機に対する基準は第2条の附属書16に記載されており、そのなかの何機かは第3条附属書16の基準を満たすために、後にエンジンが改良されたか、あるいは防音装置が取り付けられた。以降、新型機材は第3条附属書16のなかで示されている基準が厳密に適用された。例えば、ボーイング737-300/400、ボーイング767、およびエアバス319はこの"第3条"機材の例である。その後、国際民間航空会議は2001年6月に第3条の基準をより強化した第4条を新たに採択した。この新たな基準は2006年1月初旬に発効し、以降すべての機材に適用された。第3条の機材は第4条による再認証が必要になった。その結果、2008年には、世界の航空機材のなかで第4条の基準を満たさない機材が20％以下にまで抑えられた。

以上のような基準は米国の連邦航空規制ステージ2（第2条）・ステージ3（第3条）によって広く認知されているように、国内法にも取り入れられている。騒音削減に対するアプローチは緩やかなものではあるが、いったん機材が更新されれば、冒頭で示した事例のような劇的な効果をもたらす。米国とEUは第2条機材の退役を加速させるため、米国では2000年初頭から、EUでは2002年4月から当該機材の飛行を禁止している。経済的インセンティブか運用手順のいずれかによって、地域レベルでのさらなる削減が期待され、それは航空会社にとってもコスト上効果的な形となり得る。これについては、次節で、欧州の人口密集地域に立地している空港に関わる様々な例をもとに議論する。

13.2.2 騒音排出規制

多くの欧州の空港で着陸時と離陸時の騒音排出に対する規制が適用されている。これらはすべて離着陸時の際の規制であり、両者ともほとんど場合は滑走路上での対応に関わるものである。しかし、ごくまれに最大許容騒音水準に対する規制が存在する。

騒音軽減アプローチの方法は、たいてい第1段階目の着陸アプローチ（5〜6°）の際の下降計量器の水準に対してのものであり、それは通常第2段階目のアプローチ（3°）と組み合わせて行使される。2つの区分からのアプローチをとる意味は、フラップの引き上げによって生じる騒音の高度を上回る高度で巡航を行うことで、滑走路入口から3〜5巡航マイル付近の騒音を軽減するところにある。この方法を用いることによって、米国では5巡航マイル当たり10EPNdB、3巡航マイル当たり6EPNdBの騒音が軽減された。それ以外の方法としては、フラップの引き下げと低巡航高度アプローチがあるが、これらは大幅な改善をもたらすとは考えにくい。このような段階的な下降をとる方法はまた、動力を弱めることによる騒音軽減をもたらし、それと同時に航空会社にとってはより経済的な運航が可能となる。その一方で、高い高度でのILSグライド・スロープ電波の受信は空港近辺のコミュニティに幾分かの安堵を与えるが、空港から若干離れたところに住んでいる人にはこの影響が生じるかもしれない。しかしながら、結局のところはわずかながらも純便益が生じる。

滑走路入口に近い位置で着陸ギアを下げる方法もいくらか騒音を軽減する効果がある。この方法はコストがかからないが、騒音被害の低下にはあまり効果がない。着陸時に逆噴射を利用することによって、ノーマル離陸モードでのエンジン稼働で生じる騒音より低い約10dBの騒音低下をもたらすが、これは突発的に生じる騒音なので、特に夜間などは近隣地域に騒音被害を及ぼす可能性がある。欧州の空港で夜間に逆噴射の利用禁止が一般的になっている理由はこのためであると考えられる。なお、ブレーキを維持することで航空会社にはコストの増加が生じる一方で、エンジン稼働を引き下げることで費用が低下し、結果として両者が相殺されるため、逆噴射は航空会社の費用にはほとんど影響を与えない。しかしながら、安全性の意味でとらえたとき、もし逆噴射と同時にブレーキが利用可能ならば、ブレーキを併せて使った方が逆噴射だけを利用するよりも安全性が高いかもしれない。ただ、緊急時にはアイドルの状態からエンジンを全開の状態にするという作業が決め手となるため、逆推進力として

の逆噴射だけでも、ブレーキ利用だけでも有効な選択肢とはならない。

いったん機体が安全な高度を目指す段階に入れば、その間の騒音は航行中の燃料節減によって軽減される。このような燃料の削減は、機体が人口密集地の上空に存在せず、最大推力による飛行が開始されるときまで実現する。このプロセスは結果として、騒音面でいくらかの削減をもたらし、また、滑走路入口に近い場所に住む住民から空港の遠隔地への住民、つまり機材の低高度飛行によって影響を受ける住民への騒音の再配分が行われるであろう。

上昇角度を深くすることによっても低騒音での離陸が可能である。しかし、高勾配・低速と低勾配・高速との間のトレード・オフが存在する。推進力は両者ともに同一である。前者では大きな騒音被害をもたらすが、その時間はわずかである。その一方で、後者は騒音こそ低いものの、それが長時間続く。これらの正確な影響は、騒音影響指標によって判別できるが、以上の事実は純粋に改善すべき点がさほど存在しないことを意味している。段階的下降は騒音を減らし、航空会社に対し費用の削減をもたらす：フェデックスはメンフィスのハブでこれを継続的に利用し、1フライト当たり2.5分の飛行時間短縮を実現し、2006～2009年の間には1億500万米ドルに相当する費用を削減した。ただ、混雑空港ではそうしたアプローチが許容されるような状況にはないかもしれない。

他方、欧州の多くの空港では人口密集地における騒音排出を最小化するため、機材排出騒音別のルート選択も利用されている。ここで、短距離／中距離機材は、貨物事業者が頻繁に利用するボーイング747のような重量の大きい長距離機材と比べはるかに調整が簡単で、ルート編成を容易に行える。なお、こうしたルート選択において生じる費用は、それがしばしば飛行距離の増加をもたらし、他方で距離の短縮をもたらすので、計測が難しい。

騒音別の滑走路選択は、人口密集地における騒音の影響を削減するもう1つの方法である。多くの空港が、人口密集地で生じる騒音被害を最小化するために、離陸、または着陸のいずれかに特化した滑走路を設けている。欧州における主な事例は、下記のとおりである。

- アムステルダム・スキポール空港（6本の滑走路のうち1本を離陸にのみ利用）
- フランクフルト・マイン空港（4本の滑走路のうち1本を離陸にのみ利用）

13.2 航空機体の騒音

・ロンドン・ヒースロー空港

ヒースロー空港では、連続する離陸・着陸双方の騒音被害を減らすため、2本の並行滑走路それぞれが離陸用、または着陸用として運用されている（モード別の分離運用）。モードは12時間おきに変更される。

これらの対策は、航空会社には直接、費用面でさほど影響をもたらさないが、ピーク時間帯の機材稼働数を有効的に減らすことができる。とはいえ、これらの空港のいくつかでは発着枠が設けられているため、これによって便数の拡大と運航頻度の増加が制限され、さらなる混雑をもたらす。空港におけるAPU利用の制限は燃料の節約をもたらし、これによって、フェデックスなどは5,500万ガロンの燃料を節減している。

13.2.3 騒音に対する罰則

騒音への罰則や罰金はいくつかの空港で課されているものの、それはたいてい機体が航行指示区域から外れた場合に課されるため、おそらく地域にはその区域から外れることによって騒音被害が生じてきた。罰則は日中および夜間別々の水準があり、それは規定された騒音パラメータを超過する機体に対しても課されてきた。

騒音への罰則は、空港が騒音被害の程度と機体および航空会社のレーダー・トラックを明確に結びつける際に必要な計測設備を持っている場合に適用される。いくつかの空港では24時間体制で騒音を監視しているが、ハンブルグ空港のように罰則が課されてこなかった空港もある。このほか、フランクフルトのような空港でも騒音の監視は行われており、違反した航空会社のリストが公開されているが、罰則は課されていない。それ以外の空港も罰則の付与を認めているが、それが実行に移されたことはない。

1990年以降、騒音監視システムはブリュッセル空港などで整備されてきた。それは21か所の騒音監視ターミナル（NMT）から編成されており、機体から排出される騒音を地上レベルに換算しそのデータを継続的に登録している。騒音メーターは中央のコンピューターに繋がれ、様々なNMTの騒音データを受信・処理している。また、このコンピューターは空港のベルゴコントロール航空管制センターに登録された飛行データの受信・処理も行っている。飛行データには、1機ごとの機体形式・運航ルートに関する情報が含まれている。

個々の飛行データと騒音データのリンクによって、通常（「基幹」）ルートから離れた機体、あるいは異常な騒音レベルにある機体の地図上への表示が可能になる。

13.2.4　騒音関係の課金

　いくつかの空港は、機材重量をベースとした着陸料と組み合わせる形で就航機材に対する騒音追徴金、あるいは、割引（インセンティブ）を設けている。これは一般的に通常の着陸料に追徴金を上乗せ、または、着陸料から割引といった形を取っており、あらかじめ着陸料として一括で組み込まれていることもある。追徴金と割引は、空港収入にはあまり関係なく設定されているが、たとえそれを考慮したとしても航空系収入の純粋な増加には全く結びつかない。しかしながら、いくつかの空港では、騒音被害の影響を受けている周辺地域の騒音対策制度に助成を行うため、追加的な収入が発生しているところもある。

　通常、空港は機体の音特性に従い課金目的ごとに対象を分類している。着陸料と夜間追徴金は差別化されており、基本着陸料について様々な要素が付け加えられている（13.1.4節参照）。

　ここでは空港が様々な環境プログラムを行使するため、必要な費用総額のなかに通常の着陸料や旅客の空港施設使用料を組み込んでいる可能性がある点に注意を払うべきである。これらの費用総額は騒音対策制度のためかもしれないし、ごみのリサイクル、環境影響報告書、計画調査のような指標が存在するためかもしれない。一般的にこれらはあまり重要ではないが、新設空港（例えば、ミュンヘン空港）や新規施設（マンチェスター空港第2滑走路）では過去に生じた実質環境関係費用として着陸料や旅客の空港施設使用料が明確に上乗せされている。

13.2.5　夜間飛行禁止と（もしくは）夜間飛行規制

　ユーロコントロール区域における貨物便の約半分は夜間に運航され、その大多数が長距離便（Leleu and Marsh, 2009）である。北米やインテグレーターの存在が大きい地域でも同じような運航形態である。このような形態の事業者は少数の貨物専用便によるフィーダー輸送が必要なため、しばしば夜間運航が好まれる。

　多くの空港では夜間飛行の禁止や夜間飛行に関する規制がいくつか存在す

る。これらには、全面飛行禁止、(19時以降の14時間を夜間として定義し)騒音レベルが高い機体のみ飛行禁止、滑走路の運用制限がある。英国では、ロンドンの空港とマンチェスター空港に夜間騒音規制制度がある。夜間飛行規制には次のようないくつかの方法がある。

・夜間騒音規制
・夜間運航に対する追徴金と割引
・夜間飛行禁止と機体稼働規制
・夜間滑走路利用許可
・利用制約の撤廃

夜間運航に対する追徴金と割引については13.1.2で触れたので、ここではそれを除く以上のすべてについて議論する。

英国は騒音規制を導入している数少ない唯一の国で、これはヒースロー、ガトウィック、スタンステッドのロンドン主要3空港のみで適用されている。これについては、表13.1と同じように機材ごとに区別する方法をとっている。そして、騒音規制は、BAe146のような超低音速機では、ゼロクラスのなかに含むべきとする議論が存在するが、夏季および冬季それぞれについて、航空機材の稼働量とその騒音レベル（機材稼働量と機体が排出する実質騒音レベル）に上限を設ける方式をとっている。機材稼働量と騒音排出量がゼロとなる機体はほとんどなく、夜間におけるジェット機の稼働もすべて総数にカウントされる。

現在のところ、機材の騒音と夜間発着枠配分制度は結びついていない。夜間

表13.1　ブリュッセル空港機材形式別割当数（QC）（2010年）

	出発便QC	到着便QC
A300B	9.9-11.1	4.7-7.6
A319	1.5-3.5	0.9-1.3
A330-300	7.9-12.3	1.9-2.9
B767-300	6.3-10.6	1.9-9.2
B747-200	43.2-70.8	7.9-18.2
B747-400	18.5-27.1	4.3-10.2
B777-200	6.5-11.7	2.5-3.5
MD-11	10.7-11.9	10.2-11.7

出所：Brussels Airport.

発着枠配分制度は空港管理会社により、管理空港にかかる EU 発着枠配分規制に従い運用されている。夜間騒音規制を適用するロンドン 3 空港はすべて発着枠の調整を行っている。夜間発着枠や夜間機体稼働に関する規制は、今のところ国内ルールのもとで、航空会社の年間利用発着枠総数を基本としている。このことは、おそらく空港にとってはほとんど必要でない短距離コミューター航空会社が多くの権限を持ち、その一方で、低頻度のチャーター航空会社はたとえ夜間稼働がかなりの重要度を占めるとしても、ごくわずかな権限しか持たないことを意味している。

欧州の多くの空港で夜間飛行禁止や夜間機体稼働の規制が敷かれている。最も一般的な方式は、2 章で述べた夜間飛行禁止、3 章でいくつか触れた、規定時間外の機体稼働の禁止、あるいは、全機材の全面着陸禁止である。騒音規制を適用する空港は、夏季と冬季それぞれについて一定の割当を行う。夜間時に機体稼働が発生した場合、機材形式別に割当量が異なる。例えば、ボーイング 747-400 の場合、着陸時は QC/2、離陸時には QC/4 に分類される一方で、それよりも大型のエアバス 380 の場合は、着陸時 QC/0.5、離陸時 QC/2 に区分されている。つまり、ボーイング 747 よりも騒音が低いエアバス 380 はボーイング 747 の評価の 4 分の 1 から 2 分の 1 の間の騒音規制が適用されており、それは航空会社に低音速機材を導入させるためのインセンティブとして機能している。割当量を完全に使い切ってしまった場合には、いくつかの制限付き追加割当に従い、追加的な稼働が許可される。実際のところ、空港は、シーズンを通し公平な利用が実現できるよう割当量を拡大している。

ブリュッセルは騒音規制を導入しているもう 1 つの空港で、騒音面、特に夜間については欧州の空港のなかでも最も厳格な規制を敷いている空港の 1 つである。2009 年 10 月から夜間（午後 11 時～午前 6 時）と早朝（午前 6～7 時）に認可される最大騒音割当量はそれぞれ 12 から 8、24 から 12 に減少し、騒音規制はさらに厳格になった。また、騒音規制は午前 7 時～午後 9 時、および、夜間午後 9～11 時の時間帯にも適用される。1 シーズンごとに夜間すべての機材稼働に関する騒音割当量が決定する。低音速機材の利用は就航可能なフライトの数を増やす。

表 13.1 は、ブリュッセル空港における機材形式別の割当量の範囲を示したものである。この幅は MTOW とエンジン形式によって決められており、貨物機材も含む。4 発エンジンワイドボディ機材は空港内の一つひとつの動作、特

に離陸時には多くの量を浪費する。その一方で、B777 はこれよりもずっと排出量が低く、いくつかの中距離専用機材と比較してもほぼ変わりない状態にある。

13.3　世界全体の CO_2 排出に対する昨今の航空輸送の対応

13.3.1　世界の CO_2 排出と燃料効率

　CO_2 排出を起因とした気候変動に航空分野が及ぼす影響について過去の推定値は、航空貨物輸送と一般の航空輸送を区別していない。しばしば頻繁に引用される IPCC のデータによれば、1992 年の時点において航空分野は全体の 2.4% に当たる CO_2 を排出していた[2]。ここで航空分野には軍用機による約 10% の排出も含まれている。

　現在は、直近の 2002 年の推定値が利用されているが、航空分野が全体の CO_2 排出量に与える影響は 2% で（実質約 2.3%）[3]、1992 年からほとんど変化していない。この調査では貨物専用機材についても推定が行われており、その排出量は民間航空全体の 7.6% に及ぶとしているが、その結果は 1ASK 当たりの燃費データを適用し、搭載量を利用可能座席キロ（ASK）に換算して試算している。直近のグローバル・データの発刊年が 2002 年であるため、現在の航空貨物産業ではこれより低い推定値が出されることになるであろう。

　他方、海運は世界の CO_2 排出量の約 4% に上るとの試算結果が発表されている[4]。さらに、過去 10 年以上もの間、世界の一般海上貨物の輸送量は、航空貨物の 5.1% と比べ[5]、年間 5.4% 増加している。図 13.1 は EU25 か国における産業分野別の CO_2 排出量を示したものである。2004 年における航空輸送の CO_2 排出量は、その 6 倍以上にのぼる陸上交通の 22%（8 億 5,900 万トン）と比較すれば、わずか 4%、1 億 3,900 万トンにすぎない。

　過去の調査では、世界の CO_2 排出量に占める航空輸送全体の排出量に焦点があてられてきたが、航空貨物に限った概算結果は出されてこなかった。これについては、以下の分析で解説する。表 13.2 によれば、トンキロ収入（RTK）は IATA や ICAO の報告よりも高くなっており、その増加分の数字は世界の

---

[2]　*Aviation and Global Atmosphere*, Inter-governmental Panel on Climate Change (IPCC), 1999.
[3]　AERO2k Global Aviation Emissions Inventories for 2002 and 2025, QinetiQ/04/0113, 2004.
[4]　John Vidal, Environment Editor, *Guardian*, 3 March 2007.
[5]　Boeing World Air Cargo Forecast 2006/2007, p.5.

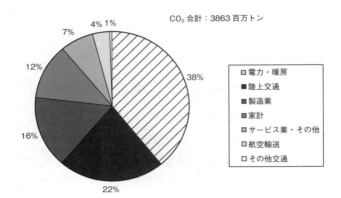

図 13.1　EU25 か国における分野別の CO_2 排出量（2004 年）

表 13.2　地域別貨物便の状況（2002 年、大手航空会社ベース）

	世　界	米　国	アジア	欧　州
貨物専用便全体の ATK*（m）	103,307	52,705	27,098	23,503
消費ガロン（000）	4,608,730	2,470,865	1,206,510	931,355
1 ガロン当たり ATK	22.4	21.3	22.5	25.2
平均ロードファクター（％）	72	60	71	72
1 ガロン当たり RTK*	16.2	12.8	16.0	18.3

注：＊ATK は利用可能トンキロ、または、利用可能搭載量をあらわし、RTK はトンキロ収入、もしくは、輸送貨物量をあらわす。
出所：DOT Form 41, AEA and ICAO.

貨物専用便全体の稼働数を意味するものである[6]。表 13.3 に示されるように、貨物専用便によって消費される燃料ガロンは、テラグラムに上っている。とはいえ、貨物専用便は世界全体の燃料消費量のわずか 6.4％しか消費しているにすぎない（そして、もちろん CO_2 排出量に与える影響もそれ相当のものである）。旅客と貨物を合計した RTK は民間航空全体の 18％に相当するが、その燃料消費量は全体のわずか 9％を占めるにすぎない。これはほとんどのジェット貨物機が長距離飛行で、平均的な燃料効率を上回っているからである。表 13.3 で引用されている QinetiQ の調査によれば、2002 年の 1 ペイロード・1 ト

---

[6] これら 3 つの主要地域以外におけるジェット機運航の貨物専用便は除外しているが、しばしばここには 1 回限りの便、もしくは季節チャーター便が存在し、それらはわずかながらも全体量の一部を占めている。また、燃料効率的なターボプロップ機による貨物便もこの対象から外れるが、これらのほとんどはインテグレーターによって、極めて低い稼働日数で運用されており、全体の燃料消費量に占める割合は 1～2％にすぎない。

13.3 世界全体のCO2排出に対する昨今の航空輸送の対応

表13.3 航空分野における世界全体の燃料消費量（2002年、輸送形態別）

	燃料消費量 (Tg)	比率 (%)	燃料消費量 (Tg)	比率 (%)
	シナリオA		シナリオB	
民間航空				
旅客便：旅客専用	113.0	64.4	139.5	79.5
旅客便：貨物混載	28.9	16.5	2.4	1.4
貨物専用便	14.1	8.0	14.1	8.0
軍用航空	19.5	11.1	19.5	11.1
総計	175.5	100.0	175.5	100.0

出所：QinetiQ/04/01113, 2004 and data from Table 1；A＝完全消費量；B＝累積消費量のみ。

ンキロ当たりの燃料消費量は全体で0.36であるとの試算が出されている。これは1ガロン当たり8.5RTKに等しく、主要3地域全体の貨物専用便平均を大幅に下回る数字である（表13.4参照）。米国の平均燃料効率は、（短距離／中距離）小型機材や、また既にその多くが退役した（例えばボーイング727-100Fなどの）旧式機材を使い分けている関係から、他の2地域よりもずっと低い。欧州で運用される貨物専用便は主にボーイング747とMD-11であり、トラック別にフィーダー路線に対しても運用される。

これまで航空貨物輸送に使用される燃料については、貨物専用便のみの概算が出されてきた。しかしながら、航空貨物の51％（貨物トンキロベース）は旅客便で輸送されており、これを積載量に換算すれば総旅客数、および貨物RTKの20.4％に上る。このRTK比率をベースに、旅客・貨物混載で消費する燃料を単純に計算すれば141.9Tgという計算結果になる。これは、24.5％（表13.3 シナリオA）という世界の航空分野の燃料消費量に占める航空貨物の比率と同様である。

もう1つ別のアプローチは、旅客便が旅客輸送市場で運用されている（そして機材とスケジュールは、この市場で選択されている）という事実をベースとしている。ここでのフライトの多くは、航空貨物を搭載せずに運航されている。したがって、貨物の影響は、それが追加で搭載され、それを輸送するために必要な追加燃料であらわされる。この場合に、貨客混載の典型的な機材であるボーイング747-400を利用したときの概算結果は、表13.3 シナリオBに示される通り9.4％の影響が示される。

表13.3では、2002年の世界のCO_2排出量に対する航空分野の影響は2.3％

表 13.4　ジェット貨物専用機材の燃料消費量（2002 年）*

	総ブロック時間	消費ガロン（千）	RTKs（m）	RTKs/ガロン
北　米				
B747-100/200F	180,461	644,338	8,267	12.8
B747-400F	26,667	77,474	1,590	20.5
B757F	111,158	122,528	1,596	13.0
B767F	101,937	161,727	2,300	14.2
MD-11F	163,750	403,674	7,085	17.6
A300F	109,550	175,301	2,104	12.0
A310F	63,242	98,708	908	9.2
DC-10F	179,420	400,585	5,084	12.7
B727-100F	43,230	43,647	207	4.7
B727-200F	159,720	220,901	1,151	5.2
DC-8-70F	56,934	92,748	879	9.5
DC-8-60F	29,234	29,234	369	12.6
北米合計／平均	1,225,303	2,470,865	31,540	12.8
欧　州				
B747-100/200F	140,947	546,315	8,829	16.2
B747-400F	64,456	206,045	4,449	21.6
MD-11F	68,292	173,929	3,655	21.0
B757F	6,236	5,066	82	16.1
欧州合計／平均	279,931	931,355	17,014	18.3
アジア				
B747-100/200F	164,482	605,709	9,050	14.9
B747-400F	130,441	551,913	9,239	16.7
MD-11F	18,918	48,888	1,074	22.0
アジア合計／平均	313,841	1,206,510	19,363	16.0
主要地域合計／平均	1,819,075	4,608,730	67,917	14.7

注：＊北米を中心に何機かのターボプロップ機が運用されており、例えば、フェデックスは 247 機のセスナ 208B 単発エンジン貨物専用機を運航している。しかし、1 日当たりの平均運行時間はわずか 1.3 時間で年間合計約 4,700 ガロンしか燃料を消費していない（世界全体ではわずか 1％の増加が生じるにすぎない）。
出所：US DOT Form 41, Association of European Airlines, IATA, ICAO.

としているが、そのなかで航空貨物部門が占める割合は 0.3〜0.6％の間である。放射強制力が気候変動に与える影響は、まだほとんど科学的に解明されていない。航空分野における放射収支の変化量は最新で Wm1.9 との概算が出されており[7]、航空貨物については 2002 年以降 0.6〜1.1％上回っている。

---

[7] IPCC（1999）の概算結果を更新した Sausen et al.（2005）による。

13.3.2 運航および規制制約

世界規模の CO_2 排出に対する現在の航空貨物における取り組みは、運航および規制制約の強化が中心である。空港における対応の遅れと ATC の設備不足によって、混雑、および空中・地上での待機による追加的な燃料消費が発生する。さらに、多くの路線で軍用区域やその他政治的な制約が原因で、技術的には可能であっても直接飛行できない状態にある。

規制制約はまた、航空会社による最も効率的な機体容量の設定および燃料の活用や排出の可能性など、それらの運航方式に影響を与える。世界の多くの地域で、航空輸送権はいまだ2国間の互恵的な合意を基本としており、3か国あるいは4か国の輸送権を組み合わせた航空貨物サービスは（海運も同様に）ほぼ不可能である。例えば、東側の輸送ルートをとる航空貨物輸送は西側のそれのほぼ2倍であると概算されている（第1章参照）。つまり、厳密な互恵ベースによる運航によって、20％近くの路線で実現可能な平均ロードファクターが制限されていることを意味する。もし、このような空白の直行便を埋める試みが本当に可能であれば、大幅なイールドの低下をもたらす。複数国間ベースの運航によって、世界一周便やオーストラリア経由トライアングル輸送等、ロードファクターや燃料効率の改善が生じる。

13.3.3 世界における将来の CO_2 排出シナリオ

将来にわたる世界全体の CO_2 排出に占める航空分野の占有率の予測は、たとえ短期間であっても困難な作業を伴う。航空分野の CO_2 排出に関する予測が数多くの団体によって行われてきたが、そのほとんどは年間約5％の輸送量の増加と年間1～2％の燃料効率改善を前提としている。

IPCC（1999）によれば、航空分野における CO_2 排出の比率は1992年の2.4％から2050年には10％まで増加するとしており、放射強制力の影響を考慮したケースでは4～17％にまで増大するものと予想されている。ごく最近になって、QintiQ は英国政府と IPCC 向けに航空分野における予測を実施した。ここでは、2030年に向けて技術的な改善が生じないケースから100ドルの炭素税を賦課したときのケースに至るまで、5つのケースが想定されている。推計結果によれば、燃料消費量は世界全体で年間2.5～4.3％の増加が見込まれている。

同時に世界の CO_2 排出に関しては様々な予測が実施されてきた。それらは

通常2002〜2020年までの排出量増加（ある報告書によれば[8]、年間1.4〜2.3％）を予測したもので、これによって生じるいくつかのシナリオに対応するためCO_2排出削減に対する取り組みを開始すべきとの提起がなされている。他方、もう1つ別のシナリオは、2020年以降CO_2排出量は引き続きに増加し、分母と分子両方に大幅な変動が生じるというものである。これは最終的に様々な帰結をもたらすため、特異な視点から賢明な仮説選択を行うことによって、航空分野に生じる影響は大きく異なる可能性がある。

ただ、一般的に税かキャップアンドトレード（例えば、欧州の排出権取引制度）かに関わらず、排出についてすべての汚染者による負担が必要な場合には、航空分野の負担割合は、今後の成長率の高さからみても現在より幾分の増加がみられるであろうし、他の産業に至っては限界収益点よりも低い費用で推移するであろう。

13.3.4　将来の燃料効率向上に向けた投資

輸送貨物のおよそ半数が長距離貨物専用便により空路で輸送されている。優先順位の高い貨物については、インテグレーターによって短距離貨物専用便で運航されているが、これらの運用頻度は高くない。これ以外の貨物は、旅客市場が選択され、旅客機のスケジュールに従い輸送しており、それらは機内に貨物スペースを設置する形をとって運航されている。

周知のように、長距離貨物便は極めて高い燃料効率を発揮しているといわれている。しかし、貨物専用便は客室乗務員、ケータリングおよび旅客関連の空港使用料が発生しない一方で、旅客便に比べて燃料費が嵩みがちになるともいわれている。例えば、2005年における貨物専業航空会社カーゴルックスの運航費に占める燃料費の割合は38％に上り、他方で、それと類似の平均区間長をなす旅客専業航空会社、ヴァージンアトランティックの割合は（同じ2005年で）わずか25％にすぎない。燃料価格の高騰は、非経済的な機材の退役を推し進め、航空会社の（例えば、連続下降アプローチ、直行ルートの設定など）安全で、燃料効率的な運航も同時に促進する動きを高めている。

航空会社は、まもなく旧式のDC-10やボーイング747-100/200シリーズから、より燃費が良いボーイング777やボーイング747-8貨物機に更新をすすめ

---

[8] IPCC Special Report of Working Group III, Emissions scenarios, 2000.

13.3 世界全体のCO2排出に対する昨今の航空輸送の対応　　　321

るであろう．バイオ燃料、新型エンジン、翼胴一体機材の活用から燃料効率とその他温室効果ガスの排出等の面でさらなる便益が期待される．この10年近くの間に，大手貨物専門航空会社の機材のほとんどが更新された．例えば，カーゴルックスは，フリート編成を1996年のボーイング747-400F2機、ボーイング747-200F5機から2006年にはボーイング747-400F14機に変更してきた．これによって1ガロン当たりATK換算で，年間約40％，1機材当たり3％の燃料効率向上を達成した．

　燃費効率化指標はいくつかの航空会社で導入されている．UPSは主要業績指標（KPI）の1つとして，100利用可能トンマイル当たりのガロン消費量を取り上げている．これは，1990～2008年の間に主にボーイング727トライスターやDC8の売却することで33％燃料消費量を削減するというものである．これによって，実質的に1990～2020年の間に38％，2008～2020年の間にもう7％削減するとしている．ただ，当社はもともと京都議定書のベースラインにあった1990年からの削減目標値は既に達成しており，新たな目標を設定する必要はない．とはいえ，もともと設定された目標値はわずかで年間1.6％削減にすぎないし，それらは当該輸送分野の成長率を大きく下回る水準で設定されている．その一方で，UPSはGECF6-80C2低燃費エンジン搭載ボーイング767貨物専用機のローンチカスタマーであり，多くのハブ空港のグラウンドで代替燃料車両の導入をすすめている．フェデックスは2005～2020年の間に航空輸送の燃費を20％向上させる計画を策定し，2030年までに航空機燃料の20％をバイオ燃料に移す目標を打ち出している．

　ルフトハンザカーゴの1FTK当たり平均燃費は1998年の237グラムから2009年には170グラムに減少し，全体で28％，年間3％減少している．2020年にはさらに25％の削減を目標とし，それまでに必要に応じて10％のバイオ燃料を利用するとの計画を立てている．ブリティッシュ・エアウエイズは，IATAの目標と同じ目標を打ち出しているが，2025年までに1旅客キロ当たり排出量換算で25％の削減を表明している．キャセイパシフィック航空とシンガポール航空はIATAの目標に従っている．

13.3.5　航空貨物ネットワークと産業の燃料効率

　十分な高頻度のサービスと大型機材をコスト有効的に提供する能力は，定期航空会社の事業に必要不可欠である．出発地／目的地市場の多くは，そうした

事業を行う上で十分な規模が確保されていない関係から、航空会社はハブ空港で様々な市場を結節させる。これは、それがなければ提供されない数多くの市場に一度にサービスを提供するものである。このことは旅客・貨物双方で現実的にみられる。つまり、航空会社は1つ、またはそれ以上のハブに集中し、航空ネットワークを提供する。

　旅客側についてみれば、ハブではしばしば小型機のフィーダーサービスが提供される。その他短距離・長距離便との利便性の高い結節が行われる。一方で、貨物ハブでは航空便よりはむしろ短距離の陸上トラックサービスで代替される傾向がある。これはトラック運行のユニットコストが航空と比べて低く、貨物では一般的に時間的な感覚が旅客よりも緩いことが理由にある。特に欧州では、航空会社による空港間のサービスが航空機ではなくトラックで実施されている。長距離旅客便と貨物専用便間相互の積み替えが多く行われている。世界の混雑空港における独占的な航空会社については1.4節で議論した。

　航空貨物は旅客輸送も担う"混合"キャリア、カーゴルックスのような貨物専門会社、およびフェデックス、UPS、TNT、ならびにDHLのようなインテグレーターによって輸送されている。後者は旅客のハブではなく、混雑が少ないハブ空港を選択する傾向がある。これもまた上空での旋回や長時間の機体タキシングによる環境面での影響を最小限に抑える。

　トラックによるハブへの連絡と航空による長距離輸送を通して、事業者は費用効率の最適化をはかっている。事業者は燃費効率が比較的高いボーイング747-400FやMD-11Fとそれよりもさらに燃費効率の高いトラックを併用し始めている[9]。フィーダーサービスで利用されるトラックは、長距離貨物機材の1ガロン当たり15-20RTK、短距離機材の10RTKと比べ、1ガロン当たり60-70RTKを生み出す。

13.4　環境税と課金

　国際的な環境税は、それ自体が航空サービス合意のもとで禁止されていることが多いため、導入は困難である。英国の空港で承認されている出発税のような税は排出量と無関係であるし、航空貨物にはその義務が課せられていない[10]。その一方で、空港は機材の稼働によって生じる騒音レベルや離着陸サイ

---

[9] 近年における燃料価格の高騰によって、多くのボーイング747-200Fや旧式貨物専用機の売却がすすんでいる。

クルにおいて生じる騒音をベースに課金、あるいは追徴金、割引を課している。

13.4.1 騒音課金

現在、多くの国、とりわけ西欧のような人口密度の高い地域では機材騒音に対する追徴金や割引が適用されている。空港は、機材の騒音区分に従い、最大離陸重量を基本とした着陸料に加え、一定の比率で追徴金や割引を賦課している。全体の着陸料は騒音区分によっていくらか変動するが、そのうち騒音に関する要素は分けて取り扱うことができない。例えば、ロンドン・ヒースロー空港では該当機材がチャプター4、チャプター3、チャプター2にあたる騒音を排出しているのか、そのいずれにも属さないのかによって、それぞれ別々の着陸料が課されている。機材別では最も該当する割合が高いチャプター3はQC1/0.5、698ポンド、それ以外では776ポンドの課金が課される。さらに、夜間にはそれぞれ1,746ポンド、1,940ポンドの課金が上乗せされる。ボーイング747-400F（QC/2）は、ボーイング747-8Fやボーイング777Fより高い272ポンドが課せられる。ブリュッセル空港とパリ・シャルルドゴール空港は基本着陸料に追徴金を課しており、ブリュッセル空港は最も騒音が大きい機材に対し基本着陸料の1.7％に上る追徴金を課している。欧州以外にも日本、台湾、オーストラリアの空港で追徴金が課されている。

追徴金の構造についても変化がみられる。騒音課金は空港収入には無関係（言い換えれば、純利益の増加をもたらさない）である。つまり、騒音が大きい機体に対する課金の増額は騒音が小さい機体の減額によって相殺される。チャプター2に属する機体の運用が落ち込んでいる場合、収入を維持するためには低騒音機への割引を減額する必要がある。いくつかの空港は騒音削減計画を実施しているが、そこではしばしば一般会計からの補填が存在する。アムステルダム・スキポール空港の状況はより複雑で、空港が騒音防止制度（空港が管理）の名目で追徴金を課し、そこで得た収入を政府に納める形をとっている。空港の制度そのものは収入に無関係である一方、政府の機材騒音税は無関係ではない。しかし、その税収の使途は空港騒音防止に対する投資にのみ限定されている。

---

[10] 2010年5月に成立した新連立政権は、貨物便にもまた稼働ベースの税を適用する意向を示した。

13.4.2 排出量課金

1995年にチューリッヒ空港をはじめとするスイスの空港は、事業に関する制約を設けずに、空港における騒音排出を安定させるため、最適技術の導入とその利用を促進・加速させることで、排出量削減のインセンティブを促進するという目的のもと、騒音排出量ベースでの課金を導入した。これは、スイスの空港以外の空港にも波及し、その一部は結果としてEU大気品質規制とその計画アプリケーションに反映されている。

エンジン排気量データバンクのなかにも含まれているが、ICAO資料9646-AN/943によれば、ターボファンエンジンから推進26.7kN以上という排出量が生み出されるというデータが得られている。ICAOデータバンクのなかに含まれていないエンジンのデータは、FAAの航空機体エンジン排出量データベースか航空機メーカーから得られる。

エンジン排気量は最も排気量が多いクラス1から最もそれが少ないクラス5へクラス別に分けられる。クラス5は追徴金が発生しないが、クラス1では40％の追徴金が生じる。これらは、基本着陸料に上乗せされる。着陸料収入への影響を全く無関係なものにするため、追徴金による収入を相殺する形で着陸料の減免が行われている。

その一方で、排出量課金は全く収入増加に関係ないものの、追徴金収入は大気汚染監視所、地上発電所、誘導路・機体進入／出発施設の追加配備など空港での様々な環境計画に利用されている。

ストックホルム空港をはじめとするスウェーデンの空港は、ICAO附属書16・第2号・公認排出量データに従い、着陸料に変動比率を上乗せする形で、エンジンからの排出に追徴金を課してきた。それらは、離着陸サイクル、実質タキシング時間の各段階におけるNO_x排出量に従って変動課金を課す制度に変更され、2010年には排出1kg当たり50スウェーデンクローネ（5ユーロ）が課金された。フランクフルト・マイン空港は最近になって、スウェーデンの空港よりも若干低い1kg当たり3ユーロの課金形態を採用し、ロンドン・ヒースロー空港もまたNO_x1kg当たり2.73ポンドの課金がされている。

13.5 排出権取引制度と航空貨物

13.5.1 欧州航空ETSの原則

ICAO航空審議会（CAEP）は京都議定書の採択後、ETSの導入可能性を含

め、航空分野における排出量削減基準の検討および評価を行った。その結果、燃料税の導入は不可能との結論に至り、グローバルな規模によらない(第三国の合意に従った)地域的な排出権取引イニシアティブを促進することとした。その間にEUは、2005年以降、これまでその他地上の汚染源排出に関わる産業に対し実施されてきたETSに航空分野を組み入れる取り組みをすすめていった。

最終的に2009年1月に航空分野に関する欧州指令が発令し、そこでは当該年度末までにETSを各加盟国の法制度に組み入れる旨が提案された(European Parliament and Council, 2009)。

- 温室効果ガスの配当取引に関する既存スキームに航空分野を組み込む
- 開始年度は2012年とする
- 欧州域内の空港を往来するすべての便を対象とする
- 小型機、軍用機、訓練および救援機などいくつかの例外を設ける
- 温室効果ガスはCO_2のみ対象範囲とする
- 2004、2005、2006年度の丸一年における実質平均排出量をもとに上限を設定する
- 上限は2012年度基準の97％とするが、2013～2020年度までは95％に設定する
- 排出量の配分は以下の基準を基本とする
- 最初に排出許容量の15％をオークションにかける
- (2010年度の時点で操業していない) 新規航空会社、有償トンキロ (RTK) が年間18％以上伸びている航空会社には自由排出枠の配当が行われる

オークションの方法や本提案以降のオークションの比率などいくつかの詳細は決定されていない。ベースラインとなる2004～2006年度の上限は2011年に発表され、航空会社に割り当てられる実質総量は2010年度のRTK比率の公表を待たなければならない。

欧州委員会による最初の提案 (2006年) とEU指令の発令以後、産業界から多くのロビー活動や調査が実施され、同時に欧州議会の役割もまた結果に強い影響を及ぼしている。後者は、100％上限というもともとの委員会提案が、2011年度からすべての域内便を対象に90％にまで減額されるという形で反映

された（もともとは欧州域内便だけに限定していなかった）。欧州議会緑の党は、100％のうち25％を議会の決済とするオークションを提案していた。ここではまず、2012年に上限を15％に設定し、2013～2020年度については、このスキームの対象となる他の産業での取り扱いを見極めてから提示することとした。現在の経済一般の情勢、特に航空産業をめぐる情勢をふまえれば、それが採用されていたとしてもオークションの比率はほとんど変化がみられなかったことは驚くべきことではない。

例えば、ブリティッシュ・エアウエイズの場合、2004～2006年度のCO_2排出量の85％に相当する約1,600万トンという上限は、1トン当たりのCO_2価格を40ユーロとすれば、5億4,400万ユーロの価値に換算される。乗客1人当たりに直せば平均16ユーロで、その多くは長距離便から生み出されるものである。こうした自由割当という制限的な方法によって、新規参入はいっそう妨げられるかもしれない。しかし、新規航空会社、および有償トンキロ（RTK）が年間18％以上伸びている航空会社に対しては、基金が創設される予定である。欧州指令によれば、許容割当量のうち3％については、航空会社1社当たり最大100万トンを上限に基金の採択が保障されるとしている。ただ、そのような急速な成長を遂げている航空会社は存在しないため、新規航空会社のすべて、あるいはそのほとんどは、ビジネスモデルや航行距離に従いながら、年間輸送人員200～500万人までの新規参入に認められているスタートアップ上限を利用することになる。

13.5.2 水準基票の設定

自由排出枠の割当は、適用免除と水準基票の設定という2つの異なるアプローチが存在する。前者は航空会社に年度ベースで一定の比率で排出量の割当を行い、他方、関連投資あるいは事業改善を通して既に排出量削減の取り組み段階に入っている航空会社を報おうとするものである。後者は燃料効率が平均値に満たない航空会社を処罰し、平均以上の効率を達成している航空会社を報うものである。"平均"は様々な方法で決定され得る。

容量メートルよりもむしろ輸送量を用いた水準基標は、既に燃費効率の良い機材を導入し、競争者よりも高い効率性を達成している航空会社を報いるという利点がある。このことは例えばローコストキャリアなど高いロードファクターを持つ航空会社の支持を得ている（Frontier Economics, 2006）。

13.5 排出権取引制度と航空貨物

水準基標は、いわゆる CO_2 1 トン当たり RTK をはじめ旅客・貨物事業双方の輸送量を重視し、これらの比率を勘案しながら、航空会社全体の CO_2 排出の上限を定め、それぞれ排出可能な CO_2 を配分するという効率基準指標の測定が含まれる。これが欧州航空ETSのアプローチである。

$$RTK_{total} = \sum_{i=1}^{n} RTK_i \tag{1}$$

$$E_{total} = \sum_{i=1}^{n} E_i \tag{2}$$

$$A_l = \frac{(E_{total})}{RTK_{total}} * RTK_i \tag{3}$$

n	参加航空会社数
RTK_{total}	対象年度(2010年度)における航空会社の合計RTK
RTK_i	2010年度における航空会社 i の合計RTK
E_{total}	2004〜2006年度を基準に各航空会社に配分される排出量
E_i	基準年の97%(初年度)、初年度以降95%(新規航空会社と急速な成長を遂げている航空会社は当該値以下の排出量が保障される)をベースに航空会社 i に配分される排出量
A_i	2012〜2020年の各年度に各航空会社に配分される排出量

第1に、この方法では高いロードファクターと長い区間長で運航する航空会社の負担がより少なくて済む。第2に、Sentence and Pulles(2005)は、この方法を取ることで、旅客は鉄道のような汚染の少ない交通機関を進んで選好するとしているが、鉄道と競合するような区間長が短い航空会社にはペナルティが与えられる。後者のような複雑な問題に対しては、別の水準基票を設定するアプローチが試みられているが、問題の複雑さは増す一方である(Morrell, 2007)。

図13.2は提案した方法で測定した水準基標と欧州航空ETSで利用している割当量の差を仮説的に例示したものである。提案した配分方法を用いた場合の平均燃料効率は、欧州非加盟国の往来を含め全体の区間長の長さに影響を受ける(ベースおよび参考としている年度の排出量は同一と仮定している)。該当機種で、1,000 km または 1,852 km 航行すれば、航空会社はそれ以上の平均区間長で航行した場合、または排出量を2.6トン以下に抑えた場合よりも多い

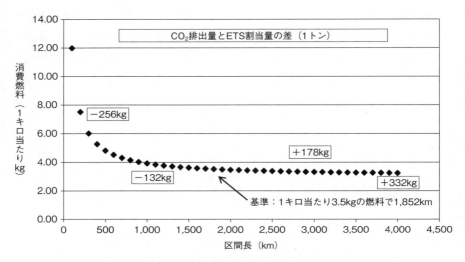

図13.2 ボーイング737-400で平均区間長1,850 Kmを仮定した場合に当該水準基標がもたらす影響

$CO_2$1.4トンの自由排出枠を得る。同じような関係は同サイズの新型機（ボーイング737-700）や同種のエアバス機（例えばエアバス320ファミリー）でも成立する。このような輸送密度を持つ路線に対しては、現在、燃料効率的な機材が充当されていないことを付け加えておく必要がある。

なお、ここで配分不足が生じた場合のロスを$CO_2$1トン当たり40ユーロで換算すれば、230 km航行する航空会社に生じる追加費用は1便当たり103ユーロ、または、旅客1人当たり1ユーロ以下である。

ATKよりもRTKを利用した配分はネットワークキャリアの影響を受けやすいローコストキャリアにとっては望ましいといえる。RTKメートルを用いた配分ではネットワークキャリアや低ロードファクターの航空会社よりもローコストキャリアの合計RTK比率が相対的に高くなるため、ローコストキャリアはこれを好意的にとらえるはずである。しかしながら、配分不足が生じた場合ローコストキャリアに必要な追加費用の割合は平均チケット価格よりも高い。さらに、ネットワーク航空会社では旅客に対してはほとんどそうした費用を課さないし、ローコストキャリア利用者のなかで価格や費用に敏感でない旅客は割合が少ない。ネットワークキャリアは、座席数の削減と低ロードファクターによる運航を通し、高いイールドを獲得できる（価格に敏感でない）旅客

の獲得を選択している。

　航空市場では、しばしば長距離路線を中心に様々な主力路線でサービスが提供されている。そのような市場では価格、タイミング、FFP の獲得などの面においてノンストップの運航ばかりではなく、ワンストップのサービスが好まれることもある。欧州における航空会社では、フィンエアのニューヨーク／デリー市場の例がある（Ihamäki, 2009）。

　ニューヨーク―ヘルシンキ―デリー（11,821 Km）フィンエアによる運航
　ニューヨーク―ドバイ―デリー（13,229 Km）エミレイツ航空による運航

　この市場でノンストップ便は運航されていない。フィンエアが運航する2つの区間では、CO_2 294トン（概算）が排出されているが、エミレイツ便では 326トンの CO_2 が排出されている。フィンエアは欧州航空 ETS に沿って割当分を申請しなければならないが、エミレイツ便の2区間は欧州航空 ETS の対象範囲外となる。CO_2 1トン当たり40ユーロの課金によって、フィンエアには 11,740ユーロ、1人当たり43ユーロの支払いが生じる。フィンエアはニューヨーク／デリー市場の区間長を効率的な燃費で飛行している点を付け加えておかなければならない。1キロ当たりの燃費は一般的に約 4,000～6,000 km の飛行まで減少し、その後、飛行距離の増加に従って上昇する（Peeters et al., 2005）。今日この範囲内で極めて高いロードファクターでの運航がしばしば主張される。ある計算結果によれば、長距離ノンストップ市場サービスにおいて、中間の離着陸が必要なサービスでは、総計で4％の燃費増加が生じると指摘されている（Green, 2002）[11]。このこと（+4％）から先に示した例では、CO_2 が13トン発生し、残りは全体的な飛行距離の増加（+1,408 Km）によって発生する。

　航空分野の欧州航空 ETS への組み入れと第三国への適用については、2009年度末に英国の法廷で航空輸送協会と米国籍航空会社3社で争われたが、航空会社はアメリカン航空、コンチネンタル航空、ユナイテッド航空をはじめそのどれもが大型貨物事業を取り扱っていない航空会社であった。英国政府は明確に反対の意思を示したが、欧州司法裁判所への上告は行われず、2010年5月にこれは発効された。ここでは、ICAO の規程に則らない公海を超えた第三国

---

[11] もし、長距離機材が最大航行継続距離 7,500 km でデザインされているのであれば、機体重量が軽量構造であることから、この増分が極めて大きなものとなる。

に対する排出権配当義務の賦課は、以下の取り決めに反するという点で違法であると言及された。

・シカゴ条約
・京都議定書
・欧州－米国航空自由化合意

　1つ目の論点は、シカゴ条約において規定された領土上空空域の排他的権限条項に関するものであった。また、欧州航空ETSは同条約15条、使用料および追徴金条項にも反すると指摘された。欧州委員会によれば、排出権配当はこの条項に反しないとしているが、航空自由化合意では、税の賦課による国際便の燃料費高騰を抑えるために同条項と同じような規定が設けられている。さらに、京都議定書では国際便の排出量を削減する上で、ICAOを通した合意スキームの整備が求められている[12]。とはいえ、米国は京都議定書に批准する意向を表明しておらず、また欧州は（全体として）シカゴ条約に批准する意思をみせていない。従って、このようなチャレンジが成功するとは到底考えられず、航空分野のETSについてはICAOによる包括的代替案の提案をはじめ急速な進展がもたらされない限り、先にすすめることは難しいであろう。

　混載サービスにおける旅客・貨物に対する排出権配当に関しては、ここではほとんど触れられてこなかった。旅客は現在、航空会社のウェブサイト予約において排出権配当を"相殺"する機会を与えられているが、航空貨物部門でこの面を全面に打ち出している航空会社は存在しない。おそらくエールフランス－KLMカーゴは、南アフリカを拠点とする生鮮物輸出専門代理店4社との間でCO_2削減合意を締結した最初の航空会社である。今年11～12月の船舶による果物輸送では、アビエーターエアフリート、グラインドロッドPCA、モルガンカーゴ、およびスカイサービスがCO_2の排出を最低50％削減することに合意した。この代理店4社はゴールドスタンダード免許を取得し、風力、水力、太陽エネルギー開発プロジェクトへの投資を予定している[13]。DHLは国際特急便（GOGREEN）の利用者向けにカーボンオフセット事業を自主的に導入した。

---

[12] Clyde & Co.
[13] *Air Cargo News*, 4 December 2009.

13.6　航空貨物とフードマイル

　いくつかの市場では生鮮果物や生花をはじめとする生鮮品の輸送量が急速に拡大している。例えば、2005年のラテンアメリカと北米間における生鮮品輸出の54％は航空輸送によって行われた。しかしながら、世界全体でみれば、全体のわずか9％を占めているにすぎず、この傾向は1998年から変化していない[14]。

　これらの品目は重率に大きな影響をもたらさないし、1kg当たりの航空輸送比率は高くなく、輸入国において同品目の生産が多い時期には、さらに影響が弱まる。また、それらの輸送は片肺運航に止まりがちでがある。このことから、これらの輸送は旅客機下のデッキで行われ、価格はしばしば限界費用に基づいて決定される。貨物専用機で輸送されることもあるが、それは特に復路便での輸送が十分に確保されている場合のみ実施される。

　近年の気候変動に関わる議論において、CO_2排出とフードマイルの関係に関わる議論が数多く取り上げられてきた。先に述べたように、生鮮品は航空輸送全体で10％以下に止まっており、食品はその一部にすぎない。英国の食料品輸出入において航空輸送が占める割合は、合計415億トンのうちのわずか1％で、この62％が国内または欧州加盟国間の輸送によっている[15]。

　生鮮品の多くは発展途上国から空路で輸入されており、ここではそれに従事するための多くの雇用や利益を生み出している。これは富裕国と貧困国の所得格差、例えば、2006年のケニアにおける1人当たり平均所得は540米ドルで、他方、英国は39,700米ドルという事実から説明がつけられる。貧困国の多くはアフリカに点在し、アフリカの地方から英国への生鮮果物・野菜の輸出（そのほとんどは航空便によって輸送されている）によって、100万人以上の人々が生計を立てている[16]。

　この成功例はケニアとペルーである。現在、ペルーにおける生鮮アスパラガスの航空便輸出量は年間64,000トンで、生花、生鮮果物・野菜については、

---

[14] 1998年のデータについては、1995年5月の *Air Cargo World* から、2005年のデータに関しては2006年8月の *American Shipper* からマージ・グロバルが計測している。
[15] 持続可能な発展へ向けた指標としてのフードマイルの有効性について、2005年7月に英国政府の DEFRA から報告書が発行された。
[16] 'Fair Miles ?The Concept of "Food Miles" through a Sustainable Development Lens', International Institute for Environment and Development, 2006.

ほぼ航空便で輸出されているケニアと欧州間の輸出総額の65％に相当する量が輸出されている。英国国際環境開発研究所は、もし、消費者がアフリカ全土から貨物便で輸送される生鮮品の輸入を拒否した場合でも、英国全体のCO_2排出量は0.1％以下の減少に止まると試算している[17]。

13.7 結　　論

　ここ30年もの間で航空機の騒音は大きく削減されたが、地域レベルでの問題は残されている。特に、貨物専業航空会社は、その輸送自体が夜間に集中し、人口密度の高い地域では飛行制限の影響を最も受けやすいという特徴を兼ね備えている。また、貨物専用機はしばしば旅客機から転用された旧式機材によることが多く、新型機よりも騒音が高くなる傾向がある。

　航空分野の排出量は、該当地域での大気の品質と気候変動双方と密接な関係を持つ。前者はNO_X排出量の削減に関心があてられ、後者では、NO_Xも大きな問題ではあるが、多くの関心はCO_2にあてられる。そこでは、エンジン騒音と燃料焼却の効率性、および燃料焼却またはCO_2とNO_X間のトレード・オフが存在する。航空分野におけるCO_2の排出が気候変動に与える効果を計測した従来の概算では、一般の航空輸送と航空貨物が区別されてこなかった。ごく最近の概算によれば、乗数値1.9という放射強制力を除いた最善の計測方法で推定した場合2.3％である。

　航空貨物の影響は、貨物専用機材による影響と貨客混載輸送による影響の2つに分けることができる。民間航空分野のRTKの18％は貨客混載便によって占められているが、貨物専用便の燃料使用量は民間航空全体の9％にすぎない。これは多くの貨物専業航空会社が平均的に燃費の高い長距離路線を運航しているからである。その結果、貨物専用便の燃費は全便平均よりもずっと高い（旅客・貨物全体平均1ガロン当たり8.5RPKに対し貨物専用では16.2RPK）。さらに、長距離ハブでは、一般的にトラックで荷物の集約・配送が行われるので、燃費はいっそう向上する。

　貨客混載便の運航に必要な燃料は、旅客と貨物各々の実質RPKをもとに便全体の燃料から両者をそれぞれ按分する方法と貨物の輸送によって生じる燃料の追加分を測定するという2つのシナリオが用いられている。これら2つのシ

---

[17] 'African Trade Fears Carbon Footprint Backlash', BBC News on-line, 21 February 2007.

13.7 結論

ナリオから航空貨物は 2002 年に世界の航空輸送で利用された燃料の 28.9 Tg・16.5％、あるいは、2.4 Tg・1.4％ を消費しているとの概算が示される。これは、世界における航空輸送全体の燃料使用量に占める航空貨物の比率が 9.4～24.5％ の間に上っていることと結びついている。

全世界における 2002 年の CO_2 排出量に占める航空分野の割合は 2.3％ で、そのうち航空貨物分野は 0.3～0.6％ の間に上ると計算されている。放射強制力が気候に与える影響は、まだかなりの程度科学的に不透明な部分が残されている。ごく最近の概算結果によれば、航空分野における乗数値は 1.9 で、航空貨物に関しては 2002 年以降 0.6～1.1％ 影響が拡大している。航空分野（ならびに航空貨物）が将来の全世界にわたる CO_2 排出に与える影響については、2つのあいまいな比率が示されている。特別な視点から、賢明な仮説、あるいはシナリオを選択することによって、航空分野に対しては極めて大きいインパクトをもたらすことが可能である。旧式の DC10 やボーイング 747-100/200 に代わりボーイング 777 やボーイング 747-8 のような燃費の高い貨物専用機への投資によって、高騰する燃料価格に対応できる。燃料は総運航費用の大半を占めるため、価格の高騰は旅客以上に貨物航空会社に影響を与える。

生鮮品は航空貨物のごく一部を占めるにすぎないが、搭載を拒否しても先進国の排出量には大きな影響をもたらさない。それは発展途上国の成長と雇用にダメージを与える。また、航空貨物産業は、時間に敏感な薬品および医療品の規則的な輸送に加え、緊急食料支援や医療支援をはじめ必要不可欠な緊急輸送手段としての役割を担っている。

第 14 章　航空貨物予測

　航空貨物産業は、大きなネットワークを持つ航空会社が貨物専用機サービスを中止しなくてはならない非常に悲観的な時期から、楽観的で大きな成長が見込まれる良い時期に傾いている。2009年は世界的なスランプの時期でほとんどすべての航空貨物市場が急激に落ち込み、多くの貨物専用機は地上に待機させられることが広く迫られた。しかしながら、2010年までには市場は立ち直り、IATA は健全な将来を予測した。

　「予測は数字であり、データで裏付けされると昔からいわれているが、予測はどちらも当てはまらない」と格言にある。もしどちらか一つがなんらかの役割を果たすとすれば、データが将来の事象に当てはまることになるだろう。将来がまだ良くなるだろうと見込んでいる産業にとって、これらの長期的な予測は必要であり、投資計画を進めるためにも重要な要素となる短期間の予測については、この章の後半で検証することにしよう。

　なぜ航空会社、空港、ATC サービス会社、規制当局、政府等は、将来の予測に多くのことを見込み、期待しているのか、多くの理由がある。それには以下のようなことが含まれている。

- ・会社の優先順位や何に努力を向けるべきかの優劣の計画
- ・市場の潜在性の追求
- ・機材、人材、資本、施設、技術に関する会社のリソースの計画
- ・予算、コスト配分や収入確保の基本ベースの提供
- ・社内での活動等に関する管理監視
- ・収支や生産性管理
- ・事業環境の決定や影響把握
- ・緊急時の代替計画の策定

　短期間予測は上記の必要性に合致するが、長期予測は長期間サービスを提供するような施設の計画に活用される。またときに長いリードタイムが生じる場合にも必要とされる。

　航空会社によって、予測は輸送貨物量や空港での貨物取扱量を見込む際に活用される。また、予測はフォワーダーやハンドリング会社、投資家、財務関係

者、コンサルタント、IT関係者にも必要とされる。エアバスやボーイングが長期予測を発表してそれらのニーズに応えている。その他IATAやICAOの予測は短期のものとして活用される。しかしながら、ほとんどは（自社）独自の予測を実施し、あるいはコンサルタントに市場分析を依頼している。

マクロ的な経済の枠組みはあらゆる産業活動に影響を及ぼす。航空会社にとって、外国貿易、為替価格そして燃油価格はその中で明白に大きな重要な要因である。将来の航空貨物の発展に対して大きな影響を及ぼす、主な変動要因としては以下のような項目がある。

・国際間の取引（貿易）
・GDP
・為替価格、特に米国ドルとその他の主な通貨
・金利
・燃油価格
・銀行取引、信用
・会社の収益性
・グローバル化の進捗
・製造業のアウトソーシング、海外シフト

これらのいくつかの項目は、過去の事象を振り返る際、統計的な技術に応じて求められた将来予測モデルを説明するための変動要因として頻繁に使用されている。2008年の金融危機は、世界経済の需要に大きな刺激をもたらす結果となった。しかしその流動性はしばらくしてから干上がって消えてしまったと記憶すべきである。そしてその後、基盤が弱い運航会社は金融機関からの借入れが非常に難しくなった。これは深く長い低迷からの回復から遠ざかることとなり、いくつかの国ではインフレの危機をもたらすこととなった。

マクロ経済的要因は生産性や航空貨物産業自身への投資に深く関係している。またそれは旅客事業の健全性にも起因することとなる。

例えば以下の様な項目が関係する。

・規程、規則
・生産性の向上
・航空機の燃料効率

- 配送
- 産業の集中
- 事業環境への制約、税金や料金

これは主たる課題として次の項で述べたいと思う。これらの主な要因がどのように変化するかに目をむけることで産業の将来像の予測がみえてくると考えられるからだ。

14.1 航空貨物予測の手法

航空会社や空港、その他の機関が発表している具体的な航空貨物予測を詳しく検証する前に、予測にはいくつかの手法があることを確認しておくことは意味があると思う。これらの手法は貨物や旅客の航空会社や空港が採用できるものであるが、元々は航空貨物に焦点を当てたものである。予測は航空貨物のいくつかの過去実績を束ね、それに基づく情報を分析することから実施され、それらの情報を元に将来の動向を予想する。通常、航空会社は5年から10年の期間で、空港は30年から40年の期間で予測を展開することが多いようだ。空港は、その予測を基に長期のインフラ投資計画を立てるため、長期間の予測が必要となる。航空会社では航空機等資産はより短い期間でリースすることができて、市場動向を汲み取りながら柔軟に変更ができるので、短い期間での予想でこと足りる。ここで需要予測について述べるが、それには収支や他の予測についても求められる。

しかしながら、収支等の予測は、供給量や投資、財務計画に大きく影響を受ける貨物需要を基に行われるのが一般的である。貨物の需要は主に2つの手法で予測される。1つは重量のトンに基づく数字、もう1つは距離と重量を掛け合わせたトンキロに基づく数字である。空港は主に重量ベースの予測により関心があり、航空会社は距離と重量を掛け合わせた数字に関心がある。インテグレーターといわれる航空会社は、加えて、貨物の個数により関心があるだろう。なぜならば、それらの会社の貨物仕分け場は貨物の個数によって決められるからだ。

ICAOの予測マニュアルではいくつかの予測手法の幾分の詳細について記述している[1]。

最も新しい発刊は25年前であるが、いまでも十分に適用できる内容である。

14.1 航空貨物予測の手法

予測の手法については以下3つのグループに分けている。

・傾向値予測
・計量経済的な手法
・市場および産業調査

　また、詳細の分析から、総重量を試算するようなボトムアップの手法についても触れられている。その例としては、それぞれの路線を基に弾き出して空港の需要予測を出したり、それらを積み上げて年間の取り扱いを算定したりしている。一方、トップダウンの手法で予測や総重量を集計するものとしては、計量経済的な手法を基に、まず見込み値を算定して、それらの数値を輸送種別ごと（例として、国内輸送、国際輸送、定期便やチャーター事業）やおそらく路線にあてはめていく。両方の手法で予測をして相互に確かめ合うことが多いようだ。

14.1.1　傾向値予測

　傾向分析の手法は時間値が使われ、過去実績に基づいて、年間や月次ベースであてはまる傾向値を見つけ出すことが試みられている。この傾向値を引き出すことで、過去の実績値に基づく最もよく似ている均等値によって将来の傾向を予測する。統計に基づく手法もまた使われる。より複雑な指数を平準化した単純な平均値を並べていくことで傾向を見つけていく。この方法は需要の傾向の原因を探るにはあまり相応しくなく、これらは5年程度以上将来の、需要の傾向をみることには向いていない。その点を除いて、この手法は過去の傾向が将来にも繋がっていくと仮定すれば有効である。過去、1970年から1980年にかけては急激に供給が増加し、その後1990年に入って落ち着いてきたが、平均的な運航便の供給にはあてはまらない例である。欧州において、過去20年間に、低運賃のローコストキャリアが急速に伸びたが、それらの時期も同様に予測があてはまらないだろう。

　典型的な時系列で傾向を追いかけるものとしては

・平均的な年間成長率
・年間移動平均率

---

[1]　ICAO Doc 8991-AT/722/2, Second Edition 1985.

- 指数の平準化
- 単純な直線的な比例傾向
- 移動平均傾向値

等が挙げられる。

これらの手法の主な問題は過去の傾向の原因がよく掴めないことである。

14.1.2 計量経済的な方法

この手法は、航空輸送のいくつかの段階への影響や説明を加えるための、主な要因を理解するためのものである。そのため、様々な方法で検討していくが、傾向値分析のいくつかある問題で、統計的な予想のなかで目立ったものの1つを解決することを探求していく。

その方法には主に6つの過程がある。〈訳者：5つしかない〉

1. 解釈できる要因や変動要因を選択する
2. 過去の輸送や解釈できる変動要因を収集する
3. モデルを特定する
4. 解釈できる変動要因を予測する
5. 典型的な適合するパラメーター（媒介変数）や4.のモデルを使って航空輸送を予測する。

いくつかの要素はこの章の冒頭にて触れたが、航空貨物の需要予測のためのモデルとなる形は以下のようなものであろう。

- 国民総生産（GDP）を（価値と成長率）経済活動を示すものとみなす
- 海外との貿易量と貿易額の総計あるいは成長率
- 貨物運賃（現在および安定的な価格）
- 外貨為替
- サービスの質
- 地上輸送の競合度合

その他の手法としては、方面別に輸送の流れをより正確に出して輸送量の展開を予測するものである。エクスプレス貨物、特別なハンドリングを要する貨

14.1 航空貨物予測の手法

物、通常のハンドリングの貨物はそれぞれ別に予測される。国際的な取引はその国の輸出を後押しする結果となり、相手国の消費を引き出すことに繋がる。そのため、双方の国の国民総生産がこのモデルに含まれる。また、それぞれの国の成長率を測定することにも繋がる。価値は現行の価格とそれぞれの年の価格も表すことができる。また、現在の足下の価格や、安定的な価格も表す。その場合は、現在の価格がある一定の価格指標で水準化されている場合である。

ときに、大きな政変、戦争、テロ行為あるいは疫病などのために、今までならうまく予測に繋がった数値が、実績との乖離を生む結果となって過去の実績から大きく外れることがある。このようなケースでは、ダミーの変数を使って、より実質的な予測を導くことになる。これらの変数は適用の出し入れを可能としておいて、大きな変動が起こった年とそれ以外の何もない通常の年との価値を共に取り入れられるようにする。明らかにそれらは予測不可能な事象なので、そのダミーの変数は通常、将来の予測からは外せるようにしておく。しかし、悲観的なシナリオを導き出すつもりの場合は、それらの変数を取り込んで将来の輸送へのインパクトを弾き出すこともできる。

典型的な方程式は、一次方程式のこともそれ以外の方程式のこともある。それは、例えば指数である。統計的な予測は方程式を使って後退を見込み、そのためそれ以外の方程式は解釈可能な対数や該当する変数を考慮した方程式の形に変形させる必要がある。航空貨物については、モデルとなる方程式は変形が必要ない方程式の形で表すことができる。

$$T = a + bX_1 + cX_2 \quad 方程式1$$

解説：T はトンキロ単位の航空貨物輸送量
X_1 は GDP
X_2 は貨物の料金

一方、過去の数値から読み取れるカーブや、あるいは指数が大数の傾向値を示すところには、非直線方程式が変数に適用される。

$$Ln(T) = a + b^* \ln(X_1) + c^* \ln(X_2) \quad 方程式2$$

直線に戻すにはａｂｃのそれぞれのパラメーター（媒介変数）の見込みから2の方程式を適用することでできる。対数の形態はｂとｃのパラメーターと同

一のものを順応性のあるものに作り変える優位点がある。例えば、方程式2のCは運賃あるいは価格と同一とみなせる。統計的なテストは、将来の輸送の価値を予測するためのモデル方程式を利用する十分な確信を与えるものとしてここでは仮定される。これらのテストは、数多くの統計に関する書籍で紹介されている。取り上げられる1つの問題としては、解釈できる変数のいくつかはそれぞれかなり高い比率で相関関係がみなされることである。方程式は予測値として使われているが、相関性は時間を経ても変化しないことが基本となっている。しかしながら、それぞれの解釈できる変数を係数として、ある程度の確信をもって使用することはできない（長いモデルに順応できない）。もしこの仮定が確立できないと、この手法は共線性を取り除くことに適用できる。例えばある変数をカバーすること、いくつかの解釈できる変数の価値を予測するための別のモデルとして使うといったことである。これらはもっと時間を要し、さらに解釈できる変数の予測が求められる。これらはこのアプローチの仕方の問題点の1つを照らし出している。その結果解釈できる変数の予測は単に予測に過ぎず、これらのいくつかは簡単に予測はできないということになる。

　予測に経済的なモデルを利用することは、GDP、価格他解釈できる変数と単独の変数との理由が明確な関係を理解するためにそれらを利用するよりは、多くの主だった輸送を測定する方法において容易である。これらはどちらも統計的な問題と偽りの相関関係における不確実性によるものである。別の言い方をすれば解釈できる変数による輸送量の変化には相関関係があるかそれとも別の循環なのか？　これは後退する方程式から順応性のあるものを引き出すのは危険であるということである。また、このやり方が直観的に大かれ少なかれ貨物輸送に関わると考えられたとしても、解釈できる変数としてのイールドや貨物料金を含む正しい後退モデルを統計的に確認することは一般的でない。

14.1.3　マーケットとその他の調査

　航空で輸送される品目タイプおよび単位重量当たりの価値を調査することで、航空で輸送される総輸送量の比率を予測するができる。従って、調査は総輸送量の予測と産業ごとの輸出を合わせて利用することができる。ICAOの予測マニュアルは、北大西洋路線における航空貨物の将来需要についての研究について述べている。この研究では、重量比に対する価格価値ごとにそれぞれの品目グループの比率を分析している。予測を判断する上で役に立つその他の調

査としては、特に路線ごとに、貨物の荷主とフォワーダーの見解によるものがある。

その他の調査に、タイプとしてはデルフィアプローチというものがある。これは基本的に産業別に専門家を選び、その人達に特別な予測や見通しそれに関わる仮定を聞くために質問を投げかけて確認するものだ。同じグループの別の専門家に同じような見解を確認するため、それらの答えを集計したものに対して再度検証を促すことを依頼する。最終的に大枠の同意を達するまでこれの行為を繰り返し、内容を精錬させていくやり方である。

14.2 航空会社予測

航空貨物航空会社は予算やキャッシュフロー予測を実施するためには短期間の予測を、また航空機や施設への投資のためには中長期計画を策定する必要がある。第10章では収入管理のために予測が必要とされていると述べて、それらはかなり詳細なものであった。機材計画のための長期予測はそこまで詳細なものではない。それらは供給、必要な航空機、イールド、収入予測に基づく貨物量に基づく貨物予測によるものである。

航空機は将来見込む利益、予測できる投資案より回収されるキャッシュを決定づける。ブリティッシュ・エアウエイズやルフトハンザ航空は彼らの独自の貨物ターミナルを建設している。彼らはそれら建物に対する投資価値を予測する必要もある。しかしそれらの内容については次の章で触れる。

航空貨物量の予測は旅客便、貨物便双方に振り分けられなくてはならない。それらは旅客機の投資判断にも重要な要素となる。特に長距離路線において重要である。旅客便のロワーデッキの容量は / および重量の制限における最大搭載重量の制約は、相応のコストを差し引いた潜在的収入を減らすことになる。航空会社産業の中期的予測の1つはIATAから出されるものがある。例えば2009年から2013年の5年間について発刊されている。

最初にまとめがあり、次の章で旅客、最後の章で貨物について述べられている。2008年の貨物量と5年間の輸入および輸出量の予測は、720の輻輳しない国別の組合わせが示されており、（方面ごとに1,402国別の組合わせ）6大陸ごと、17か所の地域、513の国から地域へ集計された価格価値の予測が含まれている。それらの予測は、会員航空会社から提供される予測を取りまとめたものである。

AEA という航空会社協会では、1992年から1997年の、欧州における主な輸送路線に関する航空貨物輸送量予測をまとめるために、会員航空会社に協力を求めた。それらは今ではとても古くさいものとなったが、過去に使われていた典型的な計量経済学の手法を表している。方法は主要10か国を1つにまとめ、それぞれの地域から国への発／着の流れを予想して組み合わせるものである。国ごとのレベルで、航空貨物の実際の発着地ベースでデータを取ることは難しいからであった。モデルでは、それぞれの航空貨物輸送の流れは発着する12の重要な輸送パートナー国からとした。それらの国はオーストラリア、ブラジル、カナダ、香港、インド、象牙海岸、日本、サウジアラビア、シンガポール、南アフリカ、韓国、米国である。それぞれ独立した変数は各方面別の総輸送重量である。2方面を除くすべての流れの中で説明が必要な、あるいは独立していない変数は輸入国のGDPで、日本から欧州については代わりにPCE（Private Conssumption Expediture）を利用した。輸入国のPCEは欧州から香港間で換算レートと共に利用された。そして5ルートにおいてもGDPと共に換算レートは使われた。国別の組合せの中で5年間の最高の成長率をみると、欧州と韓国（17.2％）、インド（12.4％）、香港（12％）、シンガポール（10.5％）となっている。予測に関しては、予測している人が本当のビジネス環境を理解しているか、正しくいくつかの予測できない変数を予測しているかによって本当に難しい局面があると結論づけている。

14.3　空港予測

　空港は貨物ターミナル用地や航空機が着陸、空港内自走移動、駐機、離陸するための必要なインフラを提供している。後述のインフラは貨物機にも旅客機にも必要なものだが、ロンドンのヒースロー空港のように大空港では貨物機はそれほど大きな数にはならない。
　一方空港自体は貨物ターミナルを自ら建てたり運営したりはしないが（第8章参照）、航空貨物の将来的な流れを確立するために、貨物ターミナルの建設や、航空や地上側の関係施設を作るのに十分な敷地があることがわかるようにする必要がある。予測は貨物ターミナルを建設したり運営するための、許可契約の基本となる情報を提供するためにも必要となる。
　空港において新しいターミナルを建てるために必要な許可を得るための過程には何年もかかる国がある。これは、良好な長期予測の必要性を強調してい

14.3 空港予測

る。ロンドン・ヒースロー空港の第 5 ターミナルの計画においても示されていたように、貨物の施設取扱量は新しい旅客ターミナルを建設するに上でも重要な要素である。BAA が協力した予測では元々は 1993 年に準備が始まったが、とても長い計画の要望に引きずられて、最終的に承認され完成したのは 2007 年であった。

表 14.1 でも示されているが、BAA の航空貨物量予測は新しいターミナル分を含むものと含まないものの両方がある。ほぼすべての空港の貨物は旅客機によって運ばれてくるものに影響される。そして、その多くがブリティッシュ・エアウエイズである。

新しいターミナルで取り扱われる貨物量に連動する。その結果、新しいターミナルでの取扱いを合わせた貨物量の推移は、今までの非常に混雑したターミナルでの伸びは 2.8%だったのに対し 23 年間で 3.3%の伸びを予測していた。

特に重要なのは、ブリティッシュ・エアウエイズ便の間の経由貨物量で、既に建っているターミナル 1 と 4 の間を滑走路の下のトンネルを使って移動する貨物量が 1 つのターミナル内の取扱いよりも多い。上記の評価をみると 2005 年に新しいターミナルを運営することを BAA は予想していたが、実際は 2008 年になった（その結果予測量と実取量の数字は 2008 年に近づいた）。BAA は航空貨物輸送（CATMs）を予想しており、それらの予測では貨物量は 1 年当たり実際に 6,000 トンから 5,000 トンに減るとしている。なぜなら特にブリティッシュ・エアウエイズは航空貨物の輸送キャパシティを旅客機に移しているからだ。

空港会社は収入予測を算出するために毎年航空貨物輸送の予測を必要としており、その予測は利益を算出するための費用予測および NPV（現在の実価値）の予測を混合したものである。しかしながら、短期間の予測は滑走路および

表 14.1　BAA ターミナル 5 を含む／除く貨物取扱量予測

	予　測		実　績
x 1,000 トン	T5 除く	T5 含む	traffic
1993 年	847	847	847
2000 年	1,150	1,150	1,307
2005 年	1,340	1,400	1,389
2008 年	1,434	1,516	1,483
2016 年	1,600	1,800	
1993-2016 年の平均（％）	2.8	3.3	

出所：BAA, 1993.

ターミナルの容量との比較が必須であり、追加のオンラインのインフラを追加することを決定するためにも必要である。これは同様に資本費の追加のタイミングを明示するものであり、運営費用の予測を出す基礎になる。

　期間は評価する施設によって異なり、選択される。旅客ターミナルの計画においては旅客が特定のレベルでのターミナルにおける取扱いを確認するため、繁忙時間帯での測定が必要となる。貨物ターミナルは、一方、繁忙週の1日当たりの平均取扱いトン数で十分である。これは貨物は、旅客のように一様にターミナルを流れるものではなく、取り扱う過程において、様々な場面で貨物が停留することがあるからだ。過去の事例による貨物動向の例は1.5節で紹介されている。それらの情報は予測のベースを供するものであるが、しかしながら輸送の混合によって変化が生じることもある。理想的には輸入、輸出、経由貨物に対し、別々のターミナルのエリアにおいて取り扱うに十分なエリア容量を予測して、評価されることが必要である。

14.4　航空管制による予測

　US連邦航空当局は旅客、貨物および航空機の動向に関する予測を、タワーとその航路におけるATC施設の計画を目的に発行している。これらは単にGDPを基にした計量経済学をモデルとした予測方法である。過去の歴史にさかのぼると、航空貨物の動向は色濃くGDPに連動しているという見解からである。その他に航空貨物の成長に影響を及ぼす要因としては世界的な経済危機、実運賃の下落、グローバル化の進展が挙げられる。また、他の予測に影響を与える変化も洞察している。それはFAA TSAによる航空貨物保安規則、国内宅配便市場の成熟性、その他の輸送への航空貨物からの輸送モードのシフト（特にトラック）、航空貨物に対する燃油サーチャージの増加、オープンスカイ政策の拡大による国際物流の増加、米国郵便サービスによるインテグレーターを利用した郵便輸送、EMAILのような郵便代替手段に利用等がその例である。

　RTM（Revenue Tonne miles）での航空貨物の予測は、貨物産業によるいくつかの仮定が基本となっている。まず、航空貨物への保安要件は今後も引き続き求められる。第2に航空からトラックへの輸送手段の変化が生じてくる、そして最後に長期的には貨物の動向は経済の発展と色濃く関わりあっている。RTMベースの国内の貨物の予測はUS GDPが主たる起動となって発展してき

14.4 航空管制による予測

表 14.2 FAA 航空貨物予測（トンマイル）

	2009/2008 年	2010/2009 年	2011/2010 年	2010-2030 年
国内	− 17.7	1.3	2.0	2.2
国際	− 23.0	4.7	6.6	6.4
合計	− 21.0	3.4	5.9	5.1

出所：FAA, 2010.

た。RTM ベースの国際貨物予測は世界の GDP の成長が基本となっており、インフレによって修正される。旅客便と貨物専用便との予測はシェアによる歴史的な傾向分析と、産業構造の変革と市場の仮定を基に予測されている。

表 14.2 にまとめた FAA の予測は 2010 年に発行された。これらの予測によると国際、国内の物量は 2009 年に厳しい落ち込みとなった。しかしその後 2010 年の前半急激に回復した。また、米国の貨物専用機は 854 機から 2009 年に 1,531 機に、また毎年 2.3％ 伸びている。

欧州では、欧州管制が短期、中期、長期の航空交通の予測を航空輸送に関わるスペースや施設を計画するために発刊している。

倉庫施設の不足等インフラの障害が徐々に潜在的な貨物のビジネスチャンスの妨げになっていたにもかかわらず、短期予測は月ごとの最近の傾向地を把握するのに便利であり、2 年先までの直近の将来を把握するのにも便利である。これらの数字は年に 4 回出されている。

14.4.1 短期予測

短期予測は月ごとの最近の傾向値の把握と 2 年先までの直近の将来像を把握するのに便利である。これらの数字は年に 4 回出されている。

14.4.2 中期予測

中期予測は 7 年先を視野に入れた、短期予測の積み上げである。中期予測は便統計に経済成長と費用、空港容量、旅客数、ロードファクター、航空機サイズといった産業を先行する重要な要素のモデルを混合している。予測は高低の幅の範囲の成長シナリオが使われ 2 月に発行され、9 月に修正されるのが通常である。中期予測には説明のための変動要因として GDP を利用した空港を組み合わせたモデルの貨物専用便も含まれる（しかしそれらの予測は発表されない）。

14.4.3 長期予測

　長期予測は2年ごとに発表される。長期予測は起こりうる明確なシナリオの範囲において見解が示され、航空に関わる産業がこの20年先をどう予測するかを決定するために使われる。この予測は、もしこうだったらどうなるかというような質問に対し、業界内部に要因を見つけ出し、示すことができる（例：小型ビジネスジェットの成長予測、地点から地点の交通量の成長率）。あるいは業界の外側の話もある（例：燃油価格、環境問題の束縛）。

　IFR（Instrument Flight Rules）の最近の長期予測の動向は2008年から2013年を期間としている。これらには貨物専用便が含まれ、これは成長に対する簡易なアプローチを使った旅客便の予測からは分離されたモデルとなるものである。すべての便を対象としたIFRの予測は、最近発行されたものだけである。

14.5　航空機メーカーによる予測

　ボーイングとエアバスから発行される航空貨物予測は20年間をカバーするものである。ボーイングはこれらの予測を2年ごとに別々の書面で発行、エアバスは毎年発行している（旅客予測と一緒に）。そして地域ごとに輸送の傾向と予測を、この期間で必要な貨物専用機数と共に述べている。それらは短期間の輸送の変化を捉えようとするものではなく、主な目的はあくまでも予測である。

　最近のボーイングの予測（2008年〜2009年）は2008年10月に発行され、次の発行は2010年の第4四半期になるだろう。最近の予測対象期間は2007年（直近の実年を含む）から2027年であった。そこでは貨物予測において4つの可能性のあるアプローチを提示している。

・計量経済的モデル
・判断しうる環境
・傾向分析
・潜在的な分析

　潜在的な分析は総量的な貿易の流れを検証することを基にして航空貨物価値から重量比率に影響するであろうシェアを予測している。これらの予測はトップダウンとボトムアップの双方のアプローチを混合している。

　14.1の図では上手く航空貨物輸送の成長に影響する前向き、後ろ向きな項目

14.5 航空機メーカーによる予測

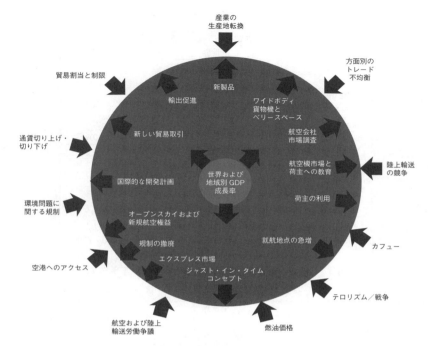

図 14.1 航空貨物の成長に対する圧力と制約

をまとめている。中核には世界と地域の経済成長があり、それには国際貿易は拡大にしない前提で、ネットワークの拡張やジャスト・イン・タイムの概念は重量にはほとんど影響を及ぼさないというようにした前向きな要因はほとんどない。経済が下降傾向のときの制約は弱く、例えば環境的な手段を導入しようという熱意などがそうである。これらの表の項目は要因間の関係を把握しようというものではない。例えば、高い燃油価格時のさらなる費用の優位性を確保することを可能にすることによる表面的な競争といったものである。

しかしながら、それぞれが関与し合っている事実は重要であり、経済的なモデルでの有効性を減少されることに繋がることがしばしばある。

どちらのメーカーもどのように旅客便のロワーデッキの容量を試算しているか、その詳細は明らかにしていないし、旅客、貨物それぞれのサービスによって輸送されている貨物量の比率についても明確にしていない。しかしボーイングは次のような最近の展開を考慮して予測をつくっている。

表14.3 ボーイング航空貨物予測(有償トンキロ)年平均増減率

	2003-2023年	2007-2027年	+/−% pts
全世界			
貨物	6.2	5.8	− 0.4
地域別のフロー			
中国国内	10.6	9.9	− 0.7
アジア域内	8.5	8.1	− 0.4
アジア北米	7.2	6.6	− 0.6
北米アジア	7.3	6.7	− 0.6
欧州アジア	6.8	6.7	− 0.1
アジア欧州	6.7	6.5	− 0.2
欧州北米	5.8	5.4	− 0.4
北米欧州	5.2	4.9	− 0.3
欧州域内	5.3	3.6	− 1.7
米国国内	4.0	2.6	− 1.4

出所:Boeing World Air Cargo Forecast, 2004-2005 and 2008-2009.

表14.4 エアバス航空貨物予測(有償トンキロ)年平均増減率

	2003-2023年	2008-2028年	+/−% pts
全世界			
貨物	5.9	5.2	− 0.7
地域別のフロー			
中国国内	10.1	11.9	1.8
アジア域内	6.4	4.0	− 2.4
アジア北米	6.2	4.3	− 1.9
北米アジア	5.9	3.4	− 2.5
欧州アジア	6.2	3.6	− 2.6
アジア欧州	6.4	3.2	− 3.2
欧州北米	4.8	3.0	− 1.8
北米欧州	5.0	3.0	− 2.0
欧州域内	5.0	3.2	− 1.8
米国国内	4.2	1.7	− 2.5

出所:Airbus Global Market Forecast, 2004 and 2009.

・より高い旅客のロードファクター
・チェックバゲージ料金の導入
・より厳しい保安の手続き

　ボーイングは、チェックバゲージ料金は容量減には逆作用のようであるが、これらの要素は少なくともスペースあるいは容量についてロワーデッキの貨物に使用できる容量を減じていると提示している。最近の予測では2027年まで

に貨物専用便で輸送される貨物量の比率はとても小幅にしか伸びないと仮定している。エアバスの2004年の予測と比較すると2023年までに貨物専用便の比率は7％伸びるとしており、比較できる。14.5の表では最近の長期間の貨物専用機の引き渡しについては最新の製造機と旅客便から貨物専用便に改造される航空機に分けられる。すべての必要な航空機と改造機の比率は共にとても類似した影響がみられる。しかしサイズの区分けでは大きな相違がある。これは一部の要素で、なぜなら取り決めにおける相違といえるからである。ボーイングの標準機体の機材とエアバスの小型と分類される機材の主な違いは、ボーイングのB757FとB707Fを含めるかエアバスの機材を含めないかの問題である。B757Fはインテグレーターがかなりの数の機数を運航している。巨大な航空機の分類においては、ボーイングは旧ソ連の巨大な航空機を含めている。（アントノフ124およびイリューシン96T）一方、エアバスは含めていない。

航空機エンジン会社も長期予測を発行している。2009年9月のロールスロイス社は、貨物専用機（仮定される新しい貨物機）も含めた予測を出していたにも関わらず、外観は旅客便のみしか出さなかった。その数は2009年から2018年の間に419機、2019年から2028年で378機であった。

14.6　ICAO予測

ICAOは世界の航空貨物輸送量に対する短期と中期の予測を出している。

これらの予測はICAOの長期予測計画に関する役割に貢献し、また民間航空発展のすべての観点において、加盟国を助けることが目的である。ICAOは

表14.5　ボーイング／エアバス貨物機市場投入機数予測

	製造	改造	計	% converted
ボーイング（2007-2027年）				
標準型	11	1,323	1,334	99.2
中型	211	711	922	77.1
大型	641	461	1,102	41.8
計	863	2,495	3,358	74.3
エアバス（2008-2028年）				
小型	0	786	786	100.0
長距離／中型	340	1,285	1,625	79.1
大型	514	514	1,028	50.0
計	854	2,585	3,439	75.2

出所：Boeing World Air Cargo Forecast, 2008-2009, Airbus Global Market Forecast, 2009.

航空貨物の潮流を予測するため、総括的かつしっかりとした方法論を開発しており、最も近々では 2010 年の終わり頃に向けて予測を発行する。方法は図14.2 に図示した。

まず、Box 1 のようにデータを収集することからその手法は始まる。ICAO の加盟国は都市ごとまたは国ごとの組み合わせで航空貨物輸送の流れに関する情報を提供する。このデータは RTK 貨物の収入トンキロを単位として示される。ICAO はこのデータを 9 つの地域ごとに集計した。

グローバルな視点では、ある経済コンサルタントグループが国ごとに過去の世界規模での空輸事業に関する情報を提供した。これらの貿易の流れは、商品の価値価格単位で表されている。それは多くの国で、重量ベースでの総括的な集計がまだできていないからである。一定の通貨で現在の貿易額に関するデータを表すことで、ICAO はインフレから生じる経済の歪を取り除いている。本当の国の組み合わせによる貿易額データを集めて地域ごとの組み合わせによるデータに仕上げている。

Box 3 の経済的なモデルは、双方向の地域ごとの組み合わせの空輸の価格価値の観点で、地域の組み合わせによる航空貨物の RTK を示している。それぞれの地域ごとの組み合わせが独自のモデルを持っている。そのモデルは形が似ているが、その価値を予想する媒介変数は独自のものである。そのモデルは線形回帰の算出方法を使っていて、それぞれの地域の組み合わせに関する航空貨物の RTK は空輸された貨物に相当する価値価格の機能として示される。ある年の貿易額のデータを出したときに、その年に一致する貨物のトンキロ予測はかなり柔軟に算出されるモデルになっている。一方、特定の係数、回帰関数も

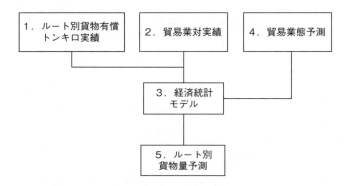

図 14.2　ICAO methodology for forecasting air freight

またある特定のモデルのそれぞれの条件、全体的な明細の有効性を示す方法を作り出している。

グローバルな視点は過去の価値と将来的な空輸貿易の予測を両方提示している（Box 4）。将来予測は地域ごとにある一定の方法で過去のデータを積み上げていた。予測については、適正とされる経済的なモデルを投入して、将来の貨物収入トンキロを算出していた。

この方法は、簡易なモデルを利用する有利な点がある。しかし、それには大きな欠点がある。予測は将来の価格および単なる交通量を出すより難しい航空輸送を必要としているからだ。また、航空業界の中で生じる変化については見落としてしまう。供給量の面（旅客便の容量）や将来的に航空貨物運賃が発展していくかという点等である。

14.7 OAG予測

OAG（オフィシャルエアラインガイド）は10年間を水平にした中期の航空貨物予測を出している。その方法は同一の貿易レーンあるいは主たる地域内および地域間の貨物の流れを製造ごとの要素を取り入れてまとめている。事実として、49の地域の流れと予測があり、それらは地域のGDPを取り入れたり説明変数に基づく為替レート盛り込んだ経済的なモデルを使っている。それらの最も最近の結果は表14.6に示した。それは2008年2009年の主な下落のいくつかの要素が含まれた過去のデータを使って作られている。世界の中でより成熟した市場である北米と大西洋地域でより低い成長率が示されたが、アジア域内や中国についてはかなり楽観的な数字となっている。

OAGはまた、新造および改造を分けた、航空機のデリバリーについても予測している。

航空機はボーイングとエアバスに分けて分類しているが、改造機のシェアの推測は似ていて、45トンの小型機では98％、46トンから75トンの中型機では70％、75トン以上の大型機では50％と予想している。

表14.6 OAG中期航空貨物予測（成長率％）

	2010-2019年
全世界	5.3
北米域内	3.7
欧州域内	5.4
アジア域内	6.2
北米／西欧	3.3
北米／アジア（除く中国）	5.4
北米／中国	8.0
EU／アジア（除く中国）	5.9
EU／中国	7.2

出所：OAG Analytical Services, 2010.

14.8 その他の産業予測

航空貨物の予測はコストベースで産業コンサルタントからもまた発行されている。

Avitasは2006年までの予測を出しているがそれは機体の査定価格を予測したものである。その会社の2006年の世界的な航空貨物輸送の外観だと、2006年から2025年までの間、毎年6.7％伸びると予想している。同一期間でみると、この数字はボーイングやエアバスの数字と比べて幾分高い数値となっている。

メーカーと同様に、Avitasもある経済的なモデルを使っている。それはGDPとイールドを説明変数としている。しかしながら、20年以上の間に2,000機以上の貨物専用機が市場にデリバリーされるというその予測は、3,000機投入されるとしているメーカーの予測と比べて数字が小さくなっている。

コンサルタントもまた政府機関との契約の下で、予測を出していてその検討された結果が発表されている。ある例としては、2001年5月に出されたMDKの予測や、英国の輸送当局のために出されたその他のもの等がある。それらの予測には中期予測（2000年から2010年）が含まれており、外因的な成長率や輸送モードが替わることによる価格誘引による成長率を使ったモデルとなっている。国際的な貿易においてGDPが否定された後、航空貨物予測は英国の貿易見通しにおける空輸による貿易シェアが伸びていることが適用されている。このシェアの伸びは単に英国のバルクでない輸入および輸出が1.5％から1.9％に伸びた過去6年間の事実に基づくもので、2005年には2.5％まで伸びると予想された。

MDS/UK DETRの長期予測は英国の空港ごとに滑走路の混雑を、様々な角度で想定してその予測をまとめたものだ。この予測は旅客とそれによる旅客便のロワーデッキから算出される貨物室容量の傾向を窺い知ることができた。価格政策は空港間の競争を想定することで予測に導入された。そしてロンドン・ヒースロー空港のように空港混雑が及ぶという結論が出された。それらの制約の仮定による実質的な結果は貨物専用機によって輸送される貨物量シェアが1998年には30％だったのが、2030年には57％まで増加すると予想が立てられた（さらに別のシナリオでは74％まで伸びるとされた）。マージ・グローバルは短期間予測を主なトレードレーンごとに発行する。また品目ごとの輸送手段

のシェアに関する、興味深い幾つかの分析も行う予定である（Merge Global 2009）。

これはFTKベースで、この章で述べられている他の予測とも一致している。しかしながら2005年以前の同じコンサルタントから出されたものはトン単位だった。彼らは最も進展している市場での激しい下落と、その後の回復はアジア域内の路線が牽引すると予想している（表14.7）。回復は在庫の再貯蔵、市場に素早く提供されることが必要なライフサイクルの短い貨物のよる強い成長、そして海上輸送の混雑、これらによるものと仮定している。

彼らはまた、3つのリスクについて述べている。1つは、市場の下落は想像以上に厳しいということ、2つ目は、回復はゆっくりと進むということ、3つめは海上輸送にシフトすることによる輸送量の減である。

貨物専門のコンサルタントであるシーベリーアビエーションは、米国発着の国際線路線における航空貨物の短期間の予測を出している。この中で2009年と比して2010年はより強い成長が見込まれることが強調されている。太平洋路線は10％になってから、12％に跳ね上がるとそれぞれ見込んでいた。これらのいくつかの要因はハイテク貨物が海上輸送から航空輸送にシフトされることが考慮されていた。しかしそれらは米国の国内市場が回復し、再び貯蔵されることで牽引される回復が主であった。2010年から2014年の間では、Seaburyは航空輸送は平均年4％伸びると予想し、太平洋路線は輸出で5％、輸入で6％、インド市場からはそれよりもやや高く、輸出8％輸入6％と見込んでいた。しかし欧州は2〜3％しか伸びないと予想している。

表14.7　短期予測／地域別・ルート別（2008-2012年）

	% total 2007年	貨物トンキロ変化（対前年）				
		2008年	2009年	2010年	2011年	2012年
欧州－アジア	24.9	7.3	－10.0	3.6	5.7	5.4
太平洋	11.2	－4.6	－14.4	6.2	4.1	5.1
大西洋	11.2	－4.6	－15.0	2.5	11.0	5.5
アジア域内	25.2	－6.3	－16.7	7.2	6.2	6.1
その他	27.4	－11.0	－12.4	7.0	7.8	5.8
計	100.0	－3.8	－13.3	5.5	6.7	5.7

出所：MergeGlobal, 2009.

14.9 結　　論

　航空貨物の将来はGDPや貿易の成長率と密接に関連していることは間違いない。最近の出来事では、海上輸送の競争は成熟した製品においてさらに激化しており、ある品目においてはさらなる高い長期間の成長がある輸送手段や、その他特定の手段を潤している。多くの消費財は、しばしば先に米国に到来し、その後少し遅れて他の市場に行き届く。航空輸送はまず選択される主たる手段であるが、その商品の販売がスローダウンし価格も低下することによって航空貨物での競争力は減退していく。

　製品の製造はかなり低い労働賃金の発展途上国と、最終的な市場であり、知識的な産業があり組み立てとマーケティング能力を備える先進国との間で今後も広がっていく。

　中国の製造における労働コストの増加はその製造を他国へ移すことに繋がり、中国は今まで以上に消費の国に変わりつつある。この発展の状況は、今後も航空輸送が伸びていくことを確信させる。しかし航空貨物も流れの方向は常に変わっていて双方面の輸送において調和がとれているところもあればそうでないところも出てくることになる。

　航空貨物輸送の短期・中期予測の主な問題点はそのタイミングであり、期間とサイクルの深さである。最近のサイクルをみると、深くて短い傾向が窺われる。しかし鋭い勢いでの回復は第2の下降や2倍の下降にも繋がり、最近の回復はなかなか読み取ることが難しくなっている。経済学的モデルでは説明変数の限りでのみ予測されており、それらはその中に収まっており、そして回復の結果を追いかけていく上では良い記録はなかった。

　もし事業家や消費者がIMFや世界銀行、OECD等といった国際機関による公式な予測による回復を信じていたなら、彼らはもっと投資をしもっと消費すると議論でき、その予測は将来的に実現されることになる。しかしそれが、彼らの財務諸表を強くし、消費者債務を減額することに、より関わるかというと、それは極めて疑わしいといえる。

　シーベリーのような予測は（前章で述べたように）、航空輸送の回復のタイミングを示すことで在庫が販売に転じる時点を見つけ出すような、主たる可能性に視点を注ぐことに繋がる。特に米国においては2008年の後半数か月急激な下降から成長に転じ、2009年の始めの数か月は遅いペースで在庫を積み増

していった。それは2009年の最初の3か月間、主要な路線において航空貨物が2ケタの勢いで落ち込んだことが起因している。同じように2009年の後半の半年で回復が始まったと、在庫はみるみる減り出し、再び遅れた貯蔵が始まったようだった。この指標はリードタイムが2か月間だったことを提示している。

シーベリーの第2の指数はCLI、複合先行指標である。複合先行指標はOECDが発表した主な経済的な指標の派生で、経済の転換期を予測するもので29か国の加盟国、6か国の非加盟国の経済と欧州圏といった7つの国のグループが対象となっている。

データは1960年の始めからほとんどの国で使用することができる。

CLIは循環する波動に似ている経済的な時間の経過とビジネスの循環で数か月ごとに変化していくものとを合わせて組み立てている。産業生産の指標はGDPよりもよく取り入れられている。なぜならば経済活動の転換点に関してよりよい代用となるものを提供している。そしてデータはGDPよりもすぐに活用できるからだ。CLIの成長率は航空貨物の成長と関係しておりそして、約4か月先ごとに見通せる。これらが、CLIが航空貨物の直近の期間での発展について優れた予測だと考えられる所以である。

供給については、短い区間の輸送は可能な場所においてトラックが使われている。また補フィーダー便として補完するのに十分に費用が低いことが求められるため、より安い旅客便の改造機が使われる。特にインテグレーターはより高い運賃の商品によるさらなる収入増を求めているのでなおさらだ。中古の機材が安く手に入ることを仮定すると、A320/A321の改造プログラムはこの先の需要を満足させるものだ。これはA320/B737の機材更新を促すことのきっかけになる可能性があるが、魅力的なコストを引き出すために、現在の生産ラインにおいての強い販売力によって禁じられたり、新しいテクノロジーが明らかに欠如しているということで数年かかることもある。

長期路線においては、新しい、さらに経済的な貨物専用機が徐々に増えている。例えば、B777FやB747-8F、A330-200F等だ。旧ソ連のより巨大な航空機も、まだ希少な存在にはなっていないようだ。地上での有効な機材やバルーンのような代替となる技術は見た目よりもずっと優れている。しかし最も頭をかかえている問題はグローバルな空港で落とすコストやATCといった社会基盤、このシステムを使い続けるための投下金利等だ。長距離用の旅客機を貨物

機に改造することは1つの案であり、B747-400F のプログラムは続いているようだ。またそれに B777 や B330 も続くようだ。

　一方、悲観的な見方としては、高い燃油費がこのまま続くことが予想されるが、それに対しては、新しい経済的な貨物専用機の方がいくつかの改造機よりもより優位である。燃油費は短距離路線の運航における影響は小さく、あまり大きな問題ではないが、長距離路線において高い燃油費は B747-200 シリーズの改造型（そして新造型も）で経済性が悪くなる。環境税や排出課徴金は、以前は英国のように旅客便のみ適用されていたが、今後貨物機の世界にも広がっていく気配である。

第15章　航空貨物の課題と展望

15.1　航空貨物の課題

　航空貨物産業の周期的な特性は第1章に書かれており、航空貨物事業者の問題や課題の多くは、不況の真最中に一番よくみることができる。一番注意を惹く問題や課題は、収益性に強く関連するイールド、供給過剰、燃料費である。その他の問題や課題としては過剰規制についてが目立っており、次いで生産性や効率性がわずかな差で並ぶ。これらを順番に扱う。最後に、航空貨物産業の将来の姿がどうなるか、現在のように航空会社、インテグレーター、貨物業者の併存が今後も続くのか、あるいはいくつかの世界的なブランド力のある貨物会社が出現するかを扱う。

15.1.1　航空貨物のイールドと輸送力

　航空貨物のイールドと輸送力は密接に関連していて、国際貿易と航空貨物量が低下傾向のときイールドは下がる。これは、実際の輸送量が減少しても輸送力が削減されないからである。実際輸送力の半分は旅客便関連であり、旅客便は貨物便と同じ輸送力削減のプレッシャーがかからない。航空貨物の輸送量はしばしば、景気後退が航空旅客等に影響する1,2か月前に低下傾向を示すため、旅客便の輸送力が削減されるとしても、それは貨物便の数か月後になることが多い。

　貨物専用機の輸送力は、貨物専用機を地上に駐機させ、あるいは保管して機材を使わないことで、簡単に減らすことができる。再度いうが、輸送力調整が起こるには数か月遅れることもある。これは、景気後退は当初は一時的なものに感じられる程度かもしれないが、この不況の規模は大きく長く続くと確信されて初めて、運航サービスから外される貨物機が出てくるからである。2008年の不況はこのような輸送力調整の良い例であった。すなわちキャセイパシフィック航空やルフトハンザ航空が、運送量の大幅な低下が起きて1か月後に、貨物専用機を4～12か月の間、運航サービスから外すことを表明したからである。キャセイパシフィック航空のB747-400旅客機改造型貨物専用機2

---

[1]　実際、これらの2機は運航サービスに戻るために準備されていた。

機は、2009年1月に、他の2機は2009年5月に地上駐機となった[1]。

ルフトハンザ航空は2009年7月に4機のMD-11型貨物専用機を「現在のところ2009年10月1日から短くとも1年間」退役させると決定した。IATAは2009年、世界の貨物専用機の10％以上にあたる227機が、地上駐機していると報告した。

貨物輸送力が一旦減らされた後、貨物輸送量が上向き始めると、いくつかの路線では輸送力が不足するので、輸送率は急に上昇することになる。世界の各地で景気回復の様子は異なるが、結果として、より性能が良い貨物専用機のほとんどは運航サービスに復帰する。景気回復時点で地上駐機していた貨物機は運航サービスに戻る。景気回復が12か月かそれ以上進行すると、旅客機を入手できる状況と価格次第ではあるが、貨物専用機への改造市場も回復する。貨物専用機への改造作業の完了まで時間はかかるものの、改造によって輸送力は相当増大する。

また、貨物専用機への改造で、イールドの上昇と降下が目立つ傾向にある貨物輸送力の循環サイクルは説明できる。このような循環傾向では、大手の貨物航空会社は貨物運送事業者と長期の契約を結ぶかもしれないが、それは貨物航空会社の経営安定を少しだけ助ける手段となる。貨物運送事業者は契約条件を決められるほど、市場での力を持っていることがよくあるからである。

このような航空貨物市場の循環サイクルの圧力と傾向が、将来変わるのかを論じることは難しい。2008年から2009年の景気後退時に起こった出来事は、貨物専用機と旅客機を持つ航空会社に長期間の貨物専用機の経済性を再評価させた。日本航空、ノースウェスト航空（デルタ航空）、SASは貨物専用機の運航サービスをやめることを発表した。ブリティッシュ・エアウエイズはB747-400型の貨物専用機3機の更新をリース契約に変更するという同様な動きを考えたが、機材をより運航効率が高いB747-8型貨物専用機に変更して、貨物専用機の運航サービスを続けている。ルフトハンザ航空も景気回復後は、地上駐機させていた貨物専用機を運航サービスに戻し、貨物専用機の運航サービスを続けている。一方でフィンエアは2機のMD-11型旅客機を貨物専用機に改造し、4章で述べたようにいくつかのベンチャー事業を開始した。

15.1.2　過剰規制

どのような業種の産業でも様々な政府の規制を受けるが、3章で述べたよう

に、航空貨物も例外ではない。そのような規制を課す主要な政府部門は運輸／航空部門であり、事業会社を認可し、航空路と運輸権を交渉し、管理と検査を行う保安担当者、物品の運送を制限して関税を課す税関と交渉を行う。GATT（関税・貿易に関する一般協定）や二国間交渉を通じて多くの輸入品に関税がかからなくなってきたので、税関当局の規制は減少してきた。しかしながら、まだ関税や特許料がかかる品物、輸入禁止されている品物のリストは多い。これらの自由化のうちのいくつかは、政府が経済への影響を減らす方法を模索したので、金融危機の後の経済を後退させるかもしれないというリスクがあったが、経済の後退は起こらなかった。このように、より多くの国がその利点を確信し、類似した方針を採用してきているので、自由貿易は、今後も世界的に継続していくと考えられている。税関検査が必要な所では、電子書類への移行によって、航空貨物事業者は積み荷をより早く運送に回せるので、荷主は遅延による損害が減るメリットを享受できる。

　航空運送サービスの協定の自由化は、いくらかペースは落ちたものの、今後も続くであろう。航空貨物についての航空の自由化は、しばしば航空旅客についての航空の自由化よりも先行する。しかし、外国でハブ空港を設立しようとすると大きな制約がまだ課されている。ハブ空港は、設立する国およびそこと路線を結ぶすべての国との間で、第5と第7の自由の運輸権の両方が認められるか、または航空運送サービスの協定における所有と支配の条項の緩和が必要になる。後者は、IATA や ICAO の取り組みよりも EU と米国との航空協定の前進に基づくものであり、将来もっと起こりそうであり、中期から長期的期間では起こるかもしれない。

　最後に、保安のための規制は、完全に取り除かれることはないであろうが、長い年月の間に緩和されるかもしれない。保安のための規制のほとんどは9.11の余波から生まれ、実行可能な仕組みが航空貨物に導入されるまで、幾年もかかった。このような事情から、急激に保安規制が緩和されることは考えにくく、世界の保安の状況は、保安検査をまだ必要とする程の脅威にさらされていると考えられている。

15.1.3 生産性

　産業は生産性が上昇し続け、コストが削減されるか管理されてはじめて、成長し続けることができる。これはあまり産業調査では問題点として高位にはあ

げられないが、コストをより削減しなければならないほとんどの経営者には重要な問題である。改善された生産性からの利益のいくらかは、将来のその産業の競争を確実に生き残るためのコスト比率の低下とサービス改善に使うことが必要であり、また利益のいくらかは株主と資本の提供者へ渡す必要がある。

　過去の生産性向上の主要な要素は、貨物専用機のオペレーションから来ていた。燃料効率は、B707型貨物専用機からB747-8型貨物専用機に至るまでに劇的に改善してきた。また、各便で必要な運航乗務員の編成数は（長距離路線を除き）4名から2名になったので、労働生産性は格段に高くなり、航空機の搭載能力の向上でさらなる利益が得られるようになった。より大きな航空機が運航できるような十分な貨物運送が期待できるなら、大型機による着陸、航行、ハンドリングの生産性とコストの改善による追加的な利益も得られる。将来は環境的な要素に重点が移されるかもしれないが、燃料費が貨物専用機のコストの大きな部分を占めるので、生産性は燃料効率の向上を助けてくれる。バイオ燃料は一定の役割を果たすかもしれない。全翼体航空機や飛行船などいくつかの代替的な航空機のアイデアは、実現するまでかなりの年数がかかるかもしれない。

　将来の生産性は物理的な積み荷の動きからよりもeコマースからもたらされるだろう。インテグレーターが既に採用している貨物追跡などの利便性は、既にありふれたものになっており、荷物の物理的な動きと情報をマッチさせることは、安くなった無線タグを導入することでより簡単になった。

　海上輸送での将来の生産性もまた関連している。特に燃油価格が上昇すると密接になる。より遅い速度での航海による長い輸送時間か、燃料効率上昇による速い航海か、燃料効率に費用をかけた競争力のある輸送時間かといういくつかの選択肢が出されるだろう。航空貨物はコストと速さの両方で、現状維持か順位を上げることが必要である。

15.2　航空貨物の展望

　航空貨物の将来はGDPや貿易の伸びに密接にリンクするに相違ない。近年の出来事はまた、海上輸送との競争が、需要が成熟したありふれた商品では厳しくなり得ること、また、ある商品の貿易の長期の高成長は、どちらか1つの輸送モードが好まれることを示唆している。多くの消費者向け製品は、多くが米国から世の中に送り出され、しばらく後に他の世界市場に出回ってくる。航

15.2 航空貨物の展望

空輸送は最初、主たる輸送手段として選択されるが、製品の売れ行きが鈍くなり、価格が下がってくると、航空輸送は競争力が低下してくる。

製造業は、人件費が相対的に安い新興国や、最終市場、知識産業、組み立てとマーケティングのスキルを持つ開発途上国に広がっていくだろう。中国の労働コストが上昇したため、生産は他の国に移るが、中国は消費大国の方向に移行するであろう。これらの発展は航空による貿易の発展の継続を確かなものにするが、ものの流れの方向は変化し、輸出と輸入が均衡する物流のケースになる場合もあれば、不均衡な物流のケースになる場合もある。

製造業は単一の工場で製品が製造されるとまだ信じられているが、しかし今日の製品はかなり多くのソフトウェアが埋めこまれている。このことは物とサービスの市場の輻輳に繋がってきているので、競争力があり比較的安いITの力をもつインドのような国々に生産プロセスの一部が、さらに海外移転される方向になっていくであろう。

需要予測担当者にとっての航空貨物輸送の短期、中期間での大きな問題点は、景気循環サイクルの時期と長さと深さである。最近の景気循環サイクルに基づけば、サイクルは深いが比較的短いであろう。しかし急激な回復は、2回目の景気後退の後であり、現在の回復状況は決して確実とはいえない。計量モデルは、モデルに組み込まれた説明用変数による予測ツールでしかないし、景気回復の追跡過程において良い記録を持っていない。「権威的」な景気回復の予測が、IMFや世界銀行、OECDなどの国際機関でつくられれば、事業者や消費者はそれを信じて投資や消費をもっと行い、予測は実現するだろうという論議もある。しかし、彼らのほとんどはバランスシートの強化や、消費者債務を減らすことに関心があるので、事業者や消費者が投資や消費を行うかは疑問である。

シーベリー（14章参照）のような予測者は、航空貿易の回復のタイミングを指し示す転換点を探して販売用在庫のような鍵になる比率を観察する。販売、特に米国では、2008年の終わりに成長から一転して急速に景気が下降し、2009年の初めまでの数か月後には販売用在庫が積みあがった。販売用在庫の積み上がりは2009年の最初3か月の主要路線の航空貨物量の2ケタの低下の原因となった。同様に2009年の後半に販売が回復したときは、在庫は低下するようにみえ、その後の販売用在庫の新しい仕入れも低下した。彼らはこの指標からは2か月のリードタイムが導き出せると示している。

航空貨物は、開発途上国から輸出される生鮮品の製造業に、かなり大きな貢献をし続けた一方で、それに依存している。製造業は低い労働レートと高い生産性を結びつけている国々に製造の拠点を移していくだろう。それはアジアの国々であり続けるだろうが、アフリカや南米にもチャンスはある。アフリカや南米は、新鮮な果物、野菜、生花を北米、欧州、成長するオーストラリアの市場に配送するためにも航空輸送が必要である。これらの需要は低い率だが、旅客機と貨物専用機での長距離の定期便と結びついて伸びていくであろう。

　航空貨物における工業製品の輸出品の現在の成長エンジンは、今後数年は中国であり続けるであろうが、価値の低い製品は労働賃金のレートが安いアジアの国々に移っていくであろう。中国は外国向けの航空貨物市場の主要国から、建設ブームや消費者の購買力の増大による輸入品への需要の増加により、より輸出入でバランスの取れた国になるであろう。航空機産業や宇宙産業などの先進的な技術産業に移行し、他の国に下請けを委託し、国際的なサプライチェーンを形成していくだろう。

　製造業は単一の工場で製品が製造されると、一部の人々はまだ考えているが、しかし今日の製品は（多数の国々の工場を渡りながら作られる製品を別にすれば）かなり多くのソフトウェアが埋めこまれている。このことは物とサービスの市場の輻輳に繋がってきていて、競争力があり比較的安いITの力をもつインドのような国々に製造プロセスの一部が、海外移転される方向になっていくであろう。このことはインドが工業製品を大々的に輸出することではなく、サービスの輸出、すなわち長距離輸送であっても航空輸送が必要な輸入品への需要は成長しているので、そのような品物を輸出するサービスを行って対価を得ることに繋がる。

　航空貨物は欧州や北米の短距離区間ではトラックで輸送され続け、インテグレーターはハブ空港での優良なフィーダー輸送を維持するため、小型の改造型貨物専用機を使う。アジアでは、アジア地域内の輸送力はワイドボディの旅客機により増加し（欧州内や米国では、論拠になるような路線は多くない）、より長い海越えの路線が、大手のインテグレーターやネットワークキャリアのハブ空港にフィーダー路線として繋がり、貨物専用機が活躍する市場が創られていくであろう。付け加えるならば、B737型ファミリーの貨物専用機が多数使われ、A320/A321型機の中古機を低価格で貨物機へ改造する取り組みが数年後に始まり、需要を満たすであろう。

15.2 航空貨物の展望

　新しい航空機への技術の応用のペースは減速していくだろう。騒音が出るプロペラ機は潜在力を持っているかもしれないが、巨大都市のハブ空港からの夜間の貨物便には理想的だとはいえない。新しい貨物専用機への取り組みは、中国やブラジルや、たぶんロシアのような低コストの製造業者から起こるかもしれない。新しいコンセプトの貨物専用機は、地表効果の技術を使っているかもしれないし、飛行船か全翼体航空機かもしれないが、できるのはかなり先であろう。しかしながら、航空貨物の物理的な流動や貨物に含まれる情報の流動を改良することの潜在的な可能性は大きいが、そこまではまだ理解されていない。これらの技術にはeコマースの大々的な使用や混載貨物への無線タグの応用が含まれる。一方で保安検査は、航空輸送システムに必要なため維持され、荷物の追跡や利用できる情報が強化されるので貨物の検査は、運送を中断して実施することはほとんどなくなるであろう。

　燃油価格は変動しやすくなっていて、一段階上がった高価格になっている。このことで、より燃費効率が高い、本質的に今日とは大きくは変わらないインフラを使う、長距離の貨物専用機を作ることに責任がかかってくるだろう。これらの貨物専用機は、資本コストを下げるため大量生産されなければならず、ロワーデッキに貨物キャパシティを持つ旅客機が適切な便数頻度で多くの行先へ就航する、旅客便のハブ空港にも就航するニーズがあるだろう。環境税や排出権取引スキームは、効果的に燃料価格を引き上げ、燃料価格を大きく引き下げることはなくなる。空港周辺、特に旅客や貨物のハブ空港では、騒音規制が次第に拡大され、騒音が未来の航空機を作る上での要件の鍵となる。

　最後に、将来の航空貨物産業の構造は、現在の多くの参加者が併存している状況からは、大きくは変わらないかもしれない。鍵となる質問は、インテグレーターが、貨物運送事業者や航空会社を傘下に収めて、さらに国際的に拡張しようとするかどうかだ。これは既にフライング・タイガーで行われた。そして現在、適切な標的になりそうな貨物運送事業者や航空会社はほとんどない。貨物運送事業者の買収はもっと行われるだろうし、航空輸送を旅客と貨物を輸送する航空会社や契約貨物航空会社に外注（アウトソーシング）することももっと増えるであろう。世界的なロジスティクス網のすべての部分を管理することは、コカコーラのような世界的ブランドを供給するのとは極めて異なる。

　エクスプレス貨物の将来については、インテグレーターによる取扱量がもっと増えて、航空会社のビジネスの比率が下がるという人もいる。このシナリオ

では、全貨物市場でのエクスプレス貨物の比率が増加することになるが、傾向としては限界が来る。本や携帯電話、シャツをインターネット通販で買う人のうちどれくらいが、翌日配達に追加料金を支払うであろうか。このエクスプレス貨物の市場の規模が、全航空貨物のおよそ4分の1位の規模で伸びが横ばいになるならば、インテグレーターは重量貨物をさらに取り扱い、貨物運送事業者を買収するだろうか。何が起ころうとも、航空会社はITシステムをフル装備して空港と空港を結ぶ十分なサービスを提供することは残るだろう。

Column 5

最近の国際航空貨物動向と課題について

　航空輸送は世界経済の原動力の一要因であり、国際航空貨物の動向は世界経済の成長の度合いや通貨や原油の変動性に左右されることは本書で述べられている通りである。2014年に航空会社が輸送した国際航空貨物量は、統計によると51.3百万トンで、全世界の貨物輸送量の0.5%、価格的価値の35%に匹敵する。これは年間では6.8兆ドル、1日当たり186億ドル相当の貨物が国際航空輸送されたことになる。

　航空貨物は今や我々の生活に深く浸透し、不可欠のものとなっている。例えば、生鮮品は日々航空貨物で日本に輸入されている。米国や欧州からさくらんぼや苺、野菜が運ばれている。マグロも航空貨物の代表的な品目の一つである。ヨーロッパへは大量の生花がアフリカや南米から航空貨物で運ばれる。今後、日本が環太平洋戦略的経済連携協定（TPP）を締結した際には、その後日本からTPP締結国へ生鮮品の輸出が拡大することが期待されている。医薬品も航空貨物輸送品目の1つである。医薬品は輸送のスピードに加え輸送中の温度管理、特別なハンドリングケアが求められるセンシティブな貨物でワクチン等は温度管理可能なコンテナで輸送されている。日常的にAmazon、Alibaba、eBAY等、E・コマースのウエブサイトを通じて購入された物品が国を跨がり航空機にて輸送される物量が急増している事は前章のコラムでも述べた。最近の話題としてはAmazonが物流、輸送に自ら参画し、輸送工程のさらなる短縮、品質の向上、コスト削減の追求に取り組んでいる。2016年Amazonは米国の航空会社2社と契約を締結し、B767フレイターを40機確保し、米国内サービスに投入する。

コラム5　最近の国際航空貨物動向と課題について

2014年は2013年と比較して輸送トンキロベースで4.7%輸送量は伸びた。以前3年間は連続して輸送量は対前年減少していたが回復基調に転じた。しかしながら国際航空貨物輸送は様々な課題がある。大きな課題のひとつは供給量（キャパシティ）が年々増加していることによる供給過多が深刻になっており恒常化していることだ。図1「新規市場投入航空機による追加キャパシティ（IATA Cargo Strategy 2015年8月）」が示す通り、旅客需要の増加により、貨物スペースを有する旅客機が供給量の増加に影響を及ぼしている。貨物専用機数も貨物需要の回復に応じて増加し更なる供給過多を導いている。その結果、需給バランスが崩れ航空貨物運賃は下落傾向となり航空会社の経営を圧迫していることは特に大きな課題だ。

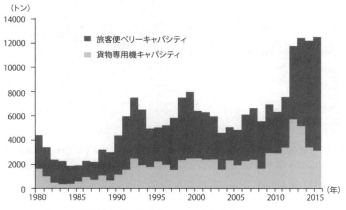

図1　新規市場投入航空機による追加貨物キャパシティ

図2「航空貨物輸送産業におけるSWOT分析（IATA Cargo Strategy 2015年8月）」では、航空貨物輸送産業の強みや拡大、成長の機会と多くの弱みやチャレンジすべき課題が示されている。強みや拡大、成長の機会を活用して更なる成果や実績をあげるためには弱みやチャレンジすべき課題を乗り越えなくてはならない。IATAは国際航空貨物は今後5年間平均4.1%伸びると予測している。一方、供給過多の状態は今後も解消されず、航空運賃の下落に影響を及ぼす。航空貨物輸送は市場や顧客ニーズの拡大に応じて発展していくが、更に高まる顧客の洗練されたニーズに応え、輸送技術や独自のサービスの開発に力を入れ、提携等の手段も通じて効率的で無駄のない経営を追求することで、体制、体質を常に変革していくことが必要だと思われる。

（NCA/本間啓之による。）

STRENGTHS（強み）	WEAKNESS（弱み）
● 速さ（他の輸送モードとの比較） ● 安全性 ● 保安（輸送中の保安モード 盗難防止） ● 信用性 ● 交通渋滞の無さ ● 地上での拘束時間の低さ ● 陸地に囲まれた国にとっての最高の輸送モード ● 長距離路線での高価値貨物輸送の競争力優位	● 供給過多 ● 運賃が高い ● 説明されず正しく理解されない航空輸送の価値についての提案 ● 環境に優しくない ● 一貫輸送ではない ● door to door 商品との空間的ミスマッチ ● ほとんどの航空会社が財政に苦しんでいる ● 複雑性（手順や過程、ステイクホルダー、規定） ● 保安（多くの国や関連する規定に従わなくてはならない） ● ステイクホルダーとの間との透明性やコミュニケーションが不足している ● 荷主との関係が十分でない
OPPORTUNITIES（事業拡大への機会）	THREATS（事業への脅威）
● E-コマースの拡大 ● パリ合意による貿易自由化（通関に関する航空貨物に対する措置） ● 市場の自由化 ● 経済及び貿易の成長 ● 調達、製造、配送のグローバライゼーション ● 新たな物流のコンセプト ● 特別な欧州の空港の空港容量の拡大 ● 大都市のさらなる都会化 ● 規定に則っていないサプライチェーン関係者の増加	● 空輸中の貨物からの火災 ● 規定に則っていないサプライチェーン関係者の増加 ● 他の輸送モードとの競争 ● 外部からのショック ● テロリストの脅威と不適切な保安要求 ● 航空機への貨物搭載に対する監視要件強化 ● 保護貿易主義 ● 空港容量の混雑 ● 地上設備の混雑 ● 深夜運航制限 ● 地上でのクリアランス制限（待ち時間の拡大） ● 過小評価されてしまう意思決定過程における貨物輸送区間 ● クラウドシッピング ● 自国あるいは近隣地域への生産拠点移転の傾向

図2 「航空貨物輸送産業における SWOT 分析（IATA Cargo Strategy 2015年8月）」

用 語 定 義
Definition

- **A Check** = A チェック
  約 650～750 飛行時間のインターバルに行われる軽いレベルの整備点検。

- **ACMI** = ACMI
  航空会社（貸し手）が用機者（借り手）に、普通は運航時間に基づく航空機、乗員、整備士、保険の対価で航空機をリースする契約。

- **Air cargo** = 航空貨物
  航空貨物と郵便、およびエクスプレス小包。

- **Air Cargo Guide** = 航空貨物ガイド
  オフィシャル・エアライン・ガイド社が出版する定期航空貨物サービスの公式時刻案内。貨物専用機、ワイドボディ大型機とコンビ機材（メインデッキ後部にも貨物用ULDを搭載）による旅客貨物便についての現在の国内、国際航空貨物スケジュールが掲載されている。毎月の出版には、航空会社の特別サービス、航空会社と航空機材のコードの読み方、空港コード、航空会社と貨物フォワーダーの会社一覧、税関情報、ULDの用語、貨物チャーター航空会社、航空貨物の連帯運送協定や航空機の搭載図の情報なども掲載されている。

- **Air Cargo, Inc（ACI）** = エアカーゴ社
  いくつかの米国定期航空会社が共同所有する地上サービス会社。親会社の航空会社に加えて、50を超える航空貨物フォワーダーと国際貨物航空会社に対してパートナーとしてサービスを供給する。ACIの主要な役割の1つは、空港のある都市での集荷と配送、道路網利用のトラック輸送によって航空会社が直接配送できない地点間での航空貨物の輸送を行うことを全国のトラック会社と契約し、全国レベルでの交渉と履行管理によって、航空貨物の地上輸送を促進することがある。ACIはこれらのトラックサービスの事典を出版していて、そこには米国でのサービス実施地点、適用される集荷、配送料金が掲載されている。ACIが他に行うサービスには、クレームへの調査、貨物ターミナルでのハンドリング、テレマーケティング、運送機材や運送用品、運送保険の共同購入、EDI（電子データ交換）サービスがある。

- **Air waybill** = 航空貨物運送状（エアウエイビル）
  航空会社が航空貨物に使う運送書類。荷主と航空会社間で交わす特定の目的地への運送の契約書でもある。運送の条件、航空会社への特別な指示、混載貨物の内容明細、適用される運送料金も書かれている。

- **Aircraft daily utilization** = 航空機稼働率（1日単位）
  航空機の飛行（地点間のブロック）時間を航空機の使用可能日数で割ったもの。

- **Airline Tariff Publishing Co.（ATPCO）**＝ATPCO社
  航空貨物に適用される運賃レートや運賃規則が含まれている航空会社の運賃表の出版社。運賃表は予約ベースで購入できる。

- **Asia-Pacific Economics Cooperation（APEC）**＝APEC
  太平洋を取り囲む21の国と地域の域内貿易協力と投資の自由化と促進のための経済協力の枠組み。

- **ATM or ATK**＝有効トンマイルまたは有効トンキロ
  有効トンマイルまたは有効トンキロ、すなわち最大搭載可能トンまたは容積重量と飛行距離（マイルかキロメートル）。航空機の搭載容量（重量）に飛行距離を掛け合わせて計算される。

- **Block hour**＝ブロック時間
  航空機が空港ターミナルを出発（自走開始）してから目的地の空港ターミナルに到着（駐機場で車輪止めをする）までの間の時間の長さ。

- **Bottom-up approach**＝ボトムアップ・アプローチ
  一番詳細（ミクロレベル）から始めて、複雑な、相互関係のある影響を考慮した後に、初めてマクロ・レベルの方へより特殊性が少なくなるように動かす航空交通予測の分析手法。

- **C Checks**＝Cチェック
  航空機の機体の高いレベルまたは大がかりな整備、Aチェックより整備範囲が強化され、普通は18か月ごとに実施される。

- **Cargo declaration**＝貨物申告書
  到着前か到着時、または出発前に、陸海空すべての商業運送便で、その税関の管轄領域に運び込むか、運び出そうとする貨物に関しての税関が要求する詳細な提出情報。

- **Cargo IMP message**＝貨物IMPメッセージ（貨物メッセージ交換手順）
  貨物IMPメッセージはIATA（国際航空運送協会）とATA（米国航空運送協会）のメンバー航空会社によって開発されたIATAとATAの公式の貨物メッセージ交換手順。このメッセージは、統一性、相互理解、航空会社相互間、航空会社と代理店、仲介業者、税関などの航空貨物業界関係者とのデータ交換における正確性と経済性を目的にしている。メッセージは手作業によってもコンピューター通信でも使える。

- **Cargo position manifest**＝貨物搭載目録
  各便の航空機の各パレットやコンテナごとの位置と重量の電子情報。

- **Cargo sales agent**＝貨物販売代理店
  荷主のために国際航空貨物の注文を取り、それを運送処理するIATAに公認された代理店。

用語定義

- **Cargo transfer** ＝ 中継運送貨物
  ある空港に到着した貨物が、他の便で運送を続けることで、同一の航空会社での運送か２つの航空会社による連帯運送による。

- **Chargeable weight** ＝ 課金重量
  航空貨物の運賃請求をする際の積み荷の重量。（容積を変換率を用いて重量換算する）容積での重量、または実際の重量が用いられる。ULDを使う場合は、ULDの自重を除いた総重量になる。

- **City-pair** ＝ 都市組み合わせ
  旅客の航空券か航空券の一部（フライトクーポン）として、または運送状か運送状の一部として運送が認められている２つの都市。

- **Combi（combination）aircraft** ＝ コンビ機
  メインデッキに旅客と貨物を同時に搭載することができる航空機。

- **Consignee** ＝ 荷受人
  航空貨物運送状に航空会社が貨物を配達すべき、貨物の受領者として名前が書かれている個人か法人。

- **Consignment** ＝ 混載貨物
  １つの単位として航空会社に受付され、１つの運送状で１つの目的地の１人の荷受人に運送される１つまたは複数個の荷物。

- **Consignor** ＝ 荷送人
  航空会社と運送契約を結ぶ個人または法人。

- **Consolidator** ＝ 混載事業者
  多くの品物を異なる荷主から集荷して１つの混載貨物にまとめる形で、一般大衆に独自の運賃で航空貨物を運送するサービスを提供する個人または法人。

- **Container, aircraft** ＝ コンテナ
  壁、ドア、天井などの基盤を持ち多くの航空機の機種に適合し、その装備品として取り扱われる密閉式の単位運搬装置。

- **Contract logistics** ＝ ロジスティク契約
  サービス供給者としてのバリューチェーン（価値連鎖）に沿った複雑なロジスティクスまたはその関連業務を行うこと。特定の産業と顧客に合わせたサービスとして、複数年契約で提供される。

- **Customs** ＝ 税関
  一国における輸入品と輸出品の物の流出入を規制する役割の政府当局。

・**Customs declaration** ＝税関申告書
　ある国への輸入品の内容、数量、価値が正しいことを証明する申告書類。

・**D check** ＝Dチェック
　航空機の機体の高レベルまたは大がかりな整備。整備範囲は最も強化され、一般的には6～9年または飛行時間25,000時間の間隔で実施する。

・**Day definite** ＝（配送）指定日
　速達貨物の指定配送日。

・**Density** ＝比重
　貨物の容積に対する重量の比率、一般的には1立方メートル当たりキログラムで表示。

・**Design density** ＝計画比重
　航空機の有効な搭載容量と有償重量との関係。

・**Dimensional weights** ＝容積重量
　貨物容積の重量（キログラムやポンド）への変換、ボリュームウェイトとも呼ばれる。低比重の混載貨物に使われる。

・**Dry leasing** ＝ドライリース
　航空機の資金出資者（賃貸人）が航空機を乗員、整備、保険無しで他の航空会社（賃借人）に、一般的には月間固定料金を収受して貸し出すこと。

・**Eurocontrol** ＝ユーロコントロール
　欧州の航空の航行安全のための組織（ユーロコントロール）は、38か国と欧州委員会で構成される国際組織。2010年時点での加盟は、EU27か国とアルバニア、アルメニア、ボスニアヘルツェゴビナ、クロアチア、モナコ、モンテネグロ、セルビア、トルコ、前ユーゴスラビアのマケドニア、ウクライナである。

・**Europe-Asia/Pacific** ＝欧州－アジア／太平洋
　欧州とアジア／太平洋、あるいは極東／オーストラリア地域は、複数の路線群に沿って特定の航空貨物取引ルートの分析に使われている。路線群としては、北極横断飛行路線（直行またはアラスカ経由）やシベリア横断飛行路線を含めて、欧州と中東地域の東の地点との定期路線が参照される。

・**European Economic Area** ＝欧州経済領域
　1994年の初めに欧州自由貿易連合（EFTA）の加盟国と欧州委員会との間、のちに欧州連合（EU）との間で協定化された。現在の加盟国はEU27か国とノルウェー、アイスランド、リヒテンシュタインである。

・**Express cargo** ＝エクスプレス貨物
　航空貨物は、統合された情報管理を実践している航空会社による、信頼性が高く、時

用 語 定 義

間に正確な Door to Door の運送が要求される。エクスプレス貨物を運ぶ航空会社は、普通は「統合的」と特徴づけられるが、それはほとんどの場合、空港から空港までの、時間に正確な貨物ということに加えて、Door to Door での集荷と配送などの他の多くのサービスを提供するからである。

・**Flight stage** = 飛行行程

飛行行程とは、航空機の離陸から次の着陸までのオペレーションのこと。（俗にフライトといわれてる）飛行行程（フライト）は次の定義で、国際線か国内線に分類される。

  国際線：1つまたは両方のターミナルが、その航空会社が主要な事業展開を行っている国以外の領域にある飛行行程（フライト）。

  国内線：国際線と分類されない飛行行程（フライト）。国内線の飛行行程（フライト）は、すべての飛行行程（フライト）がその航空会社が主要な事業展開を行っている国の領域内の地点を飛行する。国家とその国に属する領土（植民地など）をまたぐ飛行行程（フライト）、または領土間をまたぐ飛行行程（フライト）は、国内線と分類される。この定義は飛行行程（フライト）が公海や他の国の領土を横断しても適用される。

・**Freight forwarder** = 貨物運送事業者

航空会社にとって貨物運送事業者は荷主であり、（実際の）荷主にとっては間接的には航空会社か代理業者である。貨物運送事業者は独自の料金表で荷主から貨物を受領し、しばしば大きな混載貨物にまとめ、必要な書類を準備し、その荷物を、時には航空機用 ULD に入れて航空会社に運送する。

・**Freight（or mail）tonne-kilometers performed** = 貨物（または郵便）輸送トンキロ

貨物または郵便を1キロメートル運ぶ時のトン数。貨物トンキロメートルは、各便の航空貨物、エクスプレス貨物、外交行嚢のトン数の合計に、各便の飛行行程の区間距離を掛け合わせた数値。ICAO の統計目的で航空貨物には、エクスプレス貨物、外交行嚢は含まれるが、旅客用手荷物は含まれない。航空郵便のトンキロメートルは、航空貨物のトンキロメートルと同じやり方で計算される

・**Freight（or mail）tonnes carried** = 貨物（または郵便）輸送トン

貨物の輸送重量のトン数は、個々の便名の飛行区間ごとの搭載貨物重量を1回だけ重複なしに足して得る。唯一の例外は同じ飛行で国内線、国際線を飛ぶ場合であり、この場合は国内、国際の両方の貨物または発送として計算する。同じやり方は郵便での輸送重量計算でも使われる。

・**Freighter aircraft** = 貨物専用航空機

貨物と旅客の両方でなく、貨物だけを輸送する航空機。貨物専用機のある機種では、操縦席に隣接して少数の旅客用座席を設置してあるものがある。

・**Full Container Load（FCL）** = コンテナ満載

コンテナをフルに搭載すること。

- **Good declaration** ＝税関申告書
　貨物に適用されるべき税関手続きと、その税関手続きを適用するにあたって税関当局が申告を要求している貨物品の詳細説明について、税関当局が指示した形式で、利害関係者によって書かれた申請書類。利害関係者とは、関係する国によって、輸入業者、輸出業者、貨物所有者、荷受人、貨物の運送業者、その法的代理人であったりする。

- **Handling agent** ＝ハンドリング業者
　航空機からの貨物の搭降載とULDへの積み付け、積み下ろしを専門に行う会社。

- **House airwaybill（HAWB）** ＝ハウスエアウエイビル（運送状）
　混載貨物をバラした個々の貨物の運送状。

- **Hub airport** ＝ハブ空港
　主たる積み替え基地。積み替えと航空機への貨物搭載のための集積センターである。

- **Integrator or Integrator Carrier** ＝インテグレーターまたはインテグレーター航空会社
　航空機の運航とトラック運送で小型貨物の独自の集荷と配送のサービスを行い、先進的な情報通信技術の支援により、Door to Doorでの配送を行う企業。

- **Intermodal transfer** ＝異モード交通機関での輸送
　異なるモードの交通機関を組み合わせた輸送、しばしばトラックと鉄道の輸送が組み合わされる。

- **International flight** ＝国際線便
　1つまたは複数の国際区間を含む飛行（飛行行程、国際線を参照）。

- **Just-in-time** ＝ジャストインタイム
　製造と物流において大量在庫に頼らず、必要最低限の在庫とする手法。

- **Known shipper or consignor** ＝既知の荷主または荷送人
　航空会社と有効な取引関係を持ち、保安担当の政府官署を代理している公認の検査者から安全を保障されていて、自身の製品を出荷している者。

- **Less than Container Load（LCL）**
　海上輸送において、1つのコンテナを満たせない少量の搭載量で、他と一緒に搭載される積み荷。

- **Less than Truck Load（LTL）**
　道路運送業者の間で、トラック満載と対比して、雑に取り扱われる位の少量の積み荷を表す言葉。

- **Logistics** ＝ロジスティクス
　始点から消費点までの間で、顧客の要求を満たすための、有効でコスト効率が良い原

料、製造仕掛在庫、完成品の流通と保管、および関連情報についての計画、実践、管理のプロセス。

・**Lower deck** ＝床下貨物室（ロワーデッキ）
　航空機のメインデッキの床下にある1つないしは複数の貨物室、旅客手荷物と貨物の輸送に使う。

・**Mail** ＝郵便
　通信その他の物で郵便管理者に配達してもらうため差し出されたもの。

・**Master airwaybill（MAWB）**＝マスター運送状（エアウエイビル）
　混載貨物の運送のため、混載業者が荷主として書かれている航空貨物運送状。

・**Narrow-bodied aircraft** ＝狭胴航空機（ナローボディ）
　旅客室が通路1本で、単通路航空機として知られる。一般的には胴体の直径は3～4m。

・**North Atlantic** ＝北大西洋
　北大西洋地域は、複数の路線群に沿って特定の航空貨物取引ルートの分析に使われている。路線群としては欧州と、中東やアフリカ、米国（ハワイやアラスカを含む）やカナダのゲートウェイ空港経由での北中南米の定期路線が参照される。長距離の国内区間も含まれる。

・**Outsourcing** ＝外部委託
　外部のサービス供給業者へ仕事を下請けに出すこと。

・**Pallet** ＝パレット
　貨物を固縛する木か金属のベース板。

・**Payload capacity** ＝搭載容量
　（トン数での）上下デッキを合計して搭載可能な、有償の（旅客、手荷物、貨物、郵便）の搭載容量、容量を提供するにあたって搭載量の制限や適用されるオペレーション上の制限を考慮した上で、有効な搭載容量。（有効トンキロも参照）。

・**Perishable goods** ＝腐りやすい物品
　品質や状態が悪化、腐敗、死亡していく性質を持つ商品、海産物、生花、野菜、果物。時間とともに市場で価値を失うか減らす商品（新聞など）にも使われる。

・**Road feeder service（RFS）**＝地上輸送サービス
　航空貨物運送状により、通常は専用のトラックを使って、地上を輸送される貨物。
　出発地と目的地の間の運送は、航空機またはトラックだけで行われる。「トラック飛行」と呼ばれる。

- **Scheduled flight** ＝定期航空
 貨物取扱事業者や他の荷主顧客に、キログラム当たりの運賃レートにより航空貨物運送状を用いた対価を得ることで、空港間の定期航空貨物運送を提供するサービス。

- **Sea-air market** ＝海空輸送マーケット
 出発地から目的地まで海運と航空により輸送されるマーケット、海港間を船で運ぶ低コストと大陸上空を飛ぶ航空のスピードの利点を持ち、時間とコストをバランスさせられる。

- **Shipment** ＝積み荷
 輸送される貨物のひとかたまり、たいてい1品目の品物で構成される。

- **Shipper** ＝荷主
 物品の運送契約書（航空貨物運送状）を発行した個人か会社。

- **Stage distance flown per aircraft** ＝航空機当たりの飛行区間距離
 航空機当たりの平均の飛行区間距離のことで、飛行キロメートルの合計をそれを飛んだ関係する航空機の出発数で割ったもの。

- **Supply chain** ＝サプライチェーン（供給連鎖）
 材料を供給することから商品を消費者に届けることまでの全体最適にかなう、企業間にまたがる一連の関連する資源とプロセス。

- **Tare weight** ＝風袋重量
 空のコンテナやパレットの重量。

- **Time-definite shipment** ＝時間確約輸送
 配達時間保障の輸送サービス、しばしば、もし宣伝した輸送時間が守られなければ、その区間または全区間の運賃を払い戻すこともある。

- **Tonne-kilometres available** ＝有効トンキロ
 1有効トンキロメートルは、1トンの搭載できる容量が1キロメートル飛行した数値（ATKで表される）。有効トンキロは、各飛行区間で有効に運ぶことができる有償搭載量（旅客、貨物、郵便）のトン数の数値に区間距離を掛けた数値に等しい。

- **Tonne-kilometres performed** ＝有償トンキロ
 1有償トンキロメートルは、1トンの有償貨物を1キロメートル輸送した数値（RTKで表される）。有償トンキロは、各飛行区間の有償貨物（旅客、貨物、郵便）で輸送された総重量数値に区間距離を掛けた数値に等しい。

- **Top-down approach** ＝トップダウン手法
 より広い（マクロの）観点から始めて、傾向と結論をより特定の状況に適用させていく航空交通を予測するための分析技術。

用語定義

- **Transpacific** = 太平洋横断路線

  太平洋横断地域は、複数の路線群に沿って特定の航空貨物取引ルートの分析に使われている。路線群としては北中南米と極東またはアジアとの間の定期路線が参照される（北中部太平洋も参照）。

- **Truck flight** = トラックフライト

  地上輸送サービス（RFS）としても知られている。たいていは専用トラックで、航空貨物運送状で地上を輸送される貨物。運送は出発地から目的地まですべて地上輸送、または空港間や地上を部分的に地上輸送する場合もある。

- **Twenty-foot equivalent unit（TEU）** = 20フィート海上コンテナサイズ

  普通は、海上輸送で標準的に使われる長さ20フィート、幅8フィートのコンテナを表す容積の単位。しばしば積み替えて地上輸送にも使われ、14トンまで積載できる。

- **ULD（Unit Load Device）** = ULD

  航空機用コンテナ、航空機用パレットとパレット用の網（ネット）、イグルーを載せパレット用の網（ネット）をかけた航空機用パレット。多数の小包や貨物を保管でき、ULD単位でまとめてハンドリングでき、航空機のメインデッキまたはロワーデッキの搭載可能スペースを最大限活用できるよう設計されている。

- **Weight load factor** = 重量ロードファクター

  有効トンキロメートルのうち実際に輸送されたトンキロメートルをパーセンテージで表した数値。

- **Wet lease** = ウエットリース

  ある航空会社のために航空機の運航のすべての面を代行する取り決めで、機体、エンジン、乗員の提供や、すべてではないが航空機に関連するほとんどの支出項目が含まれる。

- **Wide-bodied aircraft** = ワイドボディ機

  ワイドボディ機とは、客室に2本の通路を持ち、双通路航空機として知られる航空機。典型的な機体の胴体の直径は5〜6メートル。

- **9/11Commission Act of 2007** = 2007年9月11日委員会の勧告実施法

  反テロリズムの基金の再分配で、アメリカ合衆国に入っているすべての航空貨物と海上貨物の100パーセントの点検を含む、9月11日委員会が勧告した行為の実施についての2007年8月に法律に署名された米国議会法。

索 引
INDEX

欧文

DB シェンカー ……………………… *134, 137, 198*

DHL
- DHL エア ……………………………… *109*
- アエロロジック ……………………… *302*
- エアボーンエクスプレス …………… *106*
- エア香港 ……………………………… *114*
- カーボンオフセット合意 …………… *330*
- 解説 ………………………………… *123-126*
- 貨物機運航コスト …………………… *265*
- キャパシティ …………………………… *22*
- 航空機コンテナ（DHl の配送車）…… *224*
- フォワーディング ………………… *135-137*
- ポーラー・エアカーゴ ……………… *103*
- 民間予備航空機編成（CRAF）の配分
  ………………………………………… *44*
- 輸送
  - 欧州でのシェア ……………… *122*
  - 航空権益 ……………………… *72*
  - 国際でのシェア ……………… *122*
  - ハブ空港 …………… *25, 16, 199*
  - 米国におけるオペレーション … *76*
- 料金談合の訴え ……………………… *84*

TNT
- 解説 ………………………………… *131-132*
- キャパシティ ……………………… *22-23*
- 減価償却の方針 ……………………… *261*
- フリート（機材の編成）…………… *170*
- 郵便に関する規則 …………………… *85*
- 輸送
  - 欧州でのシェア ……………… *122*
  - 国際でのシェア ……………… *122*
  - ハブ空港 …………………… *17, 23*

UPS
- DHL への挑戦 ………………………… *76*
- SCS：フォワーディングサービス … *135*
- オペレーティングコスト …… *251, 253, 261, 262, 265, 268*
- 解説 ………………………………… *128-131*
- 貨物の盗難 …………………………… *49*
- キャパシティ ………………………… *25*
- 航空会社の収益性 …………………… *285*
- 航空貨物賃率 ………………………… *223*
- 民間予備航空機編成（CRAF）の配分
  ………………………………………… *44*
- 効率（主要業績指標（KPI）… *321*
- 燃油サーチャージ …………………… *241*
- フリート（機材の編成）…… *165, 170, 173*
- 輸送
  - 欧州でのシェア ……………… *122*
  - 航空権益（以遠権）………… *292*
  - 国際でのシェア ……………… *123*
  - 日本貨物航空とのコードシェア … *101*
  - ハブ空港 ………………… *17-18, 25*
  - 米国でのシェア ……………… *105*

WOW アライアンス ………………………… *150*

ア行

アウトソーシング（外注）……… *103, 119, 129, 160, 211-212, 335, 363, 373*

アトラス航空
- ACMI 契約期間 ……………………… *270*
- DHL ジョイントベンチャー ………… *159*
- ウエットリース ……………… *66, 103*
- 国防のサポート ……………………… *43*
- 単位費用と平均運航区間距離 …… *252*
- ドリームリフターの運航 …… *103, 174*
- パナルピナとのチャーター契約 …… *138*
- 費用上の利点 ………………………… *218*
- 部門別貢献度 ………………………… *271*
- ブリティッシュ・エアウエイズ ……… *108*

アントノフ貨物専用機
- アントノフ 124
  - 乗客用の座席 ……………………… *96*
  - ボルガドニーパ航空 ……… *101, 109*
- アントノフ 225 ……………… *172, 174*
- 出資航空会社 ………………………… *101*

イールド
- イールド実収単価の傾向 …… *228-231*
- イールドと輸送力 ……………… *357-358*

イリューシン貨物専用機 ……………… *173*

インテグレーター
- 運賃料金表 …………………………… *241*
- UPS ………………… *105-7, 128-131*

外国企業買収 …… 159
解説 …… 228
カスタムビルドコンテナ …… 176
高イールド …… 102
市場の概観 …… 119, 120
収益性 …… 283
商品設定 …… 223
セカンダリー（補助的な）空港 …… 184
トランスマイルエアサービス …… 102
燃油サーチャージ …… 241
ハブターミナル …… 199, 322
販売促進 …… 224
フェデックス …… 126-128
米国のオペレーション …… 6, 11
郵便事業社のオーナーシップ …… 85, 143
輸送 …… 3-4
 TNT …… 131-132
 欧州でのシェア …… 122
 国際でのシェア …… 91, 117, 122

インベントリー（在庫）
 管理マネジメント …… 47, 201, 215, 241, 353, 355, 361, 373
 売上高の比率 …… 12

ヴァージン・アトランティック航空
 方面の不均衡 …… 8
 燃油サーチャージ …… 85
 地域でのシェア …… 108

ヴァリル・ログ …… 116

ウエットリース …… 65-67, 103, 104, 107, 112, 132, 148, 250, 251, 260, 270, 271

運送状（航空貨物運送状）…… 50, 52, 91, 111, 187-191, 225, 237, 240, 369, 372-375
 用語定義 …… 367
 ハウスエアウエイビル …… 372
 マスターエアウエイビル …… 373

エールフランス-KLM
 Cargo 2000 …… 51
 CO_2削減合意 …… 330
 スカイチーム …… 151, 152, 157, 158
 戦略 …… 220
 フリート（機材の編成）の縮小
  (fleet reduction) …… 92
 マーチンエアの運用 …… 93
 輸送 …… 11
  欧州内のシェア …… 108
  ハブ空港 …… 17

エアバス（貨物専用機）
 エアバスA330 …… 94, 110, 162, 195, 355
  価値（価格）…… 260
  特性 …… 162
  割当数 …… 313
 エアバスA380 …… 168, 169
  運航費用 …… 269
  空港との互換性 …… 17, 203
  騒音 …… 314
  特性 …… 162

エアブリッジカーゴ …… 23, 93, 101, 108, 109

エクスプレスカーゴ（貨物）…… 21, 151, 152, 199
 用語定義 …… 370

エクスペディターズ …… 135, 139

エミレイツ航空 …… 12, 17, 55, 56, 103, 115, 137, 163, 198, 235, 329

オフショアリング（海外シフト）…… 211, 213, 335

オペレーティングリース …… 281, 253

カ行
カーゴイタリア …… 23, 110
カーゴルックス
 ACMI顧客 …… 103
 B747-8F ローンチカスタマー …… 174, 289, 295
 Cargo 2000 …… 51
 キューネ・アンド・ナーゲル …… 137
 クオリフライヤー …… 153
 経営戦略 …… 219
 財務報告書
  イタリアの子会社 …… 100, 110
  営業費の内訳 …… 261, 262, 284, 322
  資産償却方法 …… 259
  収益率 …… 285
 所有権 …… 99, 158
 独占禁止法違反の罰金 …… 251
 輸送 …… 11
  国際定期航空貨物シェア …… 100
  航空権益 …… 72
  地域別航空貨物シェア …… 22, 108

海運事業者 …… 140
海上輸送 …… 33, 52, 61, 129, 134, 135, 211, 214, 216, 354, 360, 372, 375
 コスト …… 218
 運賃 …… 46, 52

索引

価格設定 ································ 232-241
  地域による違い ······················ 232, 233
  賃率の構造 ·························· 238-240
  燃油サーチャージ ······················· 236
合併
  国を跨ぐ合併と買収 ··················· 157-160
  同一国内での合併と買収 ············· 155-157
  レベニュー・マネジメント ············· 241-249
貨物専業航空会社 ······················· 99-102
  チャーターおよびACMI事業者
  ··································· 102-104
環境への影響
  CO₂排出への対応 ············· 315-322, 333
    欧州航空ETS ····················· 324-330
    課金 ······························· 322
  フードマイル ····························· 331
  騒音
    航空機体に関する騒音の検証 ······ 308
    排出規制 ························· 309-311
    罰則と罰金 ············· 311, 312, 323
    夜間飛行禁止 ······ 110, 312-314, 347
規制
  過剰規制 ···························· 358, 359
  技術規程 ······························ 62-67
  競争法 ································ 81-85
  航空サービス協定 ····················· 70, 71
  財務面での適性 ························ 67-69
  将来の自由化 ·························· 86-90
  所有権と管理 ····························· 81
  地域での発展 ·························· 75-81
  郵便に関する規則 ························· 85
キャセイパシフィック航空
  ACMIの顧客 ····························· 103
  Cargo 2000 ····························· 51
  CRM ····································· 245
  DHLとのジョイントベンチャー ········ 114
  欧州での運航 ···························· 23
  貨物ターミナル（Hactl）の株式所有
  ··· 196
  キャパシティの低下 ····················· 357
  中国国際航空
    中国国際貨物航空 ··················· 157
    株式保有 ···························· 114
  燃料効率目標 ··························· 321
  フォワーダーによる運賃談合 ············ 84
  輸送
    アジアでの航空貨物シェア ············ 113
    積み換え輸送量のシェア ··············· 17
キャパシティ
  インテグレーター ····················· 25, 26
  長距離区間 ····························· 22, 24
  短・中距離区間 ························ 21, 22
キューネ・アンド・ナーゲル ······ 51, 53, 134, 137
競争（法）
  価格談合と燃油サーチャージ ······ 82-84
  競争法 ································ 81-83
空港の運用
  危険物 ······························ 208, 206
  グランドハンドリング ··············· 200-203
  航空運送状 ························ 187-189
  情報フロー ·························· 185-193
  積載量管理 ·························· 192, 193
  ターミナル ·························· 196-200
  通関 ································ 191, 192
  積荷目録 ································ 189
  保安 ································ 204-207
  ロードシート ······················· 189, 190
クオリフライヤー ························· 148, 153
グレートウォール航空 ········· 17, 23, 100, 101, 113, 114, 159
グローバルサプライシステム ···· 108, 109, 271
経済景気循環 ··························· 13-15
計算重量 ····················· 189, 239, 240, 241
ケロシン価格 ·························· 235, 257
  用語定義 ································· 372
航空会社の収益性
  サプライチェーン参加者 ····················· 282
  航空サービスの種類別 ····················· 283
航空会社の費用
  航空会社別 ························ 260, 261
  ICAOによる費用報告 ····················· 250
  ウエットリースによる運航費 ····· 270-272
  運航区間距離 ····················· 251, 253
  サービスの内容別 ··················· 262-270
  資本費 ···································· 258
  燃料費 ···································· 257
  ロワーデッキのコスト配分 ········· 273-280
  参照：日本貨物航空，フェデックスの
    ケーススタディ
航空貨物アライアンス
  WOWアライアンス ····················· 150
  アライアンスのタイプ ············· 144-151
  エアカーゴジャーマニー（ACG）········ 23,

109, 110
クオリフライヤー 148, 153
消費者への影響 149
スカイチーム 151, 152, 157, 158
航空機・設備
　運航費用 241, 250, 263-273, 275
　運航オペレーション 177-180, 192, 193
　改造専門企業 167
　貨物（専用）機 4, 16, 41, 91, 94, 95, 99, 102, 103, 105-108, 113, 125, 161-163, 169-173
　　用語定義 371
　基準 174, 180
　コンビ機とクイックチェンジ機
　　.. 174, 175
　将来の貨物専用機 180-183
　ナローボディ 166, 176
　　用語定義 316, 379, 373
　番号 161
　飛行経路 178
　有償搭載量と距離のトレードオフ 178
　利用
　　旅客機の改造・改修 166-169, 173, 262, 351
　　ロワーデッキ 2, 5, 9, 40, 47, 53, 91-95, 97, 111, 133, 150, 153, 158, 162-163, 176, 177, 194, 220, 238-239, 250, 274, 278, 279, 341, 347, 348, 352, 363, 373
　　　用語定義 373, 375
　　ワイドボディ 168, 173, 176
　　　用語定義 375
航空（サービス）協定（ASA） 70-81
国際輸送 1-10
　シンガポール航空 11
　大韓航空 11
　ルフトハンザ航空 11
国内貨物輸送（米国） 2-5
　太平洋路線 7
国防のサポート 42, 43
コスト
　貨客便の費用配分 277, 279
　減価償却 183, 253, 254, 258, 261, 262, 264, 265, 268, 269, 276, 303, 304
　支出のカテゴリー（費用の内訳）
　　.. 250-262, 255
　乗務員の給与 252, 253, 262, 302
　着陸料 254, 255, 270, 276, 312, 323
　ハンドリングコスト（費用） 18, 245, 247
クーリエ 120, 121, 127, 129, 130, 139, 275
混載 ..... 119, 139, 165, 179（貨物集約），187, 189, 239, 373
　用語定義 369
混載貨物
　用語定義 369
混載事業者 48, 120, 133, 186, 225, 240
　用語定義 369
コンテナ（航空機） .... 18, 175, 176, 195（図8．2）
　LD-3 194
　　スキャナー 205
　　超軽量 195
　海上 217
　価値ある品目（貴重品）梱包されたもの
　　.................................... 37, 48, 204
　重量不足 193
　動物の輸送 41
　ハンドリング（取扱い） 196-199, 201-202
　フォワーダー／顧客積み込み 120, 187, 189
　複合輸送用 18, 55, 181
　不利な点 196
　用語説明 194, 369
　冷凍 38

サ行
財務結果
　カーゴルックス 285
　航空サービスの種類別 283, 284
　サプライチェーン参加者 282
　シンガポール航空カーゴ 304
　日本貨物航空 292-295
　フェデックス 262, 295-298
　ルフトハンザ・カーゴ 302-304
サプライチェーン 14, 50
　DHLの部門 123, 136
　グローバル・トレンド 210, 213, 214
　収益性 281, 282
　パナルピナ 138

索引

用語定義 374
シノトランス ············· 114, 129, 135, 139, 156
収益（性）········· 99, 114, 146, 218, 220, 234, 241, 242, 248, 257, 259, 275, 279, 357
 貨物専業航空会社 284
 航空会社のサービスによる ········ 283, 284
 サプライチェーンの参加者 ·················· 282
 シンガポール航空カーゴ ···················· 304
 日本貨物航空 292-294
 フェデックス 300, 301
 ルフトハンザカーゴ ···················· 303, 304
 参照：航空会社の収益性
重量（自重）····· 136, 177, 181, 194, 196, 240
 用語定義 374
消費者（顧客）······· 40, 45, 89, 144, 149, 208, 209, 224, 339, 354, 362
所有権と管理 81
 貨物子会社 98, 304
シンガポール航空
 WOW アライアンス 150
 価格談合 84
 グレートウォール航空 ········ 101, 113, 159
 燃料効率 321
 輸送
  アジアでのシェア 113
  航空権益 71, 79
  国際のシェア 11
  ハブ空港 17
  ハブを通じた輸出 112
人道主義的支援 41, 42
スカイチーム・カーゴ ·············· 151-152, 158
生産性 ····· 211, 248, 294, 300, 303, 305, 335, 359
世界食糧プログラム（WFP）による運航 ···· 41
セキュリティ（保安）········ 41, 46, 48, 70, 89, 201, 204-207, 221, 372
規制
 航空サービス協定 70, 71
 将来の自由化 86, 87
 所有権と管理 81
 地域での発展 74-81
全日空（全日本空輸）
 方面の不均衡 8
 JAS とのアライアンス 149
 JP エクスプレス 112
 日本貨物航空 285, 286, 289

騒音
 課金 312, 323
 機体の騒音（の検証） 308
 騒音規制割当 312, 313
 騒音軽減の運用 309, 310
 飛行禁止 312

タ行

第6の自由（航空権益）
 .... 71, 72, 73, 104, 295
第7の自由（航空権益） ···· 71, 72, 73, 78, 80, 86, 359
ダンザス 123, 135
チャネルエクスプレス 109
中華航空
 ACMI 顧客 103
 貨物専用機の運航 23
 中国東方航空のジョイントベンチャー
  112
 中国国際航空と中国南方航空のキャパシティスワップ 145
 輸送
  インドでの権益 79
  拠点となる輸出国 112
  国際運送量シェア 11
  地域での航空貨物シェア 113
  ハブ空港 17
  揚子江エクスプレス 159
鉄道輸送 ········ 46, 52, 56, 57, 133, 137, 176, 184, 217, 224, 327, 372
トラック輸送 112

ナ行

荷受人
 用語定義 369
日本貨物航空（NCA）
 エールフランス-KLM 貨物パートナー
  157
 B747-8F ローンチカスタマー 174
 Cargo B（ベルギー） 111
 欧州便 23
 経営組織 290
 ケーススタディ 285-295
 所有（オーナーシップ） 141
 戦略 219, 220
 日本航空との合併 98, 99
 利潤獲得可能性 293

路線の拡張 …………………………… 287
輸送
　　世界でのシェア …………………… 100
　　輸送量と積載効率の推移 ………… 288
日本航空
　　貨物部門の分離 ……………………… 98
　　貨物便 …………………… 23, 145, 358
　　日本貨物航空 …………… 285, 286, 291
　　　　エクスプレス商品 ……………… 151
　　　　ハブ空港 …………………………… 17
　　　　地域でのシェア ………………… 113
　　燃油サーチャージ ………………… 236
　　方面の不均衡 ………………………… 8
　　輸出産業 ……………………………… 112
　　ルフトハンザカーゴとのアライアンス
　　　…………………………………………… 124
日本通運（日本エクスプレス）……… 100, 112,
　139, 285
ネットワークキャリア
　　経営組織 ………………………… 97-99
燃油サーチャージ ……… 47, 82, 84 ,149, 228,
　234-237, 241, 242, 258, 292, 302, 303,
　344
燃料効率
　　ヴァージンアトランティック ………… 320
　　航空会社のタイプ別 ……………… 321-323
　　航空機のタイプ別 ………… 180, 181, 234,
　　　257-258, 264, 266, 294, 315-317,
　　　319-321, 335, 360
　　ブリッティシュ・エアウエイズ ………… 321

ハ行
運ばれる商品
　　動物の輸送 …………………………… 41
　　貿易での区分 …………………… 31-36
　　特別取り扱い品目 ………………… 37-41
パナルピナ ……………………… 57, 135, 138
ハブ空港
　　ハブ積み替え輸送量 ……………… 17-18
　　ハブのオペレーション …… 1, 3, 15-18, 22,
　　　25, 26, 56, 71, 77, 86, 91, 92, 107,
　　　111, 112, 115, 116, 121, 126-132,
　　　146, 157, 176, 179, 199, 202, 291,
　　　295, 296, 297, 299, 300, 332, 359
パレット
　　コスト配分，ゾーン法 ………………… 278
　　座席とギャレー ……………………… 167

トラックのキャパシティ …………………… 111
ハンドリング …………………………… 201, 203
フィートの有償搭載量 ……… 172, 177, 194
複合交通機関を利用する積み荷 ……… 52, 55
用語 ……………………………………… 175, 373
利点 ……………………………………… 195, 196
比重・密度 …… 162-163, 189, 193, 245, 248,
　328
　　計量 ………………………………………… 193
　　コスト配分方法の実行 …………… 275, 279
　　積載容量の想定 …………………………… 269
　　低密度 …………………………………… 239, 240
　　用語定義 …………………………………… 370
ファイナンシャルリース ……………………… 288
フェデックス（フェデラルエクスプレス）
　　DHLへの挑戦 ………………………… 76
　　MD-11主要顧客 ……………………… 172
　　解説 ……………………………… 126-128
　　貨物の盗難 ……………………………… 48
　　ケーススタディ …………………… 295-302
　　財務報告書
　　　　運航費用 ……………………… 252, 261
　　　　貨物機運航コスト ………… 265, 268
　　　　減価償却の方針 ……………………… 261
　　　　燃料費 …………………… 284, 302, 321
　　スポンサーシップ ……………………… 224
　　騒音削減へのアプローチ ……………… 311
　　テクノロジー …………………………… 227
　　フリート …………………………… 165, 168
　　民間予備航空機編成（CRAF）の配分
　　　……………………………………………… 44
　　無人飛行（パイロットレス）…………… 181
　　輸送
　　　　欧州でのシェア ……………………… 122
　　　　航空権益 ……………………… 127, 295
　　　　国際でのシェア ……………………… 122
　　　　ハブ空港 ………………………… 15, 18, 25
　　　　北米 ……………………………………… 105
複合交通機関
　　海上－航空輸送 …………………………… 53-56
　　鉄道－航空輸送 ………………………… 56, 57
生鮮（腐敗しやすい）貨物 ……… 38-40, 152,
　198, 199, 222, 237, 331, 373
フライング・タイガー ……… 70, 75, 155, 156,
　286, 287, 297, 298, 363
ブリティッシュ・エアウエイズ
　　ACMIリース …………… 66-67, 103, 358

索　引

Cargo 2000 ·············· 51
CO_2 排出量 ·············· 326
イベリア航空との合併 ·············· 158
運賃談合に対する罰金 ·············· 83, 84
運航コスト ·············· 147, 148, 275
貨物専用機の運航 ·············· 23, 145, 184
航空会社の所有権
　US エア ·············· 81
　地域航空会社 ·············· 94
燃油サーチャージ ·············· 84, 234, 235
輸送
　インドへの権益 ·············· 64, 79
　地域でのシェア ·············· 108, 109
　積み替え輸送量のシェア ·············· 18
　トラックのハブ ·············· 22
　ヒースローターミナル 5 ····· 342, 343
　方面の不均衡 ·············· 8
フレイトフォワーダー ·············· 133-140
　用語定義 ·············· 371
ブロックスペース・アグリーメント ·············· 147
米国の民間予備航空機航空機編成（CRAF）
·············· 44
米ドル交換レート ·············· 230
ボーイング貨物専用機
　B747-400F
　　（騒音規制による）割当 ······ 313, 314
　　CRAF の配分 ·············· 44
　　UID キャパシティ ·············· 177
　　運航乗務員 ·············· 272
　　価値 ·············· 260
　　燃料効率 ·············· 181, 318
　　費用 ·············· 266-269, 272
　　ブリティッシュ・エアウエイズのフリート ·············· 66
　　旅客機の改造 ·············· 166-169
　　ロワーデッキキャパシティ ·············· 238
　B747-8F
　　B747-400F との共通性 ·············· 267
　　アトラスエア ·············· 103
　　運航費用 ·············· 269
　　エアブリッジカーゴ ·············· 109
　　カーゴルックス ·············· 100, 289, 295
　　価格 ·············· 260
　　機材騒音に対する追徴金 ·············· 323
　　将来のデリバリー ·············· 169
　　搭載量と距離の比較 ·············· 173, 178
　　特性 ·············· 173

日本貨物航空 ·············· 289, 294, 295
燃料効率 ·············· 360
ローンチカスタマー ·············· 289
B757
　DHL による便 ·············· 125
　UPS ·············· 170
　インテグレーターの運航 ·············· 25
　価値 ·············· 260
　区別 ·············· 161
　特性 ·············· 170
　燃料効率 ·············· 318
　費用 ·············· 265
　フェデックスの機材の生産性 ·············· 300
　旅客機の改造 ·············· 168-170, 263, 166, 168, 169
　ローンチカスタマー ·············· 170
B777F
　B747-200 後継機 ·············· 173
　DHL の投入 ·············· 125
　ULD キャパシティ ·············· 176
　価値 ·············· 260
　機材騒音 ·············· 313, 315, 323
　コスト ·············· 267, 269
　サザンエアによる購入 ·············· 103
　特性 ·············· 173
　燃料効率 ·············· 320, 333
　ローンチカスタマー ·············· 173
ボルガドニーパ航空
　エアブリッジの獲得 ·············· 109
　オーナーシップ ·············· 100
　国際での輸送シェア ·············· 101

マ・ヤ行
マーケティング
　価格 ·············· 232-241
　グローバル・トレンド ·············· 210-212
　製品 ·············· 221-224
　販売促進 ·············· 224-227
　マーケティング戦略 ·············· 219-221
　ロジスティクス ·············· 212-218
　　総費用モデル ·············· 216
マキシマスエアカーゴ ·············· 115
無線自動認証（RFID） ·············· 197
モーダルチョイス（交通機関の選択） ···· 44-52
　サービスの質 ·············· 49-52
郵便
　TNT（オランダ） ·············· 131

イールド（実収単価）･･･････････ 230, 242
貨物積載の平均価値 ･･････････････････ 30
規制 ････････････････････････････････ 85
航空貨物市場におけるポジション ･････ 119
航空権益 ･･････････････････････････ 71
航空郵便が旅客機で輸送される比率 ････ 96
セキュリティ ････････････････････････ 205
ドイツポスト ･･････････････････ 123, 124
輸送 ･･････････････････････････････ 1-3
ユナイテッドパーセルサービス（UPS）
 ･･････････････････････････････ 128-131
用語定義 ･･･････････････････････････ 373
ラポステ（仏）･･････････････････････ 122
収入 ･･･････････････････････････ 228, 252
ロイヤルメール（英国）･･･････････ 122, 132
郵便事業 ････ 76, 95, 112, 119, 120, 123, 124,
 143, 186, 228, 298
 ザップメール（フェデックス）･････････ 127
ユニットロードデバイス（ULD）････ 175-178,
 194, 195
 大きさ ･････････････････････････････ 177
 記号 ･････････････････････････････ 177
 用語解説 ･････････････････････････ 375
 参照：コンテナとパレット
輸送量の偏差
 月間輸送量 ･･･････････････････ 19-20
 週間および日ごとの輸送量 ･･･････ 21
 方面の不均衡（方面別の不均衡）･･･ 8, 32,
 54, 55, 179, 195, 273, 288, 347
揚子江エクスプレス ･･････････ 16, 113, 159
予測
 ICAO予測 ･･･････････････････ 349, 350
 空港予測 ････････････････････ 342-344
 傾向値分析 ･･････････････････ 337-339
 計量経済的な方法 ････････････ 338-340
 航空会社予測 ･･･････････････ 344, 345
 航空機メーカーによる予測 ･･････ 346-349
 航空管制による予測 ･･････････ 344-346

ラ行
ランチリ ･･････････････････ 98, 116, 156
リース ････ 65-67, 79, 93, 103, 104, 108-111,
 117, 119, 128, 130-132, 148, 159,
 250-254, 258, 259, 270-272, 276, 281,
 289, 291, 304
 参照：用語定義「ドライリース」･･･････ 370
 参照：用語定義「ウエットリース」･･･ 375

流通費用モデル ･･････････････ 216, 225
ルフトハンザカーゴ
 Cargo 2000 ････････････････････ 50
 B747-200F ローンチカスタマー ･･ 172
 DHL ･･････････････････････ 98, 195
 MD-11 ローンチカスタマー ･･････ 171
 WOW アライアンス ･･･････････ 150
 アエロロジックのジョイントベンチャー
 ･･･････････ 25, 98, 125, 151, 159, 303
 イールド ･････････････････････ 231
 イタリアへの運航 ･･･････････････ 110
 インドへの就航権 ･･･････････････ 78
 欧州内の合併 ･･･････････････････ 157
 価格協定の捜査 ･････････････ 83, 84
 価格設定 ･･･････････････････････ 245
 貨物の盗難 ･･････････････････････ 49
 貨物便 ･･････････････････････ 22-24
 キャパシティの削減 ････････････ 356
 キューネ・アンド・ナーゲル ･････ 137
 経営組織 ･･･････････････････ 96-98
 航空会社の所有権
 US エアウエイズ ･･････････････ 81
 財務報告書 ･････････････････ 302-304
 スキャナーへの投資 ･････････････ 205
 特別なハンドリング・セグメント ････ 222
 地域でのオペレーション ･････････ 94
 燃油サーチャージアプローチ ････ 235
 燃料効率 ･･･････････････････････ 321
 翡翠カーゴ　ジョイントベンチャー
 ･･････････････････････ 98, 113, 159
 ロシア上空通過 ･･････････････････ 179
 輸送
 航行の自由（例として）･･･････ 72
 セグメント別 ･･･････････････ 37
 地域でのシェア ･･････････ 108, 109
 鉄道との接続 ･･････････････････ 56
 ハブ空港 ･･････････････････ 17
レスザンコンテナロード（LCL）･･････ 134
 用語定義 ･････････････････････ 372
レスザントラックロード（LTL）･･･････ 48
 用語定義 ･･･････････････････ 372
レベニュー・マネジメント（収入管理）
 ･･･････････････････････ 241-249, 341
ローコストキャリア（LCC）
 貨物の輸送 ･･･････････ 5, 93-94, 276
 CO_2 排出権 ･････････････ 326, 328
 オペレーション ･･･････････ 21, 93, 178

輸送 ································· 5, 337
ロードファクター（積載効率）·········· 4-7, 22, 146, 193, 246, 247, 316, 319, 326-328, 345, 348

ロワーデッキ費用の配分 ··················· 274-280

翻訳者一覧
（敬称略）

●監訳者略歴・掲載順

塩見　英治（しおみ　えいじ）第1章・第2章
1947年福岡県生まれ。九州大学大学院博士課程退学。商学博士（神戸大学）。中央大学経済学部助手、経済研究所所長を経て、現在、同大学経済学部および大学院経済学研究科教授。

本間　啓之（ほんま　ひろゆき）第3章・第14章
1964年東京都生まれ。早稲田大学商学部卒業。日本貨物航空株式会社に入社。事業戦略部長、経営企画部長、執行役員オペレーション企画部長を経て、現在、執行役員として事業戦略部、マーケティング部、米州地域統括部を担当。

木谷　直俊（きだに　なおとし）第4章・第5章
1944年広島県生まれ。慶応義塾大学大学院商学研究科博士課程単位取得退学。広島修道大学商学部講師、助教授、教授を経て2016年4月より、同大学名誉教授。

●訳者略歴・掲載順

渡辺　　均（わたなべ　ひとし）第6章
1966年東京都生まれ。明治大学農学部卒業。日本貨物航空株式会社に入社。欧州統括部長、事業企画部長を経て、現在、米州統括EVP。

林　　克彦（はやし　かつひこ）第7章・第8章
1959年愛知県生まれ。東京工業大学理工学研究科社会工学専攻修士課程修了。流通科学大学商学部専任講師等を経て、現在、流通経済大学流通情報学部教授。

石川　実令（いしかわ　みれい）第9章・第10章
1974年茨城県生まれ。中央大学大学院商学研究科商学専攻博士後期課程修了。博士（経済学）（中央大学）。同志社大学商学部任期付講師（有期）等を経て、現在、武蔵野大学経済学部経営学科准教授。

新納　克広（にいろ　かつひろ）第11章・第12章
1956年京都府生まれ。大阪市立大学大学院経済学研究科博士課程単位取得退学。リーズ大学大学院修了、Master of Philosophy（リーズ大学）。日通総合研究所研究員、流通経済大学社会学部助教授を経て、現在、奈良県立大学地域創造学部教授。

小熊　仁（おぐま　ひとし）第13章
1978年福島県生まれ。中央大学大学院経済学研究科博士課程修了。博士（経済学）。相模女子大学短期大学部非常勤講師、中央大学経済学部兼任講師、財団法人運輸調査局研究員・副主任研究員を経て、現在、金沢大学人間社会研究域助教。

岡村　克彦（おかむら　かつひこ）第15章・用語定義
1960年新潟県生まれ。東京大学経済学部卒業。全日本空輸株式会社入社、ANA総合研究所主席研究員、ソラシドエア運航本部副本部長を経て、現在、国際公共政策研究センター主任研究員。

原著者プロフィール

Peter S. Morrell　ピーター S. モレル

　英国の経済学者。クランフィールド大学教授。その他各国の航空会社で講座を持つとともに、世界の多数の航空会社や空港のプロジェクトに関与。ブリティッシュ・エアウエイズはじめ各国の航空会社のコンサルタントも務める。実務と学術両面を備えた著作に定評がある。著書は「Airline Finance」など。

国際航空貨物輸送　　　　　　定価はカバーに表示してあります。

平成 28 年 9 月 18 日　初版発行

著　者	Peter S. Morrell
監訳者	木谷直俊・塩見英治・本間啓之
発行者	小川　典子
印　刷	倉敷印刷株式会社
製　本	株式会社難波製本

発行所　株式会社 成山堂書店

〒160-0012　東京都新宿区南元町 4 番 51　成山堂ビル
TEL：03(3357)5861　　FAX：03(3357)5867
URL　http://www.seizando.co.jp

落丁・乱丁等はお取り替えいたしますので、小社営業チーム宛にお送りください。

©2016　Peter S. Morrell
Printed in Japan　　　　　　　　　　　　ISBN978-4-425-86271-9

成山堂書店の航空業界関連書籍

空港経営と地域
― 航空・空港政策のフロンティア ―

加藤一誠・引頭雄一・山内芳樹 編著
A5判 320頁　定価 本体 3,000円（税別）

激動の航空・空港業界。地域における空港の役割とは？ 多彩な研究者たちが、多彩な視点で現状分析と将来への指針を示す。「空港経営」の研究書。航空、空港、自治体の関係者必読の一冊！

異業種に見る、航空業界のベストプラクティス
― 滑走路の先を見据えて ―

ナウル K. タネジャ 著／中山智夫 監訳
A5判 306頁　定価 本体 3,200円（税別）

TOYOTAからGoogleまで、豊富な具体例から提示されるベストプラクティス！ 多数の業界トップから寄せられた「まえがき」にも注目。

LCCが拓く航空市場
― 格安航空会社の成長戦略 ―

杉山純子 著／松前真二 監修
A5判 200頁　定価 本体 2,600円（税別）

なぜ海外においてLCCが成長しているのか、日本ではなぜ新規航空会社が成長できずにいたのかについてその要因を考察し、今後我が国で海外のようにLCCが成長する可能性やそのために必要な要件を探る。在庫僅少。

リージョナル・ジェットが日本の航空を変える

橋本安男・屋井鉄雄 共著
A5判 224頁　定価 本体 2,600円（税別）

地域活性化にくわえ、近隣アジアの交流圏を強化・拡大する可能性をもつRJ（リージョナル・ジェット）を、日本・欧州・北米・極東アジアの事例にて検証。展望に迫る。